무안의
인물과 사상

무안의 인물과 사상

인 쇄 2025. 12. 10.
발 간 2025. 12. 15.

발행처 에코미디어
펴낸이 정 찬 애

인쇄처 에코미디어
주 소 61489 광주광역시 동구 양림로119번길 21-1
전 화 062-224-5319 팩 스 062-225-5319

편 집 무안문화원 (원장 오해균)
기 획 사무국장 : 이 용 식
58528 전남 무안군 무안읍 면성1길 130 (무안군복합문화센터 3층)
전화 (061)452-8648 팩스 (061)454-4001
홈페이지 muanculture.or.kr
이메일 mumun8648@kccf.or.kr
교 열 정 세 훈

ISBN 978-89-97482-81-8 03810

값 20,000원

이 책은 무안군의 지원을 받아 발간되었습니다.

무안향토문화총서 • 15

무안의
인물과 사상

에코미디어

발간사

무안은 오랜 세월 동안 서남해안의 중심지로서, 바다와 육지가 맞닿는 전이지대(transition zone)의 특수한 환경 속에서 고유한 문화와 정신세계를 형성해 왔습니다. 이 땅에서 살아온 수많은 인물들은 시대의 변화와 사회적 요구 속에서 저마다의 방식으로 삶과 사유를 실천하며, 지역의 역사와 정체성을 풍성하게 일구어 왔습니다. 그들의 발자취는 단순한 개인의 기록을 넘어, 무안이 품어온 정신적 유산과 문화적 지층을 구성하는 소중한 자산입니다.

이번에 발간되는 『무안의 인물과 사상』은 무안 지역을 대표하는 역사적 · 사상적 인물들을 인문학적 시각에서 조명하고, 그들의 사유와 실천이 지역문화의 형성과 변화를 어떻게 이끌었는지를 살펴본 연구 성과입니다. 나자강을 비롯한 입향 선조들의 지역 정착과 정신, 실학 · 문예 · 종교 · 의병 · 동학 등 다양한 분야에 걸친 인물 연구는 무안이 결코 변방이 아닌, 해양과 내륙의 문명이 교차하던 중심지였음을 일러줍니다. 이는 곧 무안의 정체성을 구성하는 중요한 문화사적 기반입니다.

이번 총서는 무안문화원이 추진해 온 지역학 연구 기반조성에 대한 흐름을 잇는 작업으로서, 24년부터 25년까지 '무안의 인물과 사상'이라는 주제로 학술대회를 개최하면서 지역의 정체성을 체계적으로 확립하기 위한 학술적 성과를 '향토문화총서'로 묶어 출간하게 되었습니다.

무안문화원은 그동안 지역 인물의 삶과 사상을 면밀히 발굴하고 기록하기 위해 문헌 정리 · 구술 조사 · 답사 등을 아우르는 다양한 노력을 기울여 왔습니다. 특히 이번 총서는 무안의 역사적 정체성을 다각도로 탐구하며, 무안학 연구가 나아갈 방향을 제시하고 '무안의 정신'이 지닌 가치와 의미를 입체적으로 드러내는 데 중점을 두었습니다.

제1부에서는 시대적 변화를 이끌었던 주요 인물들에 대한 생애와 사상을 고찰하였습니다. 나자강 이후 입향(入鄕) 세대의 활동과 지역 사회의 조직화, 조선 중 · 후기에 활약한 학자 · 문인 · 실학자들의 학문적 전통, 그리고 근대기에 이르러 지역민들이 보여준 의병 · 동학 · 항일의 정신은 무안이 걸어온 역사의 큰 흐름을 보여주는 중요한 지표입니다. 제2부에서는 19세기 문집과 개인 기록을 통해 무안의 근대 인물상을 재구성하여, 당시 발간된 문집을 통하여 지식인들의 품었던 근대정신을 살피고, 무안의 지적 전통과 사유의 특성을 깊이 이해하고 알아가도록 하였습니다.

이 책의 발간을 위해 발제와 토론에 참여해 주신 지역학 연구자 여러분들과 문헌과 사료 정리에 애써 주신 관계자 여러분들께 깊은 감사의 말씀을 드립니다. 아울러 무안의 역사와 문화를 가꾸기 위한 다양한 사업을 지속적으로 후원해 주시는 무안군과 지역사회단체 여러분께도 진심으로 감사의 말씀을 드립니다.

『무안의 인물과 사상』이 단순한 인물 연구를 넘어, 무안이 지닌 문화적 정체성과 시대정신을 되새기는 계기가 되기를 바랍니다. 앞으로 무안 지역의 다양한 분야의 인물을 밝히고 그들의 깊은 뜻을 살피고자 합니다. 이 책이 무안 인문학의 지평을 넓히고, 지역문화의 창조적 계승과 미래 비전 수립에 기여하는 귀중한 길잡이가 되기를 기대하면서 '무안무안원'은 지역의 정체성을 살피고 지역의 자랑스러운 역사를 밝혀 나가는데 앞장서도록 하겠습니다.

저희와 함께 무안의 역사와 문화를 위해 항상 노력해 주시는 모든 분들께 감사의 말씀을 전합니다.

2025년 12월

무안문화원장 오해균

무안의 인물과 사상 _차례

제2부 19세기 문집을 통해 본 무안 근대 인물들

무안의
인물과 사상

정책연구

무안의 지역 정체성과 인문 연구 방향에 대한 고찰

이용식
(무안문화원 사무국장)

무안의 지역 정체성과 인문 연구 방향에 대한 고찰

이용식
(무안문화원 사무국장)

〈 목차 〉

Ⅰ. 머리말: 지역 현실과 문제 해결에 대한 인식

흔히 절대빈곤이 해결된 이후에야 문화나 예술을 찾게 된다고 말한다. 언뜻 생각하면 그럴듯하다. 우선 먹고살아야 문화든 뭐든 즐길 여유가 생길 게 아닌가? 개인적으로만이 아니라 사회적으로 마찬가지다. 사회나 국가도 경제적 형편이 어느 정도 궤도에 이른 뒤에야 문화와 예술에 관심을 쏟을 수 있지 않겠는가? 보통 이런 사고를 상식으로 여긴다. 그런데 과연 실제로 그럴까? 여기에서 나는 아우슈비츠 수용자들의 참혹한 사례에서 그 답을 찾고자 한다.

참혹한 수용소에서도 '티타임'의 관습은 있었다고 한다. 몇 번이나 우려낸 묽은 찻물이었지만 수용자들에게 하루 한 번씩 차가 배급되었다. 흥미로운 사실은 그 묽은 차라도 그 자리에서 허겁지겁 마셔버리는 사람이 있었는가 하면, 절반은 마시고 나머지는 얼굴이나 손발을 씻는 사람이 있었다는 점이다. 물이 그만큼 귀했던 탓이다. 전자가 동물적 본능에 충실한 사람이라면 후자는 문화적 본능을 따른 사람이다. 그렇다면 누가 살아남을 확률이 높았을까?

놀랍게도 생존율은 후자가 높았다. 극한 상황에서 동물적으로 행동한 사람이 더 생존했을 것 같지만, 실은 최소한의 인간적 체모를 지키려 애쓴 사람이 결과적으로 더 많이 생존할 수 있었다고 한다.[1] 이것은 무엇을 말하고 있는 걸까? 수용자들의 동물적 생존 본능이 실패한 원인은 뭘까? 다 마셔버리기에도 부족한 차를 반만 마시고 나머지 반은 수용소의 극한 상황에서 나름의 자신의 문화적 행동에 투자한 사람들이 더 많이 생존한 이유는 무엇일까?

1) 브라이언 보이드(남경태 역), 『이야기의 기원』, 휴머니스트, 2013.

답은 간단하다. 문화적 행동이 생존에 도움을 주었다는 것이다. 생물학적 인간과 문화적 인간을 구분하기는 어려워도 문화는 그저 장식용으로 존재하는 게 아니라 개인과 사회의 생존에 필수적인 요소다. 사회의 진화와 발전을 단계적으로 구분하였을 때 문화를 진화의 상위 단계에 올라간 뒤에야 필요한 요소로 보는 견해는 문화가 사회적 생존과 발전의 부산물이나 부속물에 불과하다고 여기는 사고다.

무안 지역은 오래전부터 "지역발전"이란 말이 정치인, 행정가들의 끊임없는 고민과 지역의 오래된 해결 과제였다. 그것을 어떻게 할 것인가에 대한 실천적 접근은 항상 정치적이며 경제적 방식에서 진행되어왔으며 현재까지도 지역발전을 위한 확실한 방안이라고 생각되어 왔다.[2)] 이러다 보니 항상 성공한 사례를 찾게 되고 현실에 적용하다 보니, 전국 어디에서나 쉽게 찾아볼 수 있는 비슷한 모형들이 많이 실행되고 있다. 모두 지역발전을 생각한다는 사람들이 정치적 환경에 맞추어 가시적 성과를 위한 경제적인 모형 속에 빠져 있다.

"정치적이며 경제적인" 모형이란 것은 한 곳에서부터 시작하여 획일적으로 어느 곳에나 적용할 수 있다고 생각해 왔고, 실제 그렇게 진행되어왔다. 그 결과는 무안에서 자랑하는 관광지인 "황토갯벌랜드", "회산백련지" 등에서도 볼 수 있다. 갯벌과 연꽃이라는 테마로 축제를 개최하고 캠핑지로 개방하여 관광객들이 방문하는 것으로 보인다. 하지만 실제로는 6월~9월 성수기 때만 볼 수 있는 광경일 뿐, 비어 있는 시간이 많은 곳이기도 하다. 이는 전국 유명 관광지에서도 쉽게 볼 수 있는 현상이다. 탐방로를 만들고, 예측 가능한 전시물과

---

2) 전경수, 「도서와 기수역, 그 생태사와 생태 정체성:무안에서 지역학을 생각한다」, 『한국지역학의 성과와 무안학의 과제』, 2022 무안학 심포지움 자료집, 무안문화원, 7쪽.

축제 진행 시에만 보이는 체험 행사 등 전국 어디에서나 흔히 접할 수 있는 콘텐츠들이다.

그러나 지역이란 것은 본시 대구가 다르고, 광주가 다르며, 나주가 다르다. 그 다른 것을 하나의 성공 모델로 해보자고 덤벼들었으니, 잘 되지 않을 가능성이 높아지는 것이다. 지역은 생태가 다르고 문화가 다르다. 지역마다 그 장소와 지역성을 기반으로 각기 다른 문화적 특성이 있다. 따라서 지역발전을 생각하는 출발점은 '다양성'을 전제로 하여 '지역적 장소성'을 바탕으로 생태적 환경과 지역이 품은 내면적이자 창의적인 내용을 파악하고 이를 기초로 한 다양한 모형을 구성하여 계획을 수립해야 한다.

'무안'도 서남해안의 '무안'이 있고, 영산강의 '무안'이 있다. 해안이 중심인 망운, 해제, 현경과 영산강이 중심이 되는 몽탄, 일로의 생태적 · 문화적 환경은 서로 다르다. 이런 생태 환경을 통해 달라지는 속 깊은 '내면적 창발성'을 중심으로 지역을 바라보고 오랜 역사와 문화를 통해 형성된 정체성을 파악한 후, 그 정체성에서 발현된 지역의 특성을 실행계획에 반영해야 한다. 또한 오랜 기간 지역민들의 삶 속에 깊게 채화된 문화적 콘텐츠를 현대적 트렌드로 가공함으로써, 다른 지역과 차별화된 무안만의 독특한 콘텐츠를 발굴 · 활용하여 다른 곳에서도 부러워할 수 있는 무안만의 '지역발전 모델'을 만들어나가야 한다.

이런 문제의식에 따라 본고에서는 생태적 · 지리적 환경에 따른 지역의 인문적, 역사적 환경을 고찰하고, 그 속에서 형성된 무안만의 문화적 특질 등을 살펴보고 우리가 지금 살고있는 곳의 지역 정체성이 무엇인지 고민하는 기회를 가져보고자 한다. 또한 이러한 지역성을 바탕으로 향후 인문적 연구가 어떠한 방향으로 전개되어야 하는지 모색함으로, 인문 연구가 지역의 정체성을 확립하고 지역의 브랜드를 만들어냄으로써, '무안'의 미래 비전을 수립하는데 기여할 수 있을 것으로 본다. 이와같이 지역의 역사·문화적 현장을 되돌아보고 미래에 대한 새로운 방향을 모색하는 과정은 지역의 어려운 문제를 '오랜 과거의 흔적' 속에서 답을 찾고자 하는 시도라 할 수 있다.

Ⅱ. 무안의 역사적 정체성에 대한 모색

한반도 지도에서 서남해 지역에 있는 무안 반도를 자세히 살펴보면 삼면이 물길로 둘러싸인 한반도와 비슷하게 반도 모양의 지형을 갖추고 있다. 또한 백두대간이 한반도의 허리를 이루며 흘러내려 주로 산악지형을 이루듯이 무안 반도 또한 승달산맥이 좌우로 뻗어 내리면서 한쪽으로는 내륙을 타고 유유히 영산강이 흘러 내려오고 있으며 다른 한쪽은 서남해의 바다가 중국과 연결하여 뻗쳐 있는 물길이 있어 오래전부터 산악 지형을 타야 하는 육지보다 오히려 물길을 이용한 해로와 수로가 발달한 지역이었다.

자세히 살펴보면 무안 반도의 모양이나 역사적 · 문화적 위상이 한반도의 지형과 비슷하며, 지명유래에 있어서도 '물 아래'라는 뜻에서 왔을 것으로 추정한다. 무안 반도를 물과 관련짓는 일, 실제로는 바닷물과 관련짓는 일이 생각보다 의미심장하다. 반도라는 절반의 땅을 강물 혹은 바닷물이라는 절반의 바다로 고쳐 읽는 정도의 의미를 넘어선다.

<그림 1> 해동지도 무안현, 1821년경
/ 출처 : 서울대 규장각한국학연구원

무안은 오래전부터 서남해안 지역의 해상 중심지로서 역사적 기록에 다양하게 나타난다. 무안이라는 지명은 『고려사』 권57 전라도 나주목 무안군조에 보면, "무안군본백제물아혜군(務安郡本百濟勿阿兮郡), 신라경덕왕(新羅景德王), 경금명(更今名), 혜종원년(惠宗元年), 개물량군(改勿良郡), 성종십년(成宗十年), 복칭금명(復稱今名), 내속(來屬), 명종이년(明宗二年), 치감무(置監務), 공양왕삼년(恭讓王三年), 겸성산극포권농방어사(兼城山極浦勸農防禦使)"이라는 기록이 있다. 『한국지명총람』에서 해석하는 내용을 살펴보면 "본래 백제 때에는 물아혜(勿阿兮) 또는 물나혜(勿奈兮), 수입(水入)이라 하였다. 신라 제35대 경덕왕이 무안으로 고치고, 고려 제2대 혜종 원년(944)에 물량으로 고쳤다가 제6대 성종 10년(991)에 다시 무안으로 고쳐서 나주에 붙였다.(이하 생략)"

여기서 말하는 물아혜나 물나혜는 우리말 발음을 한자식으로 표현한 것이다. 이를 '물 아래' 혹은 '물 안에' 등으로 해석한다. 한자로 표현한 수입(水入)도 물이 들어오는 곳이라는 의미이니 크게 다르지 않다. 지금의 영산강 물이 흘러나가는 곳이고, 또 서남해 바닷물이 흘러 들어온다는 뜻이다.[3] 영산강과 서남해안의 물이 흐르는 곳이 '무안'이라는 뜻이다. 이렇듯 무안이라는 지명유래를 살펴본 것과 같이 물의 안쪽에 위치한 물과 뭍의 경계라 할 수 있다.

1. 고대와 중세의 무안

지역적 정체성과 더불어 역사적인 환경 또한 뭍과 물의 경계에서 나오는 다양한 사건들이 펼쳐졌던 곳이라 할 수 있다. 고대 무안은 요서(만주) 지역에서 이주민들이 들어왔을 수도 있고, 해상에서 도래한 외부의 발달 된 문명을 바탕으로 유입될 수도 있지만 현재 학계 연구를 통하여 무안 지역 최초 정주 집단에 대한 답을 구하기는 어렵다. 이후 고대 국가 형성에 있어 마한제국의 신미국, 혹은 임소반국이라는 의견이 있으며, 서남해안 지역과 영산강 유역 등에 흩어져 출토되고 있는 선사시대 유물로 보아 나주 반남의 옹관묘 매장 세력과 함께 무안 지역도 6세기 중엽까지 영산강 유역의 정치세력[4]으로 존재했을 것으로 추측된다.

이는 최근 역사학계의 연구를 통하여 그간 고대와 중세에 이르도록 무안 반도는 마한이나 백제 같은 국가체제에 속한 변방 지역이었다는 학설에서 벗어나, 고대로부터 중세 초· 중기까지도 힘을 지닌 정치세력이 존재하고 있었다. 이는 무안 지역에는 선사시대의 지석묘, 패총 등 발굴되는 선사 유적들과 함께 거주 유적 등이 출토되고

3) 이윤선, 「남도학의 노둣돌 무안학의 과제」, 『한국지역학의 성과와 무안학의 과제』, 무안학 학술대회 자료집, 무안문화원, 2022, 94쪽.

4) 임영진, 『우리가 몰랐던 마한』, 홀리데이북스, 2021, 48쪽.

있어 이 지역에 고대부터 많은 사람이 생활하고 있었음을 고고학적 연구를 통해 알 수 있다.

특히 무안 지역에서 발견된 297기의 지석묘는 주로 해제, 현경, 운남 지역과 몽탄, 일로, 삼향 등 무안 지역 전체에서 폭넓게 발견되고 있고, 옹관묘 등의 수많은 고고학적 유물을 통해서 살펴보면, 기존 백제 지역과는 상당히 성격이 다른 정치집단이 6세기 중반까지 영산강 유역의 정치적 실체를 이루고 있었다는 연구 결과가 나오고 있다.[5] 이것으로 보아 오래전부터 많은 사람이 이 지역을 근거지로 오랜 기간 생활해 왔다는 것을 알 수 있다.[6]

이러한 정치 세력들은 이후 신라의 삼국 통일 이후 장보고와 연대 및 해체를 통하여 해상 세력으로 성장하였을 것으로 생각되며 이후 견훤과 왕건의 몽탄강 전투에서 왕건의 나주 탈환에 공을 세우는 세력으로 다시 나타났을 것으로 추측된다. 이는 장보고 세력의 해체 이후 나주를 중심으로 하는 서남해안의 해상 세력들이 육상 세력인 견훤의 지배에 반기를 들고 일어났던 사건이 왕건의 '나주 점령'의 결과로 나타났다.[7] 즉 무안 지역도 나주를 점령한 왕건에게 협력한 세력들과 뜻을 같이한 통일신라시대 때의 해상 세력으로서 장보고 이후를 계승한 또 다른 축을 다투던 강력한 해양 정치세력으로 볼 수 있다.[8]

---

5) 강봉룡, 「영산강유역의 고대사회와 나주」, 『전남지역 마한 소국과 백제』, 학연문화사, 2013, 141-142쪽.

6) 무안군사편찬위원회, 『무안군사(務安郡史)』, 무안군, 1994, 65쪽.

7) 변동명, 「9세기 전반 서남해지역의 해상세력」, 『전남 서남해지역의 해상교류와 고대문화』, 전남문화재연구소, 2014, 337쪽.

8) 목포대 도서문화연구소, 『무안군의 문화원형』, 무안군, 2007, 252-257쪽.

무안이 해상 세력을 중심으로 하는 정치세력이 있었다는 것에 대한 증거는 최근 봉대산성 발굴과 출토 유물을 통해 알 수 있다. 무안군이 2024년도 봉대산성 발굴에서 발견된 중국제 도자기류와 함께 발굴된 청동 인장 등을 분석한 '최인선'은 봉대산성이 후백제 시대의 성곽으로서 당시 이 지역을 관장하던 호족 세력에 의해 축조되었던 성으로 이해할 수 있다고 하였다.[9)]

<그림 2> 봉대산성

<그림 3> 봉대산성에서 출토된 청동 인장

특히 "청동 인장"에 새겨진 "현산호력인(賢山扈力印)"[10)]의 발견은 이곳이 지배 체계를 갖춘 호씨 성의[11)] 세력 근거지였음을 알 수 있다. 봉대산성은 서남해안의 중요한 해안 지역 방어 및 문물 교류 거점을 지키는 행정적 배후지로서의 기능을 지니고 있었으며, 산성 앞에 있는 임치(臨淄)의 경우도 중국 제나라의 수도 이름과 동일한 것으로

9) 최인선, 「전남 후백제문화권의 성곽과 가치」, 『후백제 역사 속의 무안 봉대산성』, 2024. 무안군, 17쪽.

10) 현산(무안 지역)에 사는 호씨 성을 가진 힘 있는 사람을 뜻하는 인장 내용

11) 고려사에 등장하는 호씨 중 호의(扈義)는 후삼국시대의 공산전투에서 순절하였으며, 고려창업 원종공신으로 기록되어 있다. 셋째 아들 호홍인이 나주호씨로 분파하였다. 역사적 사료로 보아 호씨는 장보고 이후의 해상세력으로 고려 개국에 기여하였던 것으로 추론된다.

보아 오래전부터 중국과 문물을 교류하던 중심지였음을 알 수 있다. 이러한 사실과 근거를 통해 보았을 때 서남 지역의 해안과 몽탄 유역의 영산강 지역을 통치하고 지배하던 호족 세력, 즉 해상을 기반으로 하는 강력한 정치집단이 봉대산성을 중심으로 존재하고 있었다는 것을 알 수 있다. 그러나 고려 말 · 조선 초의 해상 세력과 왜구들의 어지러운 역사적 환경은 조선시대 공도화 정책에 의해 서남해안 지역 해상 세력들이 급격히 쇠퇴했을 것으로 판단된다. 아무튼 무안 지역은 상당히 오랜 기간 고대부터 중세까지의 영산강 유역과 서남해안 지역의 해상을 기반으로 한 세력들이 이 지역을 지배했을 것으로 보인다.

2. 조선시대의 무안

비교적 역사적 기록이 잘 남겨져 있는 조선시대에 들어서면 무안은 기존 고려 시대에서부터 자리 잡았던 무안박씨와 더불어 여러 성씨는 중요한 격변기의 시기에 많은 부침을 겪게 된다. 초기에는 나자강을 중심으로 나주나씨가 들어올 수 있었으며, 조선 초기 사육신과 관련된 대구배씨 등이 입향하였다. 임진왜란을 기점으로 하여 나주정씨 일가들이 무안 지역에 자리 잡았으며, 조선 후기에는 본격적으로 다양한 성씨들이 무안에 들어왔다. 이는 간척과 관련된 경제적 기반 조성[12]과도 관련이 있는 것으로 보인다. 조선 후기(16세기~18세기) 서해안은 간척으로 경제적 기반을 쌓은 가문이 등장(예: 해남윤씨)하였으며, 주로 지방 사족들의 경제적 기반 형성과 연관되어 무안 지역

12) 이민우(공저), 『조선후기 간척과 수리』, 민속원, 2010.
'나덕명'의 소포리 지역간척도 주목된다. (나천수, 「무안초대현감 나자강과 입향 순속을 통한 입향정신 고찰」, 『2024 학술대회 자료집』, 무안문화원, 2024.)

에도 유입되었을 것으로 추측된다. 이에 대해서는 다양한 성씨 입향에 대한 구체적인 연구가 필요하다.

조선시대 역사적 변화의 중요한 시기에 '무안'은 여러 인물을 배출하였다. 조선 초기에는 본격적 지방 행정 체계의 마련을 위해 나자강(羅自康)이 현감으로 파견되었는데, 이는 기존에 귀족이 지방을 실질적으로 통치하던 방식에서 벗어나, 치소를 중심으로 중앙 행정조직의 통제를 받는 중앙집권적 통치 체계가 마련되었음을 보여준다.

조선 중기로 넘어오면서 각종 사화의 갈등 속에서도 서경덕의 문인인 정개청(鄭介淸, 1529~1590)을 중심으로 지역 학맥이 형성되었고, 자산서원을 거점으로 지역 선비들의 학문공동체를 구성하였다.

또한 왜란(倭亂)과 호란(胡亂) 시기에는 수많은 지역 인물들이 의병 활동을 통해 분연히 떨쳐 일어났으며, 전쟁 이후 사회적 변화에 대해 응답하여 임상덕(林象德, 1683~1719)은 '실학(實學)'을 기초로 역사서인 『동사회강(東史會綱)』을 저술하며 새로운 역사 인식을 정립하였다.

조선 후기에는 시 · 서 · 화에 능통했던 초의(艸衣) 장의순이 차(茶) 문화뿐 아니라 다양한 분야의 예술세계의 큰 획을 그었으며, 19세기 일제의 국권침탈기에 대구배씨 배상옥, 나주김씨 김응문형제, 해주최씨의 삼의사 등은 의기(意氣)를 바탕으로 동학(東學)사상을 수용하고 항일 투쟁에 나섰다. 이후 항일 의병 투쟁과 광주학생독립운동, 독립운동 후원 활동[13] 등을 통해 무안 지역 선비들은 지속적으로 저항의 정신을 이어갔다.

13) 나주나씨 무안공파의 경우 같은 문중인 대종교의 나철 등을 후원하는 자료가 발견되었으며. 이와 같이 자기 문중의 독립운동가를 직접 후원하는 역활 등을 하였던 것으로 생각된다.

이처럼 무안은 기존 역사서에서 기록된 '변방 지역'이 아닌 고대에서 중세까지에 해상 세력의 중심지였으며, 조선시대에는 역사의 변곡점마다 지역 정체성을 바탕으로 주도적 역량을 보여준 지역이다. 그간 무안에 대한 인문연구가 활성화되지 못해 학술 성과가 부족하여 밝혀지지 않은 사실들이 있을 뿐, 결코 지역의 역사가 '없는 것'은 아니다.

3. 지역 정체성의 현대적 의의

오늘날 지역 정체성을 강조하며 자산을 활용해 지역문화를 활성화하려는 흐름은 곳곳에서 나타난다. 전북 고창은 '한반도의 첫 수도', 안동은 '한국 정신문화의 수도', 진도는 '예향의 본향'을 내세우며 지역의 역사 · 문화적 특성을 브랜드화하고 있다. 이는 곧 무안 또한 고유한 역사적 자산을 발굴하고, 이를 시대적 · 보편적 가치로 확장할 필요가 있음을 시사한다. 다만 지역의 특수성과 변별성을 강조하되, 그것이 보편과 조화를 이루어야 한다는 점은 고려되어야 할 사항이다. 그렇지 않으면 지역 이기주의로 흐를 우려가 있기 때문이다. 따라서 무안 지역 또한 다양성과 융합적 시각을 바탕으로 한 역사 · 문화 연구를 통해 지역 정체성을 확립해야 될 시점이다.

이제 우리는 오랜 기간 축적된 지역의 역사 · 문화적 역량을 다시 세우고, 이를 바탕으로 무엇인가를 도모해야 한다.

Ⅲ. '전이지대'로서 무안의 문화적 정체성 모색

영국의 사회인류학자인 에드몬드 리치(Edmund Leach,

1910~1989)는 버마 '카잔족'의 의식과 의례를 분석 · 설명하기 위한 이론적 도구[14]로 다음 〈그림 4〉와 같은 '전이지대(Liminal Zone)'의 모형을 적용하여 카잔족의 통과의례와 축제 등의 문화 형태를 해석하였다. 무안의 경우에도 지리적 특성을 바탕으로 하여 형성된 다양한 문화적 현상과 집단적으로 창작된 콘텐츠를 이 모형에 적용함으로써, 무안 문화에 대한 정체성과 특성을 보다 쉽게 이해할 수 있을 것이다.

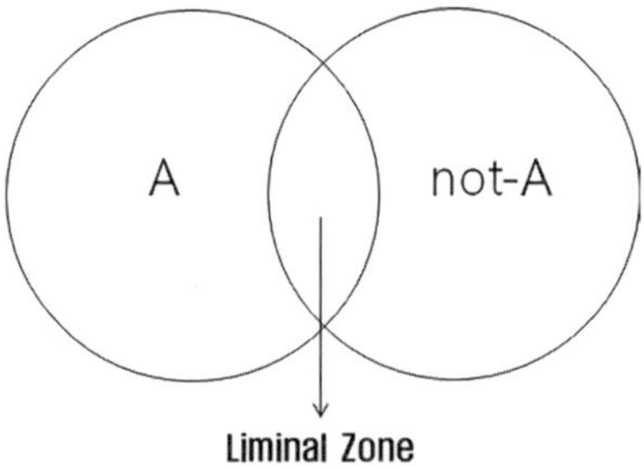

<그림 4> 애드먼드 리치의 전이지대

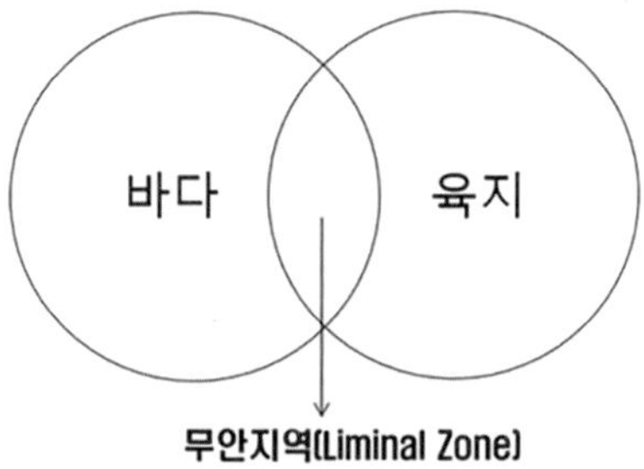

<그림 5> 무안 지역의 전이지대

무안 반도에 대한 새로운 접근과 해석, 나아가 새로운 가치 발굴을 위해 고려해야 할 점은 이곳이 지리적으로 바다와 육지의 중간에 위치하여 해상 문화와 육상 문화가 교차하며 변화와 전이의 임계 지대에 자리 잡고 있다는 사실이다. 이러한 지리적인 환경은 오랫동안 삶을 영위해 온 주민들의 문화적 행태를 규정하는 중요한 요인으로 작용하였다. 곧 무안은 육지와 바다의 경계에 놓여 있음으로써, 다른 지역과 달리 무안만의 내재적 창발성을 발휘하여 문화를 새로운 형태

14) 에드몬드 리치, 『버마 고산지대의 정치 체계』, 황소걸음, 2016.

로 전이시키는 특성을 보인다.

이러한 특성은 생태적 다양성과 같은 문화적 다양성으로 연결된다. 즉, 무안은 경계 지역으로서 축적된 개방성을 바탕으로 육지와 바다라는 서로 이질적인 문화들을 새로운 형질로 변환 · 재창조해 온 '문화적 전이지대'이다. 바다와 육지의 다양한 문화를 받아 새로운 형질로 변이하는 '임계지점'이었던 것이다. 따라서 '리치'가 버마의 소수민족을 분석하기 위해 만든 모형은, 무안 지역의 문화적 특성을 새롭게 설명할 수 있는 유효한 분석 틀로 작용한다. 이틀에 따르면, 무안은 '리치'가 말하는 '전이지대'로 이해할 수 있다.

1. 생태적 전이지대와 문화적 전이지대

해수와 담수의 경계지대인 '기수역'은 자연 생태적 전이지대라 할 수 있다. 기수역은 생태계의 '종 다양성'을 지니고 있다. 해수와 담수가 교차하는 환경은 다양한 생물들의 성장을 가능케하며, 그 다양성에 기초하여 여러 종이 분포한다. 따라서 기수역은 단일 생태계를 넘어서는 독특한 생태적 특성을 지니게 된다.

이와같이 생태적 전이지대가 종 다양성을 특징으로 하듯, 문화적 '전이지대' 역시 '문화 다양성'을 가장 중요한 속성으로 한다. 어느 한쪽으로 치우치지 않고 바다와 육지를 아우르며 새로운 문화로 재창조되는 공간이 '무안'이며, 이러한 '다양성'과 문화를 폭넓게 수용하는 '탄력성'을 지닌 지역이라고 '무안'을 정의할 수 있다. '무안'은 다른 지역과 구분되는 고유한 문화들이 서로 역동적으로 교류하며 창조되는 공간이다. '다른 것'과 '같은 것'들이 끊임없이 상호작용하여 새로운 문화와 예술들을 만들어내는 '매개 공간'이 '무안'이다.

이는 당대적 패러다임을 전환하며 변화를 이끄는 큰 흐름을 담고 있다는 점에서 흥미롭다. 더 나아가 이러한 창조적 흐름은 무안에만 머물지 않고 주변 서남해안과 영산강 지역으로 확산되며, 나아가 남도만 · 동중국해 등 주변의 해양 문화권으로까지 확장되어 새로운 시대정신과 공유하고 발전하게 된다.

2. '무안' 전이지대 문화의 특성과 가치

이런 '다양성'과 '탄력성'에 기반한 문화적 환경은 정신을 고양시키고 기분을 북돋우는 '고양(高揚)적 문화'로 형성되며, 가장 아래쪽으로 나를 내려놓고 무아(無我)적 관조를 통해 고통과 번뇌에서 벗어나 진정한 자신을 찾는 '하방(下方)적 문화'로 구현된다. 나아가 어느 쪽에도 치우침이 없는 '중도(中道)적 지향'을 통해 균형 있는 문화적 가치를 형성하고, 주변 지역으로 확산되어 다양한 형식의 '교류적 문화'로 재창조된다. 궁극적으로 이러한 과정은 존재의 가치를 기반으로 서로 상생하는 평화의 길을 찾는 '생명의 문화'로 귀결된다.[15] '무안'의 '전이지대 문화'는 다른 지역에서는 찾아보기 힘든 독특한 성격을 지니며, '무안'의 지리적 생태적 특성에 기반한 다양성, 탄력성, 개방성을 품은 문화로 자리 잡았다. 이는 곧 '무안'만의 정체성과 가치 있는 문화적 자산임을 알 수 있다. 아래 그림[16]은 문화 전이지대 산물을 표현한 것이다.

15) 이윤선, 『무안만에서 처음 시작된 것들』, 다할미디어, 2021, 7쪽.

16) 〈그림 6〉 무안 전이지대 산물은 21년도 무안문화총서 제11호, 『무안만에서 처음 시작된 것들』에서 논자(論者)가 제안 및 기획하였던 내용과 이윤선이 저술하였던 사항을 참조하여 정리하였음.

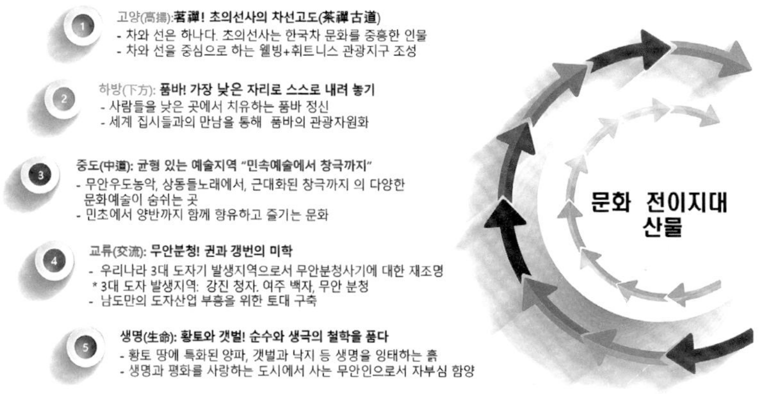

<그림 6> 무안 전이지대 산물

3. '무안' 전이지대의 문화적 산물

무안 문화는 '전이지대의 산물'로서 물 안과 물 아래에서 고양의 길을 걷다가 하방의 길로 내려가고, 때로는 중도의 길로 향하며, 생명의 궁극을 아우르는 균형 있는 문화를 생산한다. 이러한 맥락에서 초의선사의 다도와 시 · 서 · 화의 예술세계가 탄생했으며, 오늘날 웰니스산업과 결합하여 부가가치를 창출할 수 있는 자원으로 확장될 가능성을 지니고 있다. 예컨대 초의선사 탄생지와 인근 지역의 문화자산들과 연계하여 한국적 특성을 살린 '전통차 산업 관광특구'로 발전시킬 가치가 있다.

또한 '하방'의 차원에서 본디 자신을 낮추고 상대를 존중함으로써 화합과 평화를 유지하는 '낮아짐의 미학'이 구현된다. '각설이 · 품바'는 자발적 낮춤을 통해 세상을 다시 바라보는 겸손과 존중의 문화를 보여주며, 이는 무안뿐만 아니라 전국적으로 확인되는 문화현상이다. 나아가 유럽의 집시, 인도의 바울 등 세계적 하방 문화와도 연결

될 수 있어, 무안의 대표적 문화 콘텐츠로서 축제나 관광자원으로 활용할 수 있다.

'무안'이 지닌 또 하나의 궁극적 지향은 '생명'이다. '무안'은 본디 '생명'을 지탱하는 터전이자 '생명의 흙'을 품은 땅이다. 대륙과 해양의 상호작용으로 형성된 '황토'는 오랫동안 생명을 영위하는 건강한 식량을 생산해 왔고, 우리의 생명을 유지할 수 있게 하였다. 바다 '갯벌'은 풍부한 해양생물을 길러내어 인간의 삶을 지탱하였다. 낙지, 감태, 김 등은 그 대표적인 자원으로 '무안'은 '생명의 보고(寶庫)'로서, '생명의 흙'으로 존재가치를 발현하였다.

무안은 이러한 생명의 흙을 활용하여 '무안분청사기'를 제작하였다. 일본의 '야마다만키치로(山田萬吉郎, 1902~1992)'는 『미시마하케매(三島刷毛目)』에서 '무안분청사기'가 중국 거록 지역의 '자주요'에서 영향을 받았으며, 일본 규슈 지역에까지 영향을 끼쳤다고 주장하였다. 그는 무안에 30여 년간 거주하며 귀얄문 계통 도자 출토품을 수집 · 조사하였고, 이를 통해 '무안'과 '강진'을 중심으로 분청사기 변천 과정을 기록하였다. 특히 '무안'은 반덤벙 귀얄문에 특화되었다고 주장하고 있다.[17] 이러한 사실은 『세종실록지리지』의 기록과도 부합하며 관급자기를 제작하는 중급 도자소 2곳이 기록되었던바[18], '무안'이 분청사기의 주요 산지였음을 알 수 있다. 기록에서 자기소로 기록된 주동(周洞)은 현재까지 비정할 만한 지역을 찾기 어렵다.[19]

---

17) 야마다만키치로(김용철역), 『무안분청사기 귀얄문』, 무안문화원, 2019, 122쪽-124쪽.

18) 성윤길, 「세종실록 지리지 나주목의 자기소 · 도기소 위치연구」, 『헤리티지:역사와과학』52, 국립문화재연구원, 2019, 21쪽.

19) 현재 위치는 찾기 어려우나 현경면에 있을 것으로 추정한다.(성윤길의 논문)

하지만 도기소로 기록된 청천동(淸川洞)은 현 무안군 청계면 청수리 청수동 마을로 생각된다.

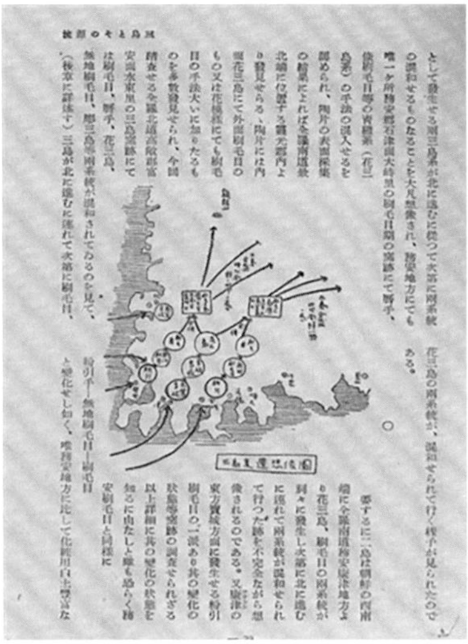

<그림 7> 야마다만키치로, 『三島刷毛目』, 寶雲社, 1943.
<그림 8> 『三島刷毛目』의 본문 내용

'무안'은 '전이지대'로서의 문화적 다양성과 생명성을 바탕으로, 이 땅에서 살아오는 사람들의 '속살 같은 이야기'를 균형 있게 중도(中道)로 엮어, 지역만의 특화된 문화를 형성해 왔다. 조선 후기 이 지역에 전승된 '판소리'는 무안 출신 강용환(姜龍煥)이 협률사 활동을 통해 '창극'으로 재창조하였으며, 농민들의 삶을 반영한 '무안 농악'은 호남우도농악의 전승체로 이어지고 있다. 또한 '상동 들노래'는 가진 자와 못 가진 자의 경계를 넘어서며 현재까지 지속적으로 계승되고 있다.

Ⅳ. ‘전이지대’ 무안의 인문 연구 방향

우리는 그동안 ‘내륙적 시각’에서 역사와 문화를 공부하고 연구해 왔다. 내륙 중심의 지도에서 서남 지역과 무안을 바라보면, 이 지역은 대체로 ‘변방’으로 인식된다. 이는 한국 역사교육이 지닌 균형감 없는 ‘과오’라고 할 수 있다. 문자로 기록된 사료 중심의 실증적 연구 방법이 가져온 한계로 인해, 내륙적 시각에서의 역사 인식은 우리 지역을 마치 활용할 수 있는 역사 · 문화자원이 없는 곳처럼 보이게 만들었다. 그러나 실제로는 지역 인문 자원이 ‘없는 것’이 아니라, 아직 우리가 ‘알아내지 못한 것’일 뿐이다.

기존의 시각은 ‘반도적 사관’에 기반한 ‘내륙 중심’, ‘왕권 중심’의 역사적 사관에 치중되어 있었다. 이제는 이를 넘어서, 보다 ‘다면적인 시각’으로 역사와 문화를 해석할 수 있는 안목이 필요하다. 특히 내륙 시점만이 아닌 해양에 대한 시각으로의 관점의 확산이 필요하다. 기존 내륙 중심의 시각에서 벗어나 해양에서 내륙을 보는 폭 넓은 관점으로 확장되어야 한다. 이런 시각은 지금까지 풀리지 않았던 ‘역사적 문제들’을 해결할 수 있는 중요한 연구 방법이 될 것이다. 먼저 해양이 우리에게 어떠한 영향과 의미를 지니고 있었는지에 대한 해석과 가치 탐구가 선행되어야 하며, 이런 바탕 위에서 해양 연구로 확산되어진다면, 그동안 밝혀내지 못했던 서남해안의 역사적 실체를 확인하는 ‘지름길’이 될 수 있다. 특히 호남지역에서는 기존 역사관으로는 파악하지 못했던 다양한 역사적 사실들이 밝혀지고, 해양과 강변에서 이룬 여러 문명적 현상들을 더욱 깊이 이해할 수 있는 계기가 될 것이다.

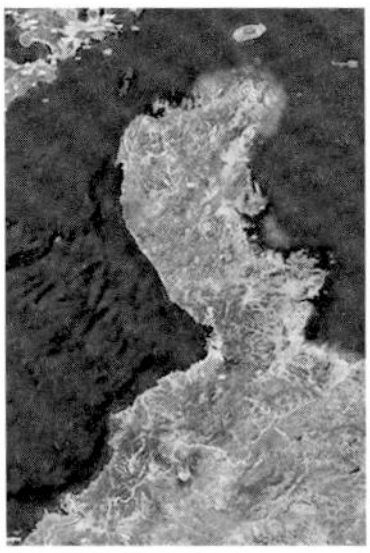

<그림 9> 해양에서 내륙을 보는 지도　　<그림 10> 해양 중심의 동북아시아 항해도

'이윤선'은 바다 해류를 통한 '물골론'을 주장하며, 이는 단순히 내륙 사관을 뒤집는 일시적인 공염불이 아니라 강과 바다를 하나의 '틀거리'로 인식하는 이른바 '갱번론'을 주장하고 있다. 그는 쿠로시오의 해류를 통해 흘러드는 지류와 갱번의 흐름 속에서 '대륙론'과 대립되는 '해륙론'의 담론을 전개하였다. 이러한 논의는 영산강을 새롭게 인식하는 지혜가 필요하다고 하였다.

영산강은 본래 나주 영산포에 국한된 명칭이었으며, 그 외의 넓은 영역은 사실상 광대한 바다였다. 영산포, 구진포, 영암 남포 등은 수많은 지류를 가진 바다였음을 뜻한다. 우리 선조들이 영산강을 '강'이 아니라 '바다'로 인식했던 이유는 그것이 단순한 하천이 아니라 서해를 관통하는 문명의 소통로이자 거점이었기 때문이다. 남도의 문화 역량을 모아 중국과 일본을 연결하는 중간 지점이자 교류·융합·창조의 임계점, 즉 '전이지대'가 바로 '무안'이었다. 크게는 전라남도, 좁게는 무안만을 서로 연결하는 교통과 교류의 공간으로, 서남해안과 영산강의 해양을 통해 내륙을 넘어가는 '문명적 통로 기능'을 담당했던 것이다. 따라서 앞에서 언급하였듯, 기존의 내륙에서 해양을 바라보는 시각을 넘어, 해양에서 내륙을 바라보는 관점의 전환이 필요하다. 이러한 시각이 있을 때만 전라남도, 서남해안, 무안 등지에서 지금까지 보지 못했던 다양한 문명사적 산물을 발견할 수 있다.[20)]

우리는 쿠로시오 해류를 중심으로 흐르는 해양에서 내륙으로 스며드는 기점을 문화권의 설정지로 삼았다. 서남해안과 영산강을 중심으로 사람들은 다양한 문화를 생산하고 소비하며 살아왔다. 내륙과 해양을 잇는 경계 지점을 물과 뭍을 연결하는 소통의 길로 해석할 때, 비로소 지금까지 인식하지 못했던 역사적 큰 흐름과 변화의 물결을 읽을 수 있다. 나아가 오늘날 도래한 '해양의 시대'에 대응하여 새로운 패러다임을 주도할 수 있을 것이다.

> 신라가 당나라로 들어갈 때는 배가 모두 영암군 바다에서 떠났다. 하루를 타고 가면 흑산도에 이르고, 이 섬에서 하루를 타고 가면 홍의도에 이르며, 또 하루를 타고 가면 가계도에 이르고, 여기서 북동풍으로 사흘을 타고 가면 곧 태주령파부 정해현에 이르고, 만약 순풍이면 하루에 이른다. 남송이 고려와 통하는 데도 또한 정해현 해상에서 배를 출발시켜 7일에 고려 국경에 상륙하였는데, 그곳이 곧 영암군이다. 당나라 때 신라인이 배를 타고 당에 들어갔을 때도 강나루를 통한 중요한 나루와 탁이 선박의 왕래가 계속되었다.

이중환의 『택리지』 중 위 대목을 인용한 무안향토문화총서(무안문화원 간) 제10호 『무안의 길』(박관서, 조기석 편저)은 무안반도의 지형적 특징을 설명하고 있다.

『무안방언사전』(무안문화원 간)을 쓴 오홍일은 다음과 같이 이야

---

20) 이윤선, 『앞의책』.

기한다.[21)]

> 우리 고장 무안의 땅 모양은 영락없이 한반도 중부 이남의 지형을 축소해 놓은 듯, 이를 방불케 하는 반도이다. 이 반도의 중심 부분은 이것도 한반도의 지세를 닮아 산들이 동쪽으로 치우쳐 있고 그 산들이 남북으로 연달아 이어져서 마치 반도의 등뼈 구실을 하는 점도 한반도와 닮았다. 거기에 서북쪽으로 뻗어 나간 땅은 이 역시 작은 반도를 이루고 있다. 이것이 다시 두 갈래로 갈라지면서 하나는 남쪽으로 고개를 돌려 망운 반도가 있고 다른 하나가 가느다랗게 이어지다 힘을 불끈 쥔 주목처럼 서북쪽으로 뻗쳐나간 것이 임치 반도이다. 그러다 보니 산은 예로부터 삼남의 명혈의 하나가 있다고 알려진 승달산이 한 가운데에 버티고 서서 여러 산들을 거느리며 널리 알려져 있다. 하지만 국이 좁다 보니 반도 안에는 강이라고 이름 붙일 만한 큰 하천이 없는 형편이다. 그래도 한반도 중부 이남의 4대강 중 하나로 여러 고을에 걸쳐 흐르는 영산강은 그 마지막에는 무안반도의 등허리를 따라 흐르면서 우리의 삶에 크게 영향을 주고 있으니, 무안의 강이라 해도 틀린 말은 아닐 것이다.

영산강을 '무안의 강'이라 제언하고 있다. 또한 '임치진'을 반도라 하였다. 제나라의 수도 임치(臨淄)와 동일한 한자를 사용하는 무안의 임치(臨淄)는 서로 어떤 관계가 있었던 것일까?[22)] 중국을 횡단하는 "남쪽 바닷길"과 관련이 있었을 가능성이 제기된다. 승달산으로 향한 500명의 중국 승려들의 경로와 정명 스님의 법천사를 창건하기 위한 경로, 근대에 있어 강정리 '코쟁이 언덕'에 들어왔던 '이양선의 경로'

---

21) 이윤선, 「남도학의 노둣돌, 무안학의 과제」, 『한국지역학의 성과와 무안학의 과제』, 2022 무안학 학술대회, 무안문화원, 29쪽.

22) 박관서 · 조기석, 『무안의 길』, 무안문화원 향토학총서 제10호, 무안문화원, 2020, 29쪽.

등은 모두 해양 교통로와 관련한 다양한 의문을 품게한다.

무안의 지명유래인 '물아혜'는 '물의 안쪽'이든 '물의 아래'든, 삼면이 바다로 둘러싸인 땅이라는 의미를 담는다. 이는 곧 무안이 반도의 지형을 지녔음을 뜻한다. '물아래'라는 본래 의미는 무안 반도의 위쪽이 바다라는 뜻으로, 실제로 과거에는 영암 남포, 나주 영산포까지 바닷물이 들어오며 조수간만의 차가 뚜렷했던 곳이다. '물아래'라는 지명은 그러한 생태적 사실에 근거한다. 이는 곧 무안 인문 연구의 방향이 왜 해양에서 내륙을 바라보아야 하는지를 분명하게 보여준다.

해양적 사고를 바탕으로 한 인문 연구가 '거시적' 접근이라면, 이를 보다 구체적으로 심화하기 위해서는 '미시적' 관점에서의 탐구가 필요하다. 그 출발점은 지역에서 살아온 인물들에 대한 연구이다. 인물 연구를 통해 우리는 그들이 추구했던 '사유'와 '인식'의 태도를 '앎'의 차원에서 이해하고, 그들이 삶을 어떻게 인식하고 실천했는지를 '삶'의 차원에서 성찰할 수 있다. 또한 당대의 역사 · 사회 · 문화적 맥락 속에서 그들이 보여준 '놂(놀다)'의 의미를 탐색함으로써, 지역의 '정체성'을 인문학적으로 조명할 수 있을 것이다.

이를 위해서는 각 인물이 지닌 '사상'과 '지혜'를 면밀히 살피고 학습해야 한다. 이러한 지역 인물 연구는 개별 인물의 사유와 실천을 통해 우리 지역에 오랫동안 축적되어 온 '삶(살다, 사회)', '앎(알다, 지식)', '놂(놀다, 문화)'의 총체를 파악하게 한다. 더 나아가 지역이 지속적으로 추구하고 실현해 온 내재적 가치, 곧 '지역 정체성'의 본질을 밝히는 효과적인 방법이 될 것이다.

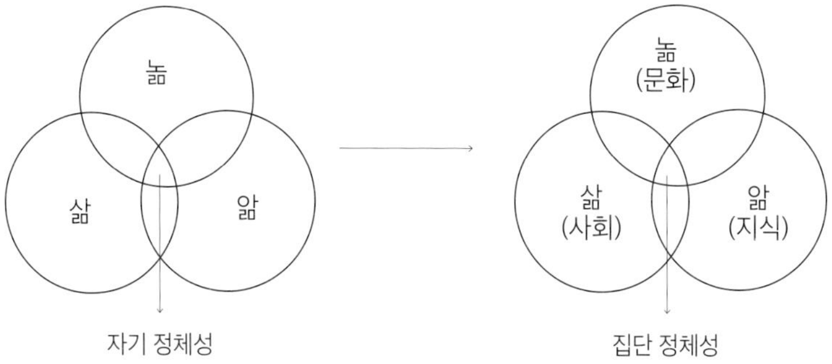

<그림 11> 정체성 요소

무안 지역 인물 연구를 체계적으로 수행하기 위해 몇 가지 분류 기준과 연구 체계를 제시하고자 한다. 본 연구에서는 인물의 정신적 특성을 기준으로 한 '가치 중심 분류'와, 인물의 성과나 활동 영역을 기준으로 한 '업적 중심 분류'를 기본 틀로 삼았다. 또한 전통적 가치인 지(知) · 덕(德) · 예(藝)를 중심으로 세부 구분을 시도하였다.

먼저 가치 중심 분류에서는 인물의 도덕적 · 정신적 행위를 바탕으로 '의로운 인물'과 '효행 인물'로 구분할 수 있다.

'의로운 인물'은 의(義)의 개념을 국가와 지역 사회를 위해 자신을 희생한 이들로 한정하였다. 이들은 역사적으로 외세의 침략에 맞서 싸운 인물들로, 임진왜란 · 정유재란 · 병자호란 · 동학농민혁명 · 한말의병 및 항일 독립운동 등에 참여한 인물들을 중심으로 분류하였다.

〈표 1〉 무안 인물 연구 구분 방법

분류기준	세부 유형	열쇠말	내용	대표 인물
가치중심	의로운 인물	義	외적에 대항하여 싸운 인물	박제, 김충수, 배상옥, 옥대호
	효행 인물	孝	효자 및 효열부	여산송씨, 금성나씨, 김영학
업적중심	학자	學	학문적 성과가 높은 인물	정개청, 임상덕, 박기종, 나자강
	문화예술인	藝	국악, 문학 등의 예술활동	강용한, 강태홍, 김시라
	종교인	宗	종교 등의 영적활동	장의순, 이내수, 중관해안

거시적 차원의 '해양에 대한 연구'와 더불어 미시적 차원의 '인물 연구'는 지역의 삶(살다), 앎(알다), 놂(놀다)을 바탕으로 오랫동안 축적되어 온 다양한 문화적 표상과 맥락을 분석함으로써 무안의 지역 정체성을 새롭게 조명할 수 있는 토대가 된다. 이러한 연구는 지역 사회가 지닌 집단지성을 결집하고 이를 사회적 자본으로 전환함으로써, 향후 지속 가능한 선순환형 지역사회를 구축하는데 기여할 것이다.

이러한 집단지성과 사회적 자본을 축적하기 위해서는, 인문학적 활동이 다양한 층위에서 '연구 사슬'(research chain)로 연결될 수 있도록 하는 '핵심 동력원'의 형성이 필요하다. 이를 위해 단위별 인문 역량 체계를 다음과 같이 제시하고자 한다.

첫째, '인문활동가'의 양성이 필요하다. '인문활동가'는 지역의 인문 강좌, 답사, 인문 동아리 등에 적극적으로 참여하며 인문 활동의 즐거움과 가치를 체득하는 이들로, 지역 인문학의 기초적 실행층을 형성한다. 이들은 지역 인문자원을 SNS나 구술 등을 통해 전파하고 공유하며, 지역학의 필요성과 정체성 기반의 지역 브랜드 구축 요구 등을 여론화하는 역할을 담당하는 인문감수성이 높은 단계이다. 따라서 '인문활동가'의 성장은 지역 인문 연구 공감대를 마련하고 기초 인프라 형성 단계로서 가치사슬에 있어 기본 바탕을 형성한다.

둘째, '시민인문학자'의 양성이 필요하다. 최근 지역학의 가장 큰 변화는 시민의 참여를 기반으로 한 '시민인문학자'의 등장이다. '시민인문학자'는 지방자치단체의 도서관 · 문화원 등에서 운영하는 프로그램을 통해 양성된 시민기록자나 기억수집가로, 마을 조사 및 구술 채록을 바탕으로 지역의 역사와 문화를 기록 · 발간하고 있다. 이들은 향토애 중심의 향토사학자와 달리, 참여적 인문학 실천자로서 지역학의 새로운 가능성을 보여준다. '시민인문학자'의 출현은 전문적인 영역인 지역학 연구에 지역주민들이 참여하여 길을 열어준 결과이다. 분권과 자치가 강조되는 21세기에는 '시민인문학자'가 지역사회의 중심 활동가로 성장할 가능성이 크며, 지역 인문학 연구의 핵심 추진 동력으로 작용할 것이다.

셋째, '전문 연구자 집단'의 구축이 필요하다. '인문활동가'와 '시민인문학자'를 기반으로, 문헌학 · 고고학 · 설화 · 지명 연구 등 최신 학술 성과를 융합하여 지역의 정체성과 역사적 층위를 학문적으로 정립할 수 있는 전문 연구자 그룹을 형성해야 한다.[23] 문헌 및 고고학 기록, 설화 및 지명 연구 등의 최신 연구 성과를 반영하여 과학적이며 논리적 연구를 통해 '지역학'을 이끌고 나갈 수 있는 '전문 연구자' 집단의 구성은 지역학에 있어 만족할 만한 성과를 이끌 수 있는 동력원이 될 것이라 생각한다.

---

23) 강진갑, 「경기학 연구 지평의 변화」, 『문화지치시대의 한국지역학』, 무안문화원, 2022, 160쪽.

이와 같이 인문활동가 → 시민인문학자 → 전문연구자의 세 축이 단계적으로 연계되는 구조는 지역 인문학 연구의 지속가능한 생태계를 조성하는 핵심 모델이 될 것이다. 이를 통해 지역의 집단지성이 사회적 자본으로 축적되고, 그 힘이 지역의 미래를 설계하는 선순환 인문 생태계로 발전할 수 있는 가치사슬을 형성할 것으로 기대한다.

〈표 2〉 지역 인문학 3단위 가치사슬 모형

단계	명칭	주요 역할	핵심 기능	기대 효과	연계 구조
1단위	인문활동가 (Humanities Activist)	인문 강좌 답사 동아리 참여를 통해 지역 인문 감수성 함양	- 지역 인문활동 참여 - 인문 자원 발굴 및 홍보 (SNS, 구술 등) - 인문 여론 형성	인문학의 저변 확대 및 공감대 형성	참여, 관심, 확대
2단위	시민인문학자 (Citizen Humanist)	지역 조사 및 구술 채록을 통한 기록 활동 수행	- 마을 조사 및 인터뷰 - 지역 자료 아카이브 구축 - 시민참여형 인문활동 - 탐방록 발간	참여 기반의 인문학 실천 확립 및 자치 인문학 정착	기록, 조사, 수행

<table>
<tr><td>3단위</td><td>전문연구자
(Professional
Researcher)</td><td>학문적 연구를
통해 지역
정체성과
인문 자원을
체계화</td><td>- 문헌·고고학
설화·지명 연구
- 학술논문 및 지역
학 자료집 발간
- 인문학
네트워크 구축
- 지역학
학술대회 개최</td><td>지역학의
학문적 위상
확립 및
지속가능
연구 생태계
조성</td><td>피드백,
교육,
정리
결과물
정리</td></tr>
<tr><td colspan="6">핵심 추진 전략</td></tr>
<tr><td colspan="6">1. 인문활동 기반 확충
가. 지역 문화원, 도서관, 평생학습관 등과 연계한 인문 프로그램 운영
나. 지역 자원 답사, 스토리텔링 강좌, 인문 워크숍 등 참여형 교육 강화
2. 시민인문학자 양성 및 지원체계 구축
가. 시민기록학교, 구술채록 아카데미 운영
나. 마을 기록 프로젝트 및 구술 아카이브 구축
다. 시민연구자의 결과물을 지역 콘텐츠로 환류(출판 전시 디지털화)
3. 전문연구자 네트워크 형성
가. 학계 지자체 문화원 간 공동 연구체계 구축
나. 지역사 설화 지명 고문서 등 학문적 데이터베이스 구축
다. 정기 학술대회 및 지역 인문학 저널 발간</td></tr>
</table>

Ⅴ. 맺음말: 무안 인문 연구 활성화를 위한 제언

무안 사람들은 과제가 많은 도시에서 살아가고 있다. 다른 시 · 군을 방문했을 때 그곳의 행정 관리자는 종종 “우리 고장에 활용할 만한 콘텐츠가 없다.”고 볼멘소리를 하곤 한다. 그런 대화를 나눌 때마다 참 난처하다. 과연 “지역의 자산을 찾기 위해 얼마나 많은 투자와 노력을 하고 또 얼마나 지속적인 지원을 했는가?"라는 질문을 던지고 싶어지기 때문이다. 많은 지자체들이 가장 손쉽게 확인할 수 있는 자원만을 지역자산으로 여기고, 다른 지역과 뚜렷하게 구별되지 않는 콘텐츠를 가공하거나, 난데없이 타지역에서 성공한 콘텐츠를 무비판적으로 도입하여, 지역성과 전혀 무관한 사업을 전개하기도 한다. 예컨대 실패하는 길로 나아가는 것이다. 지역에 쓸만한 콘텐츠가 '없는 것'이 아니라 '있는 것'을 충분히 조사 · 연구하지 않아 '모르는 것'이 문제라는 사실을 보여준다. 이에 우리는 지역의 활용 가능한 자원들을 어떻게 조사 · 연구하고, 또 개발 · 활용해야 하는지에 대해 진지한 성찰이 필요하다.

서론에서 이미 언급했듯이, 이제는 정량적 성장률을 중심으로 하는 '정치 · 경제적 모형'에서 벗어나야 한다. 우리의 정체성을 바로 세우며, 행복과 인문적 가치를 기반으로 하는 '역사 · 문화적 모형'으로 전환을 모색해야 한다. 현재 우리는 절대적 빈곤을 벗어나 선진국의 반열에 진입해 있다. 지역 간 발전의 불균형은 여전히 존재하지만, 정치 경제적 성장을 통해 우리의 삶은 나아졌다. 그런데도 왜 우리는 여전히 물질적으로 부족하다고 느끼는가? 이는 지역의 자랑스러운 역사와 문화를 확인하고 타인에게 자랑할 수 없는 여건과도 무관하지 않다. 역사와 문화는 단순히 물리적 충족 이후에 덧붙여지는 부가적 산물이 아니다. 아우슈비츠 수용소에서의 사례가 보여주듯, 극한의 조건에서도 역사와 문화는 인간의 존재를 지탱하는 정신적 자산이었다.

앞서 제시한 인문 연구의 방향 중 '해양 문명적 탐구'에는 장기간의 시간과 노력이 요구된다. 기존의 대륙 중심적 문명 연구는 비교적 풍부한 사료에 기반할 수 있었으나, 해양 문명 연구는 자료의 부족이라는 근본적 제약에 직면한다. 이 결핍을 극복하기 위해서는 다각적인 접근이 필요하다. 역사를 단순히 '기록의 역사'에 국한하지 않고, 역사 연구의 한 방법으로 '기억의 역사'를 탐구할 필요가 있다. 집단적 기억 속에 숨겨진 '심의'를 파악함으로 '기억이 말하고자 하는 사실'을 알 수 있다. 기억이 전하는 설화 등의 구비전승된 이야기에는 사실과 허구가 교차하지만, 그 속에 배어있는 '심층적 진실'을 살펴보는 것이 무엇보다도 중요하다.

또한 '묻힌 역사'도 주목해야 한다. 기록으로 확인할 수 없는 역사적 사실들은 '고고학적 발굴'을 통해 드러날 수 있다. 무덤의 양식, 출토 유물, 발굴지의 분포 양상 등은 당대의 생활상과 문화를 밝히는 단서가 된다. 이처럼 우리 지역의 역사적 사실을 깊게 알기 위해서는 기록 · 기억 · 고고학적 증거를 종합하는 '다면적 연구 방법'이 요구된다.

나아가 '무안'이라는 단일 지역에 국한하지 않고, 서남해안 전역과 영산강 문화권 전체를 포괄하는 공동연구가 필요하다. 인근 시 · 군뿐 아니라, 과거 해상 교섭로를 공유했던 중국의 절강성, 일본의 규슈 등의 도시와도 공동 네트워크를 구축하여 해양 문명 연구를 추진해야 한다. 이는 단순한 학술 교류를 넘어, 동아시아 해양 문화권 속에서 무안의 위상을 새롭게 정립하는 작업이 될 것이다.

이를 바탕으로 지역이 소장하고 있는 기록, 즉 문집, 금석문, 설화 등을 연구하고 인근 시 · 군 지역 및 중국과 일본 등이 다양하게 보유하고 있는 기록 및 고고학적 자료 등을 분석하고 조사 · 연구해야 할 것이다. 가장 먼저 서남해안 지역의 시 · 군들이 서로의 자료 및 연구성과 등을 공유하고 부족한 것과 향후 필요한 부분에 대한 '공동연구과제'를 작성하고 '단계적 계획'을 수립하여 고대에서 현대까지를 아우를 수 있는 새로운 역사적 문명 · 문화권에 대한 연구와 비전이 수립되어야 할 것이다.

이를 실현하기 위해서는 추진체계의 정립이 필수적이다. 현재 '한국학호남진흥원'은 지역 문헌 등의 번역과 연구를 주도하고 있다. 여기에 '목포대학교 도서문화연구소', '한국섬진흥원' 등과 함께 '서남해안 해양 역사 · 문화연구 네트워크(가칭)'를 구축한다면, 체계적인 공동연구를 수행할 수 있을 것이다. 이를 바탕으로 '무안'은 한국뿐 아니라 중국 · 일본의 연구자들과 협력하여 국제적 연구 네트워크를 주도적으로 형성할 수 있어야 한다.

이를 위해서는 '지역학 전문 학예사' 제도를 도입해 행정과 좋은 연구자가 긴밀히 연계되도록 하고, 무안군의회 협조 아래 '지역학 활성화 조례'를 제정하는 것도 필요하다. 또한 문화원의 '무안학 연구소'가 다양한 연구자들이 모이는 무안학의 '연구 주체'로서, 해양 문명 연구의 '중추적 집행기관'으로 자리매김해야 한다.

'무안' 지역은 21세기 격변기 속에서 새로운 변화를 맞이할 것이다. 이러한 시기에 지역 정체성을 재확인하고 인문 연구의 방향을 정립하는 작업은 무엇보다도 중요하다. 지역 정체성에 기반한 인문 연구는 무안의 고유한 특성을 살려 활용 · 가능한 콘텐츠를 개발 · 활성화하는 '마중물'이 될 것이다. 이를 통해 무안 사람들은 자기 정체성이 확립된 행복한 주민으로 살아가며, '어매니티(amenity)'의 가치를 누리며, 서남해안권과 동아시아의 해양 거점으로 자리매김할 수 있는 미래 비전을 품을 수 있을 것이다.

□ 참고문헌

- 브라이언 보이드(남경태 역), 『이야기의 기원』, 휴머니스트, 2013.
- 무안군사편찬위원회, 『무안군사(務安郡史)』, 무안군, 1994.
- 무안군사편찬위원회, 『무안군사(務安郡史)』, 무안군, 2023.
- 목포대 도서문화연구소, 『무안군의 문화원형』, 무안군, 2007.
- 에드몬드 리치, 『버마 고산지대의 정치 체계』, 황소걸음, 2016.
- 강봉룡 외, 『전남지역 마한 소국과 백제』, 학연문화사, 2013.
- 야마다만키치로(김용철역), 『무안분청사기 귀얄문』, 무안문화원, 2019.
- 변동명 외, 『전남 서남해지역의 해상교류와 고대문화』, 전남문화재연구소, 2014.
- 박관서 · 조기석, 『무안의 길』, 무안문화원 향토학총서 제10호, 무안문화원, 2020.
- 이윤선, 『무안만에서 처음 시작된 것들』, 다할미디어, 2021.
- 이민우(공저), 『조선후기 간척과 수리』, 민속원, 2010.
- 임영진, 『우리가 몰랐던 마한』, 홀리데이북스, 2021.
- 전경수(공저), 『한국지역학의 성과와 무안학의 과제』, 2022 무안학학술대회 자료집, 무안문화원, 2022.
- 성윤길, 「세종실록 지리지 나주목의 자기소 · 도기소 위치연구」, 『헤리티지:역사와과학』52, 국립문화재연구원, 2019.
- 최인선, 「전남 후백제문화권의 성과와 가치」, 『국가사적 지정 위한 후백제 역사 속의 무안 봉대산성 학술대회 자료집』, 한국성곽학회, 2024.

1부

시대적 변화를 주도한 무안 인물들

무안 초대현감 나자강과 후손의 입향순속(入鄕循俗)을 통한 입향정신 고찰

나천수
(호남지방문헌연구소)

〈 목차 〉

Ⅰ. 머리말

무안문화원이 무안의 인물과 사상을 주제로 학술대회를 기획하였다. 이는 큰 틀에서 보면 역사적 '무안 정신'이나 '무안인의 정신'을 정립하고자 하는 깊은 뜻이 담겨있다.

역사적으로 보면 무안(務安)이란 지명은 신라 때 나타난다. 백제 때는 물아혜군(勿阿兮郡)으로 불렸다, 《고려사》에는 무안이란 지명의 명칭이 17회 등장하고, 《고려사절요》에는 3회 등장한다, 《조선왕조실록》에는 무안이란 지명이 총 301회 등장하며, 그중에 세종 때에 26회, 성종 때에 24회, 중종 때에 22회, 선조 때에 28회, 고종 때에 49회로 매우 많이 등장하였다.

무안이란 지명은 유구한 역사가 있지만 '무안의 인물과 사상'을 고찰하려면 무안의 뿌리를 알 수 있는 《무안읍지》를 기초로 분석하는 것이 바람직하다. 《무안읍지》에 보면 초대 현감이 나자강(羅自康)으로 등장한다. 나자강은 나주나씨 시조 부(富)후 9세로 족보기록에 의하면 태종조에 문과 급제하여 통훈대부로 무안현감을 역임하였다고 하였다.

본 논고의 제목에서 〈무안 초대 현감 나자강〉이라 하였지만, 역사적으로 보면 백제, 신라, 고려 때도 무안이란 지명이 있었으니, 신라, 고려 때도 무안 지방을 다스리는 수령도 있었을 것이다. 다만 지방사를 기록하는 《무안읍지》에 인문학적으로 나자강을 초대 현감이라 기록해 놓았기에, 나자강을 통해 입향 정신을 고찰하고자 한다.

그러나 나자강의 무안 입향정신이 어찌 무안현감 재임하는 4년 동안에 모두 발현되겠는가?

무안 입향조 나자강이 무안에 첫발을 디딜 때는 입향정신의 파종기라고 보아야 한다. 어떤 인물의 정신이나 성향은 당대에 나타나기보다는 혈통이라는 핏줄을 통해 형성되고 후손에게 전해져 간다. 핏줄을 통해 이어져 내려가면서 발현되는 혈통의 성향을 작게는 유전자라 하지만 크게는 혈통의 DNA라 한다.

그러나 옛말에 입향순속(入鄕循俗)[1]이란 말이 있다. 이 말은 '다른 고을에 가서는 그 고을의 풍속을 따르라.'는 말이다. 고로 나자강의 무안 입향정신은 나자강의 무안 입향순속을 밝히는 일이라 여겨진다.

또한 나자강은 무안현감으로 1423년(세종5)에 부임하여 1426년(세종8) 9월이 이임하여 겨우 4년간 재임하였고, 사후에 무안 주룡 땅에 묻혔지만, 다만 나자강 한 사람에 대한 입향순속을 밝혀내는 것도 어려운 일이다.

그러므로 나자강이 입향하여 후손들이 무안 땅에 뿌리를 내려가면서 발현되는 입향순속은 핏줄을 통해 그 DNA가 이어져 가기에 「나자강부터 5대 후손 소포 나덕명까지 가승」을 통해 입향순속을 밝혀내고자 한다.

작게는 무안 입향순속을 밝히는 일이지만 큰 틀에서 보면 '무안정신'이나 '무안인의 정신'을 고찰하는 것이라 여겨진다.

---

1) 입향순속(入鄕循俗) : 직역하면 '다른 고을에 가서는 그 고을의 풍속을 따르다'란 말이다. 《회남자(淮南子)》의 〈제속편(齊俗篇)〉과 《장자(莊子)》의 〈외편(外篇)〉에 나오는 말이다.

Ⅱ. 혈통의 DNA는 성씨(姓氏)의 본(本)에서 출발한다.

본(本)은 오늘날 의미로는 혈통의 본관(本貫), 또는 관향(貫鄕)을 의미하지만 고려, 조선 시대에는 거주지 제한의 본적지 의미로 사용되었다. 고려 태조 왕건은 강력한 '본(本)' 제도를 시행하였다. 이 말은 백성들이 함부로 거주지를 옮기지 못하도록 하는 제도이다. 거주지를 통제해야 국역(國役)과 부역(賦役), 부세(賦稅) 할 수 있기 때문이다.

국가가 시행하는 본(本)제도 때문에 거주지를 옮기려면 나라의 승인을 받아야 했으며, 당시 결혼하여 처가살이는 거주지 이전으로 승인되었기에 처가살이가 많이 나타나거나, 이사를 함부로 할 수 없기에 자작일촌(自作一村)이 많았던 것이다.

우리나라 과거시험 합격자는 합격자 명부인 방목(榜目)에 본(本)을 기록하고 있다. 이 본(本)은 혈통의 본(本)이 아니라 거주지 제한의 본(本)이다.

예를 들어 목화씨를 가져온 문익점(文益漸)의 고려 문과 방목(榜目)의 본(本)을 보면 "강성인(江城人)"이라 하였다. 그러나 족보를 만들면서 혈통의 본관은 남평문씨로 기록되어 있다.

문익점의 방목에 써진 본(本) "강성인(江城人)"이 혈통 의미의 본(本)이었다면 어찌 훗날에 남평문씨로 본(本)을 바꿀 수 있었겠는가?

나주나씨 중에 송도 나해륜(羅海崙)의 아들인 나희(羅僖)의 1650년 생원시 방목을 보면 「본(本) 금성(錦城), 거주지 금성(錦城)」으로 되어 있고, 나민(羅僶)의 1650년 진사시 방목을 보면 「본(本) 금성(錦城), 거주지 금성(錦城)」으로 되어 있다.

그 이유는 1645년(인조23) 나주목사 이갱생이 나주향리인 양한용 등에게 중상을 입은 사건이 발생하여 1645년 12월12일부터 1654년 1월까지 10년간 나주목이 금성현으로 격하 되었다가 10년만인 1654년 2월19일 나주목으로 환원된 역사적 사건이 있었다. 금성현으로 격하된 그 시기에 소과를 합격하였기에 방목의 본(本)이 금성으로 기록된 것이다.

거주지 제한의 본(本)이 혈통의 본(本)으로 정착되어 가는 것은 조선조 하반기 때 각 성씨별로 족보를 편찬하면서 시작되었으며, 1894년 갑오경장 때 모든 사람은 성(姓)과 성씨(姓氏)를 갖도록 함으로 혈통의 본(本)이 정착되었다.

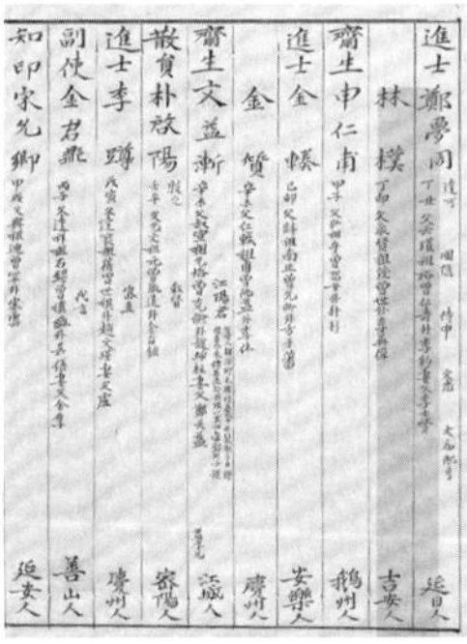

<그림 1> 문익점 방목

<그림 2> 나민 방목

<그림 3> 나희 방목

〈표 1〉 무안 입향조 나자강(羅自康)의 족보나무로 본 원경(遠景)과 근경(近景)

시조 부(富)	1126년경 송나라 사행(使行) 일원으로 고려에 동도(東渡), 고려 체류 중 1127년 북송(北宋)이 멸망하자, 고려 감문위상장군 역임, 퇴임 후에 나주 여황현(艅艎縣)으로 낙향함.
後1세 득규(得虯)	
後2세 중윤(仲允)	
後3세 송기(松奇)	
後4세 수영(守永)	다섯 아들을 둠 / 위(位) - 계(桂) - 석(碩) - 세(世) - 원(源)
後5세 원(源)	고려 사온서(司醞署) 직장(直長) ▶나주나씨5파조 중 직장공파조
後6세 진(璡)	▶권근(權近)이 쓴 용안성조전기(龍安城漕轉記)에는 1390년에 영산창성(榮山倉城) 축조. ▶1390년(공양왕 2)에 전판사(前判事) 나진(羅璡), 나주판관 윤의(尹義)와 전개성윤(前開城尹) 김중광(金仲光), 정윤부(鄭允孚) 등이 영산창성 축조 감독하다.
後7세 공언(公彦)	▶고려사, 고려사절요에 등장, 나성군(羅城君)에 봉해짐. ▶죽헌 나계종〔금성나씨〕이 〈羅樗軒畫像贊〔저헌 나공언 화상찬〕〉을 지음.
後8세 집(諿)	고려 식목도감 녹사(式目都監 錄事) 역임, 묘소 : 무안 일로 주룡

後9세 자강(自康)	▶태종조에 여황현이 폐현되고 나주목에 합병되니 나주 서수구내(西水口內/〔錦溪里〕)로 이거하여, 여황나씨가 나주나씨로 변하다. ▶태종조의 문과급제하다〔榜目기록 失傳〕 ▶1423년(세종 5) 3월 9일 제1대 무안현감 부임 1426년(세종 8) 9월 23일 의주부윤(義州府尹)으로 옮기다. ▶무안현감 때 나주목사 직무대행〔權攝〕을 하다. ▶현감 재직 당시 기우제(祈雨祭)를 지내기 위해 무안 주룡 적벽(赤壁) 위를 다니다가 명당 터를 잡아, 아버지 집(諿)을 안장하고 자신도 죽으면 아버지 묘소 밑에 묻히기를 유언하다.
後10세 계조(繼祖)	
後11세 일손(逸孫)	▶1519년(중종 14) 나일손 등 나주출신 11명이 태학관에서 공부를 하던 중 기묘사화가 발생하여 조광조를 신원(伸寃)하고자 궁궐 앞에서 상소를 하다 쫓겨나게 되자, 모두 낙향하여 '금강11인계'를 결성하고 나주 금강(錦江/영산강 일부구간)에서 시주(詩酒)하며 노닐다.
後12세 창(昶)(長子)	▶일손은 창(昶)-고(暠)-요(曜)-질(晊)-서(曙) 다섯 아들을 두었는데, 昶은 1510년, 曜는 1513년 문과급제하고, 晊은 1528년 무과급제하고, 暠는 1507년, 曙는 1528년 소과(小科)에 급제하다. ▶昶은 1516년(중종 11) 5월 9일 제3대 무안현감으로 부임하여 1530년(중종 25) 4월 16일 해남으로 옮기다.
後12세 질(晊)(四男)	금남 최부(崔溥)의 둘째 사위가 되다. ▶훈련원봉사 - 광흥창주부 - 사헌부감찰 -연일현감, 진원현감을 하여 세칭 청백리(淸白吏)라 하다.

후13세 사침(士忱)

▶1555년(명종 10) 생원시 합격하다.

▶1617년(광해군 9)에 간행된 〈동국신속삼강행실도〉 효행부분에 『사침단지(士忱斷指)』라는 제목 하에 "현감 나사침은 나주 사람이다. 그의 효성은 하늘에서 나왔다. 나이 16세에 어머니가 병이 나자 손가락을 잘라 피를 내어 먹이니 곧 나았다. (中宗) 시절에 정려문(旌閭門)을 세웠다.

▶1568년(선조 1) 나주목사 한복(韓輹)이 유일(遺逸)로 천거하여 尼城縣監〔니성현감/논산시 연산〕을 하다.

▶사후에 다섯째아들 덕신(德愼)의 功으로 吏曹參判에 加資되다. 여러 아들들 從勳으로 숭정대부 의금부 좌찬성 겸 판의금부사로 증직되다.

▶1596년 졸, 묘소 : 무안 주룡에 있다.

後14세 嘯浦 德明	後14세 錦岩 德峻	後14세 錦蜂 德潤	後14세 潘溪 德顯	後14세 擇之 德愼	後14세 忠烈 德憲
▶묘소 : 일로 청호리 ▶嘯浦 주룡강 하구에 휘파람소리 나는 포구 ▶嘯浦들 간척지 ▶영암으로 유배온 곽재우가 소포를 만나다. ▶1589년 기축옥사 때 함경도 경성으로 유배 중 의거를 일으켜 왕자를 구해내다.	▶1589년 기축옥사 때 함경도 부령으로 유배되다.	▶1589년 기축옥사 때 함경도 회령으로 유배되다.	▶1589년 기축옥사 때 철원으로 유배되다. ▶묘소 : 일로 청호리	▶임진왜란 때 무장현감으로 이순신 휘하에서 노량해전에 참전하다. ▶1605년 선무원종공신 1등에 책록되다. ▶그 공으로 영암군수에 제수되다. ▶묘소 : 일로 청호리	▶기축옥사 때 철원으로 유배되다. ▶1636년 사신이 되어 후금을 다녀오다. ▶백마산성에 유배되다. ▶1637년 6월 11일부터 1639년 7월 5일까지 교동수사와 삼도통어사를 겸임하다. ▶묘소 : 일로 청호리

Ⅲ. 무안 입향조 나자강(羅自康)과 후손들의 위상

나자강은 나주나씨 초창기 인물로, 북송 말기인 1127년경에 송나라 사신으로 고려에 온 나부(羅富)는 고려 체류 중에 북송이 멸망하여, 고려에 살게 되니 고려는 나부(羅富)에게 감문위상장군(監門衛上將軍)의 벼슬을 제수하였고, 퇴임 후에 나주 여황현(艅艎縣/오늘날 광주 광산구 본양동)을 본(本)으로 지정받았다.

여황은 조선 태종조(1413년)에 폐현되어 나주목에 합병되었다. 나자강은 이때 여황(艅艎)에서 나주 읍성안 서수구(西水口)가 있는 쪽으로 이거하였다.

그래서 당초 여황나씨로 불리다가 나주나씨로 불리게 된 것이다.

그리고 나자강이 무안 현감으로 부임하면서 무안 일로면 주룡마을에 가기(家基)의 터로 삼았다.

큰 틀에서 보면 나주나씨 9세 무안 초대 현감 나자강부터 12세 무안 제3대 현감 나창까지는 무안 입향의 '파종기'라 여겨지며. 12세 나질(羅晊)부터 13세 나사침(羅士忱)까지 무안 입향의 '성장기'라 여겨지고, 나사침의 여섯 아들인 덕명(德明), 덕준(德峻), 덕윤(德潤), 덕현(德顯), 덕신(德愼), 덕헌(德憲)을 육덕(六德)이라 호칭하는데 이들 육덕(六德)이 무안 입향의 '결실기'라 여겨진다.

1. 무안 입향 파종기

가. 나자강(羅自康)의 무안 관련 업적

족보 기록에 의하면 태종조에 문과급제하여 통훈대부로 무안 현감을 역임할 때 나주목사가 궐위 할 적에 나주목사 직무대행을 하였으며[2], 이때 나주읍성 안 서수구내(西水口內)의 산수 청렴함을 보고 이곳을 가기(家基/오늘날 錦溪洞)로 정하였다. 이때가 1413년(태종13)에 여황현이 폐현되고 나주목에 합병되는 행정구역 개편이 있었기에 본(本) 여황에서 벗어나 나주 시내로 집터를 이거 할 수 있었다.[3]

무안 현감 재임 시에 가뭄이 들어 기우제를 지냈다고 기록한 보아 무안 현감으로서 무농안민(務農安民)의 모습을 보여주고 있다.

아울러 기우제를 지내기 위해 주룡(住龍) 적벽(赤壁) 위를 왕래하면서 명당 터를 발견하고 선부군(先府君)을 안장하고 유명(遺命)으로 그 앞에 자신도 부장(祔葬)토록 하니 세칭 옥녀취적(玉女吹笛)[4]이라는 서남 제일의 명당이라 하였다.

일로(一老)라는 지명이 "1172년(명종 2) 무안현 초대 현감 나자강이 시찰 중 일로 마을을 지나다 길이 좁아 '노인 한 명밖에 다닐 수 없었다' 하여 〈일로(一老)〉라 불렀다고 한다."[5]라고 인터넷에 등재되어 있는데,[6] 이 말은 논리적으로 맞지 않은 것 같다. 이 부분은 다시 후술하였다.

---

2) 나주목사 선생안과 세종실록을 보면 1426년(세종 8) 4월7일 나주목사로 이욱(李勖)이 부임하였다. 그런데 나주목사 이욱(李勖)과 전라도절제사 이각(李恪)이 기생과의 간통 사건으로 서로 다투다가 이욱은 외방(外方)에 부처(付處)하고, 이각은 직첩(職牒)을 거두고 외방(外方)에 부처(付處)하였다는 기록이 세종실록 1430년 3월26일자에 기록되었다. 이로 보아 이욱이 나주목사 재임기간에 잠시 직무대행을 했을 것으로 추론된다.

3) 금계동 집터가 1413년에 정해졌는데, 현재 본 필자가 대를 이어 살고 있으니 2024년 현재 611년이 되었다.

4) 옥녀취적(玉女吹笛) : 인터넷 '혈의 물형도 구십사체(穴之物形圖 九十四體)'의 소개 자료에 보면 제49 '선인취적형'에 해당한다. https://blog.naver.com/phdedu/223113994056

5) 〈출처〉 우표로 여는 세상, https://m.blog.naver.com/400251/220452523045

6) 〈출처〉 나는 시골로 간다. https://cafe.naver.com/kkk71999a/

지명이란 지역민에게 긍지감을 부식시키는 뜻이 담겨져 있어야 한다.

무안(務安)은 무농안민(務農安民)이란 숨은 뜻이 담겨있는데, 이러한 사자성어(四字成語)가 어느 때 만들어졌는지[7] 군주나 지방 수령이 지녀야 할 덕목으로, '농업에 힘을 써야 백성을 편안히 하다'란 무안(務安)이란 지명은 무안군민에게 긍지감을 주고 있다.

마찬가지로 〈일로(一老)〉라는 말도 '한 노옹(一老翁)'을 지칭하는 말 같은데, '한 노옹(一老翁)'을 지명으로 하였다면 그 '한 노옹(一老翁)'이 지역에 끼쳤던 영향이 대단했던 인물(人物) 같다. 그렇다면 후술하겠지만 나덕명(羅德明)이 늘그막에 '소포(嘯浦)들'이라는 새로운 농경지 수백 정보를 만든 그 일 때문에 그를 일러 '한 노옹(一老翁)이라 하였는데. 후세에 일로(一老)의 지명이 되었을 가능성이 매우 크다. 일로(一老)라는 지명에 긍지감을 가질 수 있는 스토리텔링이다.

나자강은 나주읍성 안 서수구내(西水口內)의 산수 청려함을 보고 이것을 가기(家基/오늘날 錦溪洞)로 정하였으며, 오늘날까지 6백여 년을 이어오고 있다. 그 후 증손자대에 이르러 증손자 창(昶)-고(暠) 요(曜)-질(晊)-서(曙)를 두었다.

나. 나자강의 손자 나일손(羅逸孫)의 업적

나일손은 1519년 기묘사화 때 성균관에서 공부를 하고 있었다.

이때, 조광조를 중심으로 신진사류들이 기성세력인 훈구파를 축출,

---

7) 무농안민(務農安民)이란…어느 때 만들어졌는지 : 한국고전종합 DB에 성호 이익(李瀷,1579년-1624년)이 지은 星湖先生僿說卷之二十七 / 經史門 〉 기소(祈招)에 "以夏詩考之亦不出務農安民之義/하(夏)나라 시(詩)로써 고찰하더라도, 농사를 힘쓰고 백성을 편히 하는 뜻에 벗어나지 아니하였는데"란 문구가 있음을 발견하였다.

새로운 정치 질서를 이루려던 계획은 실패하자, 사사(賜死)의 명을 받았으나, 영의정 정광필의 비호로 겨우 살아나 전라도 능주로 유배되었으나 마침내 사약을 받고 죽었다.

1519년 기묘사화로 조광조를 능주로 유배를 보내자 당시 성균관에서 상재생(上齋生)[8]과 하재생(下齋生)[9]으로 공부하고 있던 나주 출신 11명이 있었는데, 소과에 이미 합격한 정문손(鄭文孫)과 임붕(林鵬)이 소두(疏頭)가 되어 11명이 대궐 앞에서 조광조의 억울함을 신원(伸寃)하는 상소를 하였다.

대궐에서 성균관 유생복장을 하고 하소연하는 유생들을, 관원을 시켜 강제 해산시켜 버리자, 개혁을 추진하는 조광조를 유배 보내는 정치 풍토에 환멸을 느끼고 11명이 함께 낙향하여 나주 금강(錦江/나주 회진)가에 정자를 짓고, 시주(詩酒)와 뱃놀이를 즐기며 11명이 계(禊/契)를 맺고 이를 "금강 11인 현계"라 하였다.

금강 11인 현계의 회원은 나주인 나일손, 하동인 정문손, 나주인 임붕, 당악인 김두, 당악인 김구, 광산인 김식, 금성인 정호, 여양인 진이손, 여양인 진삼손, 여양인 진세공, 김해인 김안복이다.

'금강11인 현계'를 시로 읊은 자는 나일손의 아들 나창(羅昶)이며, 김두, 김구의 매부인 충주인 박우(朴祐/ 사암 박순 부친)는 〈금강11인 계회도(禊會圖)〉를 썼다.

이 현계는 임진왜란 때 단절되었다가 1635년 인조 때 시서 김선(金璇)과 남간 나해봉(羅海鳳)에 의해서 금강계를 부활한 기록이 있으며, 1665년 현종 때 남포 김만영(金萬英)이 금강11인 현계 계칙(禊

---

8) 상재생(上齋生) : 소과에 합격한 자로 성균관 상재(上齋)에 거처한 자.

9) 하재생(下齋生) : 소과에 합격하지 않은 자로 성균관에 특례 입학생.

則)을 중수했던 기록이 있다.

한편 나동륜(羅東綸, 1833년-1905년)의 《하촌유고(荷村遺稿)》에 보면 나주 왕곡면의 금사정(錦社亭)을 중심으로 금강계를 운영한 사실이 발견된다. 《하촌유고(荷村遺稿)》시편(詩篇)을 보면, 1856년에는 금사정(錦莎亭)[10]으로 표기하였다가 1898년 시에는 금사정(錦社亭)으로 표기하였는데, 금사(錦社)는 금강결사(錦江結社)를 줄인 말로 보아, 이 당시에 금강계를 운영하고 있었음을 추론할 수 있다.

겸산 이병수(李炳壽)의 《겸산유고(謙山遺稿)》에 보면 금사정(錦社亭)을 복원할 때 나사침(羅士忱)의 효(孝) 정려각(旌閭閣) 구건물을 해체하여 금사정을 복원하였다는 기록이 있다.

1519년에 시작된 계(禊/契)가 어언 500여 년이 흘렀지만 2024년 현재에도 나주 금사정(錦社亭)을 중심으로 "금강계"가 운영되고 있으니 이것 또한 우리나라에서 가장 오래되어 현존하는 민간인 계(契, 또는 禊)라고 말하고 싶다.

다. 나자강의 증손자 나창(羅昶)의 업적

나자강의 손자 나일손은 아들 다섯[11]을 두었는데, 이른바 자식 농사를 잘 지은 사람이다. 큰아들 창(昶)은 1510년(중종 5) 식년시 문과에 급제하고, 둘째 아들 고(暠)는 1507년(중종 2) 생원시에 합격하고, 셋째 아들 요(曜)는 1513년(중종 8) 식년시 문과에 급제하고, 넷째 아들 질(晊)은 1528년(중종 23) 식년시 무과에 급제하고, 다섯째 아들 서(曙)는 1528년(중종 23) 진사시에 합격하였으니, 다섯 증손

10) 금사정(錦莎亭) : 여기서 금사(錦莎)는 금강 변에 자라는 사초(莎草)를 말한다.
11) 아들 다섯 : 창(昶) - 고(暠) - 요(曜) - 질(晊) - 서(曙)

자가 모두 소과(小科)나 대과(大科)에 급제한 것이다.

창(昶)은 1516년(중종 11) 제3대 무안 현감을 역임하고, 1518년(중종 13)에 해남 현감을 역임하고, 이어서 내직으로 옮겨 사헌부 지평(持平/정5품), 사간원 헌납(獻納/종5품), 의정부 검상사인(檢詳舍人/정4품), 형조정랑(刑曹正郎/5품), 성균관 사예(司藝/정4품), 세자시강원 필선(弼善/정4품)을 역임하였는데, 기묘사화 때 부친을 모시고 나주로 낙향하였다.

필자가 수집한 금강계 관련 기록이 있는 옛 문집으로는 김선(金璇)의 《시서유고(市西遺稿》에 실린 「금강11인계서」와 「금강11인계 원안좌목」[12], 나해봉(羅海鳳)의 《남간집(南磵集)》에 실린 「동계후서」[13], 진경문(陳景文)의 《섬호시화(剡湖詩話)》[14], 김만영(金萬英)의 《남포집(南圃集)》에 실린 「금강중수계서」[15], 나동륜(羅東綸)의 《하촌유고(荷村遺稿)》[16]에 실린 「금사정중수상량문」, 나경(羅炅)의 《나주나씨

12) 『시서유고』 : 김선(1568-1642)의 문집, 이 문집은 원래 不分卷 필사본으로 김선 살아생전인 1635년 장남 시길로 하여금 자서문을 쓰게 하고, 1870년 기정진이 서문을 쓴 것으로 보아 이때쯤 필사본 책자가 간행된 것으로 추정된다. 이후 1975년도 해당 문중에서 탈초하여 현대 인쇄술로 간행하였고 2003년 나주시가 국역〔역자 동신대학교 김종섭〕· 발간하였다.

13) 『남간집(南磵集)』 : 남간 나해봉(1584-1638)의 문집으로 저자 살아생전인 1634년 필사본으로 편찬하였다. 그후 1799년 『남간집』과 『계간수창』을 합쳐 『남간집선』을 목판본으로 간행하였다.

14) 『섬호시화(剡湖詩話)』 : 섬호 진경문(1561-1642)의 문집인데, 다만 다른 문인들이 『섬호시화』를 언급하고 있으나, 그 底本은 발견되지 않았다. 『섬호집』과는 다른 별책으로 존재했을 것으로 본다. 『섬호집』 목판 66점을 2010년도에 광주박물관에 기증했다.

15) 남포집(南圃集)』 : 남포 김만영(1624-1671)의 문집으로 1831년 목활자로 간행되었다. 2020년 한국학호남진흥원이 국역 간행할 때 필자가 해제를 썼다.

16) 『하촌유고(荷村遺稿)』 : 하촌 나동륜(1833-1905)의 문집으로 필사본으로 전한

가범(家範)》에 실린「금강계록」[17], 정문손(鄭文孫)의《모효공문집(慕孝公文集)》[18] 등이다. 또한 관찬의 나주 인문지리지인《금성읍지(錦城邑誌)》와《속수나주지(續修羅州誌)》에서도「금강11인계」의 기록이 있다.

그러나 금강계의 회원 명단과 시 몇 수만 현존하고 있다. 기묘사화 이후 낙향한 11인의 나주 선비들인 남긴 문학작품이 1597년 정유재란 때 영산강으로 쳐들어온 왜적들에 의해 금강정(錦江亭)이란 건물과 각종 문학 작품이 모두 불타버렸다고 한다.

임진왜란 전에 금강계 회원 나일손의 큰아들 나창(羅昶)이 금강계에 대하여 많은 자료를 남겼으나 오늘날에는 시 한 수 남았고, 금강계 회원 당악김씨 김두, 김구의 매제인 충주박씨 박우(朴祐)가 금강계회도와 정기(亭記)를 썼다고 하지만 내용은 전하지 않고 있다.

나창과 박우는 1510년(중종 5) 식년문과 동방급제자인데, 박우는 당악김씨와 결혼하여 나주 처가살이를 하였기에 묘소도 현재 나주 공산면 당악김씨 선산에 있다. 사암 박순은 박우의 둘째 아들로 대사간, 대사헌, 대제학을 비롯한 삼정승을 모두 역임한 문신이었으니, 나주 외가인 당악김씨 측 위상은 어떠했겠는가.

나창은 1516년 무안현감(務安縣監)을 역임하였다고 족보에 기록되어 있는데, 무안읍지에는 제3대 무안현감으로 기록되어 있다. 한편

다. 2020년 필자가 초벌 국역하였다.

17)『나주나씨 가범(家範)』: 나산처사 나경(羅炅, 1736-1811)이 1804년 필사본으로 나주나씨 충렬공 족회안으로 편찬한 책자이다. 그 안에「금강계록」은 1799년에 여양진씨 진세공 집에 있는 자료를 보고 썼다고 하였다.

18)『모효공문집(慕孝公文集)』: 정문손(1473-1554)의 문집이다. 기묘사화 후 409년만인 1928년도에 목활자본으로 간행되어, 금강11인계를 세상에 알렸다.

1523년 중종실록 48권 중종 18년 5월 3일자 기사에 다음과 같은 기록이 있다.

> 진위사(陳慰使) 서장관(書狀官) 나요(羅曜)가 요동(遼東)에 이르러 죽었는데, 그의 형 형조정랑(刑曹正郎) 나창(羅昶)이 상소하였다. 그 대략에, "신의 아우 나요가 일찍이 고질병이 있었는데 억지로 벼슬하다가, 뜻밖에 서장관(書狀官) 임명을 받게 되었습니다. 그래서 그는 이미 성명(聖明)에게 몸을 맡겼으므로 마땅히 평탄하거나 험악함을 가리지 않아야 한다고 여겨 병을 참고 견디며 북경(北京)에 갔었습니다.
>
> 갑자기 도중에서 세상을 떠나 혼이 이역(異域)의 귀신이 되었는데, 만리 길의 관이 오직 한 종[奴]에 의해 돌아오느라 외로운 혼이 의탁할 데가 없습니다. 연로(沿路)의 관정(官丁)들이 비록 더러 호송하겠지만, 친속(親屬)이 아닌데 어찌 모두 마음을 다해 하겠습니까? 국가의 법제를 보건대, 지위가 높거나 낮거나 간에 정분에 따라 하는 법이 원래부터 있습니다. 다만 죽은 아우에게 아들 하나가 있는데 아직 나이 어리고, 다른 아우들은 머리 고향에서 살고 있으며, 오직 신만이 서울에 있으나 법에 얽매어 가지 못하니, 유명(幽明)의 사이에 있어 정리(情理)가 박절합니다. 삼가 바라건대, 이 사사로운 심정을 굽어보시고 특별히 은전(恩典)을 내리시어, 신으로 하여금 호송하도록 윤허하여 주신다면 이보다 다행함이 없겠습니다."

하였는데, 도승지 김희수(金希壽)가 상소를 가지고 입계(入啓)하기를,

> "자신의 일이 아니어서 계달(啓達)할 수 없습니다마는 그의 아우가 국가의 일로 이국(異國)에서 죽었기 때문에 감히 아룁니다."

하니, 전교하기를,

> "국가의 일로 이역에서 죽게 되어 가여우니, 특별히 나창에게 호상(護喪)하도록 하라."

하였다.

이로 보아 나창의 효제(孝悌)[19] 사상을 엿볼 수 있다. 즉 부모에게 효도하는 자는 형제간에 우애를 한다는 말이니, 형제간에 우애하는 자는 부모에게 효도를 한다는 맥락과 같다.

2. 무안 입향 성장기

가. 나자강의 증손자 나질(羅晊)의 업적

나자강의 증손자 나질의 후손이 마침내 무안과 깊은 관계를 맺는다. 나질은 금남 최부(崔溥)의 둘째 사위가 되었다. 최부의 큰 사위는 유계린(柳桂鄰)으로 미암 유희춘의 아버지이다. 최부의 셋째 사위는 언양김씨 김분(金雰)인데, 여기에는 슬픈 사연이 담겨져 있다.

최부가 무오사화(연산군 4)에 연루되었다가 갑자사화(연산군 10) 때 죽임을 당하였는데, 죽임을 당하기 전에 후배 송흠(宋欽)이 찾아가 부탁하고 싶은 말을 하라고 하니, 최부는 "아버지 묘소에 아직 석물(石物)을 세우지 못했고, 셋째 딸을 아직 시집보내지 못했다."고 하였다. 그리하여 최부 사후에 송흠이 전라도관찰사로 부임해 오면서 석물을 세우고, 셋째딸을 김분에게 시집 보낸 이야기가 나두동(羅斗冬)[20]이 쓴《삼성보(三姓譜)》에 기록되어 있다.

벼슬에 있을 때 최부의 집은 나주읍성 서수구내(西水口內)에 있었

---

19) 효제(孝悌) : 부모에 대한 효도(孝道)와 형제에 대한 우애(友愛)

20) 나두동(羅斗冬) : 가승도를 보면 질(晊) - 사침(士忱) -덕준(德峻) - 계소(繼素) - 진(袗) - 두동(斗冬)으로 이어진다.

다고 하였으며, 최부가 갑자사화에 연루되어 죽을 때, 집을 사위에게 주었다는 나주나씨 족보에 기록이 있다.[21] 이를 기념하기 위해 나주시가 해당 집터에 홍보판을 건립하였다.

최부의 묘소는 몽탄면 이산리 느러지 마을에 있다. 최부의 세 사위인 유계린(柳桂鄰), 나질(羅晊), 김분(金雰)은 매우 절친하게 지냈는데, 그들이 낳은 자녀들인 미암 유희춘, 중부 나사침, 원주 이억복은 이종사촌 간으로 절친하게 지낸 기록이 《미암일기》에 나타나 있다.

<그림 4> 과거 최부 집터라고 홍보판이 옛 집터에 서있음

나. 나자강의 현손자 사선(士愃), 사돈(士惇), 사침(士忱), 사척(士惕)의 업적

나자강의 현손자 사선(士愃), 사돈(士惇), 사침(士忱), 사척(士惕)의 가승으로 보면 다음과 같다.

21) 나주나씨대동보 가록 "崔錦南公의 家宅이 城西水口內 宗基下數十步에 있어서 公이 受而居之하다"라 하였다.

〈표 2〉 나자강의 직계 4대 가승도 ※해설을 위한 가승도만 표로 작성했음

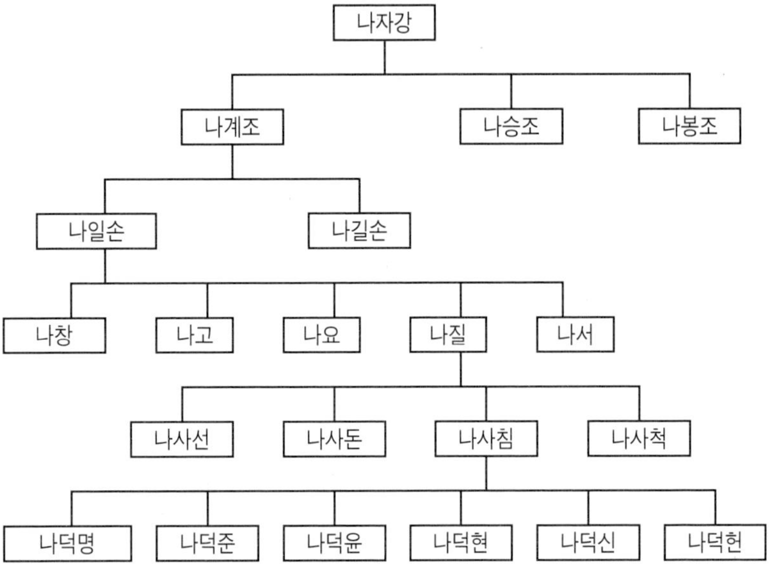

나사선(羅士愃)은 1534년(중종 29) 문과 급제하여 성주목사(星州牧使), 사섬시정(司贍寺正)을 역임하였으며, 1541년(중종 36)에 기황(飢荒)이 들자, 도사(都事)로써 시골 깊숙한 곳까지 진휼하였다.

나사돈(羅士惇)은 충순위 어모장군의 무관을 역임한 것이《미암일기》에 드러나 있다.

나사침(羅士忱)은 나이 16세에 어머니가 병이 들자, 손가락을 잘라 피를 입에 넣어 드려 병을 낫게 한 일이 있었다. 1544년(중종 39)에 이 일을 임금에게 알리자 살아 있을 때 정려(旌閭)를 하도록 명하였다.

1617년(광해군 9)에 간행된 〈동국신속삼강행실도〉[22] 효행부분에

22)『東國新續三綱行實圖』: 총18권 18책 중 제3권 , "사침단지(士沈斷指)" 현감 나사침 나주인, 誠孝出天 年十六 母病 斷指以進卽愈 恭僖大王朝旌門")는 내용이

『사침단지(士忱斷指)』라는 제목 으로 '나사침의 단지도(斷指圖)'가 실려 있다.

1555년(명종 10) 생원시에 합격하여, 선조 즉위년에 유일(遺佚/遺逸)로 천거되어 니성(尼城/논산군 노성면)현감에 제수되었다.

1589년(선조 22) 기축옥사에 화를 입을 즈음에 임금이 "구충효문(求忠孝門)[23)]"이라고 명하자 즉시 풀려났다.

나사척(羅士惕)은 충순위 어모장군과 훈련원 판관을 역임하였다.

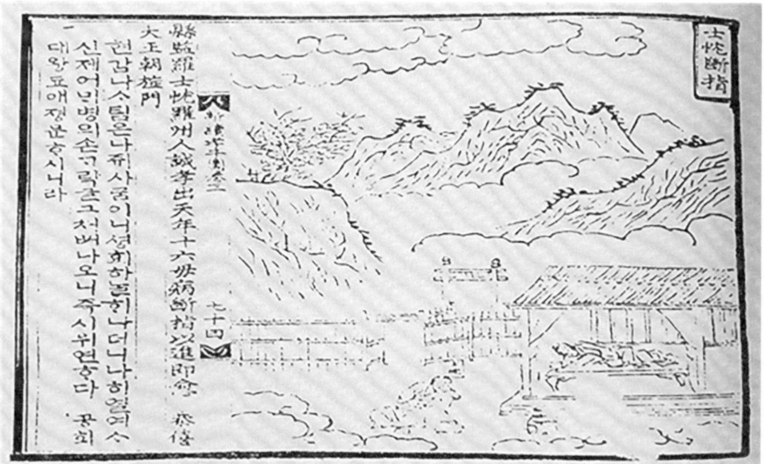

사침 단지도(士忱斷指圖)

<그림 5> 東國新續三綱行實圖에 실린 나사침의 단지도

기록되어 있다. 1614년(광해군6) 왕명을 받아 유근 등이 편찬

23) 구충효문(求忠孝門) : '충신은 효문(孝門)에서 구해야 한다' 또는 '효자 가문에서 충신을 찾는다' 란 말.

3. 무안 입향 결실기

가. 나자강의 5대 손자 소포(嘯浦) 나덕명(羅德明)의 인물 성향 및 업적

나덕명의 자(字)는 극지(克之), 호(號)는 소포(嘯浦)로 1561년(명종6)에 태어나 1579년(선조 12)에 진사시에 합격하였다.[24)]

어려서부터 기골이 장대하고 기상이 늠름하였으며 학문에도 뛰어났다. 곤재(困齋) 정개청(鄭介淸)에게서 수학하였다. 정개청의 문하생이었으므로 역적 정여립과도 가까웠을 것이라는 무고를 받아 1589년(선조 22) 나덕명은 기축옥사(己丑獄死) 즉 정여립의 난에 연루되어[25)] 함경도 경성(鏡城)으로 유배되었다.

유배 생활 3년 만인 42세 때 임진왜란이 일어났는데, 관노 국경인(鞠景仁) 등이 작란하여 왕자 임해군(臨海君)과 순화군(順和君) 및 수행 신하들을 왜적에게 넘겼다. 이에 나덕명은 유배 중인 한백겸(韓百謙)과 서성(徐渻)을 찾아가 의병 동참을 호소하여 함경북도병마평사(咸鏡北道兵馬評事) 정문부(鄭文孚) 막하에 들어가 싸웠다.

이후 쌍포(雙浦/ 함경도 길주 쌍포진) 백탑교(白塔橋) 싸움에 참전하였으며, 1594년 귀향이 풀린 후에는 도원수(都元帥) 권율(權慄)과 함께 일본군에 대적하였다. 또한 정유재란 때에는 아버지의 시묘살이 중이었음에도 판서 임담(林墰)과 의병을 일으켜 전라남도 화순(和順) 등지에서 전공을 세웠다.

이러한 공적으로 선무원종공신(宣武原從功臣)에 녹훈(錄勳)되었고 형조판서(刑曹判書)에 증직되었다. 1803년(순조 3)에는 충신으로

---

24) 방목 기록 : 선조(宣祖) 12년(1579) 기묘(己卯) 식년시(式年試) [진사] 2등(二等) 9위(14/100)

25) 곤재 정개청의 제자라는 이유로 기축옥사에 연루되었다.

정려(旌閭)되어 무안군(務安郡) 일로읍(一老邑) 청호리(淸湖里) 주룡(住龍/駐龍)마을에 충신각이 건립되었으며, 도내 사림(士林)이 소포사(嘯浦祠)를 지어 그를 배향하였다. 이러한 업적은 〈금곡사대첩비문(金谷祠大捷碑文)〉과 《호남절의록(湖南節義錄)》에도 실려 있다.

나덕명의 호가 소포(嘯浦)인데, 이는 무안군 일로면 주룡도(住龍渡) 소포(嘯浦)에서 유래한다. 소(嘯)는 '휘파람 소'이고 포(浦)는 '조수가 드나드는 곳'이니 영산강 하구인 주룡도에 강물이 드나들 때 물속에서 휘파람 부는 소리가 들렸다고 한다. 이 소리가 얼마나 크게 나는지, 몇km 후방에서도 소리를 들을 수 있다는 구전(口傳)이 있다.

오늘날은 영산강 하류에 하구언(河口堰)이라는 댐을 만들었기에 조수의 흐름이 없어져 버려 강물이 만들어낸 자연의 아름다운 휘파람 소리를 들을 수 없는 것은 아쉬운 일이다.

한편, 무안 일로에는 "소포(嘯浦)들"이라는 명칭의 들판이 있다. 영산강가의 갯벌 땅에 제방을 쌓아[26] 농경지를 만들었다. 이 간척사업을 늘그막에[27] 사재를 털어 일로(一老) 인의산(仁義山) 앞에 간척사업으로 제방을 만들어 수백 정보의 농토를 만들었다, 그래서 지금도 그 농경지를 "소포들"이라고 부른다.

《조선왕조실록》에도 임금이 직접 제언(堤堰)을 권장하는 기록이 많다.[28]

---

26) 제방을 쌓아 : 이를 한자어로 하면 제언(堤堰)이다.

27) 늘그막의 연세를 기록한 것이 없으니 인생말년이 되어 가는 1609년 광해군 때 시절 같다.

28) 제언(堤堰) : 수자원 관리를 위해 하천이나 계류 등을 막은 구조물. 『태조실록』권8, 태조 4년 7월 30일 신유 3번째기사 ; 『태종실록』권17, 태종 9년 1월 28일 신미 1번째기사 ; 『문종실록』권5, 문종 즉위년 12월 25일 을미 3번째기사 ; 『성종실록』권12, 성종 3년 8월 18일 임오 5번째기사.

사람은 역경(逆境)에 처해 있을 때 자신의 심성이 드러난다. 나덕명은 함경도 경성 유배라는 인생 암흑기에 유배지에서 임진왜란을 겪게 되고 유배지에서 의병을 일으켜 두 왕자를 구하는 공을 세웠다. 그의 충절 정신이 만들어낸 인생의 대반전이다.

그리고 그는 또 말년에 주룡 강가 인의산을 이용하여 1609년경에 영산강가에 인공제방을 쌓아 농경지 수백 정보를 만들었다. 이것이 무안(務安) 즉 무농안민(務農安民)[29]과 무산안국(務産安國)[30]의 정신을 실현하는 작품을 만들었다.

옛말에 흔히 농자천하지대본(農者天下之大本)이니, '백성은 오로지 나라의 근본이니, 근본이 굳건하여야 나라가 평안하다'[31]라 하였지만 조선조 말 왕실의 매관매직(賣官賣職)[32]으로 인한 지방 수령들의 농민 수탈이 얼마나 많았겠는가. 1862년 임술민란(壬戌民亂)이나 1894년 갑오 동학 농민 혁명은 그것을 말해 주고 있다. 그런데 나덕명은 농민들이 농사를 지을 수 있는 농토 수백 정보를 만들었으니 그야말로 무농안민(務農安民)과 무산안국(務産安國)의 정신을 실천한 것이다.

1611년(광해군 3)에 향년 61세로 졸하여 무안 주룡 선산에 잠들어 있다.

29) 무농안민(務農安民) : 농업에 힘써 백성을 편안하게 하다.

30) 무산안국(務産安國) : 산업에 힘써야 나라가 편안하다. 아이 낳는 것에 힘써야 나라가 편안하다.

31) 〈원문〉 民惟邦本(민유방본), 本固邦寧(본고방영), 《서경(書經)》 오자지가(五子之歌)에 "백성이 바로 나라의 근본이니, 근본이 굳건해야 나라가 편안하다.[民惟邦本 本固邦寧]"는 유명한 말이 나온다.

32) 매관매직(賣官賣職) : 돈을 받고 관직을 파는 것. 돈을 받고 벼슬을 시켜주는 것.

<그림 6> 주룡나루 공원 전경

나. 나자강의 5대 손자 금암 나덕준(錦巖 羅德峻), 금봉 나덕윤(錦峰 羅德潤)의 인물 성향

곤재 정개청(困齋 鄭介淸, 1529~1590)은 만년에 무안 엄담(淹潭/현재의 함평군 엄다면)에 이주하여 정사(精舍)를 짓고 후학을 가르쳤다. 문생들이 400여 명에 달했다 하는데, 그중에 나덕준(羅德峻)·나덕윤(羅德潤)·나덕현(羅德顯)이 있다.

정개청은 1589년 정여립의 모반사건에 연루되어 평안도 위원(渭原)으로 유배되었다가 다시 같은 해 6월 함경도 경원 아산보(阿山堡)로 이배되고, 7월 그곳에서 죽었다.

역사는 이를 기축옥사(己丑獄死)라 한다. 기축옥사로 사망한 사람은 무려 1천여 명에 달한다고 학계에서 말하고 있다.

나덕준은 함경도 부령(富寧)으로 유배 가서 5년 만에 유배가 풀렸고, 나덕윤은 함경도 회령(會寧)으로 유배 가서 5년 만에 유배가 풀렸다. 그리고 나덕헌은 강원도 철원(鐵原)으로 유배 가서 5년 만에 유배가 풀렸다.

정개청의 저서《우득록(愚得錄)》에 보면 정개청이 나덕준에게 보낸 편지가 4편이나 수록되어 있다.《우득록(愚得錄)》의 정개청 사실기를 보면 1590년 7월경에 유배 중인 나덕윤이 병중에 있는 곤재 선생을 돌보았으나 7월 27일 아산보에서 졸하였다.

1591년 정개청의 아들 정민복이 운구하려 했으나 함경감사 유영립(柳永立)이 정민복의 통행증이 없다고 감금해 버렸다. 1592년 4월에 아들이 관을 운구하던 중에 임진왜란으로 쳐들어온 왜구를 만나 관(棺)을 연풍현(延豐縣) 땅에 빈장(殯葬) 하였다. 그리고 8월이 되어서야 관(棺)을 모시고 무안으로 돌아왔다.

1592년 유배 중인 나덕명이 의병을 일으켜 두 왕자를 구한 공훈으로 유배가 풀릴 때 나덕준, 나덕윤, 나덕헌 등이 모두 사면되었다. 그리하여 이들이 선생의 장사(葬事)에 대하여 협의하여 무안현 남쪽 주룡도(住龍渡)에 장사(葬事)하고. 후에 무안현 남쪽 도산(道山) 산록에 이장하였다.

그리고 그때부터 곤재(困齋) 선생의 억울함을 신원(伸寃)하는 상소문을 올리기 시작하였다.

나덕윤이 단독으로 올린 상소문이 《광해군일기》 1608년 광해 즉위년 11월 12일 을미 2번째 기사에 다음과 같이 실려있다.

> 의금부 경력 나덕윤(羅德潤)이 상소하기를, -중략-
>
> 정여립(鄭汝立)은 애초부터 불을 지른다거나 사람을 겁탈하는 도적이 아니고, 사실은 하늘을 속이고 사람을 속인 간악한 자였습니다. 그러기 때문에 당시에 지식이 해박하고 견문이 많은 인물로 선비들의 추앙을 받았습니다. 이이와 성혼(成渾)이 맨 처음 그와 교유해 보고 나서 그를 추켜세우고 칭찬하였는데, 그가 청요직에 천거되어 등용된 것은 사실 이이가 이끌어준 힘이었습니다. 그런데 계미년에 심하게 당론이 나누어지고 이이와 성혼이 세력을 잃은 뒤로부터 비로소 안면을 싹 바꾸어 이른바 동인(東人)들에게 빌붙었습니다. 동인들에게 예견하는 지혜가 이미 없었고 한갓 한 시대에 난 헛된 명성만을 믿고 배척하지 못했으니, 이는 사람을 가려서 사귀지 못한 죄입니다. 그러나 왕망(王莽)의 거짓된 공손에 당시 8만 명이 그의 공덕을 칭송하였고[33] 육상(陸常)의 속임수에 선유

33) 왕망(王莽)의 거짓된 공손에 당시 8만 명이 그의 공덕을 칭송하였고 : 왕망은 한(漢)나라를 패망시키고 신(新)나라를 세웠다가 한나라의 구신(舊臣)에게 살해당한 사람으로, 한나라를 패망시키기 이전 아직 벼슬이 높지 않았을 때는 공손하고 검소해서 사람들이 그의 덕을 칭송하였고, 그에게 내린 봉지(封地) 신야(新野)를 사양하자 약 48만여 명이 계속해서 그에게 그 땅을 받게 해야 한다고 상

(先儒)가 그를 믿고 사위로 삼았으니,[34] 사람을 알기 어려움은 고금의 공통된 병입니다. 그러나 만일 그 실정을 따져 그 죄질의 경중을 매긴다면, 교유하고 인정한 죄는 자연히 제일 큰 형벌을 받아야 하고 그 나머지 사람들은 당연히 죄를 낮추어 주어야 할 것입니다.

정철(鄭澈)은 본래 괴팍한 성미로 날조하여 얽어 넣으려고 꾀하여, 음험한 함정을 파서 무고한 자를 빠뜨리고 공법(公法)을 빙자해 사적인 원수를 갚았습니다. 그러자 한때 그가 품은 뜻에 휩쓸려서 상소를 올려 옭아매려는 자들이 공거(公車)[35] 아래 줄을 이었습니다. 위로는 사대부로부터 아래로는 선비까지 발만 움직이고 머리만 흔들어도 거의 다 지목 대상에 들어갔고, 대수롭지 않은 말을 한마디라도 하면 반드시 구원하려 든다는 죄목에 빠졌습니다. 그래서 3년의 큰 옥사(獄事)에서 원통한 죄수가 갖가지였고, 심지어는 80된 노모와 일곱 살 난 어린아이까지도 함께 나란히 사형장으로 끌려 나갔습니다.[36] 그리하여 안방에서 나누는 말이나 거리의 여론들이 가엾어하고 분통해하였으나, 한랑(寒朗)처럼 초옥(楚獄)을 말하는 자[37]가 하나도 없었으니, 조정에 사람이 있다고 할 수

소하기도 하였다. 여기의 8만 명 운운(云云)은 상세치 않다.《한서(漢書)》왕망전(王莽傳).

34) 육상(陸常)의 속임수에 선유(先儒)가 그를 믿고 사위로 삼았으니, : 육상은 정호(程顥)의 제자인 양시(楊時)의 호. 귀산(龜山)의 제자로 후에 많은 악행을 저질렀다.

35) 공거(公車) : 상소만을 받는 관청.

36) 80된 노모와 일곱 살 난 어린아이까지도 함께 나란히 사형장으로 끌려나갔습니다 : 이때 이발(李潑)의 어머니 윤씨(尹氏)가 나이 82세였고 아들의 나이는 8세였는데, 이발의 죄에 연루되어 형벌을 받고 죽었다.《연려실기술(燃藜室記述)》권14 선조조 고사 본말(宣祖朝故事本末) 기축 정여립지옥(鄭汝立之獄).

37) 한랑(寒朗)처럼 초옥(楚獄)을 말하는 자 : 후한(後漢) 명제(明帝) 때 안충(顏忠)·왕평(王平) 등이 모반(謀反)한 옥사(獄事)에 연루된 자가 수천 명이나 되어 여러 해 동안 판결을 내리지 못하고 있었는데, 한랑이 공정하게 처리하여 무죄한 많은 사람을 풀어주었다. 이때 명제의 노여움이 매우 심해 한랑의 마음을

있겠습니까?

정개청(鄭介淸) 같은 사람에 있어서는, 애당초부터 조정에 나오지 않았고 단지 산중에 숨어서 몸을 닦는 한 사람의 선비였습니다. 사람됨이, 품성이 순수하고 도타우며 지조와 행실이 맑고 확실한데다 도학(道學)을 천명해 세상의 큰 선비가 되었으며, 자신을 엄숙히 다스려 후생의 사표가 되었습니다. 그러기 때문에 세상에 제멋대로 방종을 즐기면서 구속과 검소를 싫어하는 자들이 늘 비난하고 배척하였습니다.

라고 단독으로 임금께 상소문을 올리기도 하였다. 일개 백성 한 사람의 단독 상소문이 훗날 조선왕조실록 광해군일기에 등재되었다면 이 상소문의 내용이 시의적절했다는 말이 된다.

신원운동 결과, 1616년(광해군 8) 그를 봉사(奉祀)하는 자산서원(紫山書院)이 무안 엄담(淹潭)에 건립된 뒤 1694년(숙종 20)까지 집권 세력의 당색(黨色)에 따라 몇 차례 치폐(置廢)를 반복, 서원과 당쟁의 연계라는 드문 예를 보여주었다.

다. 나자강의 5대 손자 택지 나덕신(擇之 羅德愼)의 인물 성향

나덕신은 1568년(선조 1)에 태어나 1591년(선조 24) 신묘별시 무과에 급제하였다.[38] 나덕신의 전력(前歷)이 교생(校生)이었으니 향교에서 문과 과거 공부를 하다가 무과에 급제하였으니, 문무에 조예가

잘못 알고 그를 감옥에 가두려고까지 하였으나, 끝내 한랑의 청을 받아들여 무고한 자 1천여 명을 풀어주었다. 《후한서(後漢書)》 현종효명제기(顯宗孝明帝紀) · 한랑전(寒朗傳).

38) 방목기록 : 나덕신/[무과] 선조(宣祖) 24년(1591) 신묘(辛卯) 별시(別試) 병과(丙科) 84위(119/300)

깊었던 것 같다.

《호남절의록》의 나덕신 편 기록을 보니 무장현감[39]으로 1596년 아버지 상(喪)을 당해 여막에서 거처하던 중, 1598년 무술년에 상중(喪中)에 있는 나덕신을 출사(出仕)케 하여[40] 무장현감으로 이순신 휘하에서 노량해전에 참전하였다. 이 공훈으로 '특별히 영암군수에 제수하였다.'라고 하였다.

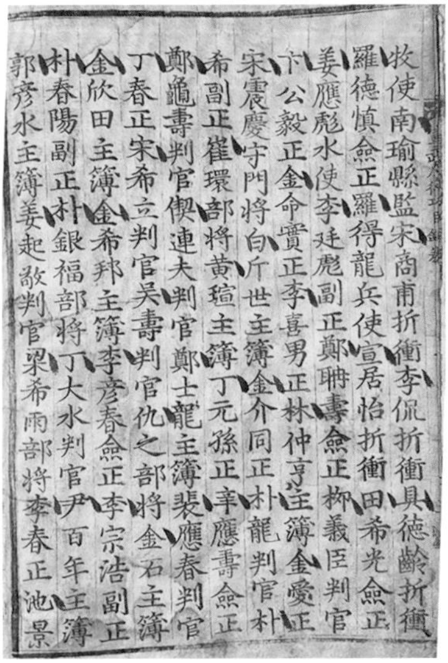

牧使南瑜 縣監宋商甫 折衝李侃 折衝具德齡 折衝
羅德愼 僉正羅得龍 兵使宣居怡 折衝田希光 僉正
姜應彪 水使李廷彪 副正鄭聃壽 僉正柳義臣 判官
卞公穀 正金命賢 正李喜男 正林仲亨 主簿金愛 正
宋震慶 守門將白斤世 主簿金介同 正朴龍 判官朴
希 副正崔環 部將黃璡 主簿丁元孫 正辛應壽 僉正
鄭龜壽 判官偰連夫 判官鄭士龍 主簿裵應春 判官
丁春 正宋希立 判官吳壽 判官仇之 部將金石 主簿
金欣 田主簿金希邦 主簿李彦春 僉正李宗浩 副正
朴春陽 副正朴銀福 部將丁大水 判官尹百年 主簿
郭彦水 主簿姜起敬 判官梁希雨 部將李春正 池景

<그림 7> 선무원종공신녹권/나덕신

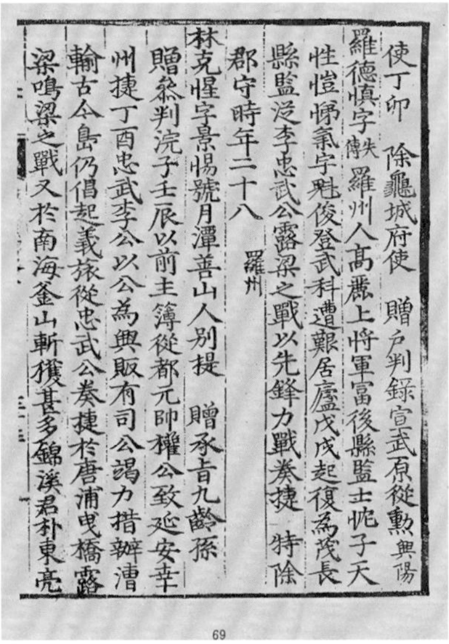

使丁卯 除龜城府使 贈戶判錄宣武原從勳 興陽
羅德愼字 羅州人高麗上將軍富後縣監士怩子天
性愷悌氣宇魁俊登武科遭艱居廬戊戌起復爲茂長
縣監從李忠武公露梁之戰以先鋒力戰奏捷 特除
郡守時年二十八 羅州
林克惺字景暢號月潭善山人別提 贈承旨九齡孫
贈叅判浣子壬辰以前主簿從都元帥權公致延安幸
州捷丁酉忠武李公以公爲興販有司公竭力措辦漕
輸古今島仍倡起義旅從忠武公奏捷於唐浦曳橋露
梁鳴梁之戰又於南海釜山斬獲甚多錦溪君朴東亮
69

<그림 8> 호남절의록/나덕신

한편, 영암읍지의 선생안(先生案)을 보니 나덕신은 정미(丁未, 1607년) 임소에 도착하여 무신(戊申, 1608년)에 물러났다고 기록되어 있다. 1605년의 선무원종공신녹권에 1등 공신으로 나덕신은 첨정

39) 나덕신 무장현감 : 1598년(선조 31) 7월-1599년(선조 32) 재임

40) 상중(喪中)에 있는 나덕신을 출사(出仕)케 하여 : 이를 한자로 기복(起復)이라 한다.

(僉正,종4품) 절충(折衝,정3품 절충장군)이었다.

라. 나자강의 5대 손자 장암 나덕헌(壯巖 羅德憲)의 인물 성향

나덕헌은 나사침의 막내아들로 1573년(선조 6)에 태어났는데, 아버지 나사침은 1596년(선조 29) 임진왜란 중에 졸하였다. 나덕헌은 1603년(선조 36) 무과에 급제하고 선전관을 거쳐 1624년(인조 2) 이괄(李适)의 난 때 도원수 장만(張晩)의 휘하에서 종군했다.

특히, 안현전투(鞍峴戰鬪)에서 큰 공을 세워 진무원종공신에 봉해졌다. 외교적 수완이 능해 여러 차례 심양에 사신으로 다녀왔다. 이후 길주목사(吉州牧使)를 거쳐 1635년 창성부사(昌城府使)·의주부윤을 역임하고, 1636년 춘신사(春信使)로 다시 심양에 갔는데 동지(同知) 이확(李廓)과 심양에 도착했다. 이때 후금의 태종은 국호를 청(淸)이라 고치고 황제(皇帝)를 칭하며 즉위식을 거행했다.

우리나라 사신에게도 경축반열에 참석하라고 했으나, 하례를 완강히 거부하다가 옷이 찢어지고 갓이 부서지는 구타를 당했다. 구타와 회유를 거듭해도 시종 거부하다가, 청(淸)나라가 볼모를 요구하는 국서(國書)를 주어 돌려보내기로 하자, 내용을 알기 전에는 받을 수 없다고 받지 않았다.

100여 명의 기병으로 통원보(通院堡)까지 호송되었는데, 기병의 호위가 풀리자 통원보의 호인(胡人)에게 국서(國書)를 맡기고 귀국했다. 이 사실을 안 삼사(三司)와 조복양(趙復陽)을 중심으로 한 관학(館學) 유생들은 황제참칭(皇帝僭稱)의 국서(國書)를 받았다고 논핵했다.

영의정 김류(金瑬)까지 가세한 조정의 거센 척화론(斥和論)으로 위기에 몰렸으나, 이조판서 김상헌(金尙憲)의 적절한 변호로 극형만 은 면하고 평안북도 의주군의 백마산성(白馬山城)으로 유배되었다.

청나라 춘신사로 가서 숭명배금(崇明排金)의 조선 입장을 고수하여 청(淸)나라 황제에게 절을 하지 않았다는 기록이 매우 많다.

①이덕무의 청장관전서(靑莊館全書) 卷之六十七 入燕記[下] 〉

「또 나덕헌(羅德憲) · 이곽(李廓)의 일을 기록하기를, "조선이 청(淸)을 섬기자 나씨 · 이씨가 복종하지 않았다."[41]하였다."」라 하였으며

②이덕무의 청장관전서(靑莊館全書)〉간본 아정유고(雅亭遺稿)제5권〉 문(文) 〉나 통어사(羅統禦使) 일사장(逸事狀)[42]에

「한(汗/오랑캐 추장)이 사람을 시켜 공(公,나덕헌)을 유도하기를,

"축하에 참여하면 살 것이요, 축하에 참여하지 않으면 살아남지 못한다." 하니, 공이 성을 내며 큰소리로 말하기를,

"차라리 축하에 참여하지 않아 살아남지 못할지언정 축하에 참여하여 살지는 않을 것이다."

하였다. 이에 난타하는 매가 내려 그 피가 옷을 적시며 땅을 붉혔다. 부인(俘人/포로)으로 그들의 장교가 된 자가 민망히여겨 하는 말이,

"형제의 나라로서 사신이 한 번 절하는 것이 얼마나 의리를 해치기에 이 지경에 이르도록 몸을 생각지 않는가?"

하므로 공이 말하기를,

"군명(君命/임금의 명)이 있지 않으면 비록 죽더라도 감히 절할 수 없는 것이다."

하니 부인(俘人)이 '다야다야(多也多也)'라고 하였는데, 다야(多也)란 것은 곧 감탄하는 말이다.

---

41) 〈원문〉 又錄羅德憲, 李廓之事曰。 朝鮮假禮。羅李不拜云云。

42) 일사장(逸事狀)이란 '알려지지 않은 얘기를 상부에 보고' 하는 형식으로 쓰는 글이다.

한(汗)이 축하 받기를 끝내고 공을 관에 구금해 두었다가, 이튿날 한(汗)이 동교(東郊)로 나갈 때 또 두 사람을 잡아갔다. 용골대가 말하기를,

"오늘 만약 절하지 않으면 크게는 형을 받을 것이요, 작으면 구류를 당할 것이다."

하므로 공이 말하기를,

"죽일 테면 죽이고 가둘 테면 가두라."

하면서 큰소리로 꾸짖음을 그치지 아니하니, 그들이 또 구타하여 오른쪽 갈빗대를 부러뜨렸다."

-중략-

몇 달 뒤 금(金)나라 한(汗/오랑캐 추장)이 크게 군사를 일으켜 와 남한산성(南漢山城)을 포위할 때, 공(公, 나덕헌)이 나주(羅州)에 있으면서 병이 극심하여 임금을 호종(扈從)하지 못하게 되었다.

이듬해 정월에 상(上,임금)이 한영(汗營, 오랑캐 추장의 군영)에 갔을 때 한(汗)이 묻기를,

"나모(羅某/나덕헌)가 지금 어디에 있는가? 지난번에 그처럼 굴하지 않더니, 지금 다시 만나볼 수 없겠는가?" 하였다.

-중략-

이로부터 공(公,나덕헌)의 모함이 차차 벗어지게 되었고, 상(上)도 가상히 여겨 삼도 통어사(三道統禦使)로 발탁하였다. 기묘년(1639, 인조 17)에 체임되고, 이듬해 정월에 죽었으니, 향년은 68세요, 무안현(務安縣) 부주산(浮珠山)에 안장하였다.

그후 1779년(정조 3) 12월 12일자로 "증 병조 판서 나덕헌(羅德憲)을 충렬(忠烈)로 증시(贈諡)" 하였다.

③박지원의 《연암집(燕巖集)》 卷之二 〉 "태종(太宗)이 이미 존호를 받았는데, 조선 사신 이확과 나덕헌이 유독 절을 하지 않았다"[43]라 하였으며 ④박제가의 《정유각문집(貞蕤閣文集)》 卷之三 〉 [傳] 〉 "이확, 나덕헌

43) 〈원문〉 太宗旣受尊號。 而朝鮮使臣李廓羅德憲。 獨不拜。

등이 죽기로 굽히지 않았으니 큰 절개가 늠름하였다."[44]라 하였으며

⑤성해응의 《연경재전집(硏經齋全集)》 15책 〈서이사항절도사(書二使抗節圖事)〉에

"사신 이확과 나덕헌은 절을 하지 않은 것이 존양지의(尊攘之義)[45]의 의리이다.[46]"라 하였으며

⑥황윤석의 《이재유고(頤齋遺藁)》 卷之十八 〉 行狀 〉 "조선사신 나덕헌과 이확이 유독 절을 하지 않았기에 예의를 지켰다는 말이 있었다.[47]"라 하였다.

여기까지는 우리나라 측 기록이다. 그렇다면 당시 청(淸)나라 측 황실 기록은 어떠한지 살펴보자.

〈표 3〉 1633년 천총(天聰)7년 淸實錄 拔萃

청실록 1633년 천총[48]8년 10월 2일	조선 사신 호부시랑(戶部侍郞)인 나덕헌, 및 종관(從官)과 인역(人役)들에게 말 안장(鞍裝), 담비, 인삼, 백금을 다르게 하사하였다.[49]
천총8년 10월 9일	이날에 조선 사신 나덕헌을 초대하여 예부(禮部)에서 연회를 베풀고 귀국하도록 떠나보냈다. 조선 국왕에게 편지로 답하며 이르기를 : "멀리서 온 사신의 위로가 있었으며 겸하여 賻儀를 보내왔는데 이에 특별히 사의를 표합니다." 또 서신에 이르기를 : "욕되게 왕의 배려에 도타운 형제간의

44) 〈원문〉 李廓,羅德憲等以死不屈.大節凜然。

45) 존양지의(尊攘之義) : 존왕 양이(尊王攘夷)의 준말이다. 즉 왕실(王室)을 높이고 이적을 물리친다는 뜻으로 공자가《춘추》를 산정할 때 이 원칙에 입각했다.

46) 〈원문〉 其使臣李廓,羅德憲不拜.我尊攘之義。

47) 〈원문〉 有曰朝鮮使臣 羅德憲李廓獨不拜守禮義。

48) 천총(天聰) : 후금 연호(1627년부터 1636년까지)

49) 원문 :賜朝鮮國使臣戶部侍郞羅德憲及從官人役鞍馬,貂,參,白金有差。

천총8년 10월 9일	정의를 잊지 않게 기억하고 우리나라에서 도망한 두 명을 약속대로 송환하였기에 감사합니다. 때가 겨울에 이르렀으니 국왕은 일상생활에서 부디 몸을 소중히 해야 합니다." 또 서신에 이르기를 : "왕이 말한 마사(馬事)[50]는 참으로 옳지만 다만 내가 처음에 이를 알지 못하였는데 과연 말한 바와 같이 참으로 도리에 어그러진 것입니다. 이후로 만약 사신을 보내서 왕래하다가 그의 말이 병으로 넘어져 죽었다면 모두 배상치 않도록 하겠습니다. 만약 병이 없으나 기르지 않아서 야위어지거나 죽거나 실종되었다면 여전히 배상하게 하겠습니다. 그렇지 않다면 왕래하는 사신들이 어찌 걸어가도 좋겠습니까?"[51]
천총8년 12월 4일	조선의 전 사신 나덕헌에게 이정현(李廷顯)을 데리고 조정에 나아가 황제를 뵈게 하였다. 두 사신은 편지를 받들고 무릎을 꿇고 황제 앞에 바쳤다. 편지에 이르기를 : -전략- 양국은 이왕 한 가족이 되었으니 무릇 처리하기 어려운 일이 생긴다면 마음껏 서로 고지(告知)하고 마음속에 깊이 쌓아둔 바가 없어야 비로소 형제가 서로 아끼고 사랑한다는 뜻입니다. 이와 같아야 연후에 화평한 일이 영원히 갈 수 있습니다.[52] -후략-
	조선 사신인 나덕헌, 이정현(李廷顯)을 초대하여 예부(禮部)에서 연회를 베풀었다.[53]

50) 마사(馬事): 말을 기르고 부리고 다루는 법을 연구하며, 또 그를 실행하는 일.

51) 원문 : 是日,宴朝鮮國使臣羅德憲於禮部,遣之歸國,答朝鮮國王書曰,遠使存慰,兼承奠賻,專此鳴謝。又書曰,辱王垂注,不忘篤念兄弟鄰好,將我國逃人二名,如約送還,感謝。時屆冬令,王之起居,萬宜珍重。又書曰,王所言馬事良是,但予初不知此。果如所言,實為非理。嗣後若遣使往來,其馬以病倒斃者,俱不令償。若無病而不豢養,致瘦斃走失者,仍令賠償。不然,往來之使,豈可徒行乎?

52) 원문 : 令朝鮮國前使羅德憲偕李廷顯朝見。二使臣奉書跪拜獻上前。書曰 -중략- 兩國既成一家,凡有難處事宜,盡情相告,無所蘊蓄。乃兄弟相親愛之意。如是,然後和事可永。

53) 원문 : 是日,宴朝鮮使臣羅德憲、李廷顯於禮部。

천총8년 12월 6일	-전략- 돌려보냈을 때에 조선 국왕인 이종(李倧)에게 편지를 전하며 이르기를 : "왕이 후에 보낸 사신이 이르렀을 때 보내온 서신을 보게 되고, 처음 황위(皇位)에 올라 두터운 선사(膳賜)도 받아들였으며, 또한 전 사신을 접견하고 안부 편지와 답서는 기다렸다가 후에 오는 사신에게 함께 돌려 보내겠습니다"[54]라 하였다.

그 후 후금(後金)은 1636년 청(淸)나라를 개국하면서 조선에서도 축하의 사절단을 보내주도록 요청하자, 지난 1627년 정묘호란의 트라우마 때문에 어쩔 수 없이 춘신사(春信使)를 파견하였다.

조선은 춘신사로 나덕헌(羅德憲)을, 회답사(回答使)로 이확(李廓)을 선정하여 1636년(인조 14, 숭정 9) 2월 9일부터 4월 29일까지 청나라 개국식에 참석하고 돌아왔다.

이와 관련한 청나라 측 기록은 『태종문황제실록(太宗文皇帝實錄)』 天聰七年七年 九月 二十八日부터 天聰 10년[55] 4월 28일까지의 기록이 있고, 조선 측에는 앞서 언급하였듯이 관찬과 사찬의 기록이 매우 많다.

이때의 사절단 대표 나덕헌은 3년 전인 1633년 후금(後金)을 다녀온 사람을 조선정부는 다시 선정하여 청나라 개국 시 사절단으로 보냈던 것이다. 청실록(淸實錄)의 기록을 살펴보자.

---

54) 원문 : 遣還,并遣朝鮮國王李倧書曰,王後遣使臣至,得觀來書,始登厚餽并見前使至於問候書,及復書。俟後遣使并致。

55) 天聰 七年은 1633년(계묘년), 천총10년은 1636년(병자년). 천총은 후금 홍타이지의 연호임.

〈표 4〉 1636년 天聰10년 청실록(淸實錄) 발췌

청실록 1636년 천총10년 3월 22일	이날에 조선 국왕인 이종(李倧)이 참의(參議)인 나덕헌(羅德憲), 참판(參判)인 이확(李廓)을 보내 춘계 예물을 바치려고 하며 서신에 이르기를 : "날씨가 곳곳이 따뜻하고 온화하며 새 복지가 더욱 우거지고 거슬러 돌아보는 정성이 참말로 그칠 수가 없다. 귀사(貴使)는 먼저 돌아갔으니 소인의 정성이 이미 다 드러난 것과 같다. 규칙대로 보낸 토산물은 또한 그 관청에게 명을 내려서 귀사와 상의해서 다시 정하기로 하였다. 기타 곡절은 다시 번거롭게 거듭 말하지 않겠다."[56] -하략-
천총10년 4월 11일	-전략- 방금 예식을 행했을 때에 조선 사신인 나덕헌, 이확이 절을 하지 않았다. 청 황제가 이르기를 : "조선 사신인 나덕헌, 이확은 예의가 없었는데 낱낱이 들기가 어렵다. 이는 모두 조선 국왕이 일부러 원한을 일으키고자 과인에게 먼저 불화의 단서를 도발해서 그의 사신을 죽이게 한 것이다. 그러한 뒤에 과인에게 맹세를 배반하여 버린다는 구실로 죄를 씌우려고 그들에게 이렇게 하게 한 것이다. 과인 평소의 행동을 몰라서 지금까지 일시적이고 작은 분노의 행세를 거의 하지 않았으니 이 자질구레하고 번거로운 일과 같다. 양국이 원수가 되더라도 병사와 병기가 서로 가까이 가서 싸울 때에 일로 사람을 보내는데 또한 곧 그 온 사신을 죽이겠다는 도리가 없다. 하물며 조회(朝會)이랴? 문책하지 말라고 하였다."[57] -하략-

56) 원문 : 是日, 朝鮮國王李倧遣參議羅德憲、參判李廓, 獻春季禮, 書曰: 陽和初遍, 新祉益茂, 嚮溯之誠, 實不能已。貴使前還, 區區悃愊已悉吐露。例致土儀, 亦令該司與貴使商議增定。其他曲折不復一煩說矣

57) 원문 : 方行禮時, 朝鮮使臣羅德憲、李廓不拜。上曰: 朝鮮使臣羅德憲、李廓無禮處難以枚舉。是皆朝鮮國王有意搆怨, 欲朕先起釁端, 戮其使臣。然後加朕以背棄盟誓之名, 故令其如此耳。不知朕之素行, 從不逞一時之小忿, 如此瑣屑也。即兩國已成讎敵, 兵刃相加爭戰之際, 以事遣人, 亦無即戮其來使之理。況朝會乎? 其勿問。

천총10년 4월 15일	조선 사신인 나덕헌, 이확을 돌려보내고 그들의 국왕인 이종(李倧)에게 담비 가죽 150장을 전해 주고, 두 사신 및 종자들 285명에게 마필, 담비 가죽, 인삼, 은량을 다르게 베풀어 주었다. 또한 서신 두 통을 나덕헌과 이확에게 가지고 돌아가게 하였는데, 한 서신에 이르기를 : "조상하고 조문한 것은 형제들이 사이좋게 지내는 뜻이니 갚음을 바라는 것이 아니다. 준비된 엷은 선물은 제사를 지내는 데에 이르러서 애오라지 정의를 두터이 하고자 하는데 어찌 거듭 애써서 답례한가? 예물을 받는 것은 마땅치 않으니 곧 보태어 돌려보낸다고 하였다."[58] -중략-
	전에 총사령관인 공유덕(孔有德), 총병인 경중명(耿仲明)이 와서 항복했을 때[59]에 너희 나라는 명나라를 도와 단절하여 죽이려 하였으나, 더불어 우리나라는 여러 패륵들이 저들이 있는 곳으로 가서 환영하였던 것을 너희 나라가 명확히 알게 한 것이며, 그리고 다시 교전을 한다면 이 전쟁의 발단은 모두 다 너희 나라가 일으킨 것이다. 난 우리 백성들을 엄격히 단속하는데 국경을 넘어 조금이라도 침범하지 못하게 하였으며 너희는 국민을 방임하여 여러 번에 우리 땅에서 인삼을 캐고 고기잡이와 사냥을 하게 하였다.[60] -중략-

58) 원문 : 遣朝鮮使臣羅德憲、李廓歸國，遺其國王李倧貂皮百五十張，賜二使臣及隨從二百八十五人馬匹，貂皮、人參、銀兩有差。并以二書命德憲廓攜往。一書曰: 弔死問喪，乃兄弟通好之情，非望報也。所具菲儀致祭，聊以展忱，何以復勞嘉? 禮受之非宜，即令附還。

59) 전에 총사령관인 공유덕(孔有德), 총병(總兵)인 경중명(耿仲明)이 와서 항복했을 때 : 공유덕(孔有德)과 경중명(耿仲明)은 모문룡(毛文龍)의 부하 장수로서, 모문룡이 복주(伏誅)된 뒤에 등주(登州)와 내주(萊州)로 들어가 반란을 일으켰다가 명군의 공격을 받고 청나라에 투항한 이들이다. 병자호란 때 청 태종(淸太宗)은 청병(淸兵) 7만 8000명 이외에 이들 명나라 반군이 이끄는 한병(漢兵) 2만 명과 몽고병(蒙古兵) 3만 명 도합 12만 8000명의 원정군을 구성하여 조선을 침입하였다.

60) 원문 : 曩元帥孔有德、總兵耿仲明來降時，爾國助明截殺，及我國往迎諸貝勒至彼爾國明識之，而復與交鋒。是爭戰之端，皆自爾國啟矣。予嚴戢吾民，不得越境有犯秋毫。爾縱國人，屢在吾地採參漁獵。

	왕이 이번에 보내온 사신인 나덕헌과 이확, 그들의 무례함은 더욱 다하여 헤아릴 수 없었다. 이는 모두 당신이 맹세를 깨뜨려서 미움을 찾고 불화를 일으키려고 하는 것이다. 또한 맹세를 깨뜨린 명분을 나에게 덮어씌우고자 하니 나에게 먼저 불화의 단서를 도발해서 당신들의 사신을 죽이게 한 것이다.[61] -하략-
천총10년 4월 28일	조선국 사신인 나덕헌은 돌아가다가 통원보(通遠堡)에 이르러 서신을 수신(守臣)에게 주었다. 수신(守臣)이 알도록 서신에 이르기를 : "조선에서 춘계 사신으로 온 나덕헌, 이확은 만주국에 주둔하여 지키는 통원보 대인에게 분명히 고합니다. 우리들은 임금의 명을 받들어 귀국으로 출사(出使)하였는데 갑자기 다른 마음이 생겼다고 열을 내어 핍박을 하였습니다. 다만 우리들의 목을 스스로 벨 수가 없어 모든 수치(羞恥)와 모욕(侮辱)을 받을 만큼 다 받았습니다. 이는 옛날부터 지금까지 없었던 일입니다. 지금 다행히 우리나라 국경에 이르러, 국법을 달게 받아 죽어도 다시 무슨 말을 또 하겠습니까? 출발할 때에 영아이대(英俄爾岱), 마복탑(馬福塔) 두 사람이 우리 조선에 서신을 주었는데 아주 단단하게 봉해진 것을 보니 우리는 서신에 옛 규칙과 다르게 말할 까봐 두려워 그것을 열고 보려고 하였으나 두 대신(大臣)이 들어주지 않아, 서신을 말에 묶어놓고 우리를 쫓아내기에 성(城) 밖으로 나왔습니다. 십리하(十里河)에 이르러 열어 보니 서찰 봉투에 임금 칭호와 찍은 도장이 과연 옛 규칙과 맞지 않았습니다. 그 서신(書信)중에서는 우리를 지칭하며 책비(責備)[62]하도록 욕하고 꾸짖어 추호도 형제간의 서로 공경하는 뜻이 없이 마치 노예처럼 보았습니다. 우리나라 대신(大臣)으로 어찌 차마 보겠습니까? 만약 이 서신을 가지고 나라로 돌아가면 이는 스스로 그 임금과 아버지를 욕되게 하는 것입니다. 비록 만 번 죽어도 아직 남은 허물이 있으니, 인하여 그대 성(城)에 이르러서 서신과 종이 100권, 사슴 가죽 20장이 들어간 소포를 고기와 쌀을 싣는 말 바리에 두었습니다.

61) 원문 : 王此番所遣使臣羅德憲、李廓, 其無禮更難悉數。此皆爾有意敗盟, 尋嫌搆隙, 而欲以敗盟之名移之於我, 令予先啟釁端, 殺爾使臣。

62) 책비(責備) : 남에게 대하여 여러 가지 할 일을 다 잘하기를 요구함.

	그러므로 말이 병이 나는 것을 미루어서 헐가(歇家)에 머물러 있으면서 그 집을 모두 알았습니다. 엎드려 바라건대 귀 성(城)의 대인(大人)께서 바리에 있는 서신을 꺼내어 전달하십시오. 황제께서도 또한 우리가 그 나라를 더럽히지 않는 것을 아실 것입니다. 귀국이 예절에 어긋난 서신으로 우리들에게 가지고 가게 하였으나 우리들은 또한 서신이 옛 규칙에 맞지 않기 때문에 남겨 두었습니다. 엎드려 통촉하시기를 빕니다.[63]

이상은 청실록(淸實錄)의 기록이다.

그렇다면 조선 측의 기록은 어떠한지 살펴보자.

63) 원문 : 朝鮮國使臣羅德憲還至通遠堡，貽書於守臣。守臣以聞書曰：朝鮮春季來使羅德憲、李廓明告滿洲國駐守通遠堡大人。我等奉主命出使貴國，忽生異心，以勢逼迫。但吾首不能自斷，一切羞辱俱已受盡。此古今所無之事也。今幸得至我界，甘受國法而死，尚復何言？臨行時英俄爾岱、馬福塔二人與我國書，封之甚固，我恐書中言語與舊規不同，欲啟而視之，二大臣不從，繫書於馬，逐我出城。至十里河啟視，見書套上稱呼押印果與舊規不合。其書中以爾我稱之，責備詈罵，毫無兄弟相敬之意，視如奴隸。我國大臣，何忍觀之？若帶此書回國，是自辱其君父也。雖萬死，尚有餘辜，因至爾城，將書并紙一百卷、綠皮二十張包裹置於魚米馱內。故推馬病，留在歇家，其家盡知之。伏望貴城大人將馱內書取出，轉達。皇帝亦知我不辱其國也。貴國以非禮之書逼我擕來，我等亦以書不合舊規，故此留下。伏乞照亮。

〈표 5〉 1634~1636년 인조실록 발췌

1634년 인조실록 30권, 인조 12년 11월자	추신사(秋信使) 나덕헌(羅德憲)이 오랑캐 땅에 갔는데, 한(汗)이 패해서 돌아온 뒤로 우리나라가 그 일을 알까 두려워하여 지레 공갈치기를 '예단(禮單)의 수효를 줄였고 우리가 원정(遠征)한 것에 대해 위로하지 않았다.' 하고는, 끝내 덕헌을 붙잡아 두었다. 그리고는 글을 보내 꾸짖었는데, 그 글 중에는 패려하고 거만한 말들이 많았다. 우리나라에서는 선전관 이정현(李廷顯)에게 답서를 주어 보냈다.[64]
1636년 인조실록 32권, 인조 14년 4월 26일	춘신사(春信使) 나덕헌(羅德憲), 회답사(回答使) 이확(李廓)이 치계하기를, "노중(虜中)에 있을 적에 마침 그들이 참호(僭號)를 칭하였는데, 위협을 당하면서도 굴하지 않았습니다. 그리고 행차가 통원보(通遠堡)에 도착하여 그 글을 열어 보니, 말뜻이 패악하고 설만하여 감히 싸가지고 오지 못하고 몰래 잡물 속에 두고 왔습니다. 원본은 등사하여 올립니다. 그 글에 '대청 황제(大淸皇帝)'라 칭하였고, 우리나라를 '너희 나라'라고 칭하였습니다."[65]
1636년 인조실록 32권, 인조 14년 5월 27일	이보다 앞서 나덕헌(羅德憲) 등이 돌아오자, 양사가 모두 효시(梟示)하여 대중을 경계시키자고 청하였는데, 묘당이 덕헌 등에게 혹 용서할 만한 점이 있다고 힘껏 말하자 마침내 서변(西邊)에 정배하라고 명하였다.[66]

64) 〈원문〉 秋信使羅德憲往虜中, 汗自敗還之後, 恐我國知其事, 先自恐喝以爲: "禮單旣減其數, 且不慰遠征之勞。" 遂留德憲, 貽書責之, 書中多有悖慢之語。 我國使宣傳官李廷顯, 齎答書以遣之。

65) 〈원문〉 春信使羅德憲、回答使李廓馳啓以爲: "方在虜中, 適値其僭號, 被刦不屈。 行到通遠堡, 拆見其書, 辭意悖慢, 不敢齎來, 暗置於雜物中, 而原本則謄寫以上。 其書稱大淸皇帝, 稱我國曰爾國云云。

66) 〈원문〉 先是, 羅德憲等旣還, 兩司皆請梟示警衆, 廟堂力言德憲等容有可恕, 遂命定配於西邊。

청실록에 보면 분명 나덕헌이 청 태종에게 절을 하지 않았다는 기록을 볼 수 있으나, 매를 때려 피가 옷을 적셨다거나, 구타당하여 오른쪽 갈빗대를 부러뜨린 것은 기록되지 않았다.

청나라 황실 기록에 사신을 두들겨 패거나 사신을 구타했다는 기록을 남길 수는 없었을 것 같다.

조선은 명(明)나라와의 숭명(崇明)이라는 의리를 지키고자 청(淸)나라 개국행사에 춘신사로 간 나덕헌은 청 태종에게 고개를 숙이지 않았다. 명나라는 1368년 개국하여 1644년 청나라에게 멸망하였다, 조선 백성들은 명나라와의 선린우호를 잊지 않으려고 청(淸)나라 연호인 '강희(康熙)', '건륭(乾隆)' 대신 명나라 숭정(崇禎)연호를 "숭정(崇禎) 기원후(紀元後) 몇 년 간지(干支), 몇 월 며칠"로 썼다. 조선의 정부는 청나라 연호를 써 기록하지만, 일반 조선 백성들은 '숭정(崇禎) 기원후(紀元後) 몇 년 간지(干支)'로 연호를 썼다. 개인 문집에 따라 다르나 숭정(崇禎) 기원후(紀元後) 4간지(干支)까지 쓴 것이 있어 거의 명나라 멸망 240년까지 명나라 숭정 연호를 썼던 것 같다.

그것이 조선 백성들의 성향이었다. 그러므로 나시침의 여섯 아들도 그러한 성향으로 교육을 받았기에 후금 개국 행사에 참여한 나덕헌이 황제 앞에서 절하기를 거부한 것이다.

Ⅳ. 마무리 글

학술대회 주최 측에서 무안정신(務安精神)을 구명하기 위해서 무안 초대 현감 나자강의 입향정신(入鄉精神)을 고찰하도록 요청하였다.

《무안읍지》에는 나자강이 초대 현감으로 기록되었지만, 역사 기록을 살펴보면 신라(新羅) 경덕왕(景德王/재위742-765) 때 백제(百濟)의 물아혜군(勿阿兮郡)이 무안군로 바뀌었다. 혜종(惠宗) 원년(944)에 물량군(勿良郡)으로 고쳐졌다가, 성종(成宗) 10년(991)에 다시 무안군으로 부르고, 〈나주목〉에 〉 내속(來屬)하였다. 그러므로 무안군수나 무안 현감은 신라 경덕왕 때부터 재임하였을 것이다.

다만《무안읍지》의 기록에 나자강을 초대 현감으로 하였으니 나자강을 통해 무안(務安) 정신을 발굴하려고 하였다. 정신이란 DNA는 단 1세대에 생겼다가 그치는 것이 아니라 핏줄이라는 통로를 통해 선대에서 후대에 전해지기 때문이다. 이런 맥락에서 보면 무안의 명소인 소포(嘯浦)를 호(號)로 삼은 나덕명을 비롯한 여섯 형제들까지 족보나무를 원경(遠景)으로 삼아 해설하였다.

나주나씨 나자강(羅自康)의 무안 입향조의 핏줄을 통해 몇 가지 입향순속을 무안정신(務安精神)으로 승화시킬 만한 것은 무엇일까?

첫째, 무안인의 충효열(忠孝烈)이다.

조선조 성리학의 지향하는 덕목(德目)이 충효열(忠孝烈)이기에 어느 누가 충효열(忠孝烈)의 행실에서 벗어나겠는가? 다만 충효열의 행위에 대하여 정려질(旌閭秩)을 임금으로부터 받아야만 비로소 정려각(旌閭閣)을 건립할 수 있으니, 모든 백성이 충효열의 덕목으로 살았어도 상서문(上書文)을 마을에서 관아로, 관아에서 관찰사로, 관찰사에서 궁실로 올릴 수 있는 여건을 만들지 못하였을 뿐이다.

그러나 우리나라 국난 극복 과정에서 충절의 모습이 돋보이는 사람이 있다.

유배된 몸으로 의병을 일으켜 두 왕자를 구한 나덕명, 청나라 개국 때 사신으로 간 나덕헌은 끝까지 청 태종에게 절을 하지 않은 숭명배금(崇明排金)의 절의가 돋보인다. 금암 나덕준(錦巖 羅德峻)과 금봉 나덕윤(錦峰 羅德潤)은 5년 유배형에서 풀려나자, 곤재 정개청 선생의 억울함은 풀기 위해 치열하게 활동하였다. 그 결과 1616년(광해군 8)에 자산서원(紫山書院)을 건립하였으니, 사은(師恩)의 표상이 되었다.

과거 무안현에도 충절의 표상이 되는 그런 인물이 많다. 그러한 인물을 집대성하여 그들의 스토리텔링을 책자화하여 세상에 내놓으면 의향무안(義鄕務安), 효열무안(孝烈務安)으로 불리게 된다.

두 번째, 「무농안민(務農安民)」의 정신이다.

우리나라 조선조는 농경사회였다. 임금도 「농자천하지대본」이라 하였다. 이 말에 걸맞게 무안(務安)이란 지명이 무농안민(務農安民)의 깊은 뜻을 지니고 있으니, 무안인의 정신으로 삼을 만하다.

'소포들'이라는 스토리텔링 속에 무농안민(務農安民)이 있음을 발견하였다.

그렇다면 '장항포(자방포)들'에는 무농안민(務農安民)의 스토리텔링이 없겠는가? 이처럼 무농안민(務農安民)의 스토리텔링 발굴은 무안인들의 몫이 되었다.

세 번째, 「무산안국(務産安國)」의 정신이다.

옛말에도 "항산(恒産)이 없으면 항심(恒心)이 없다"[67]라 하였다. 이 말의 깊은 뜻은 "일정한 생업이 없으면 떳떳한 마음이 없다."라는

67) 〈원문〉 無恒産 無恒心(무항산 무항심) : 일정한 생업이 없으면 떳떳한 마음이 없다.

것으로 맹자(孟子)가 한 말이다.

무안의 지명에는 무산안국(務産安國)의 깊은 뜻이 담겨있다. 즉, '생산(生産)에 힘쓰면 나라가 편안해진다.'라는 뜻도 있고, '출산(出産)에 힘쓰면 나라가 편안해진다.'라는 뜻도 있다.

네 번째, 일로(一老)라는 지명의 스토리텔링을 정립해야 한다.

인터넷에 올려진 一老 이야기를 보면 「무안 초대 현감 나자강〔1423-1426년 재임〕이 일로 마을을 시찰하고, 一老의 길은 노인 한 사람만이 길을 갈 수 있을 정도로 좁은 길이었다. 그리하여 무안 현감 나자강이 일로라 명명하였다」 하였는데, 논리적으로 맞지 않고, 자긍심이 없어 보이는 지명유래이다.

본 필자가 고려사, 조선사를 검색해 보아도 지명(地名)의 일로(一老)는 발견되지 않았다. 예로부터 羅州牧 務安縣이었는바, 《고려사》에도 무안현이 3회 언급되고, 《고려사절요》에도 2회 언급되었으며, 《조선왕조실록》에도 89회 언급되어 있다. 그렇다면 현(縣) 아래 리(里)가 있으니, 아마 무안현 의산리(義山里)가 있었을 것 같다.

나덕명은 곤재 정개청의 제자이기에 기축옥사에 연루되어 함경도 경성(鏡城)으로 유배된 몸이었지만 임진왜란 때 의병을 일으켜 왕자 임해군(臨海君)과 순화군(順和君)을 구출하였고, 쌍포(雙浦) 백탑교(白塔橋) 싸움에 참전하였으며, 1594년 귀향이 풀린 후에는 형개(刑玠)에 있던 허충의 · 도원수(都元帥) 권율(權慄: 1537~1599)과 함께 왜적과 대적하였으니, 당시 사회적 활동의 범위와 언변의 힘이 매우 컸을 것이다.

이러한 정치력을 바탕으로 제언사(堤堰司)[68]를 움직여 의산리 일

68) 제언사(堤堰司: 조선시대 전국의 수리시설을 맡아보던 관아)

대 갯벌 땅을 새로운 농경지로 일구었을 것이다.

이러한 농경지는 농민에게 임대되어, 주변 농민들은 매년 세금을 내고 쌀농사를 지었을 것이다.

그 면적이 수백 정보에 이르니 당시 농민들의 입에서 "소포 한 노옹이 논밭을 만들다〔소포일노옹작전답(嘯浦一老翁作田畓)〕!"라고 찬사를 하였을 것이다.

매우 오랜 세월 "소포일노옹작전답(嘯浦一老翁作田畓)!"이란 말이 전해 내려오다가, 훗날에 갯벌 땅이 농경지 된 그 들판을 "소포(嘯浦)들"이라 하고, 무안현이 무안군으로 되는 1894년(고종31) 그즈음에 일노옹(一老翁)의 찬사를 기리기 위해 일로면(一老面)이라는 지명으로 정착된 듯하다. 거꾸로 보면 일노옹을 기리지 않았다면 '소포들'이라는 명칭도 생기지 않았을 것이다.

필자가 근일에 일로에 가서 읍사무소나 주민들에게 소포들 위치를 물었으나, 아는 자가 거의 없었다. 일로 토박이 주민들의 증언으로 위치를 겨우 찾았다. 그러나 면적은 알 수 없었다. 거대한 들판에서 생산한 연간 쌀 수확량이 몇 M/T정도 되는지, 일로 지역 GDP에 어느 정도 영향을 끼치는지를 알아낸다면 소포들에 대한 스토리텔링은 외래 관광객을 불러들일 것이다.

필자가 전라남도 농업진흥원을 통해 2022년 기준 1백 정보의 조수익 11억 7천만원이고, 소득은 6억 6백원 정도라는 것을 알 수 있었다.

이것은 필자의 견해이니, 혹여 나덕명보다 더 일로(一老)라는 지역을 위한 일노옹(一老翁)을 발견한다면 스토리텔링을 수정할 필요가 있다.

한편 무안에는 '장항포(자방포)들'이라는 대규모 농경지 명칭이 있다. 이 땅이 1903년(고종39) 궁토(宮土)로 조성되었다고 하는데, 나주 '새끼내들'인 궁삼면(宮三面) 토지 사건처럼 고종의 궁녀였던 엄귀비가 토지를 착취하는 사건과 연관된 듯하다. 이 부분은 무안군과 무안문화원에서 더 연구가 필요한 부분이라 생각된다.

다섯 번째, 「소포(嘯浦)전설」로 무안을 팔 수 있는 스토리텔링 상품으로 만들어야 한다.

영산강 하구에 소포(嘯浦)라는 전설이 있고, 일로에는 '소포(嘯浦)들'이라는 인공 간척지 논이 있다. 소포(嘯浦)의 嘯는 '휘파람 불' 소이고, 浦는 '물가'를 말한다.

<그림 9> 소포들과 인근 위성사진

영산강 하구언 공사를 하기 전에는 밀물과 썰물의 조화가 6시간마다 일어났다. 앞서 언급하였듯이 영산강의 밀물 때는 송(宋)나라의

사행(使行)이 탔던 배가 소위 여황(艅艎/오늘날 본양동)에 배를 정박할 정도로 밀물이 올라갔다.

본 필자는 나주에 사는데, 나주대교 밑에서 목욕을 하다가 밀물 때를 만나면 물이 하류에서 상류로 거꾸로 흘러 올라가는 장면을 보았었다. 거꾸로 흘러 올라가는 물 흐름은 장관이었다.

썰물 때가 되면 영산강 물은 일로 소포(嘯浦) 앞을 지나면서 물이 물속 바위를 빠른 속력으로 흘러내려 가니 휘파람 소리가 십리 밖에서 들릴 정도였기에 마침내 소포(嘯浦)라는 별칭이 생겼다. 영산강 하구언은 1978년 착공하여 1981년에 완공하였기에 강물이 부는 휘파람 소리는 다만 전설이 되어 버렸다.

영산강 물이 부는 휘파람 소리를 어떻게 다시 들을 수 있을까?

□ 참고문헌

- 『조선왕조실록』
- 『금성읍지(錦城邑誌)』
- 『무안읍지』
- 『금호유사』
- 『소포유고』
- 『하촌유고(荷村遺稿)』
- 『겸산유고(謙山遺稿)』
- 『시서유고(市西遺稿』
- 『남간집(南磵集)』
- 『섬호시화(剡湖詩話)』

- 『남포집(南圃集)』
- 『나주나씨 가범(家範)』
- 『모효공문집(慕孝公文集)』
- 『나주나씨 대동보』
- 『미암일기』
- 『호남절의록(湖南節義錄)』
- 『청나라 실록』

□ 인터넷 사이트

- 한국고전종합 DB https://db.itkc.or.kr/
- 한국사데이터베이스 https://db.history.go.kr/
- 승정원일기 https://sjw.history.go.kr/
- 한국역대인물종합정보시스템 http://people.aks.ac.kr/

곤재 정개청 학문과 계승 양상

나상필
(한국학호남진흥원)

〈 목차 〉

Ⅰ. 들어가는 말

16세기 조선은 정치사적으로 중대한 전환기였다. 네 차례의 큰 사화(士禍)를 겪으며 훈척 세력으로부터 거듭된 정치적 탄압을 받았음에도 불구하고, 지방의 향촌 사회에 깊이 뿌리내린 사림(士林) 세력은 서원과 향약을 기반으로 꾸준히 성장하였다. 이들은 성리학적 소양을 바탕으로 중앙 정계에 진출하여 점차 정치, 사회, 문화를 주도하는 핵심 세력으로 자리매김했다. 이 과정에서 사림은 성리학에 대한 이해를 심화시키며 다양한 학문적 견해를 드러냈고, 이는 자연스럽게 지역적 특색을 지닌 학파의 형성으로 이어졌다. 통상적으로 조선의 학파는 이황(李滉)과 이이(李珥)를 중심으로 한 영남학파(嶺南學派)와 기호학파(畿湖學派)라는 거대한 두 축을 중심으로 설명되어 왔다.[1] 이러한 거시적 구도 속에서 호남사림(湖南士林)은 독자적인 학문적 흐름을 인정받기보다는 기호사림의 일부로 간주되거나 그 중요성이 간과되는 경향이 있었다.

그러나 역사적으로 호남지역은 조선 초기부터 뛰어난 유학자들이 은거하며 후학을 양성했던 성리학의 중심지 중 하나였다. 이 지역에서 성장한 인재들은 중종 대에 이르러 중앙 정계에 대거 진출하여 활발한 활동을 펼쳤다. 이후 시대의 흐름 속에서 이들의 역할이 잠시 잊히기도 했으나,[2] 호남사림에 대한 본격적인 연구는 16세기 호남 학

1) 화담학파는 경기 · 개성 지역, 율곡학파는 경기 · 충적 지역, 퇴계학파는 경상좌도, 남명학파는 경상우도에 기반을 가진 것으로 파악되어 왔다. 이를 바탕으로 퇴계학파와 남명학파는 영남학파, 율곡학파는 기호학파로 설명되어 왔다. (윤사순(공저), 『기호학파의 철학사상』, 예문서원, 1995)

2) 허균, 『惺所覆瓿藁』 권23, 「惺翁識小錄」, "在靖陵朝 湖南人才之顯于時者甚多 如朴訥齋昆季 崔舍人山斗眉菴昆季 梁校理彭孫 羅提學世纘 林牧使亨秀 金河西 林石川 宋三宰純 吳贊成璉最著 其後朴思菴 李一齋 梁松川 奇高峯 高霽峯 或以學問 或以文章顯於世" ; 『南溪集』 권22, 「江原道觀察使林公墓表」, "湖之南蓋多名賢逸士至我中明之際最盛"

맥의 형성과 전개 과정에 주목하며 시작되었다. 초기 연구들은 김굉필(金宏弼), 최부(崔溥), 박상(朴祥), 이항(李恒)을 중심으로 학문적 계보를 분류하였으나,[3] 이는 스승과 제자라는 직접적 관계에만 초점을 맞추어 지역 내에서 이루어진 복합적인 학문 교류와 영향을 온전히 담아내기에는 한계가 있었다. 이러한 점을 보완하고자, 독자적인 기(氣) 중심의 철학 체계를 구축한 화담 서경덕(徐敬德, 1489-1546)과 호남사림의 구심점 역할을 한 면앙정 송순(宋純, 1493-1582)을 중심으로 학맥을 재구성하려는 시도가 이루어졌다.[4] 이는 학문적 계보뿐 아니라 인적 네트워크 등 다양한 측면에서 호남사림을 입체적으로 인식하게 했다는 점에서 큰 의의를 지닌다. 이러한 선행 연구의 축적을 통해, 16세기 호남사림의 학문적 독자성이 점차 밝혀졌으며, 특히 서경덕의 사상이 호남 학계에 미친 깊은 영향력을 확인할 수 있게 되었다.

서경덕의 문인 중 호남지역에서 활동하며 학파를 형성한 대표적 인물로는 박순(朴淳, 1523~1589)과 정개청(鄭介淸, 1529~1590)을 꼽을 수 있다. 이(理)보다 기(氣)의 역할을 강조하며 현실 세계의 구체성과 역동성을 중시했던 서경덕의 학풍을 계승한 이들 중, 특히 정개청은 호남에서 수많은 문인을 배출했을 뿐만 아니라, 정여립의 모반 사건으로 알려진 기축옥사(己丑獄事)에 연루되어 희생된 인물이기에 학계의 주목을 받아왔다. 그에 대한 연구는 서경덕의 영향을 받은 주기적(主氣的) 이기론(理氣論)과 같은 사상적 측면, 그리고 그의 수양론과 예론(禮論) 등에 초점을 맞추어 진행되었다. 이는 정개청의

3) 이해준, 「기묘사화와 16세기 전반의 호남학파」, 『전통과현실』2, 1991 ; 조원래, 「士禍期 호남사림의 學脈과 金宏弼의 道學思想」, 『동양학』25, 1995.

4) 고영진, 「16세기 湖南士林의 활동과 학문」, 『남명학연구』3, 1993.

학문이 조선 성리학의 주류적 담론 안에서 독자적인 논리를 펼쳤음을 강조하는 성과를 거두었다.

이처럼 정개청에 대한 연구는 상당한 진척을 이루었지만, 그의 학문 세계와 역사적 위상을 온전히 이해하기 위해서는 몇 가지 추가적인 검토가 필요하다. 이에 본 연구는 다음과 같은 연구 과제를 설정하고자 한다. 첫째, 정개청이 서경덕의 학문을 수용하면서도 그것을 어떻게 자신만의 방식으로 심화시켰으며, 그의 독자적 학문과 사상의 핵심적 근간은 무엇인가? 둘째, 기축옥사라는 혹독한 정치적 탄압 속에서 그의 문인들은 어떻게 학문적 정체성을 지키고 그 명맥을 성공적으로 이어갈 수 있었는가? 셋째, 17세기 초반, 그의 문인들이 남인(南人) 세력과 연대하며 자산서원의 훼철과 복설을 주도하고, 『우득록(愚得錄)』을 간행하는 등 스승에 대한 선양 사업을 적극적으로 펼쳤는데, 이러한 활동이 가지는 정치 · 사회적 함의는 무엇이며, 이를 통해 당시 정개청이 차지했던 위상을 어떻게 평가할 수 있는가?

위에서 제기된 문제들을 해결하기 위해, 본고는 정개청의 생애를 따라가며 그의 학문이 정립되는 과정을 면밀히 추적하고, 정개청 사후에 문인들이 그의 가르침을 모아 편찬한 『우득록』을 핵심 자료로 활용하고자 한다. 이 자료는 옥사(獄事)로 인해 그의 저술 대부분이 소실된 상황에서 그의 행적과 사상을 파악할 수 있는 거의 유일한 기록이라는 점에서 중요한 가치를 지닌다. 이를 통해 제자들에게 학문이 계승되는 양상을 심도 있게 고찰할 것이다. 궁극적으로 본 연구는 정개청과 그의 학파라는 개별 사례에 대한 미시적 접근을 통해, 16세기 후반에서 17세기 초반이라는 전환기적 시점에서 조선 전체의 지성사와 정치사의 흐름을 보다 입체적으로 이해하는 데 기여하고자 한다.

Ⅱ. 학문과 사상

정개청은 1529년(중종 24) 나주 대곡동에서 아버지 정세웅(鄭世雄)과 어머니 금성 나씨 사이에서 태어났다. 그의 자는 의백(義伯), 호는 곤재(困齋)이며, 훗날 문청(文淸)이라는 시호를 받았다. 유년 시절 집안 형편이 넉넉지 않았으나 학문에 대한 열의가 깊어, 책을 구하고 견문을 넓히기 위해 서경덕의 학문적 중심지였던 개성까지 유랑하는 노력을 마다하지 않았다.[5] 이러한 고난 속에서도 독서에 몰두하여 『대학』, 『소학』을 비롯한 사서(四書)를 탐독하며 유학의 근본 의리(義理)를 깨닫고 입신양명을 위한 과거 공부를 포기하였다. 이후 『심경(心經)』과 『근사록(近思錄)』으로 공부의 깊이를 더했으며, 「태극도」의 이기오행(二氣五行) 원리에서부터 천문, 지리, 의약, 복서(卜筮), 산수(算數)에 이르기까지 다방면에 걸쳐 학문의 세계를 확장해 나갔다.[6] 그는 학문의 최고 경지에 이르기 위해 부단히 정진하면서도, 스스로를 나무에 오르다 번번이 떨어지는 벌레에 비유하며[7] 「논

---

5) 이종범, 「鄭介淸-운명은 어쩔 수 없어도 세상은 바꿀 수 있다」, 『사림열전1』, 아침이슬, 2006.

6) 『우득록』 부록 하(附錄下) 「곤재선생행장(困齋先生行狀)」, "大小學節目，庸，語，孟諸書。次第硏窮。心經近思錄。循序讀誦。至於太極圖二氣五行之妙。先後天之數。無微不討。無奧不賾。而書傳朞三百。璿璣玉衡註。周天度數。星紀躔次。日月運行。無不精究。籌之於手。畫之於心。辨之於口。若合符契。適於洪範綱一函三之說。有所未瑩。發憤忘食。沈思默會。塊坐濕地而不動。至有蚯蚓之矢滿衣。若是者八九日。然後乃始渙釋。其勤苦攻業。類如是。若至易學及邵子律呂新書，皇極經世書。用功益篤。而天文地理，醫藥卜筮，筭數戰陣之法。皇王帝覇道德功力之術。靡不歷究。"

7) 『우득록』 권1, 「자학고제박사암순서(自學告諸朴思庵淳書)」, "甘爲半上落下之人。而自處於半生半死之虫矣。"

입지(論立志)」를 통해 굳건한 의지로 학문에 정진해야 함을 역설하였다.

그의 학문적 깊이는 당대의 석학들과의 교류 속에서 더욱 선명하게 드러난다. 특히 1567년(명종 22), 39세의 정개청은 예조참판으로 있던 사암 박순에게 「상재상서(上宰相書)」를 보내 지(志)와 의(意)의 선후 관계에 대한 자신의 입장을 논하였다. 이는 성리학적 수양론의 핵심 쟁점 중 하나로, 『대학』에서 언급된 '정심(正心)'과 '성의(誠意)'의 관계에서 비롯된다. 주자는 "머물 곳을 안 뒤에야 방향이 정해진다[知止而后有定]"고 하여 '지(志)'가 나아갈 방향의 확립을 강조하면서도, 그 실천적 기반으로 "마음이 발하는 것[心之所發]"인 '의(意)'를 진실하게 하는 '성의(誠意)'를 우선시했다. 정개청은 이와 관련하여 다음과 같이 마음의 전체적인 구조를 설명하며 자신의 견해를 피력했다.

> 사물(事物)을 안다는 것은 마음의 영(靈)이니, 소위 사람의 마음은 신령스러워 알지 못한 것이 없다. 사물이 향한다는 것은 마음이 가는 것이니, 소위 뜻에 일정한 방향이 있는 것이다. 사물을 경영한다는 것은 마음의 모탁(謀度)이니, 소위 일 처리가 정밀하고 자세한 것이다. 주자의 설에 의거하여 총론하면 성(性)은 심(心)의 본(本)이자 체(體)의 밝음이다. 무릇 사물을 만나면 마음은 할 수 있는 정(情)이고, 마음은 곧장 나아가는 지(志)이며, 마음은 경영하고 모탁하는 의(意)이고, 마음은 기력(氣力)이 할 수 있는 재(才)이다. 이것은 이른바 마음이 관섭하고 주재하는 것이다.[8]

---

8) 『우득록』 부록 상 「困齋先生事實」, "知事物者。心之靈也。所謂人心之靈。莫不有知是也。向事物者。心之之也。所謂志有定向是也。營事物者。心之謀度也。所謂處事精詳是也。據朱子之說而總論之。則性者。心之本體之明也。凡遇事物。心

이 간찰을 통해 정개청은 조정의 출사 제안을 정중히 사양하며, 아직은 마음을 바로 하는 공부, 즉 주자의 학설에 따라 '의(意)'를 성실히 하는 공부가 우선되어야 한다는 뜻을 전했다. 이러한 논변을 거치며 박순은 그에게 『대학혹문(大學或問)』을 읽어볼 것을 권했다. 『대학혹문』은 주자가 『사서집주』를 완성한 후 제자들과의 문답을 통해 『대학』의 심오한 뜻을 풀어낸 저작으로, 정개청은 이 책을 숙독한 뒤 비로소 큰 깨달음을 얻었다고 박순에게 다시 편지를 보냈다.

> 도성을 종유하다가 선생을 뵙고 『대학(大學)』을 숙독하라고 가르쳐 주었으며, 게다가 『대학혹문』을 숙독하라고 가르쳐 주시기에 그 명을 들은 뒤로 고개 숙여 읽고 고개를 들며 사색하였습니다. … 하루는 『논어』를 읽다가 극기복례(克己復禮)가 인(仁)이 된다는 곳에 이르러 곧 책을 덮고 생각하였으니, "극기(克己)라는 것은 자기의 사욕을 극복하고 제거하는 것을 말하는 것이니 그 공부는 반드시 사물의 이치에 이르러 그 지식을 궁극적으로 추리함으로 하여 공사(公私)의 구분을 알고 성의정심수신(誠意正心修身)은 이미 아는 바를 충실히 하는 것이다. … 이와 같이 하는 것은 인(仁)을 구하는 것이다."라고 했습니다.[9]

오랜 시간 학문에 매진했음에도 흩어져 있던 지식들이 하나로 꿰뚫리지 않아 답답함을 느끼던 정개청은, 박순의 가르침에 따라 『대학

之會做底情也。心之一直去底志也。心之經營謀度底意也。心之氣力能做底才也。此所謂心是管攝主宰者也。"

9) 『우득록』 권1 「자각고저박사암순서(自覺告諸朴思菴淳書)」, "及遊京師見先生。教之以熟讀大學。又教之以熟讀或問。聞命以來。俯而讀之。仰而思之。日月已久。工夫稍多。而後乃知前日之非。今日之得然亦未詳其所以如此者何所求。一日讀論語。到克己復禮爲仁處。卽掩卷而思之曰。克己者。克去己私之謂也。其工夫必在格物致知。以知公私之分。誠意正心修身以實所已知。久而至於積。則自然心正身修而得其本然之性。復其天理之正矣。其所以如此者。求仁而已。"

혹문』을 정밀하게 사색하고 『논어』의 '극기복례'와 『대학』의 8조목을 연결함으로써 비로소 앎의 환희를 맛보았다. 이는 경전의 본문을 주체적으로 탐구하고 사색하여 성인의 진리를 스스로 체득하는 '자득(自得)'의 경지였다. 그의 유일한 현존 저술인 『우득록(愚得錄)』에는 이러한 자득의 체험이 고스란히 담겨있다. 허목(許穆)이 "한가롭고 난삽한 말이 아니라 유학에 유익한 것으로, 진실로 백대를 뛰어넘는 탁월한 글"이라고 평했듯이, 『우득록』에는 "을해년(1575)에 자득했다", "병자년(1576) 7월 24일에 『주례(周禮)』를 보다가 스스로 깨달았다"와 같이 날짜와 시간까지 명기하며 깨달음의 순간을 기록한 대목이 많다. 이는 그의 철저한 학구적 자세를 보여주는 동시에, 체험적 앎을 중시했던 학문적 경향을 엿보게 한다.

정개청의 학문은 철저히 성리학의 범주 안에서 정립되고 운영되었다. 그는 선학(禪學)은 강상을, 노장(老莊) 사상은 인륜을 어지럽힌다고 보아 배격했으며, 육구연(陸九淵)의 심학(心學) 또한 명교(名教)를 해친다고 비판했다. 이러한 이단과 사설이 나타나는 이유는 학문의 근본이 바르지 않고 의리(義理)가 분명하지 않기 때문이라고 진단하며, 학자들에게 공맹(孔孟)의 유학과 성리학의 궁리(窮理) 정신을 바탕으로 의리를 탐구할 것을 촉구했다. 그는 경전에 대한 해박함으로 교정낭청(校正郎廳)에 천거되어 경전의 오류를 바로잡는 일을 맡기도 했는데, "성현을 배우고자 한다면 경전에 실린 내용을 따르지 않는 것은, 물건을 만들면서 규구(規矩)의 법을 따르지 않는 것과 같다"고 하여 경전을 학문의 절대적 지표로 삼고 엄격한 실천을 강조했다.

결론적으로 정개청에게 학문이란 "이치를 궁구하여 마음을 바로잡고 기질을 변화시키는 것[窮理正心變化氣質]"이었다. 그리고 그 실현 방법으로 '경(敬)'과 '의(義)'를 제시했다. 그는 "경(敬)으로 내면을 정직하게 하고 의(義)로 외면을 방정하게 하여 오랜 시간 연마하면, 앎과 행함이 치우치는 폐단이 사라지고 마음과 몸에 간극이 없어져 올바른 주체로 설 수 있다."라고 보았다. 이처럼 성리학의 핵심 수양론인 궁리(窮理)와 거경(居敬)은 그의 학문 세계를 관통하는 가장 중요한 방법론이었으며, 이를 통해 그는 앎과 삶이 합치되는 성인(聖人)의 경지를 추구했던 것이다.

Ⅲ. 계승 양상

정개청의 학문적 성취는 개인의 영역에 머무르지 않고, 후학 양성을 통해 하나의 학파적 성격으로 계승되고 발전하는 양상을 띤다. 그의 학문적 연원은 서경덕에게 닿아있는데, 직접적인 사사는 아니었으나 상경하여 당대 화담학파의 핵심 인물이었던 박순의 집에 머물며 교유한 것을 스스로 "서경덕 문하에서 종유했다"[10]고 표현한 데서 그 정신적 계승 의식을 엿볼 수 있다. 박순은 정개청에게 학문적 스승이자 후원자로서, 그의 학문이 한 단계 더 높은 경지로 나아가는 데 결정적인 역할을 하였다. 이처럼 박순을 매개로 서경덕의 학문을 수용한 정개청은, 여기에 그치지 않고 자신만의 치열한 사색과 자득의 과

10) 『기축록(己丑錄)』 下 「정곤재행장(鄭困齋行狀)」, "嘗以所居遐僻聞見孤陋。乃遊京師。廣求書籍。又從遊徐花潭 敬德 門下。得有異聞。然後平生疑難。一皆歸正。觸處洞然。遇事廓如也。其博約之功如此。而其心謙抑。不自爲能。謂己困而得之。自號困齋。"

정을 통해 독자적인 학문 세계를 정립하고 이를 제자들에게 전수하기 시작했다.

정개청의 교육 활동이 본격화된 것은 1575년(선조 8), 그의 나이 47세에 무안현 엄담(淹潭)에 정착하여 '윤암정사(輪巖精舍)'를 건립하면서부터이다. 기축옥사로 인해 그의 생애 전반에 대한 기록은 대부분 소실되었으나, 윤암정사를 중심으로 펼쳐진 그의 강학 활동은 비교적 상세히 전해진다. 윤암정사는 정개청 학파가 형성되고 그의 학문이 계승되는 구체적인 공간이자 산실(産室)이었다.

<그림 1> 현, 윤암정사 모습(현, 함평군 엄다면 제동마을 소재)

정개청이 무안으로 내려가서 학문을 강론하자 명성을 듣고 학문에 뜻이 있는 선비들이 구름같이 모여드니 정개청은 강의계(講義契)를 결성하여 규약을 세우고 학문을 지도한다. 경학을 비롯한 역사, 천문, 지리, 의약, 산수, 전진법(戰陣法) 등 다방면으로 공부하였는데, 예론과 역학에 조예가 깊어 일가를 이루어 나주, 함평, 영암, 보성, 화순, 광주 등지에서 많은 학자가 출입하였다.

선생이 강의계(講義稧)를 만들고 공부를 가르칠 때 나덕준(羅德峻)·

나덕윤(羅德潤) · 안중묵(安重默) · 최홍우(崔弘宇) · 나덕원(羅德元) · 송제민(宋濟民) · 나덕현(羅德顯) · 정식(鄭湜) · 유양(柳瀁)의 무리들이 특히 배움을 깊이 받았으며, 먼 곳에서 공부하러 온 사람으로는 남이공(南以恭)과 종실의 화천정(花川正) 이수붕(李壽鵬) 등이 있으며, 나머지는 이루 다 기록할 수 없다.[11]

<그림 2> 과거, 제자거리(현, 자산서원 주차장 앞)

윤암정사에서 배출된 제자들은 단순히 학문적 교류를 나눈 이들을 넘어, 끈끈한 공동체 의식을 형성했다. 이들이 모여 이룬 마을은 오늘날까지 '제자거리'라 불릴 정도로, 스승의 가르침은 단순한 지식 전수를 넘어 삶의 구심점 역할을 했다. 대표적인 문인들은 다음 표와 같다.

11) 『기축록』 下 「정곤재행장」, "先生乃結爲講義稧。立約束。以時課其所學。如羅德峻羅德潤安重默崔弘宇羅德元宋濟民羅德顯鄭湜柳瀁之徒。最被親炙。其自遠而來。則有南以恭及宗室花川正壽鵬等。餘不可殫擧。"

<표 1> 정개청 대표 문인

연번	성명	생몰년	본관	호/자	거주지	문헌	비고
1	나덕명(羅德明)	1551~1611	나주(羅州)	소포(嘯浦)	나주	『소포유고(嘯浦遺稿)』	나사침 아들 무안 일로 청호리 안장
2	나덕준(羅德峻)	1553~1604	나주(羅州)	금암(錦岩)	나주	『금암유고(錦岩遺稿)』	나사침 아들 무안 일로 청호리 안장
3	나덕윤(羅德潤)	1557~1621	나주(羅州)	금봉(錦峯)	나주	『금봉유고(錦峯遺稿)』	나사침 아들 무안 일로 청호리 안장
4	나덕현(羅德顯)	1565~1625	나주(羅州)	반계(潘溪)	나주	『반계유적(潘溪遺蹟)』	나사침 아들 무안 일로 청호리 안장
5	나덕원(羅德元)	1548~?	금성(錦城)	사담(沙潭)	나주	『사담유고(沙潭遺稿)』	
6	나덕수(羅德修)	?~1603	금성(錦城)	원실(元實)			
7	정식(鄭湜)	?~?	광산(光山)				
8	유양(柳瀁)	?~?	문화(文化)				유몽정(柳夢鼎)의 종질
9	정지함(鄭之諴)	1564~1635	하동(河東)	모암(慕菴)	나주		이발(李渤)과 종유
10	강봉람(姜鳳覽)	1568~?	진주(晉州)	석포(石圃)	나주		
11	조봉서(趙鳳瑞)	?~?	한양(漢陽)		나주		정여립 집터를 본 죄로 기축옥사 연루
12	윤제[12](尹濟)	1562~1645	파평(坡平)	수정(守貞)	무안(청계)	『교재집(喬梓集)』	정개청의 조카사위

12) 전라남도 무안 청계면(淸溪面) 송구(松丘)에서 태어났다. 정개청(鄭介淸)의

13	배명[13] (裵蓂)	?~?	달성 (達城)	희암 (希菴)	무안 (청계)		정개청 신원 상소
14	정인 (鄭寅)	1561~?	초계 (草溪)	자청 (子淸)			

위 표에서 주목할 점은, 문인들 대다수가 나주, 무안, 화순, 보성 등 호남 서남부 지역의 향권(鄕權)을 주도하던 유력 사족 집안의 자제들이라는 사실이다. 금성나씨, 화순최씨, 보성안씨 등 각 지역을 대표하는 가문 출신 제자들이 정개청의 문하에 결집함으로써, 그의 학파는

질서(姪壻)이면서 그를 사사하였다. 정개청이 1590년 5월 정여립과 함께 반역을 꾀하였다는 죄목 아래 체포되어 함경북도 경원(慶源) 아산보(阿山堡)에서 죽고 제자들까지 화를 당하자 벼슬을 단념하고 학문에만 매진하였다. 그는 전라남도 함평군(咸平郡) 엄다면(嚴多面) 엄다리(嚴多里) 별뫼[星山]로 이주하여 운성재(運星齋)를 짓고 지냈다. 역학(易學)과 산수(算數)에 뛰어났으며 가사문학에도 조예가 깊어 「심덕성가(心德性歌)」를 남겼다. 미수(眉叟) 허목(許穆)의 『기언(記言)』에 따르면 윤제는 곤재 선생으로부터 얻은 역학의 정수를 그의 아들 송돈(松墩) 윤정우(尹挺宇)에게만 전하였는데, 윤정우 역시 평생을 은거하며 『주역(周易)』 연구에만 매진하였다. 그의 유고는 아들 윤정우의 유고와 합철되어 『교재집(喬梓集)』으로 간행되었다.

13) 거주지를 무안 청계면으로 옮긴 1565년 이후 정개청의 문하에서 수학하였다. 1580년(선조 13)에 전라교수관(全羅敎授官)에 제수(除授)되었다. 1589년(선조 22) 기축옥사로 화를 입은 정개청 · 나사침(羅士忱) · 나덕명 등의 무고함을 알리고 진상의 재조사를 청하는 상소를 올려 윤허를 받았다. 이 상소는 『기축록(己丑錄)』에 실려서 전해진다. 1592년(선조 25) 임진왜란이 일어나 아우 효우당(孝友堂) 배협(裵莢) 등과 의병을 일으켜 진주(晉州)에서 싸웠다. 1618년(광해 10) 인목대비의 존호를 깎아 서궁(西宮)이라 칭하는 대비 유폐 사건이 일어나자 일의 부당함과 폐모론을 주장하는 무리들을 제거할 것을 상소하였으며 호남의 여러 선비들이 그의 절의(節義)에 따랐다. 사후 전라남도 무안 청계면 청천리(淸川里)의 달성배씨(達城裵氏) 사당 청천사(淸川祠)에 배향되었다.

단순한 학문 공동체를 넘어 지역 사회에 강력한 영향력을 행사하는 사회·정치적 세력으로 성장할 잠재력을 갖추게 되었다. 또한 송제민, 정지함, 남이공 등 화담학파와 직간접적으로 연결된 인물들이 다수 포함되어 있어, 정개청 학파가 당시 호남지역에 형성되어 있던 거대한 지성사적 흐름 속에서 중요한 위치를 차지했음을 알 수 있다.

그러나 기축옥사라는 미증유의 참화는 정개청 학파의 문헌 자료 대부분을 소실시켜, 그의 학문이 구체적으로 어떻게 계승되었는지를 파악하는 데 큰 어려움을 남겼다. 이러한 상황에서 2020년 (재)한국학호남진흥원에 의해 국역된 『금성삼고(錦城三稿)』는 가뭄의 단비와 같은 자료다. 특히 이 문헌집에 수록된 핵심 문인 나덕윤의 간찰은 학문 계승의 단면을 엿볼 수 있는 귀중한 증거를 제공한다.

> 우리 조선 200년간 유학의 근원을 밝게 탐구하고 정주학(程朱學)을 계승한 이가 몇 분이나 되겠습니까? 고려 말 포은(圃隱) 정몽주(鄭夢周)가 성리학을 처음 열었고, 그 후 한훤당(寒暄堂) 김굉필(金宏弼), 일두(一蠹) 정여창(鄭汝昌), 정암(靜庵) 조광조(趙光祖), 회재(晦齋) 이언적(李彦迪) 네 분의 선생께서 서로 계승하여 도학을 일으켜 비로소 세상을 밝혔는데, 모두 뜻밖의 재앙을 면치 못하시어 그 도가 크게 행하지 못하였으니 기묘사화(己卯士禍)와 을사사화(乙巳士禍)의 참혹함을 차마 다 말할 수 있겠습니까. 베어 죽이고 소멸시킨 나머지 자리에서 퇴계(退溪) 이황(李滉), 남명(南冥) 조식(曺植)이 그 사이에서 출현하여 사문(斯文)을 창도하여 일으키셨습니다. 성상께서 초년에 유학을 높이고 도(道)를 중히 여기시어 일대의 어질고 재주 있는 이들이 무성히 세상을 위해 등용되니 사람들은 모두 선을 지향하게 되고 세상의 도(道)가 볼만하게 되었습니다. 우리 무리 또한 이러한 풍조를 듣고 흥기한 자들이고, 우리 형께서 이런 마음을 제기하셨으니 어찌 선현(先賢)들의 풍조에 힘입은 것

이 아니겠습니까?[14)]

나덕윤이 구암 한백겸에게 보낸 이 편지는 기축옥사로 스러져간 스승 정개청을 변호하는 동시에, 자신들의 학문적 정통성을 역설하려는 의도가 담겨있다. 그는 정몽주로부터 김굉필, 조광조를 거쳐 이황, 조식으로 이어지는 도학(道學)의 정통 계보를 제시함으로써, 스승 정개청의 학문 역시 이 거대한 흐름 속에 위치하고 있음을 암시한다. 이는 선조 대에 김굉필이 '끊어진 학문을 이었다[絶學之傳]'는 평가와 함께 도학의 종장으로 복권되던 시대적 분위기와도 맞물린다. 특히 이황과 조식을 언급한 대목은, 정개청 학파의 학문적 지향점이 율곡 이이보다는 퇴계 이황 및 남명 조식의 영남학파와 더 친연성을 가졌음을 시사한다.

또한 나덕윤이 우복 정경세에게 보낸 편지에서는 정개청 학문의 핵심 방법론이 어떻게 계승되었는지를 확인할 수 있다.

> 사물에는 선악의 차이가 있고 일에는 옳고 그름의 구별이 있으니, 만약 학문(學問)과 사변(思辨)의 공부에 우선적으로 힘쓰지 않고 천리와 인욕의 소재를 알지 못한다면 아침저녁으로 행하는 바가 다만 지엽적인 일에 자질구레하게 얽매입니다. 비록 혹시나 말 한마디, 행동 하나가 우연히 도리에 합치되더라도 그 과정과 근본은 진실로 성현의 모양(模樣)

---

14) 『금성삼고』, 「참의 구암 명길 한백겸에게 보낸 편지(與久庵韓參議鳴吉百謙書)」, "我朝二百年間, 灼然有以探源乎洙泗, 接響乎洛建者, 有幾人哉. 麗末鄭圃隱始闡性理之學, 其後寒暄一蠹靜庵晦齋四先生, 相繼而起道學, 始明於世, 而皆不免奇禍, 其道不得大行, 己卯乙巳士禍慘矣, 尙忍言哉. 斬伐消鑠之餘, 退溪南冥出於其間, 倡起斯文. 聖明初年崇儒重道, 一代賢才, 蔚爲世用, 人皆向善, 世道可觀. 如吾輩亦聞風而興起者, 吾兄之提起此心, 豈非有賴於先正風耶."

이 아니니 어찌 천지와 그 큼을 함께하여 사물의 마땅히 그러함을 따르겠습니까.[15)]

여기서 강조된 '학문과 사변'은 2장에서 살펴본 정개청의 '사색과 자득'과 정확히 일치하는 학문 방법이다. 즉, 문인들은 스승의 가르침에 따라 정주학을 근간으로 삼되, 경전의 지식을 단순히 수용하는 것을 넘어 치열한 사유와 내면적 각성을 통해 진리를 체득해야 함을 학문의 요체로 삼았던 것이다.

문헌 자료의 한계에도 불구하고 『금성삼고』의 기록은 정개청의 학문이 제자들에게 어떻게 계승되었는지를 보여주는 중요한 실마리를 제공한다. 그 계승은 특정 이론이나 지식의 단순한 전수를 넘어, '정주학에 기반한 사색과 자득'이라는 학문적 태도와 방법론의 내면화에 있었다. 기축옥사라는 절체절명의 위기 속에서도 수십 년간 스승의 신원(伸冤) 운동을 포기하지 않았던 제자들의 끈질긴 노력은, 정개청이 생전에 학문적, 인격적으로 제자들에게 얼마나 깊은 감화를 주었는지를 웅변한다. 이처럼 굳건한 사제 간의 유대는 그의 학문이 단순한 지식을 넘어 살아있는 정신으로 계승되었음을 보여주는 가장 확실한 증거라 할 수 있다.

15) 『금성삼고』「上巡相鄭愚伏經世書(순상 우복 정경세에게 올린 편지)」, "然而物有善惡之殊, 事有是非之別, 若不先務學問思辨之功, 而不知天理人欲之所在, 則寅夕所爲, 徒規規於事爲之末. 雖或一言一行, 偶合於道, 而其田地本領, 則固非聖賢模樣, 安能與天地同其大, 而順事物之當然乎."

Ⅳ. 맺음말

16세기 후반 호남 서남부 지역에서 독자적인 학문 공동체를 형성했던 곤재 정개청의 학문과 사상, 그리고 그 계승 양상을 고찰하였다. 정개청의 학문 여정은 하나의 뚜렷한 전환점을 기준으로 전후로 구분된다. 학문 초기, 그는 천문, 지리, 의약, 산수에 이르기까지 다양한 분야를 섭렵하는 박학적 탐구에 몰두했다. 이는 앎에 대한 순수한 열정과 시대적 지식에 대한 폭넓은 관심을 보여주지만, 학문적 구심점이 명확하게 정립되지 않은 상태였음을 시사한다.

이러한 그의 학문에 결정적 전환을 가져온 계기는 사암 박순과의 만남이었다. 박순의 조언을 통해『대학혹문』을 접하고 깊이 숙독하면서 정개청은 지식의 단순한 축적을 넘어, 내면의 깨달음을 통한 진리 탐구, 즉 '자득(自得)'의 길로 들어서게 된다. 이 자각의 체험 이후, 그의 학문은 정주학(程朱學)이라는 확고한 틀 안에서 심화된다. 그는 경전의 텍스트를 정밀하게 읽고, 그 의미를 치열하게 사색하여, 마침내 스스로의 것으로 체화하는 과정을 거쳤다. 이로써 '거경궁리(居敬窮理)'는 그의 학문을 관통하는 핵심 종지로 자리 잡게 되었다.

물론 정개청의 학문 세계를 온전히 평가하는 데에는 명백한 한계가 존재한다. 그의 저술로 알려진『수수기(隨手記)』9권과『변례편성(變禮編成)』2권 등 방대한 저작이 기축옥사의 참화 속에서 실전(失傳)되었기 때문이다. 현전하는 유일한 저작인『우득록』만으로는 그의 학문 체계 전반을 조망하기 어렵다.『우득록』에 나타난 그의 사상은 정주학의 기본적인 논리와 범주를 크게 벗어나지 않는 것처럼 보이며, 이 때문에 그의 학문적 독창성이나 차별성을 주장하기는 쉽지 않다.

그러나 정개청 학문의 진정한 가치는 철학적 독창성에 있다기보다, 그 학문적 태도와 실천성에 있다. 그는 정주학이라는 보편적 진리체계를 단순한 지식으로 받아들인 것이 아니라, 자신의 온 생애를 건 치열한 사색과 자득의 과정을 통해 살아있는 학문으로 만들었다. 그에게 학문은 서재에 갇힌 관념이 아니라, 인간과 사회를 이해하고 유교적 윤리가 생동하는 세계를 구현하기 위한 실천적 도구였다. 그는 자연세계의 원리가 인간 사회에도 동일하게 적용된다는 성리학적 이념을 굳게 믿었고, 이를 통해 당대 사회의 문제를 해결하고 이상적인 공동체를 건설하고자 했던 경세가(經世家)적 면모를 지닌 유학자였다.

이러한 그의 학문과 정신이 후학들에게 어떻게 전달되었는가를 추적하는 것 역시 문헌의 소략함으로 인해 어려움을 겪는다. 그러나 남아있는 단편적인 기록들과 제자들의 행적을 통해 그 계승의 양상을 분명히 확인할 수 있다. 제자 나덕윤이 남긴 편지에서 드러나듯, 그들은 스스로를 정몽주에서 이황으로 이어지는 도학의 정통 계승자로 인식했으며, 스승이 강조했던 '학문과 사변'을 학문의 요체로 삼았다.

더욱 중요한 증거는 기축옥사 이후 문인들이 보여준 헌신적인 활동이다. 스승이 억울한 죽음을 맞이한 뒤, 그의 문인들은 수십 년에 걸쳐 온갖 정치적 위험을 무릅쓰고 스승의 신원(伸冤) 운동을 펼쳤다. 이는 단순한 사제 간의 정을 넘어, 스승의 학문과 사상, 그리고 삶의 태도 전체를 올곧게 계승했기에 가능한 일이었다. 그들에게 정개청은 단순한 지식 전달자가 아니라, 삶의 모든 면에서 귀감이 되는 사표(師表)였던 것이다. 이처럼 문헌 기록 너머에 존재하는 제자들의 굳건한 연대와 실천적 활동은 정개청의 학문과 정신이 단순한 지식의 전수를 넘어, 살아있는 신념으로 계승되었음을 가장 확실하게 웅변한다. 결국 정개청 학파는 16세기 말 조선의 정치적 격변 속에서도 호남지역의 학문적 구심점 역할을 하며, 끈질기게 그 명맥을 이어갔던 것이다.

□ 참고문헌

- 강동석 외 2 공역, 『호남선현문집 국역총서6-금성삼고』, 한국학호남진흥원, 2021.
- 나덕명, 『嘯浦遺稿』, 한국역대문집총서 3040, 경인문화사, 2016.
- 나덕준, 『錦巖拾遺』, 한국역대문집총서 3040, 경인문화사, 2016.
- 나덕현, 『錦峰拾稿』, 한국역대문집총서 3040, 경인문화사, 2016.
- 정개청, 국역 『愚得錄』, 전라남도 향토문화총서 35, 전라남도, 1988.

- 김동수, 「16-17세기 湖南士林의 存在形態에 대한 一考察-특히 鄭介淸의 문인집단과 紫山書院의 置廢事件을 중심으로 하여-」, 『역사학연구』7, 호남사학회, 1977.
- 김만호, 「16~17세기 나주나씨(羅州羅氏) 일문(一門)의 활동과 그 의미」, 『역사학연구』74, 호남사학회, 2019.
- 김문택, 「호남지역 서원의 지역적 특성과 정치적 성격: 나주 경현서원을 중심으로」, 『국학연구』11, 한국국학진흥원, 2007.
- 김영우, 「정개청의 절의론 비판과 기질변화론」, 『남명학연구』49, 경상대학교 경남문화연구소, 2016.
- 김학권, 「鄭介淸의 生涯와 思想」, 『열린정신인문학연구』3, 원광대학교 인문학연구소, 2002.

- 오종일, 「호남유학의 현대적 조명 : 호남 유학사상의 특질」, 『동양철학연구』 36, 동양철학연구회, 2004.
- 안동교, 「鄭介淸의 學風과 節義의 含意」, 『유교사상문화연구』40, 한국유교학회, 2010.
- 이정철, 「정개청 옥사와 그 배경」, 『역사학연구』61, 호남사학회, 2016.
- 조인희, 「최영경의 伸冤에 대한 考察 - 顧養謙의 일본 책봉 奏請 요구와 관련하여」, 『韓日關係史硏究』55, 한일관계사학회, 2016.
- 정영희(공저), 「朝鮮中期 羅州地方의 士族과 金鞍洞契」, 『인문학연구』3, 인천대학교 인문학연구소, 1996.
- 지정민(공저), 「곤재 정개청의 교육활동과 교육론」, 『교육사상연구』23, 한국교육사상연구회, 2009.
- 하상복, 「자산서원, 훼철과 복설의 상징정치」, 『인문과학연구』21, 대구카톨릭대학교 인문과학연구소.
- 오진아, 「16-17세기 호남 困齋學派의 형성과 전개」, 성균관대학교 석사학위논문, 2018.
- 주유나, 「困齋 鄭介淸의 學問과 政論」, 조선대학교 석사학위논문, 2010.

실학자 노촌 임상덕의 학문과 사상

박석무
(다산학자 · 우석대 석좌교수)

〈 목차 〉

Ⅰ. 글 머리에

나는 1985년에, 다음 해에 간행된 『노촌집(老村集)』(1986)의 해제로 노촌 임상덕(林象德, 1683~1719)에 관한 글을 쓰기 시작했다. 그

후 1987년 호남의 학자들에 대한 글을 광주일보사에서 간행하는『예향』에「실학의 선구적 저술가」라는 제목으로 임상덕의 학문적 업적을 기술하였다. 그리고 세월이 한참 지난 2017년 10월 목포대학교에서 주관한 학술대회에서「노촌 임상덕의 생애와 사상」이라는 제목의 글을 발표하였으며, 무안문화원에서 주관하는 학술대회에서 발표하는「실학자 노촌 임상덕」이라는 제목의 글로써, 노촌 선생에 대해 도합 네 번의 글을 쓰게 되었다.

앞 세 번의 글에서 나는 노촌 선생을 '선구적인 실학자'라고 규정하면서 실학자 앞에 '선구적'이라는 용어를 사용한 바 있다. 그것은 노촌의 짧은 생애 때문에 성호 이익(李瀷, 1681~1763) 이후부터 본격적인 실학자들이 활동하던 역사로 볼 때 성호보다 44년 전 세상을 떠난 노촌은 실학자들이 왕성하게 활동하던 시기와는 거리가 있다는 뜻에서 사용했던 용어였다. 그러나 노촌은 반계의 학문을 계승한 성호와 동시대를 살았던 인물이었고, 실학의 비조라 칭하는 반계 유형원의 〈반계수록〉이 1670년경에 초고가 완성되었던 시기로 볼 때, 본격적인 실학자라 호칭하여도 크게 어긋나는 용어는 아니라고 생각된다.

더구나 노촌의 스승 명재 윤증(尹拯, 1629~1714)이『반계수록』을 읽고 1711년에「수록발문」을 썼고, 명재의 제자이자 노촌의 동문인 호남 출신 덕촌 양득중(梁得中, 1665~1742)이 명재의 집에서『반계수록』을 빌려서 읽었다는 사실을 보면, 노촌 또한『반계수록』을 접했을 가능성도 크다고 여겨진다. 덕촌은 당시 영암 출신이었고 노촌은 무안 출신이었으니, 그들은 가깝게 지냈던 처지였음을 문집을 통해 알 수 있다. 명재는 당시 당파로 보면 소론의 종장이었고, 덕촌과 노촌은 명재의 문인으로 명촌 나양좌(羅良佐, 1638~1710)와 함께 '명문3촌(明門三村)'으로 학문적 명성이 매우 높던 때었으니, 그들의 교류가 잦았던 것은 의심의 여지가 없다. 오래전 양득중의 『덕촌집(德村集)』을 영인본으로 간행할 때 나는 해제의 글을 쓴 바 있다. 그때도 이미 언급한 적이 있지만, 노촌은 대선배 덕촌의 영향을 많이 받았던 것으로 생각된다. 소론의 당색으로 노론과는 정면으로 대결하고 있을 때 덕촌은 노론의 북벌론을 비롯한 정책에 정면으로 반대의 입장을 주장하였다. 가위(假僞)와 허위(虛僞)임을 규탄하고 '실사구시(實事求是)'의 학풍과 정책으로 돌아와야 한다는 덕촌의 주장에 노촌 또한 적극 찬동하고 있음을 보면, 그들 두 분은 실학의 선구적인 학자이자 실학자였음이 분명하다.

Ⅱ. 노촌의 문장과 학문

노촌은 천재였다. 천재이면서도 학문연구에 돈독하게 노력을 기울인 학자였다. 문한(文翰)의 가정에서 태어나 부조(父祖)로부터 글을 배우기 시작하자 타고난 재주가 뛰어나 4세에 벌써 글을 지을 수 있었고, 성동(成童) 전에 경사(經史)와 백가(百家)에 통달하였다 한다. 17세 때인 1699년 소과인 진사시에 합격하고 23세 때인 1705년 증광문과에 장원으로 급제하여 나라 안에 이름을 드날리는 선비였다. 노촌은 학자이기 전에 뛰어난 문신(文臣)으로 유명하였다. 장원급제 뒤 시작된 벼슬은 너무도 화려했다. 전적(典籍)으로부터 시작하여 병조좌랑 · 정언 · 지평 등을 거쳐 전라도사를 지냈다. 그 후 옥당(玉堂)

으로 들어가 부교리 · 수찬 · 교리 등 청한의 벼슬을 살고 문학 · 헌납 · 이조좌랑 등을 역임하였다.

외직(外職)으로는 남평현감으로 일하고 바로 다시 호당(湖堂)으로 들어가 사가독서의 영예를 누렸다. 이 무렵 호당 응제에 수석으로 뽑혀 진귀한 하사품을 받는 영광을 누리기도 했다. 이조정랑과 겸사서를 지내고 다시 옥당으로 들어갔는데 이때는 서연(書筵)에서 경사를 강론하면서 치국의 요체를 임금에게 설파하여 의론(議論)이 뛰어나다는 큰 칭찬을 받기에 이르렀다. 그 무렵 당파 싸움이 심해지던 때여서 벼슬을 버리고 낙향하여 부모 봉양에 정성을 바치고 싶어 했다. 그래서 다시 외직으로 나가 진산군수와 능주목사로 일하다 끝내는 병을 이기지 못하고 37세라는 아까운 나이에 요절하였으니 너무나 짧은 일생이었다.

가. 문장(文章)과 의론(議論)

네 살 때부터 글을 지을 줄 알았던 천재 노촌은 문장가로 이름을 남겼다. 뛰어난 문장으로 이름을 날리던 노촌은 벼슬하면서 치국의 경륜이 탁월하고 경세(經世)를 논하는 의론(議論)에 뛰어나 모두의 신임을 얻을 수 있었고, 임금의 신임 또한 두텁기만 했다. 이에 대해서는 당대의 문장가이자 영의정이라는 고관을 지낸 귀록 조현명(趙顯命, 1690~1752)의 〈노촌묘갈명〉에서 알아보자. "노촌은 약관에 문과에 장원하여 문장과 의론으로서는 세상에서 중하게 여겨졌기에 지금까지도 사대부들이 모두 그 점을 말할 수 있지만, 그분이 만년에 수양하던 실공(實功)에 대하여는 아는 사람이 적다(公弱冠擢嵬科 以文章議論 重於世 至今士大夫 皆能道之 然若其晩年進修之實 鮮能知

者矣 …"(『歸鹿集』)라고 말하여 문장과 의론에 뛰어났음을 증언하였고, 만년에는 위기지학(爲己之學)인 경학과 성리학에도 업적이 높았다고 했다.

노촌이 문장가였음을 증언해주는 색다른 기록이 또 있다. 노촌이 관각(館閣) 문체인 변려문(騈儷文)에 뛰어나 '관각대수(館閣大手)'라는 영예로운 호칭을 들을 수 있었다는 것이다. 다산 정약용이 아암(兒菴)이 지은 「대둔사비각다례문찬」이라는 글을 보고 "이 글은 바로 관각대수의 글솜씨이니 이윤보 · 임이호(林彝好)의 끊어진 문장을 이을 수 있도다. 생각 해 보니 글자마다 용맹이 넘쳐나고 구절마다 솟아오르는 기운(跳盪聳踈)이 있으니 승려의 글투와는 다르다(此篇是館閣大手 能嗣李閏甫 林彝好之絶響 覺 字字跳盪句句聳 非復蔬筍口氣者也)"(「兒菴集跋」)라고 말하여, 노촌은 당대에 관각대수, 즉 변려체 문장의 대가였음을 방증해 주고 있음을 알게 된다. 다산은 그와 각별하게 친하게 지냈던 혜장선사 아암의 글을 칭찬하는 내용의 글에서 당시 세상에 널리 알려진 노촌의 문장이 관각대수였음을 알려주고 있는 것이다.

노촌의 문장에 대한 당대의 평가가 조선왕조실록에도 기록되어 있다. 숙종실록 45년 조에 "12~3세에 사장학(文章學)에 크게 성취하여 문장이 도도하고 해박하면서도 유려하였다(十二三 詞學大就 下筆滔滔 贍博流麗)"(「林象德卒記」)라는 평가는 아무에게나 하는 말이 아니었다. 문장에 대성하여 글마다 도도하고 해박한데다 유려한 문장솜씨였다니 얼마나 큰 문장가로 알려진 일이겠는가. 대단한 문장가였음을 방증해 주고 있다.

문장학에 큰 성공을 이룩했음을 살펴본다. 『노촌집』을 보면 그의 산문이 얼마나 유려한가를 바로 짐작할 수 있다. 기(記) · 서(序) · 발(跋) 등의 글은 문장가가 아니고는 지을 수 없는 수준 높은 문장임을 알게 해 준다. 자신의 방조(傍祖)인 백호 임제의 필적에 발문으로 쓴 「백호선생필적후발」이라는 글은 '기기(奇氣)'를 지녔던 백호 선생의 글과 글씨에 대한 평으로 해박한 학식에 유려한 글솜씨를 넉넉하게 보여주는 글임이 분명하다. 백호 선생의 인품을 논하면서 곁들여진 문예비평의 내용은 훌륭한 문장의 본보기임을 잘 보여준다. 「고이장군칠실우국가후발(故李將軍漆室憂國歌後跋)」은 임진왜란 때에 이충무공 막하에서 지략을 제공한 이덕일(李德一) 장군이 지은 시조 작품인 「우국가 28장(憂國歌二十八章)」에 대한 해설의 글로 나라에 크게 등용되지 못한 우국의 장군에 대한 안타까움을 기록한 글이다. 노촌의 문장 솜씨를 넉넉하게 보여주는 글의 하나다.

노촌의 의론으로 세상에 널리 알려졌다고 했을 때의 '의론'은 바로 경세(經世), 곧 치국(治國)에 대한 견해가 높은 수준에 이르렀음을 말해준다고 보인다. 짧은 벼슬살이 동안에 나라에 올린 몇 편의 상소(上疏)나 계(啓)는 바로 그의 '의론'에 해당하는 내용이다. 반계 유형원이나 덕촌 양득중이 봉건 왕조의 병폐로 위기에 처한 조선이라는 나라는 그대로 두면 망할 수밖에 없다고 논증하면서 개혁하고 변화를 일으키지 않고서는 안 된다던 그런 때였다. 이런 정신을 노촌 또한 그대로 지녀서 18세기 초엽의 사회경제적 현실과 백성들이 당하는 질곡이 어떤 정도인가를 알게 해주는 귀한 역사적 자료가 바로 노촌의 '의론'이었다. 또 그런 내용에는 국방책, 수취체제, 나라의 기강, 탐관오리 문제, 군정(軍政) 등 나라의 폐정(弊政)을 시정하고 개혁하지 않으면 바른 정치가 이룩될 수 없다는 주장에서 실학자의 면모를 그대로 보여주는 의론들임이 분명하다.

나. 학문과 사상

노촌의 학문에 대한 평가는 앞에서 거론된 조현명의 「노촌묘갈명」에 압축한 내용으로 표현되어 있다. 노촌은 본디 문장과 의론으로 세상에 널리 알려졌으나, 그가 만년에 위기지학(爲己之學), 즉 경학과 성리학의 높은 수준에 이르렀음은 제대로 알려지지 않았다면서 그의 높은 학문 수준을 언급한 바 있다. 또 왕조실록의 노촌 졸기(卒記)에는 "문장으로 인하여 학문에 뜻을 두고 사색에 잠겨 경의(經義)를 깊이 깨달아 새롭게 밝혀낸 내용이 많았다(因文志學思索 邃惡經義, 多所發明)"라는 내용에서 여타의 학자들이 밝혀내지 못한 경전의 뜻을 새롭게 밝혀낸 부분이 많았다고 했으니 창의적인 학자였음을 말해주고 있다. 더구나 졸기의 마지막 부분에서, "평생 동안 윤증을 스승으로 섬겼지만 지견(知見)이나 언론(言論)에서 또한 스스로 얻어낸 바가 많았다(平生師事尹拯 而知見言論亦多自得者)"라고 말하여 스승에게 배운 바도 있겠지만 사색을 통해서 스스로 알아낸 바가 많았다고 했으니, 역시 독창적인 학자였음을 분명하게 밝혀주고 있다. 노촌의 학문연구 방법에 '자득(自得)'이라는 두 글자가 사용되고 있음은 노촌이라는 학자의 훌륭함을 나타내주는 키워드이다.

『노촌집』 권9와 권10에 수록된 「경연록(經筵錄)」이나 「독서차록(讀書箚錄)」에 보이는 창의적인 경전해석을 읽어보면 경서에 대한 학문 수준이 매우 높았음을 바로 알게 된다. 조선후기 실학자이자 뛰어난 경학자였던 다산 정약용의 6경4서에 대한 경전 연구에서 보이는 것처럼 선현들의 해석에 구애받지 않고 독자적이고 창의적인 해석을 내린 노촌의 경학 수준을 이해하게 된다. 이런 점에서도 노촌이 실학자의 한 분임을 알아보게 된다. 경전해석을 참신한 이론으로 해석한 점이 바로 선현들의 주장에만 따르지 않고 자득(自得)한 내용이 많은 점은 바로 실학자들의 경전해석 경향과 일치하고 있는 것이다.

『노촌집』에 보이는 「경연록」을 보면, 임금 앞에서 여러 신하와 함께 고경(古經)에 대한 토론을 하는데 노촌의 창의적인 답변에 임금의 칭찬이 많았던 점은 창의성이 높은 노촌의 학문 수준을 보여주고 있다. 내용은 많지 않지만 노촌의 해박하고 심도 깊은 경학연구 수준을 평가할 답변들이 많이 기록되어 있다. 「독서차록」에는 『황극경세서』·『시전(詩傳)』·『태극도(太極圖)』·『근사록(近思錄)』·『통서(通書)』 등에 대한 해석과 『심경(心經)』·『대학(大學)』·『중용(中庸)』 등 경전들에 대한 주석을 읽어보면, 마치 다산 정약용의 해석 방법과 큰 차이가 없이 매우 새롭고 참신한 내용이 많은 점을 발견할 수 있다. 유학의 핵심적인 경서에 그만한 깊이 있는 해석을 내릴 수 있었다면 노촌은 뛰어난 경학자의 한 사람이었음이 분명하다. 독창적인 연구 방법과 '자득'의 학문 태도에서 나온 주체성이 강한 학자였음을 보여준다.

노촌 32세의 저술로 명기되어 있는 『잡저(雜著)』 안의 「산록(散錄)」은 노촌 학문의 독창성을 보여주는 글의 하나이다. 그 글에서 『대학(大學)』의 주석이 나오는데, 어떤 학자도 주목하지 않았던 새로운 분석을 창안하여 설명해주고 있는 부분이다. 주자(朱子)의 『대학장구(大學章句)』라는 책을 제대로 읽고 제대로 해석하려면 그 책에 나오는 절실히 필요하고 매우 오묘한 세 글자가 있다는 것이다. "첫째 글자는 책의 서문에 나오는 '부지런히 있는 힘을 다한다(焉以

盡其力)'의 '면(俛)'이라는 글자이고, 둘째 글자는 '경1장에 나오는 그 발(發)하는 바로 인하여 끝내는 밝혀진다(因其所發而遂明之)'라는 글의 '수(遂)'자이고, 그 세 번째는 전(傳) 6장에 나오는 '면밀하게 이 마음이 있나 없나를 살핀다(密察此心之存否)'라는 구절의 '밀(密)'이라는 글자이다"라고 하는 면(俛) · 수(遂) · 밀(密)이라는 세 글자를 정확히 파악하여 그 의미를 제대로 밝혀내서 그대로 행하는 일이 『대학(大學)』 공부의 요체라는 독창적인 견해를 밝히고 있다.

여기에서 노촌 경학 공부의 높은 수준을 알아볼 수 있다. 우리로서는 그 의미를 명확하게 설명하기 어렵지만 이어지는 해설에서 노촌은 치밀하고 짜임새 있게 그 세 글자를 풀이하여 설명해 주고 있다. 어느 누구도 대학의 키워드가 세 글자라는 해석을 내놓은 바 없었건만, 독창적이고 참신한 해석을 내리는 노촌은 그런 독특한 해석으로 『대학』이라는 책을 바르게 해설하는 공부가 되어 있었다는 것이다. 주자학 일변도여서 경학 공부가 새로운 해석을 하지 못할 때 '자득'의 힘으로 창의적인 해석을 내린 노촌의 경학공부는 실학자의 수준에서만 가능한 일이었음을 그런 데서도 알아보게 된다.

노촌이 살아가던 시대는 학문이라면 성리학이 주조를 이루던 때였다. 실학의 논리로 학문 방향이 정해졌으나, 그도 외면할 수 없는 것은 성리학이었다. 「잡저(雜著)」에 나오는 「논사단칠정」, 「논기화이승」, 「원성변」 같은 글들은 성리학에 대한 그의 견해를 알아볼 수 있다. 「불론」, 「노자론」, 「장주론」 등은 불교와 도교 등 지식인이라면 언급하는 글들이다. 특이한 글의 하나는 「원성변」이다. 당나라의 한유는 「원성(原性)」이라는 글에서 인간의 성품에는 상(上) · 중(中) · 하(下)의 3품이 있다고 설명했는데, 노촌은 이 성삼품설에 찬성하지 않는 입장이었다. 모든 인간의 성품은 본디 착하여 등급으로 구별해서는 안 된다는 인간 평등론의 논리를 폈는데 뒷날 다산 정약용도 한유의 성삼품설을 강하게 비판한 점으로 보면 노촌의 선구적인 학문을 알아볼 수 있다. 실학자다운 진보적인 사상가였다고 말할 수 있다.

노촌은 명재 윤증의 제자로 명재의 학문에서 영향을 받았지만, 실제로 큰 영향을 받은 학자는 집안의 창계 임영(林泳, 1649~1686)과 동문의 선배인 덕촌 양득중이었다. 창계가 48세로 일찍 타계하여, 노촌이 4세의 어린 나이로 직접 학문을 전수받지는 못했어도 창계의 문집을 여러 곳에서 인용하고 있는 점을 보면 큰 영향을 받았음은 의심의 여지가 없다. 덕촌 양득중 또한 당대의 학자로서 허위(虛僞)와 가위(假僞) 학문 풍토를 강력히 규탄하고 실사구시의 학문을 적극적으로 주장했던 점은 바로 노촌 학문에 대단한 영향을 끼쳤음을 알 수 있다.

다. 노촌의 역사학

그동안 실학에 대한 연구결과에서 나타나듯이, 실학자들은 중국에 대한 사대주의나 모화사상 및 숭명주의에서 벗어나 민족 자아를 인식하는 경향이 뚜렷했다. 그런 이유에서 실학자들은 우리나라 역사나 지리에 대한 연구를 학문의 중요한 영역으로 파악하고 있었다.

노촌이 저술한 『동사회강(東史會綱)』은 바로 노촌이 실학자였음을 말해주는 중요한 저서였다. 노촌은 일찍부터 『사기(史記)』를 비롯하여 한(漢) · 당(唐) · 송(宋) · 명(明)의 여러 역사책을 공부하고, 『자치통감강목(資治通鑑綱目)』, 『속강목(續綱目)』, 『대명일통지(大明一統志)』 등도 섭렵하였다. 이와 함께 우리나라 역사책인 『삼국사기(三

國史記)』, 『고려사(高麗史)』, 『동국통감(東國通鑑)』, 『동국사략(東國史略)』, 『삼국사절요(三國史節要)』, 『동사찬요(東史簒要)』, 『여사제강(麗史提綱)』, 『동국여지승람(東國輿地勝覽)』 등을 탐독한 결과 27권 10책의 거작을 편찬하였다.

당시의 시대는 모화사상이 주조를 이루던 때로 민족의 주체성이나 우리 역사에 대해 관심이 부족하던 때였다. 1712년 30세의 소장학자 시절에 그만한 사서(史書)를 편찬한 일은 대단한 일이다. 실학자 안정복의 『동사강목(東史綱目)』이 저술되기 66년 전에 일이었다. 책은 신라에서 고려 공민왕 23년까지의 역사를 편년체로 서술한 바, 실학자이자 역사학자로서의 노촌의 학문을 대표하는 저술임에 분명하다. 『동사회강』에 대한 연구는 이미 많은 역사학자에 의하여 여러 방면으로 연구결과가 나와있기 때문에 이 글에서는 생략하기로 한다.

라. 노촌의 문학 사상

17세기 말에서 18세기 초엽, 노촌이 살아가던 조선이라는 나라의 사회경제적 여건은 매우 어렵던 시기였다. 19세기 초 다산 정약용이 살아가던 때보다 1세기 이전의 시대였지만 그때 벌써 백성들의 궁핍상은 말로 표현하기 어려운 처지에 놓여 있었다. 우리는 다산 정약용의 시 문학에서 조선의 부패 현상을 여실히 읽을 수 있지만, 뛰어난 문학가이자 시인이던 노촌의 시에서도 그가 살던 시대의 아픔을 읽을 수 있고, 우수한 문학가 한 사람임을 알게 된다. 그의 「면해민(綿海民)」이라는 시를 통해 그의 시대와 그의 문학성을 확인해 본다. 「면해민」은 제목의 주에 나와 있는 것처럼 면성(綿城)과 해남(海南)의 백성들이라는 뜻이다. 면성은 무안의 옛 이름이다.

나그네 갈재를 넘다 보니 客行自蘆嶺
벼가 들판에 가득 심어 있네 禾稼滿原陸
길에는 굶은 사람 많은 고을처럼 道有翳桑人
사내는 걷고 여자는 따르며 울고 있네 男行女隨哭
풀을 헤치고 다녀 진흙과 이슬에 젖고 草涉泥露霑
누렇게 뜨고 검게 그을려 사람 얼굴 아니네 黃黑無人色
묻노니 그대는 어디서 온 사람이고 借問此何人
지금은 어떤 고을 향해서 가는가요 今向何州適
……
아들은 어란진에 병사로 일하고 子簽於蘭防
이내 몸은 서울 기마대 소속되었네 身屬京騎籍
늙은 할미 등에 업어 키우는 손주 老媼背貼兒
젖이 없어 으앙으앙 우는구나 失乳鳴呃呃
저 아이 지난해에 태어났는데 指言去歲生
태어나자 벌써 사복시에 올려졌네 生已隷司僕
……

오언고시 16수로 된 장문의 시는 군정(軍政)의 문란과 수취체제의 난맥상으로 바닷가 백성들이 당하는 고통을 그림으로 보듯이 사실적인 묘사여서 높은 문학성을 보여주고 있다 우국휼민(憂國恤民)의 실학자로서 시대에 앞서가는 선구적인 시작품으로 큰 의미를 지녔다고 보인다. 이런 사회시 이외에도 노촌의 시는 자신의 고향인 무안 일대의 풍광을 노래한 시가 많고 선향인 나주 고을에 관한 시도 많은데, 대체로 실학자들이 자신의 고향이나 살아가는 지역의 고사(古事)나 유적에 대한 시를 저작했던 것과 같이, 노촌 또한 자기 고을 및 자기

주변에 대한 시를 많이 지었던 점도 실학자다움을 발견하기에 충분하다.

칠언고시 16수로 된 「금성잡곡(錦城雜曲)」은 조선 초기 점필재 김종직(金宗直)이 나주의 풍물을 「금성11영(錦城十一詠)」에서 못다 한 나주의 고적과 풍요를 16수로 읊은 것인데, 9수는 분실되고 7수만 실려있다. 이런 시야말로 자신의 선향인 나주라는 고을의 역사적 사실이나 고적(古跡)에 대한 내용이어서 자기 고장의 풍물(風物)을 노래한 대표적인 내용이었다.

Ⅲ. 맺음말

노촌은 천재였다. 그러나 노촌은 37세라는 젊은 나이에 요절하였다. 그가 학자로 문장가로 경세가로 대성하기에는 삶이 너무 짧았다. 그러나 짧은 생애로 보면 천재성과 독실한 노력을 기울인 결과 대단한 학문적 업적을 이룩한 것 또한 사실이다. 시대를 아파하고 세속의 분개하는 마음에서 그가 나라의 올린 상소문을 보면, 나라를 개혁하고 변화시켜야 한다는 개혁의 논리가 역력히 드러나 있다. "백골징포의 폐해에 이르러서는 백 년 동안의 고질로서 백성의 골수에 아픔이 박혔으니 그걸 변통시켜야 함은 참으로 왕정(王政)의 급무이온데, 법제의 무너짐이 너무 오래입니다.(至於白骨徵布之弊 百年痼瘼 痛入民髓 變而通之 誠王政之急務 而法制之壞久矣 : 「還鄕後辭職 兼論時事疏」)"라고 말하여 시대의 아픔을 열거하고 그것을 변통해야만 나라와 백성이 살아갈 수 있다고 주장했다. 바로 그런 논리가 실학자들의 공통된 주장이며, 노촌의 시에 보이는 사회시 또한 백성들이 당하는 질곡 해결을 위한 경세의 논리였음을 알 수 있다.

노촌은 실학자이면서 성리학에도 공부가 깊었다. 이에 대해서는 오래전에 유명종(劉明鐘) 교수가 그의 저서 『조선후기 성리학』(1985, 이문출판사)에서 당시 학계에서 통용하던 절충파에 속함을 말하여 자세한 해석을 해놓았다. 집안의 대학자 창계 임영이 절충파로서 노촌에게 많은 영향을 미쳤는데, 그런 결과 이기론에서 노촌은 이(理)의 주재설(主宰說)을 주장하여 독창적인 학설을 내놓았음도 알게 된다.

실학자로서 노촌의 학문을 정리하면, 첫째, 국왕에게 올린 상소문에서 나라의 법제(法制)가 무너지고 수취체제와 군정(軍政)의 문란으로 고통당하는 백성들을 위해서 법제의 개혁과 변통을 해야 한다는 강한 주장이 바로 실학자의 학문 방향이었음을 알게 된다. 반계 유형원, 성호 이익, 다산 정약용 등 실학자들 한결같이 법제의 개혁 없이는 나라가 제대로 유지될 수 없다는 것을 강력히 주장했던 점에서 노촌 또한 그들과 같은 학문 경향을 지녔음을 알게 된다. 둘째, 성리학에 대한 깊은 연구가 있었으면서도 당시 양반 학자들이 주자·퇴계·율곡 등 기존 학자들의 학문 논리에 크게 벗어나지 못할 때, 노촌은 자신의 독창적이고 창의적인 이론을 주장했던 점에서 실학자의 대열에 참가할 수 있었음을 확인할 수 있다. 셋째, 경학 연구에서도 기존의 학설에 구애받지 않고 새로운 해석을 내리면서 '자득'한 여러 이론을 제시하고 있는데, 이것 또한 실학자들의 공통된 주장이었던 점에서 노촌의 학문을 설명할 수 있다. 넷째, 노촌의 시에 나타난 사실주의적이고 비판적인 사회시는 실학자들의 시의 경향과 일치하고 있는 점에서 문학 또한 실학자의 문학임을 알게 된다. 마지막으로 당시에 학문 풍토는 허위와 가위의 탈을 벗어나지 못하고 북벌론이나 주장하고 존화주의나 숭명사상에 빠져 청나라에 대한 반청의 논리만 강화하고 있을 때, 노촌은 실사구시의 학문정신으로 현상을 바로 보고 실제의 학문, 실심 · 실리 · 실천에 주목하는 학문에 역점을 두었음을 이해해야 한다. 이런 몇 가지에서 노촌은 실학자였음을 확인하게 된다.

안타까운 일의 하나는 노촌의 요절이다. 17세에 진사시에 합격하고 23세에 문과의 장원한 천재로서, 학자로서의 소양을 모두 갖춘 선비가, 학문을 대성하지 못하고 일찍 세상을 떠난 사실은 참으로 애도해야 할 일의 하나다. 그러나 위해서 살핀 대로 그렇게 짧은 나이에 그만한 학문적 업적을 남긴 사실에 대해서는 우리는 또 찬양의 뜻을 바치지 않을 수 없다. 『동사회강』 하나만으로도 그는 훌륭한 실학자였음을 알게 된다.

초의 장의순의 문화예술과 사상

박관서
(무안학연구소)

〈 목차 〉

Ⅰ. 머리말, 오래된 질문

> "오늘날과 같은 혼란스러운 시대에는 전문가만이 필요한 것이 아니라
> 문제의 근원에 대해 보다 근본적인 접근을 할 수 있는 삶도 필요하다
> ……
> 지금 우리가 살아가고 있는 이 시대에 대한 근본적인 질문들이
> 그 어떤 때보다 중요하고 또 우리에게 시급하게 요구되며,
> 우리는 이러한 질문을 던질 수 있어야만 한다."

주어진 〈초의 장의순의 예술세계와 사상〉에 대한 발제 원고를 쓰고자 제법 오랜 시간에 걸쳐 그와 관련한 자료를 검토해왔다. 그리하여 생각보다 빈약한 연구현황 등을 기초자료로 삼아 일단 졸고로 갈무리하면서, 최근 읽었던 슬라보예 지젝(Slavoj Zizek, 1949~)의 대담집 『불가능한 것의 가능성』[1]의 한 구절이 떠올랐다.

그것이 다성(茶聖)이자 시, 서, 화 삼절(三絶)로서 우리가 우러러보아야 하는 숭앙의 대상에게 보내야 하는 구체적인 목적의 질문이 지닌 곤혹스러움 때문이었는지, 아니면 무안학의 정립이라는 입장에서 수용해야 하는 초의 장의순(艸衣 張意恂)이라는 개인의 묘연한 예술세계에서 우러나는 경외감 때문이었는지는 모르겠다.

하지만 분명한 것은 그가 살았던 조선 후기(1786 1866)의 상황이 그리 평화로운 시대가 아니었다는 점에서 오늘날 우리가 처하고 있는 상황과 유사하다는 것이다. 지젝이 언급하였듯이 문제의 근원에 대한 질문을 통한 접근은 혼란스러운 시대에 충분히 필요한 과정이다. 필자는 '초의 장의순'의 생애와 그의 생애에서 비롯된 예술세계

1) 슬라보예 지젝, 『불가능한 것의 가능성』, 궁리출판사, 2012.

와 사상 등을 구체적으로 짚어보고, 이를 통해서 이룩된 결과를 통하여 우리가 되새겨야 할 내용으로서의 새로운 응답을 찾아보고자 한다.

흔히 『다신전』과 『동다송』을 쓴 한국차의 중흥조이자 다성으로 불리는 초의선사를 대상으로 굳이 '초의 장의순'이라는 개인명을 붙임에 더하여, 그의 '예술세계와 사상'만을 떼어서 논의해 보자는 발제문으로 주어진 이유는 간명하다.

최근 우리 지역을 중심으로 초의선사 또는 초의차를 내세워 발흥하고 있는 차문화에 있어서 다선일미(茶禪一味) 또는 전다삼매(煎茶三昧)의 본뜻을 되새겨보자는 의미가 우선이면서, 동시에 지역의 특성화된 문화콘텐츠이자 온전한 문화예술의 맥락으로 기능하기 위해 주로 차문화로 한정되어 운위되고 있는 초의선사의 예술세계와 사상을 온전히 인식하여 바람직한 지역학의 근기로 삼아보자는 것일 터이다.

이에 초의 장의순의 예술세계에 대한 차분한 재인식과 논의의 촉발을 위하여 그의 생애와 행장 그리고 문학, 서예, 미술로 구분하여 글을 전개하고자 한다. 이는 현재 초의선사기념관의 전시관 구성 행로이면서, 필자가 보기에 현대예술의 방식과 구분으로 나누어서 논구하는 것이 옳다고 여겨졌기 때문이다.

불교와 선을 바탕으로 시와 서예, 그림과 차와 범패음악과 바라춤 등의 무용까지를 아우르고 있는 초의 장의순의 삶과 예술 그리고 이에서 비롯되는 사상적 내용과 흐름[2]은, (선(禪)과 차(茶)에 치우쳐있

2) 이외에도 초의선사는 사찰 음식을 비롯한 여러 방면에 재주가 많았다. 이 같은 기록은 초의선사의 「수방보」라는 책에서 알 수 있으며, 여기서는 송복의 침선법, 사찰음식 조리법. 난을 가꾸는 법. 조경법. 지병을 치료하는 투약법. 역술, 택일법,

는 대부분의 연구물을 중심으로) 바라보는 이들의 시각과 입장에 따라 다종다양한 '설화나 전설'의 방식으로까지 큰 아우라를 이루며 번져나가고 있는 상황으로 느껴졌기 때문이기도 하다.

하지만 사실 정신적인 내면을 씨알로 삼는 예술가로서의 초의 장의순은 '외형률이 아니라 내용률이며 리얼리즘의 경지를 넘어선 슈리얼리즘의 세계이다.'[3]라는 김봉호의 평가처럼, 그의 복잡한 예술과 사상의 내면을 있는 그대로 보기 위하여 초의생가기념관의 전시행로를 따라서 그 내용을 일반적인 방식으로 짚어보고자 한다.

Ⅱ. 생애와 행장

초의 장의순은 세속적인 삶의 방식에서 벗어난 스님의 신분이면서도 일반인들의 감정과 정서를 담은 많은 글과 예술품을 남겼음은 물론 여러 경화 사족들과의 교류를 통하여 행장(行狀)을 남기고 있다. 하지만 앞에서 언급한 것처럼 보는 시각과 해석에 따라서 '하늘이나 바다에 놓이기도 하고 안개 속에 가려서 들리는 신비로운 음성과 이미지'로 나타날 수 있다. 이처럼 다양한 시각에 대하여 최소한의 기준점을 제시하기 위해 우선 초의선사의 생애를 구체적으로 살펴볼 필요가 있다. 본 장에서의 그의 생애와 행장을 구분하여 인간적인 측면에서의 행적에 중점을 두어 살펴볼 것이다. 이는 그의 예술세계로

목공법, 도요법 등 오늘날 생활 백과사전의 역할을 하는 기록이 남겨져 있다. 〈대흥사 성보박물관 초의관〉

3) 김봉호, 「초의선사의 예술세계」, 1997년 5월의 문화인물 《초의 장의순 선사 학술세미나》 자료집, 1997, 32쪽.

가기 위한 사전작업이 될 것이다. 먼저 무안군에서 간행하여 기념관 등에 비치, 배포하고 있는 〈다성 초의선사 바로알기〉라는 홍보물에서 제시한 초의선사의 연보는 다음과 같다.

〈초의선사의 연보〉

1786년(정조 10년) 1세 4월 5일 전남 무안군 삼향읍에서 출생

1800년(순조 원년) 15세 때 나주 운흥사 벽봉민성스님 문하로 들어가 출가함

1804년(순조 4년) 19세 영암 월출산에 올라 만월을 보고 크게 깨달음

1807년(순조 7년) 22세 화순 쌍봉사의 금담선사 문하에서 선수행에 전념함

1809년(순조 9년) 24세 강진에서 유배생활을 하던 다산 정약용과 처음 만남

1812년(순조 12년) 27세 다산초당, 백운동(白雲洞)을 그림

1815년(순조 15년) 30세 한양에서 김정희, 홍현주 등과 교유

1817년(순조 17년) 32세 불국사, 기림사 등 참배, 기림사에서는 천불을 조성함

1818년(순조 18년) 33세 기림사에 조성했던 천불을 대둔사로 모셔와 봉안함

1823년(순조 23년) 38세 〈대둔사지(大芚寺誌)〉 간행사업에 편집자로 참여

1824년(순조 24년) 39세 일지암(一枝庵) 중건. 이후 일생 대부분 이곳에서 보냄

1830년(순조 30년) 45세 다신전 펴냄

1831년(순조 31년) 46세 일지암시고 펴냄

1835년(헌종 1년) 50세 소치 허련, 초의로부터 서예, 그림, 시문 사사

1837년(헌종 3년) 52세 일지암에서 〈동다송(東茶頌)〉 저술하여 홍현주에게 보냄

1840년(헌종 6년) 55세 헌종으로부터 대각등계보제존자 초의대선사 〈大覺登階普濟尊者 艸衣大禪師〉라는 사호를 받음
1841년 (헌종 7년) 56세 대둔사에 대광명전(大光明殿)과 보연각(寶蓮閣)을 신축
1847년 (헌종 13년) 62세 〈진묵조사유적고(震默祖師遺蹟考)〉찬술
1856년 (철종 7년) 71세 추사 김정희 선생 과천 관악산 기슭에서 별세
1860년 (철종 11년) 75세 해인사 대웅전과 대장각의 중수 권선문 지음
1863년 (철종 14년) 78세 진도 쌍계사 대웅전의 불상 개금소(改金疏) 지음
1866년 (고종 3년) 81세 8월 2일 일지암에서 입적함. 법랍 65세, 81세
1997년 5월의 문화인물 다성 초의선사(茶聖 艸衣禪師) 선정.[4)]

이 문건을 보면 편년체로 구분하여 개인의 행적을 나열함은 물론 이와 연계되는 시대적 상황을 나타내는 조선시대 왕의 연대별로까지 잘 정리되어 있다. 하지만 초의선사의 생애와 행적에 대한 일괄적인 나열은 그 집중적인 내용과 깊이에 잇닿지 못하는 측면이 있다. 이어서 무안군청 홈페이지의 〈무안관광-초의선사탄생지〉에 소개된 초의선사에 대한 소개를 살펴보았다. 무안 왕산에서 출생[5)]하여 불교와 선 그리고 이에서 비롯된 차와 그림, 서예와 학문 및 시문에 이르기까지 다양한 삶을 살다가 고향으로 돌아와서('歸故鄕') 그리워('首邱') 하며 생을 마치는 초의 장의순의 생애가 비교적 잘 정리되어 있다.

"초의(艸衣)는 조선 정조 10년(1786년) 4월 5일 전남 무안군 삼향읍 왕산리에서 태어났으며 속성은 홍성 장(張)씨이며 이름은 의순(意恂)이

4) 무안군, 〈다성 초의선사 바로알기〉 팜플렛.
5) 박동춘(공저), 『초의 의순의 동다송, 다신전 연구』, 이른아침, 2020, 14쪽. 재인용, (覺岸, 「草衣禪伯傳」, 『東師列傳』, "張氏 羅州三鄕人", 현재는 전남 무안군 삼향면으로 바뀌었음)

다. 초의(艸衣)라는 호는 출가 후 스승 완호(玩虎) 윤우(倫佑)로 부터 받은 것이며 일지암(一枝庵)은 재호(齋號)이다.

15세 때 나주시 남평에 있는 운흥사로 출가하였으며, 19세 때 해남 대둔사(大芚寺)에서 완호(玩虎)스님으로부터 구족계(具足戒)를 받았다. 탱화를 잘 그려서 당대 오도자(吳道者)의 경지에 이르렀으며 한국 최고의 근대화가인 소치(小痴) 허련(許鍊)이 초의의 문하에서 그림을 배웠다. 서예는 천의무봉(天衣無縫) 바로 그것이었다. 강진에 유배 중이던 다산(茶山) 정약용(丁若鏞)으로부터 유학과 시문을 배웠으며 완당 김정희(金正喜) 등 당대의 석학들과 종파를 초월하여 교유하였다.

39세 때 대흥사 뒷편에 일지암(一枝庵)을 중건하고 이곳에서 초의선(艸衣禪), 동다송(東茶頌), 다신전(茶神專)등을 저술했다.

55세(1840년)에 헌종(憲宗)으로부터 대각등계보제존자초의대종사(大覺登階普濟尊者艸衣大宗師)라는 사호를 받았으며, 58세(1843년)에 고향을 찾아 집은 다 허물어가지고 잡초만 무성한 부모의 무덤을 보며 눈물로 시를 지었는데 귀고향(歸故鄉)이라는 시이다.

1866년(고종 3년) 7월 2일 입적하니, 세수(世數) 81세요 법랍(法臘)은 66세였다."[6]

초의선사를 처음으로 한국차의 중흥조이자 다성(茶聖)이라고 일컬은 이는 최범술로 보이며, 이는 현재 초의선사를 다도의 신화로 자리매김하도록 하였다 해도 과언이 아니라고 하겠다. 이에 반하여 당시 초의선사의 인간적인 측면을 짚어낸 부분 역시 흥미로우면서 동시에 초의 장의순의 진면목을 살펴볼 수 있는 단초가 된다. 원문은 김명배(金明培)의 『초의선사의 다도연구』인데 곽의진의 저서 『초의선사』에

6) 무안군청 홈페이지 〈무안관광:초의선사탄생지〉, https://tour.muan.go.kr/tour/travel/historic_site#none.

서 재인용하였다.[7)]

'초의선사를 차의 중흥조 또는 다성(茶聖)이라고 최초로 말한 이는 최범술(崔凡述, 1904~1979년)인 것으로 보인다. 즉, 그는 「한국의 다도」에서 "19세기 초 무렵 대둔사의 명승 초의선사는 한국차의 중흥조이다. 초의와 추사는 서로가 서로를 드높여 이해하는 남다른 사이였다. 실로 다성(茶聖) 과 서성(書聖)의 교유라고나 할까"라고 말하였던 것이다. 하지만 초의선사가 한국 차문화의 중흥조이자 다성이라는 이유에 관해서는 아무런 설명이 없었다.'

'예용해(芮庸海, 1929~1995년)는 「나의 다론」에서 말한다. "여기서 차의 정신주의 얘기가 나온 김에 군소리를 한 가지 더 곁들이자면 조선시대 말기 초의 스님을 요즘 다성으로 떠받들어 그를 차에 관한 한 절대시하고자 하는 기운이 세간에 도저한 듯하다.

말할 나위 없이 땅끝 해남 대둔사의 스님으로 대종사요, 내외전에 더불어 밝은 고승이요, 시, 서, 화를 함께 잘한 당대 일급의 인물일 뿐만 아니라 절대적인 신분사회에서 승려로서 장안의 기라성 같은 고관 현직들과의 교분에도 거침없었던 학덕이 구비된 인격임에는 틀림없다. 특히 〈동다기〉며 〈동다송〉 등 차에 상관하는 두드러진 안목도 남겼고 스스로 차를 법제하고 그것을 아낌없이 원근 친지들에게 나누는 수희공덕도 예사롭지 않으나, 절대자로 삼아버리는 것은 지금 차도 중흥의 열기로 들떠 있는 때라 해도 지나치다는 느낌이 든다.

초의 스님은 불가의 계율에서는 벗어나는 술도 잘했고, 고기도 곧잘 즐기는 치기가 있었고, 고향 부모들의 산소를 찾고서 눈물을 짓는 속기도 있었으며, 멀리 제주도로 귀양 간 벗을 찾아 험한 바다를 건너는 오기도 지녔던 하나의 참으로 사람다운 사람으로서 그러면서도 덕이 높은 스님이었다.

우리보다 한 세상을 먼저 살다가 간 고매한 인격을 우러르는 것은 좋

---

7) 곽의진, 『초의선사』, 동아일보사, 2004, 77~78쪽.

으나 그것도 도가 지나치면 되려 욕이 되기 쉽다. 그런 안목에서 생각하면 어찌어찌 하다가 차를 좋아했던 나머지 느닷없이 성인 줄에 오르게 되어 가장 곤혹을 느끼고 있을 분은 초의 스님 스스로가 아닌가도 싶다."

지금 세대와 그리 큰 차이가 나지 않는 이전 세대에 의한 초의선사의 인간적인 측면에 대한 평가는 이채롭다. 세대가 지나며 정설로 굳은 초의선사에 대한 양극의 평가를 통하여 초의 장의순의 인간적인 면모가 새롭게 느껴진다. 물론 여기에서 속인들의 특성인 치기와 속기와 오기는 그저 단순한 인간적 기질로만 이해할 측면은 아니다. 나아가 위의 행적에서는 잘 드러나지 않는 그의 교류 관계를 고려해야 한다. 하지만, 당시 천민의 신분이었던 스님의 처지에서 다산 정약용과 추사 김정희를 비롯하여 양반에서 왕족에 이르기까지, 다양한 경화 사족들과의 교류를 통하여 자신의 예술세계를 펼쳐나간 요인과 그 내용이 무엇이었는지, 깊고 세심히 논의된 바가 별로 없는 실정이다.

이에 먼저 이러한 교류의 근본이 되었던 것으로 여겨지는 그의 선사상을 먼저 살펴볼 필요가 있다. 초의의 선사상은 백파선사(白坡禪師, 亘璇, 1767-1852)와의 선논쟁을 통하여 대략 짐작할 수 있다.

'백파선사의 〈선문수경(禪文手鏡)〉이 선(禪)의 진의(眞意)를 오도하고, 불타와 달마조사의 근본사상에 어긋난다고 생각한 초의 스님은 급기야 〈선문사번만어(禪文四辨漫語)〉를 써서 백파선사의 선론을 논박하기에 이르렀다. 백파선사는 선의 깨침 정도에 조사선(祖師禪), 여래선(如來禪), 의리선(義理神) 등 삼종선(三種神)으로 나눴다. 그러나 초의선사는 선의 우열을 논한 삼종선론을 인정하지 않고 이종선(二種禪)을 고집하였다. 이종선은 선을 조사선과 여래선으로 나누고, 조사선은 말이나 문자로 논할 수 없는 격외선(格外禅)과 같고, 여래선은 경전 등에 의거하여 선을 수행하는 의리선과 같다고 보는 견해이다.'[8]

이러한 선논쟁은 1790년에서 1926년에 이르는 약 1세기 반에 걸친 대논쟁으로서 한국 선불교의 성격을 재인식하면서 동시에 조선 후기 지성사의 큰 맥락을 이루었다. 하지만 이에 대한 여러 갈래의 해석과 평가는 오늘날까지도 이어지고 있기 때문에 그에 대한 분명한 이해가 어려운 것이 사실이다.

그래서 필자는 최근 외국인의 제삼자적인 시각으로 우리의 복잡난만한 사상사를 명료한 시각으로 해석하여 개괄적인 핵심으로 짚어내고 있는 오구라 기조의 『조선사상사』를 참조하였다. 그에 의하면 '백파는 삼종선에서 의리선을 가장 낮은 급으로 평가하여 그 전형을 지눌(보조국가)로 보았으며, 불법의 흔적조차 남기지 않는 만법인아(萬法人我)가 있는 그대로 진여(眞如)를 나타내는 조사선으로 화엄의 사사무애의 경지라고 생각했다고 한다. 이에 비하여 아직 불법의 악취가 남아있는 여래선에 더해 의리를 시끄럽게 이야기하는 의리선은 아예 깨달음과는 인연이 없는 것'이라고 하였다. 오구라 기조는 '이러한 비판이 대단히 중요하며 조선불교에서는 근대에 들어서도 여전히 의리선에 대한 파악을 위한 논쟁이 진행 중이며, 초의는 이러한 백파의 삼종선을 비판했다.'[9] 라고 언급하였다.

여기에서 흥미로운 것은, 불교 승려인 초의가 유학자인 김정희는 물론 실학자이면서 가톨릭도 포섭한 철학자인 정약용 등과의 긴밀한

8) 초의선사기념관, 전시문 〈초의선사의 선사상〉.
9) 오구라 기조(小倉紀藏), 『조선사상사』, 도서출판 길, 2022, 183쪽.

교류를 지적하며, '19세기 조선에서는 유교, 불교, 그리스도교를 넘어서 일종의 '영적인 교류'의 시공간이 열려 있었다."라고 갈파하였다. 물론 이는 시, 서, 화가 융합하여 이루어지는 당시 사대부 유학자의 기본 자질로 이어지던 당대의 문예 풍조에 대한 이해는 물론, 당시 신분 질서가 무너져가는 조선 후기의 사회 상황을 간과한 것이라고 할 수도 있다. 하지만 사회적 현상을 인간 개개인의 단층으로 명쾌히 잘라서 관찰하는 신선한 문화적 시각으로도 읽혔다.

Ⅲ. 초의 장의순의 예술세계

그의 예술세계를 문학, 서예, 미술 장르로 한정하여 구분하는 일은 사실 난망한 일이다. 무엇보다 먼저 그는 시서화 삼절에 그치지 않고 예술의 경지에 오른 다도와 범패와 같은 불교음악 그리고 바라춤 등의 무용까지 통달한 것으로 알려져 있다. 다만 시간을 따라 펼쳐져서 기록으로 남지 않는 음악과 무용의 특성에 따라 현재까지 전해진 것은 없다. 이에 대해서는 가장 최근에 나온 한승원 선생의 소설 『초의(艸衣)』[10]를 통하여 그 내용과 맥락을 어느 정도 짐작할 수 있다.

> "세상에는 꿀 먹은 벙어리 같은 중들이 얼마나 많은지 아냐? 경전 한 줄도 읽을 줄 모르고, 그러면서도 한 소식을 한 선승입네 생불입네 하고 가부좌하고 면벽 참선이나 하고 있고...... 중질한다고 시주에만 의지하고 사는 것은 기생충하고 똑같은 거다. 한 가지 기술을 가져야 한다. 이 땅

10) 한승원, 『초의(艸衣)』, 김영사, 2003.

의 모든 중들이 무슨 기술을 가지든지 한 가지씩을 가져야만 세속 사람들이 중들을 깔보지 않고 그래야만 이 세상이 불국토가 된다..... 참선도 물론 해야 하지만, 단청 탱화 바라춤 범패도 잘해야 한다. 나는 이판이니까 참선만 하고, 너는 사판이니까 염불하고 탱화 그리고 살림만 하고, 이것은 틀린 생각이다."......"사당패들이 살판 죽을판 재주를 넘고 공중에서 줄타기하고 버나를 돌릴 때에는 목숨을 걸어놓고 한다. 재주를 넘다가 실수를 하고 줄을 타다가 떨어지면 허리 부러지고 고개가 부러져서 죽어. 바라춤 범패 단청 탱화도 다 마찬가지다."[11]

위의 글은 물론 소설의 구성을 위해 문학적 상상력으로 꾸며진 허구이다. 하지만 여기에는 동시대의 불교 탄압 등에 맞선 생존과 도의 추구라는 실존적인 사회적 상황은 물론, 초의라는 한 개인이 다종다양한 예술세계에 착근하는 과정이 눈물겹게 표현되어 있다. 물론 소설은 이를 통해 강한 개연성을 얻고 있다. 흔히 말하는 천재로서의 개인적인 영웅서사가 아니라 당시의 시대 상황과 초의라는 개인사가 맞물려 진행되는 삶의 구경 또는 진실로서의 예술 서사가 담겨있는 것이라고 하겠다. 그렇듯이 초의의 예술세계는 온전한 현대의 예술적인 관점에서 새로운 방식으로 연구되어야 하리라 생각된다. 그러한 지점에서 초의의 예술세계를 각 예술 장르별로 구분하여 그 의미를 구체화하고자 한다.

11) 한승원, 『위의책』, 112~113쪽.

1. 문학세계

초의선사의 시학은 당대의 내로라하는 학자들이 경탄을 금치 못했을 정도로 빼어났다. 여러 문사들과 어울려 수시로 시회(詩會)를 즐겼으며, 이름난 문장가들이 앞다투어 스님과 시로 교류하기를 원했다. 홍석주(洪奭周)[12]는 "호남의 스님 초의는 학자, 선비들과 교류하기를 좋아하였는데, 그의 시문은 속성(俗性)을 벗었다. 또 정결 간명하여 마치 당, 송시대의 그것과 같이 군더더기가 없이 맑다."라고 했다. 신위(申緯)[13]는 "시란 참으로 어려운 것이다. 우리나라 스님 가운데서도 시인은 많았으나 도중에 끊기고 말더니 이제 의순의 시를 얻었도다."라고 하였다. 이는 초의선사의 시세계가 지닌 탁월성을 충분히 엿볼 수 있는 평가이다.[14]

12) 홍석주(洪奭周, 1774년~1842년)는 조선의 문신이다. 1795년(정조 19년) 식면 문과에 갑과로 급제하여 검열 수찬 교리 등을 거쳐 이후 당상관이 되어 승지, 이조참의에 오르고 홍문관제학을 지낸 후 이조참판과 전라도관찰사에 이어 한성부판윤, 형조판서, 병조판서, 좌의정에 이르렀다. 그는 주자학에 밝았을 뿐 아니라, 정치 경제 과학 등의 학문에도 이름이 높았다. 많은 저술을 하였는데《풍산세고》6권,《상예회수》10권,《학강산필저》4권,《연천집》등이 있다.(위키백과)

13) 신위(申緯, 1769년 ~ 1845년)는 조선 후기의 문신이다. 조선국 이조참판 등을 지냈다. 어려서부터 신동이라 불리었고 14세 때 정조가 그를 불러 크게 칭찬하였다. 1799년 알성 문과에 급제하여 도승지 이조참판(종2품)을 지냈다. 당시 시 서 화의 3절로 일컬어졌으며, 백년 이후의 시인들도 모두 그를 작시법의 스승으로 추대하였다. 그의 이름은 국내보다 중국에 널리 알려졌고, 청조의 시풍을 민감하게 받아들여 참신한 시를 썼다. 그의 시작품 속에는 애국 애족적인 정신이 잘 나타나 국산품 애용, 양반 배척, 서얼의 차별 대우 철폐, 당쟁의 배격 등을 제시했다. 그는 또한 서도와 그림에도 뛰어났다. 그가 쓴〈동인론시(東人論詩)〉35수는 신라의 최치원으로부터 그 당시까지의 시인들의 작품을 평가해 놓은 대표적인 평론집이라 할 수 있다.(위키백과)

14) 초의선사기념관, 전시문〈초의선사의 시세계〉.

〈초의선사의 시세계〉를 소개하는 위의 글은 그의 시세계가 지닌 동시대의 문학적 평가와 위상을 충분히 드러낸 것으로 읽힌다. 하지만 문학적 평가와 해석은 계속 이어져 확장 혹은 축소되는 과정의 것이다. 다행인 것은 최근 들어 초의의 시문학에 대한 연구들이 기존의 선시와 차시를 넘어서서 문학 본연의 영역에서 적잖이 진행되고 있다는 점이다.

최근 초의선사의 시문학에 대한 본격적인 연구서인 조태성의 『초의선사의 시문학 연구』[15]에 거론된 선행 연구사례만 참조해도 그 다양성이 가늠된다. 1987년 이동재의 「초의선사의 시문학考」(동국대 교육대학원 석사논문)을 필두로 권보경의 「초의 의순의 한시 연구」, 김미선의 「초의 장의순 시의 연구」와 「초의시의 선시적 접근」, 「초의선사의 자연시」, 김연수의 「초의선사의 시세계」, 이종찬의 「酬唱에 뛰어난 초의의 시」, 이진오의 「초의선사의 시와 그 문화사적 의의」, 천병식의 「초의의 시문학연구」, 임종욱 편저 『초의선집』 등 다양한 연구가 진행되고 있음을 알 수 있다.

초의가 생전에 쓴 글들은 현재까지 알려지기로는 모두 180여 편의 시를 썼으며, 이외에도 여러 제문, 상량문 또는 불교와 관련된 글은 물론 서문이나 발문 등 선사의 각종 산문은 수를 헤아릴 수 없다고 한다. 이와 같은 글들이 담겨 간행된 문집들은 아래와 같다.

15) 조태성, 『초의선사의 시문학 연구(호남학연구총서)』, 전남대 호남학연구단, 2006.

〈초의선사의 저서(著書)〉

-『일지암시고(一枝庵詩稿)』: 스님이 일생동안 선(禪)의 여가에 사대부들과 교유하면서 지은 시(詩) 이다. 4권이 한 책으로 묶여져 있고 시고 말미에 석오(尹致英)와 위당(申觀浩)과 백파거사(申獻求)의 발문(跋文)이 붙어 있다.

-『일지암문집(一枝庵文集)』: 스님이 일생동안 지은 소(疏), 기(記), 서(序), 발(跋), 상량문(上樑文), 제문 (祭文), 축문(祝文), 영찬(影贊) 등 52개 항목과 부록으로 탑비명(塔碑銘)이 수록되어 있다.

-『초의선과(艸衣禪課: 禪門拈頌選要疏)』: 禪의 요지를 밝힌「禪門拈頌」중에서 그 골자만을 가려내 주석을 달아 만든 책이다. 그 체제를 보며 문과 본문으로 되어 있다. 서두에「禪門拈頌 選要疏」를 붙여「禪門」에 대해서 설명하고 있다.

-『선문사변만어(禪門四辨漫語)』: 어느 여름날 영남에서 왔다는 백파선사의 법제자로 부터 백파선사의 선론을 듣고서 틀린 곳을 바로 잡기 위해서 지은 것이다. 2종선과 이선래의로 엮여져 있다. 계축년(1913) 6월 10일에 증법손벽담대사(碧潭大師)와 경연(鏡淵)스님이 주관하여 인간(印刊)하게 되었다.

-『동다송(東茶頌)』:「한국의 다경(茶經)」이라고 할 수 있는 차의 전문서이다. 처음에는「東茶行」이라고 하였는데, 뒤에「東茶頌」으로 바꿨다. 이 책의 체제와 내용을 보면 모두 31송으로 되어 있는데, 각 송구마다 주를 달아 설명하고 있다.

-『다신전(茶神傳)』: 차 생활에 필요한 차의 지침서로서 스님이 45세(1830년) 때에 일지암에서 정서해서 펴낸 것이다. 스님의 완전한 창작이 아니고 중국의「萬寶全書」라는 백과사전 속에 수록되어 있는 장원의「다록」의 원문을 抄出해 내서 제명을 하고 발문을 달아 만든 책이다.

-『진묵조사유적고(震默祖師遺蹟攷)』: 스님이 1847년 봄에 지은 것이다. 이 유적고의 체제를 보면 은고거사 김기종의 서문(序文)이 먼저

실려 있고, 그 다음에 초의스님의 서문이 있다. 그 내용은 모두 18개 항목으로 나누어 神異한 행적을 기록하여 놓았다.

- 『문자반야집(文字般若集)』 : 스님이 평소에 지은 서(序), 발(跋), 제문(祭文), 서간(書簡) 등(等) 11편을 수록한 手稿 초본이다. 편목은 모두 필사본 일지암문집과 중복되나, 초의선사의 친필 초고본이라는데 의미가 크다.
- 『초의시고(艸衣詩稿, 목활자본)』 : 스님의 입적(入寂) 40년 뒤인 병오년(1906)에 그 법손 祥雲應惠와 法弟雙 修一閒이 인간한 목활자본이다. 전 2권 2책이며, 卷之下 후반에는 文이 실려 있다.[16]

초의 장의순의 문집 중에서 특히 『일지암시고』에 그의 시기별 행적은 물론 시를 쓰기 시작한 때와 장소, 상황 등이 세심히 기록되어 있어, 그의 구체적인 문학활동과 내역을 밝히는데 도움된다고 한다. 이외에 초의의 행적을 살필 수 있는 자료로는, 신헌의 「초의 대중사탑비명」, 이희풍의 「초의대사탑명」, 홍석주의 「초의시집서」, 신위의 「초의시집제」, 윤치영(1803~1857)의 「초의시고발」, 신현구(1810~1884)의 「초의시집서」, 범해의 『동사열전』, 『다비계안』, 허련의 『몽연록』, 박한영(1870-1948)의 「초의비명」, 이능화(1869~1945)의 『조선불교통사』 등이 있다.[17]

초의의 시문학을 집대성하여 문학의 내적인 관점으로 연구한 조태성은 『초의선사의 시문학 연구』에서, 초의가 '19세기에 민족 문화사적 측면에서 크게 기여한 인물임에도 불구하고 시문학에 대한 연구는 매우 협소한 편이며, 기왕의 연구 역시 '선시'라는 범주 안에서만 이해했던 까닭에 정작 그가 추구했던 그의 이상이 제대로 드러내지

16) 무안군, 〈다성 초의선사 바로알기〉 팜플렛.

17) 박동춘(공저), 『앞의 책』, 29쪽.

못했던 문제점이 있었다.'고 밝힌다. 초의의 시는 크게 네 가지 정도로 분류할 수 있는데, 첫째는 신분이 주는 특수한 삶의 형태로 투영된 시, 둘째는 그의 삶의 가장 큰 특징이라고 할 수 있는 '차와 다도'와 관련된 시이다. 셋째는 자연에서 자연과 자신을 읊었던 시, 마지막으로 자신의 출세(出世)를 속세(俗世)로 연결시켜 유,불 회통(儒,佛會通)을 시도케 해주었던 시 등으로 분류하여 연구하였다.

특히, 한국의 불가에서 이루어졌던 시문학을 통사적으로 엮어서 살펴보았던 『한국 불가시문학사론』에서는 초의의 시문학이 '시어의 배열이나 형식까지도 시의 소재와 적절히 배합하는 높은 솜씨가 돋보인다.'면서, '그 많은 시가 선사라 하여 느껴지는 불가적 격식이 전혀 드러남이 없으면서 많은 사대부의 묵시적 동의를 얻었다 하겠다. 조선조 말기에 스님들이 유자와의 격의 없는 교분을 대부분 유지했지만 초의선사만큼 시의 벗으로 맺어진 교분도 드물다 하겠다. 선사이면서 철저한 시인이었음이 확인된다.'[18]고 하였다. 초의의 문학적 내용과 위상을 충분히 확인할 수 있는 대목이다.

그리하여 그가 이룩한 문학세계는 초의 이후 대흥사의 대표적 시승으로 꼽히는 석전 영호(石顚 映湖)[19]는 물론 만해 한용운과 미당

18) 이종찬, 「酬唱에 뛰어난 초의의 시」, 『한국 불가시문학사론』, 불광출판부, 1993, 734~735쪽.

19) 개항기와 일제강점기에 활동한 승려로 성은 박씨(朴氏), 자는 한영(漢永)이며, 호는 영호(映湖) 석전(石顚)이다. 1870년(고종 7) 8월 전북 완주군에서 태어났다. 정호(鼎鎬)는 나라 안팎으로 어렵고 혼란스러웠던 시기에 살았으나, 학문은 물론이고 교(敎)와 선(禪)에 정통하고 원융적(圓融的) 실천(實踐)의 화엄사상을 불교적 이상으로 전진하였다. 금봉(錦峯) 진응(震應)과 함께 근대 불교사의 3대 강백(講伯)으로 추앙 받고 있으며, 저서로 『석전시초(石顚詩抄)』, 『석림수필(石林隨筆)』, 『석림초(石林抄)』 등이 있다. [네이버 지식백과] 정호[鼎鎬] (한국향토문화전자대전) 참조.

서정주를 비롯한 근현대의 작가들까지 이어지는, 19세기의 문학을 대표할 만한 경지에 올랐다고 말해도 과언이 아니라는 평가를 하였다.[20] 이처럼 초의의 시문학에 대한 다양한 해석 및 평가는 물론 각종 산문을 포괄한 향후 연구를 통하여 문학사적인 맥락에서 온전히 자리매김되어야 한다.

2. 서예세계

'초의선사의 서예는 천의무봉 바로 그것이었다.' 해남 대흥사 성보박물관 내의 초의관에서는 초의선사의 글씨를 이렇게 단언하고 있었다. 물론 여기에서도 그의 서예가 왜 천의무봉인가에 대한 응답은 따로 보이지 않았다. 이전에 방문했던 무안 초의기념전시관에서도 초의선사의 서예 세계를 주로 당대에 활동하던 서예가나 경화사족이 칭송하는 평가 외에 구체적인 내용이나 전말이 자세히 나타나지 않았다.

이러한 상황은 초의의 서예 작품이 묶인 서책은 물론 개별적인 연구의 내용 자체가 거의 보이지 않는 상황으로 이어졌다. 물론 이는 그의 미술 세계와 관련한 부분도 마찬가지였다. 그래서 우선 초의의 서예와 미술작품을 찾아보는 일에 진력하였으나 이마저도 쉽지 않았다. 1997년경 설립된 무안 초의기념전시관의 작품은 '느낌을 받기 힘든' 필사본으로 사진 촬영 자체가 무의미했고, 해남의 초의관에서는 그나마 힘찬 글씨로 이루어진 서예 작품 몇 점을 관람할 수 있었다.

하지만 이러한 방식으로는 그의 구체적인 서예와 미술 세계를 제대로 규명하는 일은 가당치 않았다. 그래서 우선 이러한 상황을 인식

20) 조태성, 『앞의책』, 217~221쪽.

하고 문제점을 드러냄은 물론 시각예술인 점에 착안하여 감상 가능한 작품을 통하여 그의 서예 세계를 생생히 체험해보고 환기하는 지점으로 이번 발제문의 테두리를 정하였다.

그리하여 시 · 서 · 화는 물론 유 · 불 · 선에 더하여 차를 통해 경계를 두지 않는 무착바라밀(妙源無着波羅蜜)의 경지에 이르렀던 저간의 사정을 염두에 두면서, 그나마 초의선사의 서예세계 자체에 초점을 맞춰 구성된 무안 초의선사전시관의 기술 내용을 중심으로 이를 간략히 짚어보았다.

전시 설명문은 초의선사의 서예 세계에 대하여 다음과 같이 설명하고 있다. "초의선사의 제자인 범해각안(梵海覺岸)이 지은 〈동사열전(東師列傳)〉에 초의의 범서(梵書)가 당시 모든 서예가 사이에서 정평이 나 있었다는 내용이 들어있다." 이는 본문의 내용처럼 '초의 스님의 범자 서예가 대단한 명성을 얻고 있었음을 짐작할 수 있는 대목'이다. 또한, '초의는 선과 함께 익힌 글씨로 일가를 이루었으며 특히 전서(篆書)와 예서(隸書)를 잘 썼다. 추사 김정희와는 평생에 지음(知音)이 되었으나 추사 서법에 영향을 받지 않고 별개의 글씨를 썼다.'고 언급한다. 하지만 '초의 스님의 친필은 대부분 행방이 묘연해 서체에 대한 연구가 제대로 이루어지지 못하고 있음'[21]을 토로하고 있다.

그리고 이러한 내용을 보여주는 서예 작품과 설명문들이 잘 전시되어 있었다. 그래서 이를 기초 목록으로 삼아 기존 연구와 전시회[22]

21) 초의선사기념관, 전시문 〈초의선사의 서예〉.

22) 김연주, '초의선사-바라밀 다(波羅蜜 茶)' 전, 〈차, 시서화, 유불(儒佛) 넘나든 조선 말기 사상가이자 예술가. 초의선사 열반 150주년 희귀유물 70점 공개〉. 예술의 전당(2016.10.6.-11.6). 매일경제, 2016.10.13.

등을 통해서 찾아본 초의의 서예 세계는 앞에서 살펴본 칭송들이 그리 무색하지 않음을 확인하였다.

우선 먼저 초의선사의 범어(梵語)로 쓴 서예 작품 〈관세음보살여의주수(觀世音菩薩如意珠手)〉를 보자. 범어는 '아리안계 인도의 각 언어의 조상어(祖語)이다. 원어명은 산스크리트어로 인도 여러 언어의 근원이 되는 언어를 의미한다. 범어는 삼국시대에 한반도에 유입되어 통일신라와 고려시대에 확산된 것으로 보인다. 이와 같은 범어는 불교와 함께 한국어에 유입되어 한국어의 정신세계를 나타내는 주요한 언어의 하나로 자리 잡았다. 특히 범어를 적기 위해 사용된 범자는 훈민정음의 창제에 적지 않은 영향을 미쳤을 것으로 추정된다는 점에서, 멀리 인도로부터 기원하여 동북아시아의 끝자락, 한반도에 이르는 문화 전파의 양상을 상징적으로 나타낸다는 점에서 민족사적, 인류사적 의의를 지닌다.'[23]라고 한다. 수년 전에 무안의 특성화된 문화예술의 하나인 각설이품바의 원형을 찾는 과정에서 바라문교의 건달파(乾闥波)신을 만나면서 '나무아미타불, 다비, 달마, 반야, 바라밀, 보리, 비구, 비구니, 사리, 사바, 삼매, 열반, 탑' 등의 용어와 개념들이 범어로부터 기원하였음을 알았었다. 실용어로서의 문자에 미적인 조형이 더해짐은 물론 역사적인 시공간의 원류를 찾아가는 초의선사의 심원한 예술정신이 느껴지는 듯해서 서늘한 느낌이 들었다. 초의선사는 이러한 범자로 천자문까지 썼다고 한다.

이에 더하여, 필자가 초의의 작품을 구하려고 여러 곳을 검색하다가 발견한 작품이 《해동명필첩(海東名筆帖)》[24]에 수록되었다고 주장

23) 한국민족문화백과사전, 범어(梵語), https://encykorea.aks.ac.kr/Article/E0078702

24) 해동명필첩(海東名筆帖), 신라의 김생(金生, 711~807)을 비롯하여 한호(韓濩,

하는 초의선사의 전서체 글씨[25]이다. 고전체(古篆體)를 바탕으로 쓴 필획의 떨리는 특징을 가진 독특한 전서체 작품으로, 역시 고전체 바탕의 떨리는 필체의 서예로 유명한 허목(許穆, 1595-1682)의 글씨와 비견하며, 금문(金門)의 하나라고도 주장하였다.

서예 역시 하나의 도학(道學)으로 생각하여 심획(心劃)이자 덕성(德性)의 표출로 간주하며, 기교가 아니라 마음수련과 동일하게 여겨서 서예를 도학(道學) 연마의 연장으로 생각한 송시열, 송준길 등 당대의 유학자들과 달리, 허목은 서예 역시 하나의 예술로 간주하고 우아함과 고상함을 지향점으로 삼아 고경(古經), 고문(古文)의 예를 본받아야 한다고 하였다.

<그림 1> 초의의 전서

1543~1605), 허목(許穆, 1595~1682) 등 우리나라의 명필 14인의 글씨를 수록한 서첩.(위키백과)

25) 초의선사유묵, 오왕갤러리(https://blog.naver.com/owangg/222180633778)

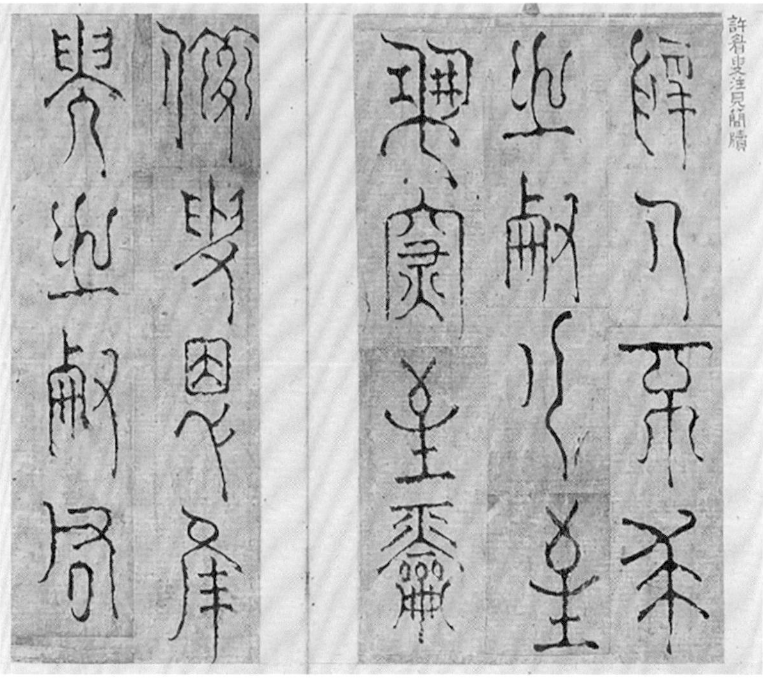

<그림 2> 해동명필첩에 수록된 허목의 전서

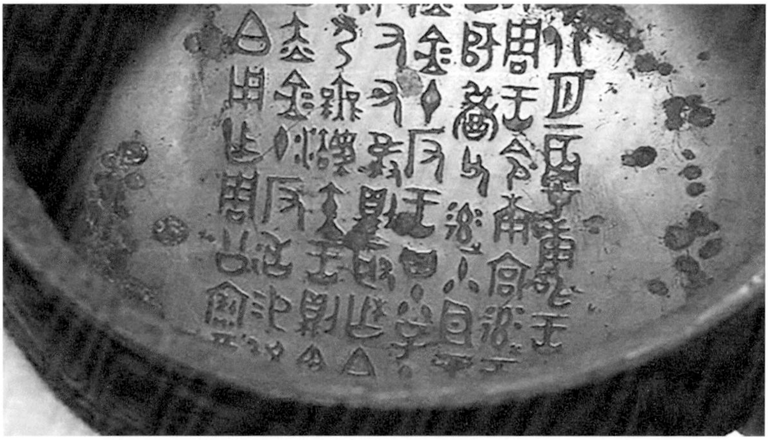

<그림 3> 중국의 금문(金門)

그는 조선 17세기의 대표적인 유학자로 주자학이 아닌 원유학(原儒學)을 진행하였고, 그의 학문 추구 방향과 일관된 방식으로 문자와 서예에 대한 체계적인 연구를 계속하였다. 그리하여 고문자와 고전 연구를 통해 고전체를 바탕으로 가는 필획의 떨림을 가진 독톡한 전서체를 써서 자신만의 글씨인 미수전(眉叟篆)[26]을 이루었다. 당시 글씨의 기이함 때문에 그의 글씨 풍을 금하자는 논의가 있을 정도였지만, 또한 많은 인물이 그의 글씨 풍을 추종하기도 했다. 그의 글씨는 척주동해비(陟州東海碑)는 물론 해동명필첩 등 여러 곳에 보물로 작품이 수록되었다.

여기에서 우리는 미수 허목에서 초의 장의순으로 이어지는, 또한 범자와 금문(金門)[27]이라는 시원의 역사와 문화에서 새로운 시대를 찾아 잉태해 내려는 정신적 지향으로서의 문화예술의 꿈틀거림을 만

---

26) 삼대문자로의 복귀를 신념으로 고대 문자특성을 취하여 형성된 허목의 기고(奇古)한 서체는 중국의 이상적 지치시대인 요순시대의 치도를 당세에 구현하여야 한다는 복고적 논리로 당시 문란해진 치도를 바로 잡으려 하였던 것이다. 이렇듯 허목은 부조리한 당대현실에 휩쓸리지 않고 복고를 통해 현실개혁의 이론적 근거를 마련하고자 하였으니, 이는 당시 주류 문화현상에 대한 비판의식의 소산이다. 이런 측면에서 그는 진한 이전의 삼대 전적과 금석에서 문자를 고증해내는 그의 학예성향에서 실사구시를 모토로 하는 실학의 전조를 확인하게 된다.(다음, 위키백과)

27) 금문(金文)은 갑골문(甲骨文)과 함께 한자의 원형을 찾을 수 있는 또 하나의 서체로서, 청동기와 같은 금속에 주조된 특징으로 인해 금석학(金石學)의 시원이 됨은 물론 원시한자 서체의 또 다른 한 축을 나타내고, 고대 주(周)나라의 다양한 문화까지 엿볼 수 있는 소중한 자료이기도 하다. 이와 같이, 거의 1,000년에 가까운 사용 시기로 인해 다양한 서체의 특징을 보이는데, 경우에 따라서는 갑골문보다 더 원형에 가까운 자형을 나타내고 있는 것들도 있다. [출처] 한자의 서체개요(갑골문,금문,전서,예서,해서,초서,행서)|작성자 고니, https://blog.naver.com/PostView.nhn?blogId=heeako&logNo=140046987136

날 수 있다. 물론 그사이 사이에 같은 꿈을 꾸는 추사와 다산을 비롯한 많은 이들을 만날 수 있음은 물론이다. 그들이 꿈꾸었던 세상이 궁금하지만 이는 다른 기회를 통하여 살펴보기로 한다.

그리하여 초의의 떨리는 전서체 서예 작품에 나타난 초의의 낙관은 분명했지만, 초의선사 작품의 해동명필첩에의 수록 여부는 분명하게 확인되지 않았다.[28] 이는 추후 다시 확인할 대목이기는 하지만, 우리는 여기에서 고전체라는 문자의 형태를 변형하는 수준을 넘어서서 금문의 형태를 불러와 자신의 의지와 체감으로 융합하여 새로운 서체를 창조해 내는 초의 서예 세계의 근원과 지향점을 확인할 수 있다.

이처럼 시공간을 넘어서며 시 서 화 다를 융합한 초의 장의순의 예술세계는 어디서부터 시작하였는가에 대한 답을 찾아봐야 한다. 이는 사실 초의의 문화예술이 선과 차를 중심으로 담론화되는 바람에 잃거나 가려진 초의 장의순의 예술세계를 올바로 바로 세우는 일이 될 것이다. 동시에 그의 예술세계를 온전한 문화예술의 영역으로 안착시키는 일이 될 것이다.

28) 국립중앙박물관에서 인터넷으로 제공하는《해동명필첩》열람.

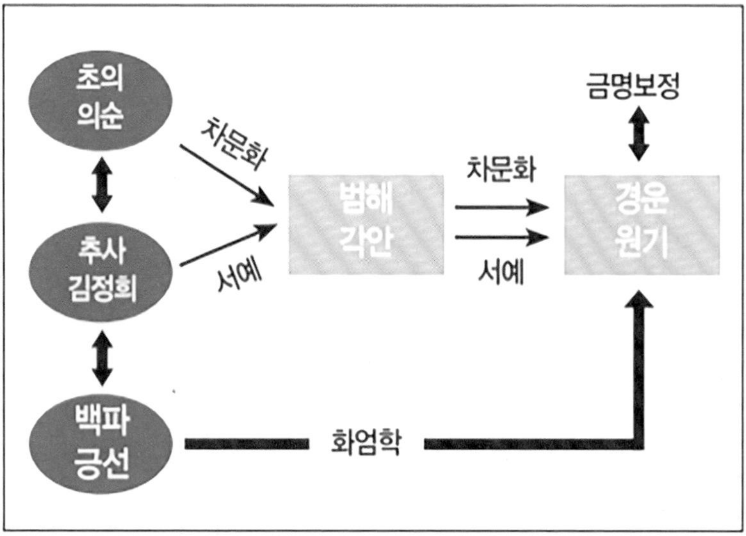

<그림 3> 경운의 추사 서예 영향 분석표

위의 표는 후대의 뛰어난 학승이자 시서화 삼절에 통달한 예술가였던 경운선사(擎雲, 1852-1936)의 서예 세계에 영향을 미친 예술계보도[29]를 나타낸 것이다. 이는 초의 의순이 직계로서 승계해 준 범해각안에게 서예보다는 차문화의 전수에만 앞장섰던 스승으로 읽힌다. 이는 서예에서만이 아니라 미술의 소치 허련과의 사숙관계에서도 나타나는 현상이다. 추사 김정희로 모든 중심이 쏠리는 현상은 유와 불이 함유된 당시의 예술에서 불교와 선의 담당체였던 초의의 측면을 너무 도외시하는 것이다. 또 다른 시각에서의 가치 측면을 따져야 할 일이기는 하지만 오늘날의 시각에서 보면 사의적인 측면에 몰두했던 추사의 예술적인 한계성도 분명한 것으로 보인다.

29) 이영철, 「擎雲元奇禪史의 서예 고찰」, 『동양철학』50, 동양철학회, 2018, 116쪽.

따라서 위의 표를 보면서 두 가지의 구체적인 질문을 던져야 한다. 첫째, 불교도의 신분인 초의와 범해의 깊은 사상적 영향 관계를 단순히 외형적인 예술표현의 영역으로 이뤄지는 사회현상의 맥락으로만 파악되는 게 온당한가 하는 질문과 둘째, 그렇다면 초의와 추사가 영향을 전해 받은 이전의 영향 관계에 대한 분석과 연구는 이를 온전하게 바라볼 수 있는 시각을 보여주지 않을까 하는 것이다.

이와 비슷한 이야기로 필자가 해남 대흥사의 초의관에서 보았던 초의의 두 편의 대련글씨가 언뜻 떠오른다. 또한, 이와 함께 겹쳐서 오래전에 국립중앙박물관 서예관에서 보았던 중국의 서예가인 섭지선[30]의 글씨가 떠올랐다.

아래 그림에서 왼쪽 두 편의 오언대련은 초의의 작품이고, 오른쪽 사언대련은 국립중앙박물관 서예관에 있는 19세기 중국 청나라 섭지선의 글씨이다. 여기에서 중요한 것은 중국의 섭지선이 조선의 초의 장의순과 동시대를 살았음과 아울러 추사 김정희만이 아니라 무수한 조선의 문인 예술가들과 소통하고 있었다는 점이다. 실제로 초의선사는 청나라의 학예를 대표하는 옹방강(翁方綱, 1733-1818)으로부터 필사한 『원각경(圓覺經)』 등을 전해 받아서[31] 자신의 불교세계를 이

---

30) 섭지선(葉志詵, 1779~1863)은 호가 東卿이고 호북성 漢陽사람이다. 중국에서는 장서가로 알려진 인물이며 서법에 능한 문인이다. 금석학에 조예가 깊어 옹방강 문하의 제1인자로 불리웠으며 소장한 서적과 이기의 양은 상상을 초월할 정도이다. 또한 김정희, 김노경을 비롯한 수많은 조선 문인들과 폭넓은 교유관계를 유지하며 활발한 문학적 교류를 진행하였고, 섭지선의 글씨가 대량으로 조선에 건너가면서 집집마다 그것을 모사해 붙여놓을 정도로 조선에서는 유명인사로 간주되었다. 박향란, 「섭지선과 19세기 초 한중 문인의 교유」, 『국문학연구』 33, 국문학회, 2016, 160쪽.

31) 박동춘(공저), 『앞의책』, 27쪽.

루는 등 일정한 영향을 받았던 것으로 추정된다.

<그림 5> 초의선사 서예(대흥사 성보박물관 초의관)
<그림 6> 섭지선 서예(국립중앙박물관)

이처럼 국경을 넘어서 서로 간에 이루었던 문화예술의 영향 관계를 밝혀보는 일은 우리가 앞에서 살펴보았던 문화예술의 역사를 온전히 하는 일이면서 동시에, 초의 장의순과 같이 변방에서 또는 특성화된 언더그라운드에서 활동한 개별 예술사의 진면목을 제대로 밝혀내는 일이 될 것이다.

그러한 지점에서 초의 장의순의 글씨 중에 선명한 인상으로 개별적인 특성을 내보이는 서예작품을 만났다. 해남 대흥사 성보박물관의 초의관에서 보았던 〈봉하(鳳下)〉라는 글씨이다. 이는 초의선사의 여러 예술작품 전시회에서도 언론의 관심을 크게 받았던 글씨이기도 하다. 굵은 글씨체로 단숨에 써 내려가서 한눈에 인상적으로 들어오는 서예 작품 〈봉하(鳳下)〉는 밑부분을 비롯하여 여기저기 훼손한 흔적이 역력하다. 하지만 초의선사의 힘찬 필체와 정확한 필력을 여실히 확인할 수 있는 글씨여서 흥미롭다.

여기에서 '봉황이 지다'는 뜻의 '봉하(鳳下)는 아마 초의선사가 추사의 타계 소식을 듣고 '봉황이 세상을 떠났다'는 의미로 쓴 글로 추정된다. 이는 "존경하고 흠모하던 추사의 타계소식을 들은 초의선사의 입장에서 봉하라는 표현은 충분히 이해 가는 것"이며 "추사는 초의선사에게 있어 봉황과 같은 인물이었음을 보여주는 것"이라는 금강스님의 설명[32]은 추사와 초의의 교류라는 측면에서 충분히 타당한 해석으로 여겨진다.

<그림 7> 초의선사 서예작품 <봉하(鳳下)>, 해남 대흥사 성보박물관

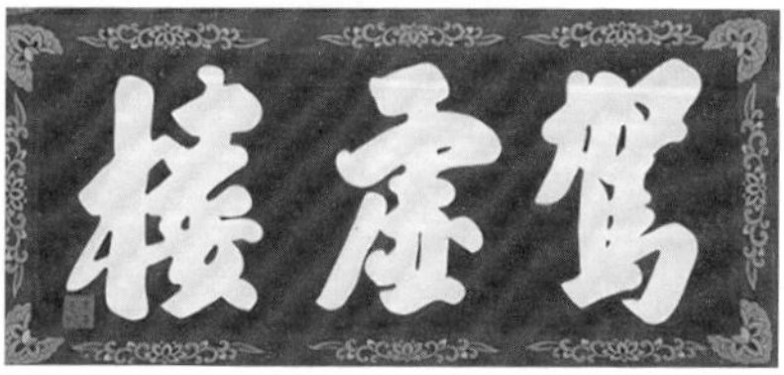

<그림 8> 원교 이광사 글씨, 대흥사 <해탈문> 현판
<그림 9> 창암 이삼만 글씨, 대흥사 <가허루> 현판

---

32) 이에 대해서는 본 작품을 소장했던 금강스님과 동아시아차문화연구소 박동춘 소장도 동의한 내용이다. '초의선사 글씨 '鳳下' 첫 공개' [2011.01.31 미디어 붓다] 동아시아차문화연구소 보도자료. https://m.blog.naver.com/dongasiacha/140123366119

또한, 이 서예 작품은 같은 대흥사에 있는 동국진체(東國眞體)[33]의 계승자이자 조선 4대 명필이라 일컫는 이광사(李匡師, 1705~1777)의 글 〈대웅보전〉 현판 글씨 등과의 비교를 통해서 초의 장의순의 서예 세계가 충분한 기본 학습과 수련을 거쳐왔음을 확인할 수 있다. '우리나라 조선의 참 글씨체'라는 의미를 지닌 동국진체는 마찬가지로 해남 대흥사에 있는 창암 이삼만(蒼巖 李三晩)[34]에게 이어져 조선 서예사의 맥을 잇는 것이기도 하다.

그렇듯이 서예라는 예술 장르와 예술사적인 맥락의 측면에서 초의 장의순의 서예 세계가 충실한 기반과 내용을 지니고 있음을 확인할 수 있다. 특히 초의선사의 서예 작품 대부분이 친필의 실용문이나 휘호 수준의 작품들만 텍스트로 읽히고 있는 상황이어서 더욱 귀하게 읽혀졌다.

따라서 이와같이 흩어져 파편화되어 있는 작품들의 의미와 가치를 찾아내어, 장의순의 서예 세계가 지닌 구체적인 내용과 맥락을 찾아내는 일이 무엇보다 우선되어야 하리라 생각된다. 뒤늦게 구해본《다

33) 동국진체는 중국의 영향에서 벗어나 조선의 고유색을 드러냈던 18세기에 출현한 조선 고유의 서체이다. 남인 명문가 출신 이서(玉洞 李漵, 1662~1723)가 『필결(筆訣)』을 저술하여 창시했다고 평가되고 있다. 윤두서와 윤순에게 전해졌다가 윤순의 서법을 계승한 원교(員嶠) 이광사(李匡師, 1705~1777)에 의해 완성되었다. (출처 : 한국민족문화대백과사전, 〈동국진체(東國眞體)〉), https://encykorea.aks.ac.kr/Article/E0076552

34) 이삼만(蒼巖 李三晩, 1770~1847), 조선 후기의 서예가. 어렸을 때 당대의 명필로 알려졌던 이광사(李匡師)의 글씨를 배웠으며, 서예에만 몰두하였다. 특히 초서에 능했으며, 그의 서체를 창암체라고 부르기도 한다. [네이버 지식백과], 이삼만[李三晩], (두산백과 두피디아), https://terms.naver.com/entry.naver?cid=40942&docId=1134796&categoryId=34387

인초의선사유묵》[35]에 나타난 〈초의선사의 붓글씨예술〉[36]도 초의 장의순의 서예가 추사 김정희의 영향 아래 형성된 것으로 추정하면서, 몇몇 작품에 한정하여 설명을 붙인 발문 내지는 해설의 문건으로 읽히고 있었다.

끝으로 현재 무안의 초의선사기념관과 해남의 성보박물관 초의관 등에 흩어져 있는 다수의 서예 작품들 곧 초의선사가 '전서로 쓴 시와 예서로 쓴 영찬', '친필로 기록한 용화당 기문과 한글 모연문' 등의 작품과 '초의 필적을 접한 서예가들은 특히 전서(篆書)와 예서(隸書)가 뛰어났다고 평가한다.', '아암집(兒庵集)에 대한 해설에서 초의선사는 젊어서 범자와 전서에 통달하였으며, 범자천자문과 전서로 쓴 시문이 전한다.' 등은 물론, '초의선사의 서예는 어느 서체에 속한다고 딱히 말할 수는 없지만, 글씨를 찬찬히 들여다보면 자연스러운 맛이 풍겨 나온다.'는 대흥사 성보박물관 초의관의 글귀 등은 추후 더욱 자세히 조사하고 연구해야 할 과제로 남겨두기로 한다.

단순한 문자쓰기를 통한 의사전달이나 다양한 사실을 기록하는 차원에서 벗어나 미학적 차원에서의 서예 예술 논의의 시발이 되었던, 왕희지(王羲之)의 '현묘한 기예인 서예는 통인(通人)과 달사(達士)가 아니면 배워도 할 수 없다.("夫書者, 玄妙之伎也. 若非通人志士, 學無及之.-, 「書論」")'는 경지를 넘어서서 '서예는 마음의 그림'[37]이라고 하는 지점에 시, 서, 화, 다 등을 융합한 초의 장의순의 서예 세계가 있음은 분명한 것 같다. 좀 더 깊고 섬세한 탐색을 통하여 연구되

35) 이원기(공저), 『다인초의선사유묵(茶人艸衣禪師遺墨)』, 백선문화사, 2002.

36) 이원기(공저), 『위의책』, 7쪽.

37) 조민환, 「조선조 書論에 나타난 理氣論적 서예의식」, 『동양철학』56, 2021, 213~214쪽.

어야 할 향후 과제임이 명백하다.

3. 미술세계

'〈관세음보살여의주수〉,〈백묘문수보살도〉,〈십일면관음보살도〉,〈천불전신중탱〉,〈추수청공첩〉 등 초의의 서화는 채색과 백묘로 그려진 불화에서부터 실경산수와 심지어 탱화불사의 감독에 이르기까지 매우 다양하다. 조선 후기 최고 서화가로 손꼽히는 소치 허련의 스승이 바로 초의다. 그는 자신의 스승을 "범부인 저이지만 어찌 선사의 광채에 물들지 않을 수 있겠습니까? 그 빛을 받고 어찌 세속의 티끌과 함께할 수 있겠습니까"라는 말로 회고한다. 뛰어난 기교는 물론 그의 그림에는 그가 추구하고 깨달은 선(禪)이 담겨있다.'[38]

지난 초의선사 열반 150주년을 기념하여 예술의전당에서 개최된 '초의선사-바라밀다(波羅蜜 茶) 전'에 대한 언론 기사문이다. 초의 장의순의 대표적인 미술작품과 예술의 내용 및 위상에 이르기까지 비교적 온전한 소개 글로 읽힌다. 이는, 필자가 초의선사의 미술 세계를 살펴보기 위하여 사전에 방문 조사한 무안의 초의선사기념관과 해남 대흥사의 초의관에서 살펴본 맥락과 일치한다.

'흔히 조선 후기의 예술을 말할 때 시(詩), 서(書). 화(畵)를 잘하면 3절이라고 말하는데 초의선사는 시, 서, 화, 다(茶) 4절에 능하였다. 지금 해남 대흥사를 비롯하여 인근 사찰에 소장되어 있는 탱화의 대부분이 초의선사 작품인 것으로 봐서 그의 화격(書格)이 대단했음

38) 매일신문, 〈다산 詩와 초의선사 茶가 만난다〉, 초의선사 열반 150주년 기념《초의선사-바라밀다(波羅蜜 茶) 전》, 2016.10.13. 김연주 기자. 참조. https://www.mk.co.kr/news/culture/7534654

을 알 수 있다. 남아있는 탱화 중에 대흥사 소장인 「사십이수관세음보살」은 유형문화재로 지정된 걸작이다. 단청으로는 대흥사(대둔사)의 「대광명전, 대웅보전, 천불전 단청」이 있으며, 그림으로는 「강진의 다산초당 원경」, 「다공양도」, 달마산 미황사 응진당 내부의 「나한도」와 「관세음보살상」이 있다.'[39]라고 소개한 대흥사 성보박물관 초의관의 소개는 그가 불화작가인 금어(金魚)[40]로서 명성을 떨치고 있었으며, 조선 후기의 문화 풍조였던 시, 서, 화에 선다까지 아우르는 예술가였음을 밝히고 있다.

이에 더하여 무안 초의선사기념관에서는 초의 장의순의 대표적인 미술작품을 불화에서는 대흥사에 있는 〈천수관음보살도〉와 〈준재관음보살도〉는 스님의 대표적인 작품이고, 대광명전에 그린 단청 등을 꼽았으며, 이외에 산수화로써 다산 정약용이 글을 쓰고 초의선사가 그림을 붙인 백운첩의 〈백운동도〉, 〈다산초당도〉 그리고 추사의 행운을 기원하면서 그린 〈제주화북진도〉를 대표작으로 선정하여 소개하였다.

이를 통해서 우리는 초의 장의순이 시(詩), 서(書), 화(畵), 다(茶)에 능통한 선승이자 예술인으로 수많은 작품을 남겼으며, 남종문인화를 개척한 미술계의 거장인 소치 허련의 스승으로서 미술계에서의

---

39) 대흥사 성보박물관 초의관, 초의선사 미술세계 소개글.

40) 금어는 일반적으로 화승(畵僧)에 대한 호칭으로 대개 불화의 화기(畵記: 불화의 하단에 해당불화의 제작연대 봉안장소 제작목적 시주자 제작자 명단 등을 적은 것)에서 이 용어를 볼 수 있다. 불화 화승에 대한 호칭은 여러 가지가 있는데, 조선시대만 하더라도 화원(畵員) 화사(畵師) 용면(龍眠) 편수(片手) 화공(畵工) 비수(毘首) 채화(彩畵) 회사(繪事) 금어(金魚) 경화(敬畵) 등으로 다양하게 불렸다. 이 중 금어는 이들에 대한 존칭으로 파악된다. 《한국민족문화대백과사전》, 〈금어(金魚)〉 참조.

위상을 짐작할 수 있다.

하지만 이처럼 불교에 귀의한 화승이자 종합예술인의 모습을 지녀서인지 현대 예술의 장르별 속성에 따라 구분되거나 미술사적인 맥락에서 운위되고 있지 못하는 실정이다. 초의의 미술작품들에 대한 '진본의 열람은 쉽지 않다. 스님의 회화사적 위치와 화법에 대한 본격적인 연구가 시급한 실정이다.'라는, 무안 초의선사기념관의 소개글 결구가 이를 잘 나타내고 있다.

실제로 본 원고를 쓰기 위해서 조사한 바에 의하면 초의 미술작품에 대한 아카이빙은 물론 최소한의 목록화 작업 등도 이루어지지 않고 있었다. 이는 물론 현대 미술론에 입각한 연구나 논의가 거의 이뤄지지 않고 있는 상황과 연결된다. '초의선사의 선사상 연구' 또는 '소치 허련의 회화세계 연구' 등과 같이 영향 관계가 있는 연구에서의 곁가지를 따라서 부분적으로 살펴볼 수 밖에 없는 한계를 지니고 있다.

따라서 본 고에서는 그나마 실제 확인 가능한 초의 장의순의 몇몇 미술작품을 대상으로 불화, 문인화, 산수화 등으로 구분하여 간략히 살펴보고자 한다.

해남 대흥사의 13대 종사이기도 한 초의선사는 무엇보다도 불화와 불가분의 관계가 있다. 그래서 그의 그림 대부분은 불화의 영역에서 살펴볼 수 있다. 물론 후기로 가면서 불화의 형식 속으로 스며드는 선도와 유학의 영향 내지는 융합의 양상으로 나타나는 자신만의 미술 세계는 뒤에서 따로 살펴보기로 한다.

<그림 10> 문수관음보살도(초의선사, 1786-1866, 범어사 성보박물관 소장)

초의선사의 미술에서 가장 먼저 거론할 수 있는 작품이 〈백묘문수보살도〉라는 이름으로 불리는 범어사 성보박물관에서 소장하고 있는 〈문수관음보살도〉이다. 여기에서 백묘는 동양화에서 엷고 흐릿한 곳이 없이 먹의 선만으로 그린 백묘화(白描畵)를 말하기도 하고, 지혜의 상징인 문수보살을 흰 고양이인 백묘(白猫)로 표현하기도 한다. 이는 자신의 지혜를 믿고 힘찬 포즈를 취하고 있는 흰 고양이 형상의 문수보살을 감싸고서 옆으로 흘러내린 도포가 이루는 발가락 세 개의 두 발과 꼬리의 형상을 한 봉황의 몸으로 감싸서 내려보는 관음보살이 화엄의 지음(知音)을 전하고 있는 것으로 추정된다.

작품은 전체적인 구도와 표현이 세련됨은 물론 종교화로서의 불화가 지니는 교화와 계몽성이라는 한계를 넘어서서 예술적인 상상력이 돋보이는 그림으로 보인다. 또한, 그림의 좌우에 관음(觀音)과 문수(文殊)라는 글씨가 보이는 것으로 보아서 문자와 그림이 같이 하는 간필화거나, 본격적인 탱화로 그리기 위해서 먼저 그리는 밑그림인 초본(草本) 같기도 하다.

여기에서 초본은 완성될 불황의 모습을 미리 구현한 일종의 설계도로서 초본 위에 다른 화승들이 오색을 펼친 불화를 그리게 된다. 이러한 초본은 단순한 밑그림이 아니라 오랜 수련 시간과 부처를 향한 평생의 신심이 함축된 결과물로서 필선을 연습하고, 불화를 구상하고, 도상을 전승하기 위한 화승들의 정신과 기술의 결정체였다. 그렇기에 초본은 때로 밑그림이라는 본래의 성격을 넘어 완성된 불화에 버금가는 수준 높은 면모를 보여준다.[41)]

그렇듯이 초의 장의순은 부처를 모셔서 일반 민중을 교화하기 위한 목적의 불화를 그리면서도 예술적인 상상력을 끊임없이 발휘하는 것으로 보인다. 비교적 구체적인 형상으로 남아있는 그의 대표적인 미술작품인 대흥사 성보박물관 초의관의 〈관음보살도(觀音菩薩圖)〉를 살펴보자.

41) 국립중앙박물관, 〈초본: 설계도이자 또 하나의 작품〉, 《조선의 승려 장인》전, (2021.12.7-2022.3.6) 도록.

<그림 11> 관음보살도(觀音菩薩圖) 초의선사, 조선후기/ 비단/ 154cm×76.8cm>
<그림 12> 신겸선사의 지장보살도 초본/ 칠할 색깔들이 번호로 매겨져있음

현재 전라남도 유형문화재 제179호(지정일 1991.07.19)로 지정된 두 폭의 관음보살도는 왼쪽이 십일면천수관음보살도(十日面千手觀音菩薩圖)이고 오른쪽이 준제관음보살도(准提觀音菩薩圖)이다. 그리고 이와 비교 및 평가를 위하여 맨 오른쪽에는 신겸선사[42]의 지장보살도 초본을 같이 배치해 보았다.

먼저 〈십일면천수관음보살도〉를 살펴보자. 8각의 받침대 위에 있는 연꽃을 딛고 선 천수관음이 불꽃 모양의 광배 안에서 천 가지의 깨달음을 전하고 있는 모습이다. 작은 세필로 정교하게 그려 놓은 얼굴과 머리의 묘사는 매우 능숙하면서도 불화로써 지켜야 하는 도식의 테두리를 제대로 지키고 있는 그림이다. 보살은 모두 43개의 손을

42) 신겸(信謙)은 조선 후기 경상북도 문경 대승사에서 형성되었던 사불산화파(四佛山畵派)를 이끌었던 수화승으로 1788년부터 1830년 사이에 활동하였다. 영은사 범일국사 진영, 운수암 관음보살변상도, 법주사 대웅전 신중도 등을 그린 승려이자 화승이다.《한국민족문화대백과사전》, 〈신겸(信謙)〉 참조.

갖추고 있는데, 37개의 손마다 갖가지 모양의 물체를 들고 있으며, 손바닥 중앙에 1개씩의 눈을 그려 놓았다.

다음 그림인 〈준제관음보살도〉 역시 비슷한 필치와 색채로 그렸는데, 천수관음이 딛고선 연꽃 아래 팔각형 받침 대신 물속에서 솟아오른 커다란 연꽃 줄기를 흰옷과 붉은 옷의 관복을 입은 두 사람이 마주 잡고 서 있다. 준제관음은 3개의 눈과 18개의 손을 가지고 있는데, 가슴 앞에 모아 설법인을 한 두 손과 무릎 위에 모은 선정인을 한 두 손을 제외한 나머지 14개의 손마다 여러 가지 모양의 물체가 들려 있다. 이 그림은 표충사의 중건에 힘을 기울이던 초의선사가 절이 오랫동안 지속되고 보존되기를 기원하는 마음으로 그렸다고 한다.

이 관음보살도는 초의 장의순의 섬세한 필치와 화려한 장식은 물론 천수관음을 중심으로 관계되는 보살들과 신체라는 조형물들을 깊은 상상력과 유, 불, 선이 원용된 매끄러운 은유로 연결하여 이를 미술작품으로 조형해 내었다. 오늘날의 예술적인 시각과 해석으로도 충분한 예술성을 발휘하고 있는 것으로 읽힌다. 물론 이처럼 일정한 도식을 지닌 불화를 그리면서도 자유로운 상상력과 미술적인 조형력을 유려하게 발휘하는 점은 같은 조선시대 후기에 그려진 대선사이자 화승이었던 신겸선사의 불화와 비교해보면 쉽게 이해되는 부분이다.

당대의 화승이자 대선사였던 신겸선사가 그린 〈이수관음보살도〉는 섬세한 필치로 온전하게 그려낸 초본(草本)에 더하여, 오방색의 강렬한 색채 대비와 적극적인 금색을 사용하여 불교 탱화 특유의 장식성과 화려함이 돋보인다. 이에 비하여 초의선사의 관음보살도는 유현하고 은은한 색채를 배경으로 전체적인 조형미 자체가 화가의 깊은 작품 의도를 내포하고 있다. 물론 당시 남도의 웬만한 사찰의 탱화와 단청 등 그림 불사들을 도맡았다는 초의선사의 색채 의식이 모자라거나 어떤 한계를 지니고 있어서는 아닌 것이다.

이야기가 나온 김에 좀 더 속 깊은 내막을 논구하자면, 화가의 예술적인 자의식은 물론 삶의 내면에서 우러난 자유의지와 상상력이 조형의 원 소재인 외형물에 함몰되지 않고 창출한 이미지와 색깔들이 어우러져, 오랜 시간과 공간을 뛰어넘어 불러일으키는 미감이 일품이라고 아니할 수 없겠다.

여기에는 초의선사가 이룬 선사 상이 그대로 묻어있다. 초의선사의 '선사 상'은 한마디로 지관(止觀)이라 요약된다. 지관이란 지(止/Samatha)와 관(觀/Vipasyana)의 합성어이다. 〈지〉는 일체의 경계를 끊어버리고 조금도 분별하는 바 없는 것을, 〈관〉은 세상 모든 만물이 지니는 본질적인 의미를 분별 관찰하는 것을 뜻한다. 〈지〉와 〈관〉의 겸수를 말한다. 여기에서 주로 〈지 곧 (=선)〉 일변도로만 기울어있던 당시 불교계에 일대 경종을 울리면서 격론이 벌어지기도 했었던 것'[43]이다.

그렇듯이 흔히 말하는 속됨을 벗어나는 속됨 또는 벗어남을 벗어나는 벗어남의 미학이랄까, 그의 시는 물론 미술작품들을 보면서 드는 생각은 청량한 바람이 스쳐 가는 느낌이다. 한 군데 머무르는 바람이 없듯이, 흐름을 멈추거나(止) 멈추어서 이를 바라보는(觀) 것은 인간을 위주로 하는 인간의 계산일뿐, 자연과 합일하여 하나가 된 초의의 예술은 옆에서 보는 범어로 된 문자화 〈관세음보살여의주수〉와 대흥사 〈대광명전〉의 탱화들처럼 매끄럽고 유현하게 흘러갈 뿐이다. 그렇게 흘러서 같이 흘러가는 우리들의 눈과 마음으로 스며드는 것

43) 김웅, 실명소설『다성초의(茶聖艸衣)』, 무안문화원, 2003, 239쪽.

이다.

<그림 13> 초의선사의 범자 서화 <관세음보살여의주수>
<그림 14> 대흥사 <대광명전>의 탱화

이를 변화라고 하든 또는 발전이나 진화라고 하든, 그것은 멈춰서 바라보는 지관(止觀)으로 흘러가는 존재들을 마치 머무르는 항상적인 존재로 설정하고 구분하여 위계와 영역을 따지는 이들의 생각일 뿐이다.

그러기에 엄한 계율로 이루어진 불교도인 초의 장의순은 아암 혜장선사를 통해 노장(老壯)과 주역(周易)을 만나고, 당대의 유학자 다산 정약용을 만나 유학은 물론 새로운 세상을 꿈꾸는 실사구시의 실학을 받아들인다. 그리고 다시 추사 김정희를 만나 고증학과 미학 그리고 멀리 이를 피워내고 있는 중국의 마음과 생각들까지 자신의 울타리로 받아들여 예술의 씨눈을 터트린다.

<그림 15> 제14 나한도(초의선사 그림)

<그림 16> 제16 나한도(초의선사 그림)

별로 많지 않은 초의의 미술작품 중에서 대표작으로 꼽히는 제14 16의 나한도가 그러한 유불선이 융합하여 나온 결과가 아닌가 한다. 너무 흐려서 원래 초본인지 아니면 그려졌던 탱화의 색깔이 바랜 것인지는 모르겠지만, 초의의 그림 제14 16의 나한도의 모습은 불제자의 모습과는 약간 거리가 있어 보인다. '나한은 신통력을 발휘하는 등 그 위력에 있어서는 불 · 보살에 버금가지만 불제자로서의 인간적인 면모를 많이 지니고 있어, 불 · 보살과 중생의 중간쯤에 위치하는

성격을 동시에 지닌 불교 존상이다. 나한이란 말은 본래 '존경받을 만한 분, 공양을 받을 만한 분'이라는 의미로 석가모니를 부른 존칭이었으나, 초기 불교에서는 부처의 제자 중에 수행을 통해 최고의 경지에 오른 사람들에게도 사용되었다.'[44]는 의미에 충실한 것으로 보인다. 사실 세간과 출세간 또는 불가와 속가를 가리지 않던 그의 속내를 감안하면 이는 충분히 유, 불, 선을 아우르는 미술작품으로 읽힌다. 물론 이는 공재 윤두서 가의 화첩 등을 매개로 한 미술사적인 맥락 차원의 영향 관계에 대한 면밀한 연구가 필요한 대목이기도 할 터이다.

물론 이에 대한 연구가 없는 것은 아니다. 소치 허련의 '난화(蘭畵)는 유가적 전고(典故)를 바탕으로 그리지만 제발과 인장의 내용을 통해서는 유가적 성격뿐만이 아니라 도가, 불가적 의미까지 더해져 허련의 인생 지향과 사유체계를 유추할'[45] 수 있으며 또한, 조선시대 말기의 대표적인 문인화가로서 '그가 남종화풍을 우리 화단에 고착시키는데 중요한 역할을 하는 데 있어 초기에 소치 허련의 의식과 회화세계에 마음을 열어준 이는 윤두서와 초의선사[46]'임을 짚고 있다.

여기에서 또한, 오늘날 서예는 물론 미술에 있어서 초의는 물론 소치 허련이 추사 김정희의 제자로 운위되는 상황이기는 하지만, 추사가 그토록 지향했던 사의(寫意)보다는 조선 산수화의 전통인 화의(畫

---

44) 네이버 지식백과, 〈나한도(Arhat Paintings , 羅漢圖)〉, https://terms.naver.com/entry.naver?docId=532518&cid=46660&categoryId=46660

45) 강영주, 「소치 허련의 사의 묵란화」, 『헤리티지:역사와과학』52, 국립문화재연구소, 170쪽.

46) 정영자, 「소치 허련의 회화와 후대에 미친 영향」, 수원대학교 석사학위논문, 2004, 27쪽.

意)에 충실했던 초의의 경우는 다른 경우라 여겨진다. 또한 초의를 선다일미(禪茶一味)의 개념을 중심으로 작게는 불화작가로 크게는 선에 이르기 위한 수단으로서의 예술가라는 항목으로 묶어두는데 있어서 가장 크게 반하는 증거가 그의 산수화라고 생각된다.

<그림17> 십이성현화상첩(윤두서)

<그림 18> 인왕산 백운동 계곡(겸재 정선)

다산 정약용이 글을 쓰고 초의가 앞뒤로 그림을 붙인 백운첩(白雲帖)의 〈백운동도〉와 〈다산초당도〉 그리고 〈제주화북진도〉 등의 산수화는 그를 단순한 불화작가는 물론 추사와 관련한 남종문인화작가로 묶는 일의 불가함을 단적으로 보여준다. 심지어 당대 주류화단을 풍미하던 겸재 정선 등의 진경산수화(眞景山水畵)와도 맥락을 달리하는 그림으로 읽힌다.

과문한 필자가 보기로는 초의의 위 작품들은 진경산수화를 넘어서 실경산수화의 경지를 넘본 작품이 아닌가 한다. 사실 앞의 서예 항목에서 짚은 동국진체의 정신에 입각하여 사실적인 풍속화를 그리기 시작한 공재 윤두서(1668~1715)는 18세기 초반의 자각적 사실화의 시초로 18세기 말 김홍도와 신윤복의 작품 등을 이끌어 내고 있었다. 그리하여 그의 장남인 윤덕희(1685~1766)와 그의 차남인 윤용(1708~1740) 등으로 남종산수화를 쇄신한 실경산수화를 그리는 해남윤씨 일가의 화맥을 형성하고 있었다.

그리하여 1835년의 윤두서의 '공재화첩' 등을 모사한 데 이어 초의와 추사를 스승으로 삼아서 '먹을 적게 묻혀 그리고 진한 먹물을 기피하여 정신세계에 진실하고 솔직하게 접근하는' 문기와 실경을 융합한 남종문인화풍을 일으킨 소치 허련은, 이후 운림산방을 중심으로 미산 허형, 의재 허백련, 남농 허건 등으로 이어지는 남도 지역 중심으로 남종화의 화맥을 이루게 된다.

<그림 19> 백운동도

<그림 20> 백운첩

<그림 21> 다산초당도

여기에서 한 가지 의문이 든다. 소치가 오직 '문자향서권기'로 일관하여 매진한 추사로부터 사의에 입각한 남종화의 정통성을 이어받았다면, 실경의 묘사로 이어지는 실경산수화의 영향은 초의로부터 비롯되지 않았을까? 하는 것이다.

이는 그대로 1835년 해남 연동에 있는 윤선도의 고택 녹우당에서 윤두서의 《공재화첩》을 빌리면서 시작된 소치 허련 이하 남도 화맥의 계승으로 이어져 중앙화단의 억압을 이겨내고 남도 중심으로 특성화된 로컬예술계를 형성한 배경이 되지 않았는가 하는 것이다.

그렇듯이 실경산수의 시각과 기법을 일으킴과 아울러 '세간-출세간'을 원융하는 남도의 예술정신으로서의 화맥을 잇는 디딤돌의 역할에 초의 장의순의 미술 세계가 있지 않은가 하는 질문으로 응답을 해보는 것이다.

Ⅳ. 그의 사상, 새로운 응답

아무래도 사상은 종교보다 짧고 얕다. 평생 불교도로서 초탈한 삶을 살아온 초의선사에게서 함부로 종교보다 사상을 운위하는 일은 어불성설이 될 터이다. 따라서 순전히 그의 예술작품과 세계를 매개로 우러나는 세간(世間)의 생각에 한정하여 이를 짚어보기로 한다. 또한, 그러한 세간의 생각은 글의 서두에서 내세운 '문제의 근원에 대해서 보다 근본적인 접근을 할 수 있는 삶으로서의 질문'으로 대신하기로 하자.

이는 우리가 무안을 고향이라고 내세워 초의 장의순을 호명하는 이유에 대한 소박한 응답이기도 하면서, 그를 통해서 우리들의 삶에 대한 근본적인 성찰의 기회로 삼아보자는 목적이기도 하다. 순전히 차와 선 그리고 불교와 조선시대 후기의 경화사족과의 교류라는 화려한 설화에 묻혀서, 최소한의 아카이빙이나 목록화도 되어 있지 않은 그의 예술작품들과 예술세계에 대하여 거칠게나마 짚어가면서 내내 그의 마음의 근원에 대하여 생각한 결과이기도 하다.

그리고 종종 '무안의 인물과 사상'이라는 토론회의 주제와 목적을 이루는 무안이라는 공간을 돌아보고, 건너보고, 그 시간의 깊이까지를 짚어보면서 들었던 생각이다. 그렇듯이 그의 시를 읽으면서 단박에 걸려 넘어졌던 두 개의 글귀에서 비롯된 사유의 흔적이기도 하다.

> 멀리 고향을 떠난 지 사십여 년 만에
> 희어진 머리를 깨닫지 못하고 돌아왔네
> 새터마을은 풀에 묻혀 집은 간 데 없고
> 돌아보는 옛 묘에는 이끼 끼어 수심에 차네
> 마음은 죽었는데 한은 어디에서 일어나는가
> 遠別鄕關四十秋/歸來不覺雪盈頭/ 新基草沒家安在/
> 古墓苔荒履跡愁/ 心死恨從何處起

- 초의 시 〈고향에 돌아와서(歸故鄕)〉 일부

"마음은 죽었는데 한은 어디에서 일어나는가?"라는 대목에서 도저히 이해가 되지 않았다. '마음에서 모든 것이 시작되고 마음으로 모든 것이 끝난다.'는 〈법구경〉의 구절과 원효대사의 일체유심조(一切唯心造)로부터, 아무리 시라고는 하지만 과연 스님이 '마음'을 죽이고 대신 속인들의 '한(恨)'을 일으켜 안긴다는 게 말이 안 되었기 때문이다.

영광 불갑사의 만당 스님으로부터 '불교유식론(佛敎唯識論)[47]'에 대해 이해를 얻었으나, 실상은 온전한 이해가 되지 않았다. '선다일여' 또는 '무착바라밀'의 경지에서 모든 것에 도통한 그의 심상 밑바닥에 깔려 있는 한의 실체가 느껴지지 않았기 때문이다. 여기에 더 깊이 얹힌 한 구절을 보자.

---

47) 불교의 유식론은 모든 것이 의식 활동을 통해 인식함으로써 상대적으로 존재한다고 본다. 인간 의식에는 1식부터 9식까지 있으며, 1~5식은 '안,이,비,설,신'이라 해서 보고 듣고 냄새 맡고 맛보고 피부로 느끼는 의식 활동을 말하며, 6식은 생각, 7식은 말나식이라 해서 나라는 생각과 내 것이라는 소유욕이 뭉쳐진 잠재의식을 말하고, 8식은 아뢰야식이라 해서 6식과 7식이 만들고 경험한 기억이나 상념이미지들을 말하며 나아가 그것들이 쌓이고 모인 집단 잠재의식을 총칭한다. 그런데 어차피 의식은 분리할 수 없는 한 덩어리이므로, 이렇게 제1식부터 8식까지를 다 있게 하는 가장 근본적인 질료가 되는 순수한 기초 의식이 9식인 아마라식이며, 늘 청정무구하다하여 백정식(白淨識)이라고 한다. 이것을 생명이라고 말하며 불교에선 본래면목, 법신이라 부른다. 여기에서 마음을 번거롭게 하고 요란하게 하는 번뇌가 말나식에서 이루어지는데, 뿌리가 되는 근본번뇌에 의해서 발생하는 지말번뇌(枝末煩惱) 여섯 가지 중에서 '원한을 품고 한탄하는 것(恨)'이 있고, 또한 여기에 일정하지 않은 심작용을 말하는 부정심소는 네 가지가 있는데 '혐오의 나쁜 생각을 갖고 회상하는 것(悔)'를 첫 번째로 친다. 이러한 맥락에서 초의 장의순의 '마음'과 '한'의 관계를 이해할 수 있겠다. /《한국민족문화대백과사전》, 〈유식사상 (唯識思想)〉 참조.

연못을 파니 허공의 달이 환하게 담기고
낚싯대 던지니 구름이 샘까지 통하는 구나
눈을 가리는 꽃가지를 말끔히 잘라내니
석양에 비치는 산이 아름답기만 하구나
鑿沼明涵空界月/ 連竿遙取白雲泉/
碍眼花枝剗却了/ 好山仍在夕陽天

- 초의 시 〈일지암〉 전부

다시 향보를 들어서 다듬어 영약을 캐니
때로는 원기(圓機)를 접하고 묘련(妙蓮)을 펼치네
눈을 가리는 꽃가지를 말끔히 잘라내니
석양에 비치는 산이 아름답기만 하구나
新添香譜搜靈藥/ 時接圓機展妙蓮/
碍眼花枝剗却了/ 好山仍在夕陽天

- 초의 시 〈일지암 다시 짓다(重成一枝庵)〉 전부

흔히 시인들은 한 편의 시에서 단 하나의 단어도 동어반복을 금하는 게 원칙이다. 그런데 '눈을 가리는 꽃가지를 말끔히 잘라내니'라는 구절을 그대로 반복해서 다른 시에까지 쓰는 대목이 걸렸고 또한, 꽃이라는 이미지나 개념은 당대는 물론 현대에 이르러서도 '내가 그의 이름을 불러주었을 때, 그는 나에게로 와서 꽃이 되었다.'는 김춘수 시 〈꽃〉이나 '꽃으로도 때리지 말라.'는 구절처럼 꽃은 함부로 '꺾어서 버리거나' 부정할 수 있는 개념이 아니다.

더구나 연꽃의 이미지처럼 속세를 넘어 득도와 열반에 이르는 길을 밝히는 불제자의 입장에서 '꽃가지를 말끔히 잘라낸'다는 것도 쉽게 이해되지 않았다. 아니 이해가 아니라, 그 깊은 흉중의 어둠 또는 그 은밀한 어둠을 태우고 있는 불길이 궁금하였다. 그것은 분명히 앞에서 짚어본 지말번뇌(枝末煩惱) 여섯 가지 중에서 '원한을 품고 한탄하는 한(恨)'일 것이며, 또한 그에서 비롯되는 부정심소(不淨心所) 네 가지 중의 첫 번째인 '혐오의 나쁜 생각을 갖고 회상하는 회(悔)'일 터이다.

구중심처에서 일어나는 회한의 형상까지도 영롱한 시구절로 승화하여 인간의 한계인 시공간을 넘어 오늘로 건너오는 무착바라밀(無着波羅蜜) 또는 선다(禪茶)를 매개로 시서화(詩書畵)를 융합해내는 초의선사에 대한 출세간-세간의 '이사불이 이사즉진(理事不二 理事卽眞)'의 세계관 곧 불이(不二)의 사상[48]이나 평가는 그대로 두고, 우리는 '무안학'이라는 로컬을 중심으로 새로운 학술 담론의 장을 열면서 눈을 떴던 '생태학'[49] 또는 그가 나고 자란 무안이라는 지리적 공간이 이에 합류하여 이루어지는 '생태지리학'의 눈으로, 고향을 중심으로 이루어졌던 그의 깊은 내면에 고여 있던 심연을 조심스레 엿본다.

'1971년 농촌진흥청 식물환경연구소가 발행한 1:5만지도인 개략토양도에 나타나는 무안반도의 조수 영향을 받았던 범위는 6,000년 전까지는 해발 10m에 이르렀고, 석기시대 이후 10m 이하로 점점 내려가서 고대사회인 농경사회가 되면서 5m 정도에 이른 것으로 보인다. 여기에 조차(潮差)를 고려해서 살펴보면 영산내해 주변에 분포하고 있는 간석지의 범위는 대략 해발 5-10m정도로 추정해볼 수 있다.'[50]

---

48) 진승환, 「초의선사 연구」, 동국대학교 석사학위논문, 2019.

49) 전경수, 「도서와 기수역, 그 생태사와 생태정체성 : 무안에서 지역학을 생각한다」, 『2022 무안학심포지엄』, 무안문화원, 2022, 7~8쪽.

50) 김경수, 「영산강유역의 경관변화 연구」, 전남대학교 박사학위논문, 2001, 40쪽.

그렇듯이 '물아혜' 또는 '물안골'이라고 불린 무안은 지금보다 최소한 해발 5m의 바닷물이 물때에 맞추어 하루에 두 번씩 밀물과 썰물로 들고나는 간석지(干潟地)였다. 특히 압해도와 고하도 사이로 밀려든 밀물이 곧바로 밀어닥쳤다가 빠져나가는 지금의 목포 석현동과 왕산 사이를 잇는 만(灣)은 넓은 갯벌로 이루어진 곳이었다. 중등포를 잇는 제방공사에는 인신공양을 했을 정도로 난개발이었고 지금도 곳곳에는 수문과 기우제 등 물과 관련한 민담과 설화[51]가 많이 전해지고 있다.

특히, 장의순이 나고 자란 왕산리는 원래 나주목에서 직할하던 봉수대가 있던 봉수산 아래의 마을로 중등포의 서쪽 끝으로 난 작은 산줄기가 작은 반도처럼 삐져나와 뻗어있는 곳이다. 더구나 삼면이 바다와 갯벌로 이루어진 봉수산은 바위로 이루어진 돌산(石山)인데다가 급경사를 이루고 있는 형국이다. 물이 귀할뿐더러 해일과 수해가 반복해서 일어나는 곳일 터이다.[52]

그렇듯이 다섯 살에 물에 빠져 죽을 뻔했다가 지나가던 스님의 도움으로 살아나는데, 이때 장의순 개인의 실수가 아니라 '그의 선친이 살던 산 오른쪽에 새로 집을 마련했다.'[53]는 것으로 보아서 그가 살던

---

51) 무안문화원, 『마을조사역사보고서』, 2017 ; 『무안군설화자료집』, 2017. 「동답을 팔아 마을 관정을 파다」, 「구렁이에게 제를 지낸 수문제」, 「염소를 제물로 바쳤던 유교마을 기우제」 등 참조.

52) 무안문화원, 「왕산1리 평산마을」, 『마을조사역사보고서』, 2017, 97~98쪽. '마을 뒷산에 둑이 있었으나 해일로 인하여 둑이 없어지자 마을 이름을 평산이라고 했다', '이 마을은 신안 주씨 집성촌으로, 원래는 홍성 장씨(초의 의순 장씨)가 살았었다. 300여년 전에 유교리 원동에 살던 신안 주씨들이 그 마을에 일어났던 변고를 피해 이곳에 자리 잡았다.'

53) 박동춘(공저), 『앞의책』, 16쪽. 재인용. 〈의순, 「귀고향」, 『초의시집』, 이 시의 부제에 "당시 아버지께서 舊山의 오른쪽에 새 터를 개척하셨다(當時先君開新基 於

마을이 통째로 입었던 수해였던 것 같다. 그리고, 열다섯 살에 근처에 있던 법천사나 총지사도 아니고 영산강 건너 멀리 나주 남평의 운흥사로 출가한 장의순의 유소년기의 생애는 그대로 척박했던[54] 지리적 공간에서 비롯된 심상지리의 형태로 형성되어 내장되었을 것으로 추정된다.

또한, 밀물 썰물이 반복하는 간석지의 박한 바닷가에서 자란 그가 출가하여 남도의 산하를 주유하다가 '19세에 월출산에 올라, 지는 해와 뜨는 달을 보면서 열리는 경지를 얻었다.'[55]는 것 역시, 해가 지는 서해 바다와 달이 뜨는 월출산 사이로 보이는 그의 고향 무안반도의 끝자락을 통하여 심중 깊이 묻혀있던 회한의 근원을 직시했을 것으로 생각된다. 해옹(海翁), 해양후학(海陽後學), 해상야질인(海上也耋人), 해노사(海老師) 등 그의 별호[56]에서 보이는 바다(海)에 대한 의식, 곧 하루면 두 번씩 물과 육지가 천지개벽하면서 흐르는 세계와 사물의 본질을 자신의 실존적인 정체성으로 장착한 그가, 선(禪) 교(敎) 율(律)의 융합을 통하여 세간과 출세간의 구분을 두지 않았음은 물론 시(詩), 서(書), 화(畵), 차(茶)는 물론 온갖 인간사를 표현하는 문화와 예술을 원융(圓融)하였음은 물론일 것이다.

여기에서 '죽은 마음'은 고향인 '무안에 대한 마음'이며 돋아나는

舊山之右"라 하였다.〉

54) 박동춘(공저), 『위의책』, 18쪽. 재인용. 〈신헌(申櫶), 「수종사詩遊」, 『신헌전집』, 628쪽. "巫婆兒 誤我爺娘 薙髮毛爲僧 旣一死矣.(늙은 무당이 나의 부모를 그릇되게 하여 머리털을 자르고 승려가 되었다. 죽지 않기 위해서였다.)"〉

55) 박동춘(공저), 『위의책』, 18쪽. 재인용. 〈覺岸, 「초의禪伯傳」, 『동사열전』, "十九登月出山 適日落月出 夜坐望月 心胸開通"〉

56) 박동춘(공저), 『위의책』, 17쪽. 이외에 그의 별호는 자우(紫芋), 우사, 초사, 일지암, 명선 등이다.

한은 '무안에 대한 정한'이라는 것을 알 수 있으며, 말끔히 잘라내는 '눈을 가리는 꽃가지'는 고향인 '무안을 생각하는 회한'이라는 것을 짐작할 수 있다.

우리는 여기에서 슬라보예 지젝이 제시한 '문제의 근원에 대해서 보다 근본적인 접근을 할 수 있는 삶으로서의 질문'에 대한 응답으로서 초의 장의순의 예술과 사상을 맞이하면서, '무안인들에게 주어진 값진 선물로서의 복합생태계를 살아가는 다양성을 구비한 안목'[57]을 쓸어 담는다.

끝으로 그가 듣던 해조음을 다시 듣는다. '어찌 일찍이 해조음(海潮音)을 듣고서도 황망히 군자의 방에 들어 함께 진리를 논하겠는가. (曾聞海潮音 況入君子室 共爲如實吟- 艸依「禪詩」부분)'라는 초의 장의순의 질문은 그대로 '한번 닫고 여는 것'은 공간의 변화이고, '가고 오는 것이 다함이 없는 것'은 시간의 흐름에 따른 소통이라는 주역의 구절[58]로 응답을 한다.

물론 그러한 시공간을 살아가는 인간으로서 일찍이 '주어진 것과 만들어진 것, 자연적인 것과 문화적인 것, 생물학적인 것과 도덕적인 것 사이의 차이와 한계를 부정하고, 이미 설정되어있는 경계들을 허무는데 탁월한 인식'을 보여준 초의 장의순을 통해 우리는 조심스레 근본적인 응답을 짚어본다.

이 모든 경계를 무너뜨리고 난 자리에 그가 세운 것은, 이제야 우리가 운위하는 '도덕적인 개선을 위한 노력과 도덕 공학이라는 기술

57) 전경수, 「앞의글」, 11쪽.

58) 조윤승, 「포스트휴머니즘에서 본 주역의 인간관과 탈경계주의적 가치관」, 『동양철학』57, 한국동양철학학회, 2022, 145쪽. 재인용. 『周易』, 「繫辭上傳」: "一闔一闢謂之變, 往來不窮謂之通.", "化而裁之謂之變, 推而行之謂之通."

적 수단을 통한 인간의 도덕적 능력의 개선과 도모'[59]에 더하여, '문화예술을 통한 풍부한 감각과 삶의 양식의 확보 그리고 심원한 정신문화의 확산'이었지 않았는가 하는 질문으로 응답을 대신하는 것이다.

무엇보다도 초의는 극도로 경화되어 배부른 지옥의 상황에 처해 있는 우리에게 '자본주의 이후의 공동의 세계를 '불가능한 것'으로 간주하는 상징계적 억압의 사슬을 끊기 위해 '가능한 것'과 '불가능한 것'의 경계를 흐릿하게 하는'[60] 경계 흐리기의 단초를 제공하고 있는 것으로 보인다.

□ 참고문헌

• 학술논문
• 강영주, 「소치 허련(1808~1893)의 사의(寫意) 묵란화」, 『헤리티지:역사와 과학』52, 국립문화재연구소, 2019.
• 김봉호, 「초의선사의 예술세계」, 『초의 장의순 선사 학술세미나 자료집』, 1997.
• 박향란, 「葉志詵과 19세기 초 한중 문인의 교유」, 『국문학연구』33, 국문학회, 2016.
• 이영철, 「擎雲元奇禪史의 서예 고찰」, 『동양철학』50, 한국동양철학학회, 2018.
• 조민환, 「조선조 書論에 나타난 理氣論적 서예의식」, 『동양철학』56, 한국동

59) 조윤승, 「위의글」, 148~149쪽.
60) 슬라보예 지젝, 『앞의책』, 14쪽.

양철학학회, 2021.
• 조윤승, 「포스트휴머니즘에서 본 주역의 인간관과 탈경계주의적 가치관」, 『동양철학』57, 한국동양철학학회, 2022.

• 학위논문
• 김경수, 「영산강유역의 경관변화 연구」, 전남대학교 박사학위논문, 2001.
• 정영자, 「소치 허련의 회화와 후대에 미친 영향」, 수원대학교 석사학위논문, 2004.
• 진승환, 「초의선사 연구」, 동국대학교 석사학위논문, 2019.

• 단행본
• 국립중앙박물관, 「초본: 설계도이자 또 하나의 작품」, 『조선의 승려 장인』, 2021.
• 김웅, 실명소설 『다성초의(茶聖艸衣)』, 무안문화원, 2003.
• 무안문화원, 『마을조사역사보고서』, 2017.
• 무안문화원, 『무안군설화자료집』, 2017.
• 박동춘(공저), 『초의 의순의 동다송, 다신전 연구』, 이른아침, 2020.
• 석용운, 『초의선사의 茶향기』, 도서출판 초의, 2009.
• 슬라보예 지젝, 『불가능한 것의 가능성』, 궁리출판사, 2012.
• 오구라 기조(小倉紀藏), 『조선사상사』, 도서출판 길, 2022.
• 이종찬, 「酬唱에 뛰어난 초의의 시」, 『한국불가시문학사론』, 불광출판부, 1993.
• 전경수, 「도서와 기수역, 그 생태사와 생태정체성」, 『무안학심포지엄』, 무안문화원, 2022.
• 정윤락, 「초의선사의 붓글씨예술」, 『다인초의선사유묵(茶人艸衣禪師遺墨)』, 백선문화사, 2002.
• 한승원, 『초의』, 김영사, 2003.

• 기타
• 곽의진, 『초의선사』, 동아일보사, 2004.
• 매일신문, 〈다산 詩와 초의선사 茶가 만난다〉, 2016.10.13. 기사.
• 무안군, 〈다성 초의선사 바로알기〉 팜플렛.
• 국립중앙박물관 서예관, 네이버 블로그, 오왕갤러리/ 고니/ 지식백과, 다음(DAUM) 위키백과, 대흥사 성보박물관 초의관, 무안군청 홈페이지, 〈무안관광:초의선사탄생지〉. 초의선사기념관 전시문, 한국민족문화대백과사전 외.

김응문 형제의 구국운동과 제2차 동학농민혁명[1)]

김봉곤
(전 원광대)

〈 목차 〉

1) 이 논문은 2022년 10월 동학기념재단의 지원으로 연구, 발표된 「김응문(金應文) 일가의 동학농민군 활동과 그 의의」를 무안동학농민기념사업회 박석면 이사장과 조기석 사무국장, 김응문 형제의 후손인 김성황, 김병기, 김상현씨, 옥경련 형제의 후손 옥인청과 옥기호 씨, 동학농민전쟁우금티기념사업회 정선원 이사(전이사장)의 도움을 받아서 대폭 보완한 것임.

Ⅰ. 머리말

본고는 1894년 당시 부정부패와 일본군의 침략으로 국가가 누란의 위기에 처하자, 무안의 지식인으로서 동학농민군을 이끌고 단호히 맞서 싸운 김응문 형제의 구국운동과 제2차 동학농민혁명과의 상관관계를 분석하기 위해 작성되었다. 이를 통해 무안 지역 지식인 즉 유생들이 동학농민혁명 과정에서 어떠한 역할을 수행했는가를 새롭게 조명해 보고자 하는 것이다.

1894년 동학농민혁명 당시 나주, 함평, 무안, 진도 등 서남해안 지역의 동학농민군 세력은 전봉준이나 김개남 등이 이끄는 동학농민군보다 그 세력이 훨씬 컸으며,[2] 지역별로 집강소를 설치하여 폐정개혁을 시행하였다. 또한 조선을 침략한 일본군을 격퇴하기 위해 일어난 제2차 동학농민혁명 기간에는 북상하는 전봉준이나 김개남 부대를 후원하며, 서남해안 쪽으로 쳐들어올 수 있는 일본군의 침략을 막기 위해 호남 방어에 전력을 다하였다.

그러나 일본군의 신식무기와 압도적인 무력에 의해 동학농민군이 밀리기 시작하였다. 전봉준이나 김개남 등이 이끄는 동학농민군은 우금치와 청주 전투 등에서 패배하였고, 일본군과 연합한 관군은 동학농민군을 최종적으로 서남해안으로 몰아가게 되었다. 이에 무안의 김응문 형제와 같은 지식인들도 무안, 함평, 진도 일대의 동학농민군과 함께 분연히 일어나 나주 고막포 등지로 진격하여 나주 수성군과 근

2) 동학농민혁명 당시 무장(茂長)의 손화중(孫化中)과 무안(務安)의 배상옥(裵相玉)포가 전봉준이나 김개남에 비해 최소한 2배에서 5배 정도로 세력이 컸으며, 나주의 오권선(吳權善), 장흥의 이사명(李士明), 이방언(李邦彦)도 전봉준 못지않은 세력을 형성하였다.「이규태왕복서병묘지명(李圭泰往復書竝墓誌銘)」,『雜錄』

10일에 걸친 치열한 공방전을 벌이게 되었다.[3)]

이 전투는 광주, 장성, 고창, 정읍 등의 동학농민군과 나주성에서 조우하여 나주성을 공략하는 것이었으나, 결과적으로 나주 수성군에게 패배함으로써, 관군과 일본군이 이 지역을 장악하는 결정적 계기가 되었다.

일본군은 동학농민군의 근거지를 뿌리 뽑기 위해 나주에 일본군 정토군 본부를 설치하고, 관군과 연합하여 서남해안에서 2천명 이상의 동학농민군을 죽였으며,[4)] 무안의 동학농민군 지도자였던 김응문 형제도 이때 관군에 붙잡혀 죽음을 당하였다.

고막포 전투에 대해서는 배항섭과 김봉곤이 연구하였으며,[5)] 전투에 참여한 김응문 일가에 대해 이이화, 왕현종이 상세하게 밝힌 바 있다.[6)] 이러한 일련의 연구를 통해 서남해안 지역 특히 무안 동학농민군의 활동에 관한 개략적인 모습은 밝혀졌다. 그러나 동학농민군 지도자들의 무안 사회에서의 위치나 역할, 호남지방을 풍미하였던 위정척사사상과의 관계, 제2차 동학농민혁명에 참여하게 된 배경 등에 대해서는 여전히 미진한 바가 크기 때문에 보다 상세한 고찰이 필요

3) 배항섭, 「1894년 무안 지역 동학농민군의 활동과 古幕浦 전투」, 『한국민족운동사연구』85, 한국민족운동사학회, 2015, 7~8쪽.

4) 신영우, 「1894년 일본군의 동학농민군 학살」, 『역사와 실학』35, 역사실학회, 2007, 130쪽 ; 김봉곤, 「동학농민혁명기 나주 수성군의 조직과 활동」, 『역사학연구』79, 2020, 82~86쪽.

5) 배항섭, 「위의글」 ; 김봉곤, 「나주 동학농민군 활동 재조명」, 『나주동학농민혁명의 세계사적 의의와 시민사회로의 확산』, 원광대원불교사상연구원, 2021.

6) 이이화, 「농민군은 이렇게 죽었다」, 『이대로 주저앉을 수는 없다-호남서남부 농민군, 최후의 항쟁』, 혜안, 2006 : 왕현종, 「호남서남부 지역의 동학농민군 지도자들」, 『위의책』.

하다고 할 수 있다.[7)]

이를 위해 본고에서는 첫째, 왜란 이후 무안 지역에서 학문과 충절을 숭상해 왔던 나주김씨의 가문 내력과 김응문 형제의 위상을 살펴보고 둘째, 무안 지역 유생들의 학맥과 제2차 동학농민혁명이 어떠한 상관관계에 있는가를 분석한 다음 셋째, 김응문 형제의 제2차 동학농민혁명 참여 과정과 그 의의를 차례로 살펴보고자 하는 것이다. 많은 질정을 바란다.

Ⅱ. 왜란 때 김충수(金忠秀) 형제의 활약과 우산사(牛山祠) 건립

김응문 일가는 경순왕의 손자로서 나주군(羅州君)에 봉해진 김운발(金雲發)을 시조로 한다. 이후 고려 충숙왕 때 보문각 대제학을 지낸 김대경(金臺卿)이 안노현(安老縣)에 유배되어 나주, 무안 지역과 인연을 맺었다. 조선조에 들어와서는 전라관찰사 김정준(金廷俊)의 손자인 능성현령 김우운(金祐雲)이 분가하여 나주 거평 일대에 거주하였다. 이후 김우운의 손자 수남(粹南)이 무안 대사동(大寺洞)에 정착하게 됨으로써,[8)] 차뫼(茶山)와 사창 일대에 나주김씨가 세거하는

7) 왕현종은 김응문 일가의 김영구와 김우식이 기정진 문하에서 수학하였으며, 김창구와 김영구가 동학의 직임을 맡아 무안유생 사이에서 명망이 높았고, 이들이 동학농민혁명 당시 동학농민군 지도자로서 활발하게 활동하였음을 밝히고 있어서 본고를 작성하는데 큰 도움이 되었다. 왕현종, 「앞의글」, 167~170쪽.

8) 나세찬, 『松齋遺稿』卷3, 墓表, 「敎授金公墓表」, "承仕郎敎授金粹南陽仲之墓.錦城人.通訓大夫綾城縣令祐雲孫.娶綿城丁氏.子適 , 遠 , 巡 , 逈.長登進士.餘少而才.公性廉簡.不殖而富.言行正直.人服其風.生丁未卒庚子.葬淵澄山東.餘寸碣難詳.嘉靖壬寅.戚司饔正羅世纘.書"

배경이 되었다. 나주김씨는 김수남의 아들과 손자 대에 이르러 활동이 두드러졌다. 이 시기는 왜적의 침입이 잇따른 시기였기 때문에 이들을 격퇴하는 과정에서 향촌 사회에 크게 두각을 나타내게 된 것이다.

김수남의 큰아들 김적(金適)의 자는 희정(希正), 호는 취암(鷲巖)이며, 모친은 면성(綿城) 정씨(丁氏) 참봉 휘(徽)의 딸이다. 무안 대사동에서 태어났으며, 1537년(중종 32) 진사시에 합격하였다. 1543년(중종 38)에는 문과 식년시에 급제하여[9] 광주목사를 지냈다. 을묘왜변(1555, 명종 10) 때에는 전라도순찰사 이준경(李浚慶)의 중군으로 왜적을 격파하자, 명종이 시선(詩選) 10책을 내려 격려하였다.[10]

둘째 아들 김원(金遠)은 자가 희구(希九)이며, 글씨와 문장에 뛰어나 고경명 등과 교유하였으며, 무장, 영암교수를 지내면서 많은 후진을 양성하였다.[11]

김적의 큰아들 충수(忠秀)는 자는 중심(中心), 호는 귀암(龜巖)이며, 모친은 함풍이씨이며, 1538년 무안 대사동에서 태어났다. 그는 송재 나세찬의 손녀사위로 학문에 힘써 1558년(명종 13) 식년 생원시에 합격하였다. 1592년 왜란이 일어나자 병량미 200석과 전마 300필을 내어 군수(軍需)에 보탰으며, 그 공으로 온량군수에 제수되었다. 다시 정유재란(1507)이 발발하자 가동(家僮), 촌민(村民) 및 의병 1천명을 모아 전라도수군영이 있었던 대굴포에서 배를 타고 유격

9) 김적은 전흥양훈도 김수남의 아들로 동생으로 金遠, 金巡, 金迫이 있었다. 그는 중종38년(1543) 식년시에 급제하였다. 문과 시제(試題)는 「청치오경박사(請置五經博士)」 즉 '청컨대 오경박사를 두소서'로서 표문을 작성하는 것이었다(『한국역대종합인물시스템』 (http://people.aks.ac.kr/index.aks)

10) 『羅州金氏族譜』(1846年 刊行), 「贈資憲大夫禮曹判書行通訓大夫光州牧使 鷲巖金公行狀」

11) 『羅州金氏族譜』(1846年 刊行), 「奉直郎教授金公行狀」

전을 전개하였다. 적선에 포위당하자 대곡산으로 피신하였으나, 끝내 적군의 추격을 피하지 못하자 조복을 입고 적을 꾸짖으며 참살당하였으며, 부인 나씨 역시 남편을 감싸다가 적의 칼날에 죽음을 당했다.[12] 김충수는 후일 선무원종공신(宣武原從功臣) 1등에 녹훈되고 가선대부(嘉善大夫) 호조참판(戶曹參判)에 제수(除授)되었다.[13]

김적의 셋째 아들 덕수(德秀) 역시 1576년(선조 9) 식년 진사시에 합격하였다. 임진왜란 때 형과 함께 참전하였고, 정유재란 때에는 이순신 장군을 따라 양곡을 조운으로 운반하였다.[14] 난리가 끝난 뒤에는 일본에서 돌아온 영광의 수은(睡隱) 강항(姜沆) 등과 교유하였다.

김원의 셋째 아들 김예수(金禮秀) 역시 임진왜란 때에 자형(姊兄)인 최경회(崔慶會) 장군을 따라 참전하여 제2차 진주성 전투에서 순절하였다. 최경회 장군은 김원의 5남 4녀 중 큰딸과 혼인하였기 때문에 김원의 맏사위가 된다. 이처럼 김충수 형제와 사촌 형제가 왜적의 침략에 맞서 의병을 일으켜 죽음으로 이 지역을 사수하였으며, 이순신 장군의 군량미를 조달하였고, 최경회 장군을 따라 끝까지 항전하였던 것이다.

김수남 이후 김적의 후손을 중심으로 김응문 형제들의 가계도를 그려보면 대략 다음과 같다.[15]

12) 김동수, 「정유재란과 몽탄강 유역(무안) 호남의병」, 『정유재란 시기 몽탄강 유역의 전투와 金忠秀 家脈의 호남의병활동』, 정유재란과 귀암 김충수 선생 순절 7주년(420)기념 학술회의, 귀암김충수 기념사업회, 초당대학교, 2017.9.8., 8~9쪽. ; 『羅州金氏族譜』(1846年 刊行), 「嘉善大夫戶曹參判龜巖金公行狀」

13) 宣武原從功臣錄卷(宣祖38 (1605)年 4월 16일)

14) 김동수, 「위의글」, 9쪽.

15) 『羅州金氏大同譜』卷1과 卷3 참조.

〈표 1〉 김응문 일가의 가계도

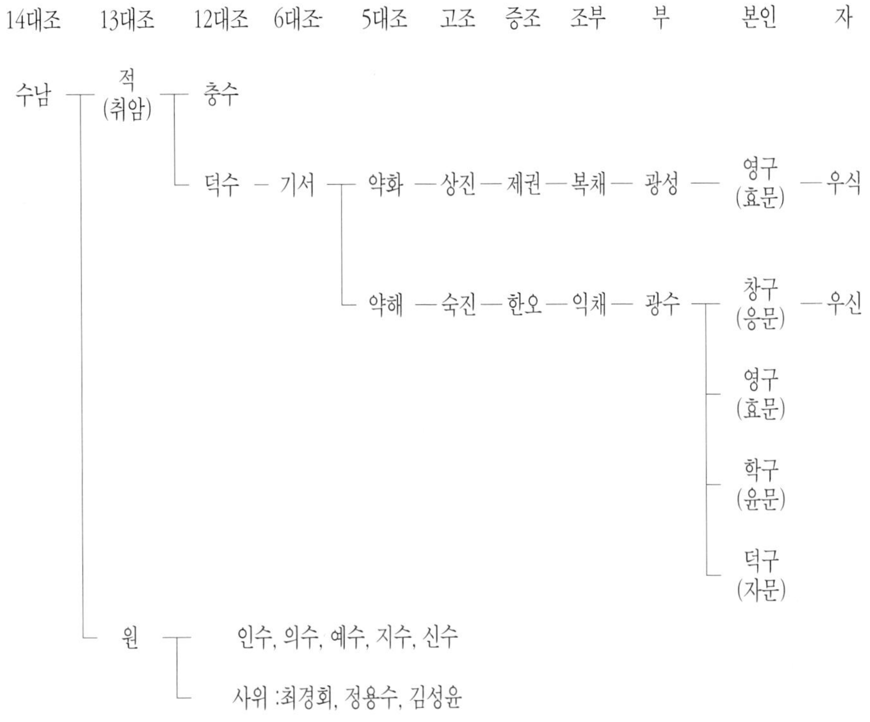

이 가계와 관련하여 주목할 만한 사실은 1683년(숙종 9) 우명산(牛鳴山) 아래 사창리[16] 에 우산사(牛山祠: 당시 명칭은 취암사(鷲巖祠)가

16) 사창은 취암공파 집성촌으로서 조선시대에 곡물을 저장했던 사창나루와 일제강점기에 사창역이 있었던 철도와 해운 교통의 거점이었다. 종가는 한때 400여 호의 번창한 마을을 유지하며 대대로 충의의 가통을 이었다. 동학접주로 일본군에 항거한 김응문 부자와 김영구, 김덕구, 김효구, 김성권 등과 항일의병장으로 일본헌병대를 습격한 김용길, 광복군 김명택 등이 의로운 선조의 정신을 계승했다. 일제에 맞서 항일 민족운동 변호사로 활약하다가 해방 후 군정기 대법원장 김용무는 그 동생 김용현과 형제 국회의원을 지냈으며, 국회의원 김의택(4선)과 김옥형도 사창마을이 배출했다. 후손들은 초당대학교, 한성대학교를 설립하는

창건되었다는 것이다. 지역 유림의 발의로 취암(鷲巖) 김적(金適)과 김충수(金忠秀)를 배향하는 서원이 건립되었다는 것은 나주김씨 일문의 학문과 충절을 드높이고 대내외적으로 크게 선양하는 계기가 되었기 때문이다. 예컨대 김응문의 6대조 김기서(金麒瑞, 1681~1752)는 1681년(숙종 12) 김구령(金九齡)과 동래정씨 여우(汝佑)[17]의 딸 사이에서 태어난 이후 향촌사회에 크게 두각을 나타내었다. 김기서는 6살에 부친을 잃고 외갓집에서 자랐데, 생원시에 합격할 정도로 학문이 뛰어난 외조부의 영향으로 학문에 힘썼다. 자라서도 타고난 효성과 우애가 변함없었으며, 지혜와 사려가 뛰어났고, 입지(立志)가 굳세었는데, '마음에 한 점 부끄럼이 없다(不媿屋漏)' 네 글자를 평생 공부의 지침으로 삼고 선행에 힘썼다. 예목재(禮穆齋)를 만들어 가족이나 친인척들이 관혼상제에 유감이 없도록 하였고, 의분고(義分庫)를 창설하여 널리 빈민을 구제하였다. 또한 예목재의 부인 광산김씨(1680~1762)는 당대에 여사풍(女士風)이 있었다고 일컬어졌다. 그녀는 정묘호란 때 의병을 일으킨 풍암(楓巖) 김덕보(金德普, 1571~1627)의 현손으로 고금(古今)의 지식과 의리에 통달하였으며 효도하고 행실에 삼갔다고 한다. 우산사 건립 이후 김기서의 효우와 빈민구제, 부인 광산김씨의 가문과 행실은 김응문의 가계가 향촌사회에서 크게 두각을 나타내게 되었던 것이다.

또한 김기서와 광산김씨 사이에 태어난 약화(躍華, 1712-1762)가 1824년(순조 24) 추배되었다. 김기서는 광산김씨와의 사이에서 약화

등 학문과 충의의 가통을 계승하고 있다. 서정현, 『광주ㆍ전남 종가 재발견』「무안 나주김씨(羅州金氏) 취암공파 종가」, 남도일보, 2020.09.10.

17)

(躍華), 약려(躍麗), 약해(躍海) 삼 형제와 두 딸을 두었는데.[18] 그 중 큰아들인 지암(支巖) 김약화(金躍華, 1712-1762)가 추배된 것이다. 김약화는 여호(黎湖) 박필주(朴弼周)의 문하로 효성과 절의, 문장이 뛰어나 영조 때의 유생들로부터 존경받았는데,[19] 사후 60년이 지난 1824년 전라도 유생들의 노력으로 우산사에 추배되었다.[20] 그 경위에 대해서 살펴보면 1799년(정조 23) 장성의 김시집(金始鏶) 등 전라도 유생들이 김약화에 대한 포상을 조정에 상신하였다.

> 장성(長城)의 유학 김시집(金始鏶) 등의 상언에 '무안현(務安縣)의 고(故) 학생 김약화(金躍華)[21]는 바로 고 판서 김적(金適)의 7세손이며

---

18) 『羅州金氏族譜』(1846年 刊行), 「禮穆齋金公行狀」 : 약려는 동생 인서(麟瑞)의 양자로 보냈다.

19) 김약화의 부친 예재(禮齋) 김기서(金麒瑞)도 효우와 학행이 뛰어나서 예목재(禮穆齋)를 만들어 가족이나 친인척들이 관혼상제에 유감이 없도록 하였고, 의분고(義分庫)를 창설하여 널리 빈민을 구제하였다. 김기서는 약화, 약려(躍麗), 약해(躍海)와 두 딸을 두었는데, 약려는 동생 인서(麟瑞)의 양자로 보냈다. 김기서의 아들 약화와 약해 역시 부친의 뜻에 따라 형제간에 화목하였으며, 대를 이어 양자를 주고 받았는데, 5세손 김응문대에 이르러서는 김응문의 동생 영구(永久)가 김약화계를 잇기 위해 양자로 들어갔다. 『羅州金氏大同譜』(2001年간행) 卷1과 卷3 참조.

20) 우산사(취암사)는 서원철폐령(1868)으로 훼철된 후 1882년(고종 19)에 설단하였다. 이후 1946년에 사우를 중건하면서 명칭을 취암사에서 우산사로 바꾸고 종래의 3인 외에 월당(月塘) 김대경(金臺卿)을 주벽으로 김원, 김덕수, 김예수, 김지수 등을 추배하였다.

21) 김약화 : 1712~1762. 본관은 나주(羅州), 자는 정보(精葆), 호는 지암(支巖)、은봉(隱峯)이다. 상언에서는 임진왜란 때 의병을 일으킨 증 좌참찬 김충수(金忠秀)의 6세손으로 되어 있으나, 신사준(愼師浚)이 지은 김약화의 행장에 따르면 김충수의 아우인 김덕수(金德秀)의 6세손이라고 하였다. 김약화는 여호(黎湖) 박필주(朴弼周)의 문하에서 수학하였는데, 종신토록 부모에 대한 효성이 지극했고 명나라에 대한 존주의리를 지키고자 하였다. 1828년(순조 28)에 동몽교관에 추

고 충신 증(贈) 좌참찬 김충수(金忠秀)의 6세손입니다. 김약화는 효성과 우애가 일찍부터 순수하고 지극하다고 알려졌고 존주(尊周)에 대한 지조와 절개에 있어 늙을수록 더욱 힘썼으며 여사(餘事)로 지은 문장은 온 도내에서 제일로 일컬어졌습니다. 아침저녁으로 어버이를 봉양하는 음식은 반드시 몸소 맛을 보고 올렸으며 부모가 병에 걸리면 관대(冠帶)를 벗지 않고서 밤새도록 잠을 자지 않고 간호하였습니다. 부친이 죽고 난 뒤에는 종신토록 슬퍼하며 그리워했는데 때로 서적을 열람하다가 부친의 수택(手澤)을 보면 반드시 책을 덮고 오열하였습니다. 고을 사람들이 효행으로 목사(牧使)에게 아뢰고자 하니 김약화가 편지를 보내 통렬히 책망하였으므로 그 논의는 마침내 멈추게 되었습니다.[22]

김약화가 타계한지 36년이 지난 일이었다. 판서 김적(金適)의 7세손이며 증 좌참찬 김충수(金忠秀)의 6세손 김약화가 효성과 우애가 지극하고, 존주(尊周)에 대한 지조와 절의, 문장이 뛰어나서 고을 사람들이 목사에게 포상을 신청한다는 것이다. 비록 생전에는 김약화가 바라지 않아서 포상되지 못하였으나, 김약화 사후 호남의 유생들이 조정에 김약화의 포상을 상신하였던 것이다.

이러한 김약화의 포상 상신은 김약화의 아들 김상진(金象鎭, 1746- 1815)의 활동과도 무관하지 않다. 김상진은 우암 송시열의 5대손이었던 당대의 산림인 성담(性潭) 송환기(宋煥箕, 1728-1807)의 문인이다. 1803년 송환기는 자신의 문인인 김상진이 부친의 뜻을 잘 계승하여 후손들을 충효로써 잘 가르쳤다고 칭찬하고, 김상진의 조부 예재(禮齋) 김기서(金麒瑞), 부친 지암(支巖) 김약화(金躍華)의

증되었다. 『牛山祠誌』 卷2, 支巖金先生行狀 및 『承政院日記』 純祖 28年 12月 10日.

22) 『日省錄』 正祖23年 8月 22日

비문을 써 주었다.[23] 전라도 유생의 상신뿐만 아니라, 당대의 산림(山林)으로부터 김약화가 무안의 효행을 대표하는 인물로 인정받았고, 여호 박필주의 문인이었기 때문에, 1824년 김약화가 우산사에 추배된 것으로 보인다.

Ⅲ. 19세기 후반 나주김씨의 위상과 김응문 형제

19세기 후반 김응문을 비롯한 무안의 나주김씨들은 무안향교를 비롯한 무안 향촌사회에서 크게 두각을 나타내고 있었다. 그러한 사실을 잘 드러내 주는 문서가 1889년 3월 작성된 무안향교 청금안(靑衿案)이다. 이 문서는 1888년 3월 도유사 박호진(朴浩震), 교정 류복기(柳復基), 수단(收單) 정신규(丁信奎) 별유사 정한박(鄭漢璞) 서사(書寫) 김원호(金元浩) 등에 의해서 작성되었다.[24] 박호진은 무안박씨, 류복기는 문화유씨, 정신규는 영광정씨(영성 정씨를 포함), 정한박은 나주정씨, 김원호는 나주김씨로써 청금록에 기록된 대표적인 성씨이다. 청금록에 기록된 유생들의 다과를 기준으로 성관별로 살펴보면 다음과 같은 표를 얻을 수 있다.

23) 송환기, 『性潭先生集』卷12, 雜著, 「書贈金德鼎」, "曩余嘗述支巖金公幽堂之銘.深有所興歎於其孝友之篤.志節之卓矣.今其胤君德鼎重來訪余.要得贈言.余豈有一言可當仁者事也.竊惟支巖志行文識.實有以承先裕後.而德鼎以雅望之士.又克教諸胤以義方.諸胤亦皆學業夙就矣.從此所勉勵.其非在於課忠責孝傳守不匱乎.玆余所贈不在他言.倘不孤德鼎勤意也歟.癸亥一之日.性潭宋子東書"

24) 이 문서는 「戊子三月 青衿案」이란 표제로 되어 있으며, 마지막 장과 그 앞장에 무자년 3월 도유사 박호진 등에 의해서 작성된 것임을 명시하고 있다.

〈표 2〉 1888년 「무안청금안」 성관별 분포

연번	성씨	본관	숫자	연번	성씨	본관	숫자
1	박씨	무안	52명	20	오씨	금성	3명
2	김씨	나주	33명	21	오씨	낙안	3명
3	정씨	영광	24명	22	김씨	김해	3명
4	배씨	대구	23명	23	정씨	진주	3명
5	윤씨	파평	22명	24	조씨	한양	3명
6	정씨	나주	21명	25	오씨	화순	3명
7	서씨	이천	20명	26	장씨	흥덕	2명
8	노씨	함평	15명	27	박씨	함양	2명
9	류씨	문화	12명	28	채씨	평강	2명
10	김씨	광산	11명	29	김씨	선산	2명
11	고씨	장택	10명	30	홍씨	풍산	2명
12	송씨	여산	9명	31	홍씨	남양	2명
13	최씨	수원	7명	32	나씨	금성	2명
14	장씨	인동	5명	33	김씨	고성	2명
15	임씨	나주	5명	34	정씨	고성	2명
16	정씨	경주	4명	35	임씨	평택	1명
17	이씨	함평	4명	36	정씨	온양	1명
18	박씨	밀양	4명	37	나씨	나주	1명
19	기씨	행주	3명	소계			39명
소계			284명	합계			323명

총 323명에 달하는 성관별 숫자에서 20명 이상 유생을 배출한 성관은 무안박씨, 나주김씨, 영광(영성포함)정씨, 대구배씨, 파평윤씨, 나주정씨, 이천서씨이며, 10명 이상은 함평노씨, 문화류씨, 광산김씨, 장택고씨이며, 여산송씨는 9명, 수원최씨는 7명이다. 5명 이하는 인

동장씨, 나주임씨 등 23개 성씨이다.

그중에서 본고와 관련하여 주목되는 사실은 나주김씨가 무안박씨에 이어 두 번째로 많은 청금안 유생을 배출하고 있고, 김창구와 김영구 형제가 모두 청금안에 기재되어 있다는 사실이다. 1987년 간행된 『무안향교지』에는 김창구가 1887년, 김영구는 1889년 장의를 지냈고, 김영구가 다시 1894년에는 재장을 지냈다는 사실이 기록되어 있다.

〈표 3〉 김창구, 김영구의 향교직책

연대	직책	성명	자	호	비고
丁亥(1887년) 秋	掌議(장의)	金昌九	字 應文 羅州人	號 茶史 鷲岩遺後	『무안향교지』 (1987年刊)
己丑(1889년) 春	掌議	金永九	字 孝文 羅州人	號 孝亭 鷲岩遺後	〃
甲午(1894) 春	齋長	金永九			〃

먼저 장의는 정약용의 『목민심서(牧民心書)』에 따르면 향교의 직임이다.

> 향교에서 일을 맡은 자는 교장(校長) 1인(남부지방에서는 도유사로 칭한다), 장의(掌議) 1인, 색장(色掌) 2인이다.[25]

향교에 교장, 장의, 색장을 두어 향교를 운영하였음을 알 수 있는데, 교장은 향교의 책임자, 장의는 향교의 각종 회의와 의례를 주관하는 인물이다. 그런데 무안향교에서는 교장 대신 재장을 두었다.

25) 『牧民心書』 卷7, 禮典 興學條: 윤희면, 『조선후기의 향교연구』, 일조각, 1990, 153쪽 재인용.

재장(齋長) 1인, 장의(掌議)) 2인, 색장(色掌) 2인, 유사(有司) 1인[26]

향교의 책임자를 흔히 교장 또는 도유사를 불렀으나, 무안향교에서는 이와는 달리 교장(校長)을 재장이라고 불렀음을 알 수 있다. 1894년 당시 김영구는 무안향교의 최고의 직임인 재장을 맡았던 것이다.

당시 나주김씨는 학문에 힘써 조선조 6대 성리학자로 일컬어지는 노사 기정진의 문인을 다수 배출하였음이 주목된다. 1960년 간행된 『노사선생연원록(蘆沙先生淵源錄)』에 기재되어 있는 무안 출신의 기정진의 문인은 다음과 같다.[27]

〈표 4〉 무안출신의 기정진의 문인

이름	본관	자	호	생년	현조	지역	관조	쪽
奇敎衍	행주	穉學	蓮浦	1854	선생 족질	무안		21
金容英	김해	英善	河溪	1860	문민공 일손	무안	都事	23
金永九	나주	孝文	淵史	1851	지암 약화(9대조)	무안	都事	19
金常圭	나주	贊文	竹軒	1823	취암 적	무안		4
金麒煥	나주	景瑞	追隱	1849	월당 대경	무안	壽통정대부	18
金東炫	나주	震聲	篁史	1845	월당 대경	무안		15
金淳鐸	나주	德七	蘭圃	1859	월당 대경	무안		23
金永煥	나주	錫胤	竹坡	1841	월당 대경	무안		12
金用麟	나주	聖瑞	瑞岡	1846	월당 대경	무안		16
金用宣	나주	元弼	錦湖	1854	월당 대경	무안	참봉	21
金用珣	나주	元若	錦岡	1836	월당 대경	무안	壽가선대부	10

26) 『務安鄕校誌』卷1, 任員: 윤희면, 『조선후기의 향교연구』, 일조각, 1990, 154쪽 재인용.

27) 노사선생기념사업회, 「先生門人編」,『蘆沙先生淵源錄』, 담대헌, 장성, 1960.

金用珍	나주	大亨	瑞巖	1856	월당 대경	무안		22
金鳳炫	나주	南煥	後圃	1826	직강 원	무안		5
金善煥	나주	允安	松史	1822	직강 원	무안		4
金昌九	나주	應文	茶史	1849	취암 적	무안		18
金亨九	나주	子七	星沙	1847	취암 적	무안		17
柳復基	문화	陽七	雪坡	1830	충경공 량	무안	壽가선대부	7
朴丞載	무안	洛玄	晩軒	1861	판서 의룡	무안		24
朴炳敎	밀양	益化	松坡	1846	부사 량	무안		16
徐道淳	이천	孟淑	海隱	1854	절효공 릉	무안		21
徐士鎭	이천	敬汝	敬淵	1837	절효공 릉	무안		10
徐相衡	이천	行坤	後巖	1860	절효공 릉	무안		24
徐龍瓚	이천			1809	절효공 릉	무안		2
徐洧晟	이천	舜景	月圃	1855	절효공 릉	무안	참봉	22
張奎植	인동	保根	仁村	1860	영돈령 전개	무안		24
張燦裕	인동	聖文	蘭谷	1853	태사정 필	무안		21
鄭南皓	나주	汝集	華谷	1820	雪齋 可臣	무안		4
崔瓘模	수성	華西	止齋	1847	승지 낙궁	무안		17
崔潤台	수성	厦定	南岡	1842	승지 낙궁	무안		13
崔潤瑚	수성	聖器	守愚堂	1845	승지 낙궁	무안		15
崔潤輝	수성	章玉	東岡	1830	승지 낙궁	무안	壽통정대부	7

도합 30명의 기정진의 문인 중 거의 절반에 해당되는 14명의 인물이 나주김씨이다. 무안향교의 직임을 맡았던 김창구와 김영구 역시 문인으로 기록되어 있다. 김영구는 지암 김약화의 후손으로 도사를 제수받은 사실이 명기되어 있다. 실제로 김영구는 『승정원일기』 고종 25년 무자(1888) 5월 9일조에 의금부 도사에 제수된 사실이 확인된다. 김영구의 경우 기정진의 문인 가운데에서도 의금부 도사에 제수

되고 향교의 재장을 맡을 만큼 향촌사회에서 명망이 높았던 것이다.

김창구 즉 김응문 형제들이 노사학맥과 관계를 맺은 것은 부친인 김광수(金光綏, 1827-1870) 때부터이다. 김광수의 증조부는 상진의 사촌 숙진(塾鎭)이며, 조부는 한오(漢五), 부친은 익채(翼采)인데, 광수는 부모에게 효도하고 학덕이 뛰어났으며, 당대의 명유 기정진(奇正鎭)의 가르침을 받았으며, 면암 최익현(崔益鉉)과도 종유한 것으로 전해진다. 『무안군지(務安郡誌)』에서는 김광수의 문행(文行)을 다음과 같이 기록하고 있다.

> 자는 경휘(景輝)이며 호는 양덕재(養德齋)이다. 나주인이며 사천(斜川) 덕수(德秀)의 후예이다. 기노사(奇蘆沙) 문인이며 최면암을 종유하였다. 천성이 후덕하고 신중하였으며, 효행에 힘써 부모님의 뜻과 몸을 봉양하였다. 경전의 뜻을 절차탁마하니 사우들이 추앙하고 존중하였다. 문생으로서 가마(加麻)한 자가 수십 인이며, 유고(遺稿)가 있다.[28]

김광수는 창구(昌九, 1849-1894.12.8), 영구(永九, 1851-1894.12.12), 학구(學九, 1864-1895.11.19), 덕구(德九, 1868-1894.12.8) 등 네 아들을 두었다. 그중 영구는 약화의 후손 광성의 뒤를 잇고, 덕구는 광수의 동생 광하(光河)의 뒤를 잇게 했다.[29]

맏아들 김응문은 이름은 창구(昌九)이고, 응문(應文)은 자이다. 그는 옥녀봉 아래 차뫼마을에서 태어났고, 천성이 효우하고 지조가 있었으며, 문장이 단아하였다. 부인은 함평노씨(魯氏)이며 1846년생이고 1924년 타계하였는데, 남편 등 나주김씨 일문이 동학농민혁명으

28) 『務安郡誌』 卷1, 文行, 憲宗, 金光綏

29) 『위의책』, 461~464쪽.

로 화를 당하자, 후손들을 잘 보살펴 김응문 일가를 다시 일으켜 세웠다. 후일 무안향교에서는 김창구의 부인 노씨의 효행 표창을 위해 1946년 광주향교 등지에 통문을 보냈다.[30] 아들 김우신(金禹信)은 1867년 출생하여 1894년 동학농민혁명에 참가하여 부친과 함께 죽음을 당하였다.

김응문의 형제 중 김효문과 김자문은 『무안군지』 문행편에 기재되어 있다. 먼저 『무안군지』에서는 김효문을 다음과 같이 기록하고 있다.

> 자는 효문이며 호는 연사이다. 나주인이며 지암 약화의 5대손이다. 기노사 문인이다. 기상과 풍채가 빼어나고 재예가 매우 뛰어났으며, 문학을 일찌감치 이루었다 향당에 출입하여 기강을 세우고 풍속을 바르게 하니 사림들이 본받고 존경하였다.[31]

김효문 즉 김영구는 지암 약화의 5대손으로서 기정진의 문인일 뿐만 아니라 학덕이 뛰어나고 향당에 출입하여 고을의 기강을 세우고 풍속을 바르게 하였다는 것이다. 김효문은 함평이씨, 영광정씨 두 분의 부인을 두었고, 아들로는 김우식(金禹植)을 두었는데, 김우식 역시 아버지와 함께 노사 기정진의 문인이다.

김자문은 넷째 아들로 이름은 덕구(德九)인데, 역시 천품이 영매하고 재기가 절륜하였으며, 무안유림 사이에 명망이 높았다.

30) 이이화, 「앞의글」, 205~206쪽.

31) 『務安郡誌』卷3, 文行, 「金永九」, "字孝文號淵史 羅州人 支巖躍華五代孫 奇蘆沙門人, 氣宇俊秀, 才藝卓異, 文學早成, 出入鄉黨 立綱正俗 士林矜式"

김덕구는 자는 자문(子文)이며, 호는 농와(農窩)이다. 나주인이며 취암 적의 후예이다. 송사(松沙)를 종유하였으며, 천품이 영매하고, 재기가 절륜하였다. 사문에 나아가 출처의 의리를 알았으나 갑신년 이후 국운이 어려워지자 크게 탄식하며 고향에 내려왔다. 제갈량의 출사표(出師表)를 노래하며 초야에 은거하여 종신토록 불우하게 지냈다.[32]

김덕구는 천품과 기상이 고매하고 재주와 기량이 절륜하였는데, 노사 기정진의 손자 기우만과 종유하여 출처의 의리를 알았으나 1884년 갑신년 이후 국운이 어려워지자 향촌에 내려와 출사표를 노래하며 불우하게 지냈다는 것이다. 1884년은 갑신정변이 일어난 해로서 이후 조선은 청나라와 일본의 외세의 간섭이 더욱 극심해졌는데, 김덕구는 이러한 현실을 보다 못해 무안에 내려왔고, 제갈량이 북벌을 하기 위해 올린 출사표를 노래하며 역적을 처단하고 외세의 침략을 막기 위해 부심하였을 것으로 판단된다.

Ⅳ. 무안 지역 유생의 학맥과 제2차 동학농민혁명

무안 지역에서는 농민 외에도 유생들이 다수 동학농민혁명에 참여하였다. 대표적인 가문으로는 본고의 주제가 되는 몽탄면의 나주김씨를 비롯하여 청계면의 대구배씨, 해제면의 해주최씨 가문이 있

32) 『務安郡誌』卷3, 文行, 「金德九」, "金德九, 字子文, 號農窩, 羅州人, 鷲巖適后, 從松沙遊 天姿英邁 才器超倫 就師門 見義理 甲申後見國步艱難 慷慨返下 歌出師二表 隱居林泉 終身坎壈

다.[33] 먼저 나주김씨는 전술하였듯이 김효문이나 그 아들이 기정진의 문인이며, 김자문은 송사 기우만과 종유하여 사문의 의리를 아는 인물이었기 때문에, 이들이 동학농민혁명에 참가한 것은 향촌단위에서 서양과 일제 침략에 맞서서 싸우고자 한 기정진의 방어전략을 계승한 것으로 추정할 수 있다. 즉 기정진은 1866년 프랑스가 쳐들어오자 1) '서양과 통상하지 않고 맞서 싸운다'는 조정의 방책을 정하고〔定廟算〕, 2) 외적 침입시 부당함을 통고하는 문서를 연해의 관원들이 익히고〔修辭令〕, 3) 적이 침략하면 지형을 살펴서 요격하며〔審地形〕, 4) 향촌에 무기를 지급하여 신분에 관계없이 훈련을 강화하며〔鍊兵〕, 5) 널리 언로를 개방하여 적을 물리칠 인재와 방책을 구하며〔求言〕 6)국왕이 친인척을 총애하는 마음을 버리고 천만인 대동의 마음으로 인심을 결집시켜 외적을 무찔러야 한다〔內修外攘〕'는 6가지 방어전략을 제시하였는데,[34] 이 육조소는 곧바로 대원군 집권의 조정에 가납되어 호조참판과 경연관을 제수받게 된다. 김창구와 김영구 역시 기정진의 문인이자 임란 의병장 출신의 후손으로서 당시 조야에 크게 영향을 끼쳤던 기정진의 향촌방어전략을 계승하여 동학농민군 대열에 합세한 것으로 이해되는 것이다.

또한 집강소가 설치되었다고 여겨지는 청계면 청천리의 동학농민군은 왜란 때 의병을 일으켰다고 하는 배명(裵茗)의 후손인 배정기(裵禎基, 1862-1941), 배정규(裵正圭) 형제들이 이끌었는데,[35] 이

33) 왕현종, 「앞의글」, 163쪽.

34) 『蘆沙先生文集』 卷3, 「丙寅疏」.

35) 배명(裵蓂)은 자는 요단(堯端), 호는 희암(希菴)이며, 곤재(困齋) 정개청(鄭介淸)의 문하에서 수학하였으며, 1580년(선조 13)에 전라교수관(全羅教授官)에 제수(除授)되었으며, 1589년(선조 22) 기축옥사로 인해 정개청(鄭介淸) · 나사침(

들은 조선조 말 대표적인 위정척사론자인 면암(勉菴) 최익현(崔益鉉, 1833-1906)의 문인이다.[36] 당시 호남지역에는 고창, 곡성, 화순, 능주, 장흥, 함평, 무안 등지에 최익현의 문인들이 배출되고 있었다.[37] 최익현은 기정진과 함께 위정척사운동을 전개하였던 이항로의 문인이다. 그는 1873년 호조참판으로서 대원군의 실정을 탄핵하여 1873년 11월부터 1875년 3월까지 제주도에 유배되었고, 강화도조약에 반대 상소를 올려 1876년 1월부터 1879년 3월까지 흑산도에 유배되었다. 이러한 두 차례에 걸친 유배 때 많은 호남 사림들이 최익현을 찾아가 문인이 되었다. 뿐만 아니라 최익현이 스승인 이항로 못지않게 기정진의 학문과 사상을 존경하여 기정진 문인과도 밀접한 관계를 맺음으로써,[38] 무안 지역에도 이항로 문인과 기정진 문인들이 서로 왕래하게 되었다. 예컨대 전술한 배정기는 학덕이 뛰어나서[39] 청천마을의 배씨 문중의 자제뿐만 아니라[40] 인근 지역의 무안박씨나 이천서

羅士忱) · 나덕명(羅德明) 등이 화를 당하자, 이들의 무고를 당했다고 하여 재조사를 요청하여 윤허를 받았다. 이후 1592년(선조 25) 임진왜란 때에는 아우 효우당(孝友堂) 배협(裵莢)과 의병을 일으켜 진주(晉州)에서 싸웠다고 한다. 이때 아우 배협은 진주성 전투에서 전사하였고 전해진다. 배명은 사후 청천리의 청천사(淸川祠)에 배향되었다. 『한국역대인물종합정보시스템 』(http://people.aks.ac.kr)

36) 양평문화원편, 「裵氏」, 『蘗械淵源錄(華西李恒老先生淵源錄)』, 1999, 157~159쪽.
37) 김봉곤, 「호남지역 파리장서운동」, 『한국독립운동사연구』50, 한국독립운동사연구소, 2015, 14~15쪽.
38) 김봉곤, 「華西學派와 蘆沙學派의 學說交流」, 『화서학논총』3, 화서학회, 2008, 235~240쪽.
39) 무안향교, 「農菴 裵禎基 門人」, 『무안연원록』, 1977, 27쪽.
40) 청천마을에는 배경태(裵敬泰), 배대동(裵大東), 배도태(裵道泰), 배석구(裵錫球), 배석기(裵錫基), 배석대(裵錫大), 배석윤(裵錫潤), 배석전(裵錫詮), 배석해(裵錫海), 배석호(裵錫浩), 배연호(裵連浩), 배윤기(裵尹基), 배리기(裵利基), 배

씨, 나주김씨, 문화유씨 등에서도 많은 문인을 배출하였는데,[41] 기정진 문인과도 자주 왕래하였다.

당시 청천리의 대구배씨와 최익현과의 관계에서 주목해야 하는 것은 최익현이 대구배씨들의 요청에 의해 1892년 「청천사유허비(淸川祠遺墟碑)」를 지어주었다는 사실이다. 최익현은 청천사 유허비가 있는 청천재가 대구배씨 선조들의 위업을 계승하는 한편 금수가 횡횡하는 세상에 옛것을 지키고 정학을 강명하며 행실에 힘써 줄 것을 당부하였다.[42] 이후 청천재는 1894년 동학농민혁명이 일어나자 배상옥, 배정기, 배정규 등에 의해서 집강소가 설치되었고, 무안 지역에서 제2차 동학농민혁명을 준비하는 곳이 되었다.[43]

해제 석산에서 동학농민혁명에 참여한 최장현(崔璋鉉)과 최선현(崔

재호(裵在浩) 등이 배정기의 문인이고, 태봉마을의 배석중(裵錫仲), 배석철(裵錫喆), 배영인(裵泳仁), 배진혁(裵鎭爀), 배홍유(裵洪有), 배희수(裵喜洙)이 배정기의 문인이다(양평문화원편, 「裵氏」, 『蘗械淵源錄(華西李恒老先生淵源錄)』, 1999, 157~159쪽). 배정기는 동학농민혁명 때 피신하였다가 1900년대에 다시 귀향하여 강학활동을 전개한 것으로 보인다 배정기의 동생 배정규는 무안의 접괴(接魁)로서 12월 8일 박순서(朴順西)와 함께 포살당하였다. 「開國五百三年 十二月 日 全羅道各邑所捉東徒數爻及所獲汁物幷錄成册」

41) 박병국(朴炳國), 박석환(朴錫煥), 박석일(朴錫日) 박석상(朴錫尙), 박능규(朴能圭), 박현봉(朴鉉奉), 박정재(朴政載), 박학주(朴學周) 등 무안박씨, 서석종(徐錫鍾), 서기화(徐基化), 서병규(徐炳奎), 서한종(徐漢鍾), 서한모(徐漢模), 서남기(徐南基) 등 이천서씨, 김우복(金禹福), 金麒麟, 김상형(金尙衡) 등 나주김씨, 류재능(柳在能), 류재업(柳在業), 류재옥(類在玉), 류재윤(柳在允)등 문화류씨, 최치휴(崔治休), 최철주(崔喆周) 등 수원최씨, 정규원(丁奎元) 등 영성 정씨의 문인이 있다. 무안향교편, 「農菴 裵禎基 門人」, 『무안연원록』, 1977년, 26~27쪽.

42) 『勉菴先生文集』卷25, 碑, 「淸川祠遺墟碑」, "以至菟裘之地.俎豆之場.其欲十分保守於獸食搶攘之中者.又非餘人之所可及也.由是而講明正學.敦尙行實.一如先王典章而不懈焉.則安知不爲異日大來之基本.而古昔人創垂苦心.庶其不墜於地也歟."

43) 왕현종, 「앞의글」, 179~180쪽.

善鉉) 역시 화서 이항로의 학맥을 이은 송재(松齋) 최환영(崔煥榮, 1826~?)의 문인이다.[44] 최환영은 1881년 신사척사운동의 배후에서 이끌다가 지도에 유배된 화서학파의 종장인 김평묵을 자주 방문하여 김평묵의 문인이 되었다. 이를 계기로 해제 석산에서는 최환영과 그의 문인들이 척왜양에 대한 뜻을 공고히 하였다고 이해되는 것이다.

이처럼 무안 지역에서는 나주김씨, 대구배씨, 해주최씨 등의 유생 가문에서 위정척사사상의 영향 하에 반외세의 분위기가 고조되어 제2차 동학농민혁명에 참여하였음을 알 수 있는데, 이는 일본군의 경복궁 점령 이후 대원군이나 최익현 등이 일본군을 격퇴하기 위한 일련의 활동과도 관련되어 있다. 당시 일본군을 격퇴하기 위해 대원군과 최익현이 활동한 사실은 여러 가지로 증명되고 있다.

먼저 경복궁이 6월 21일 일본군에 의해 점령되자, 대원군은 교조신원운동을 전개하였던 남접대도주 서장옥(徐長玉)을 석방하였고, 7월 5일에는 동학접주 장두재(張斗在)를 석방하였다. 이에 장두재는 7월 9일 운현궁을 방문하여 동학농민군을 다시 일으켜 청병(淸兵)과 함께 일본군을 토멸하자고 하였고, 대원군은 이를 허락하였다. 이에 장두재는 동학접주들과 함께 남하하면서 김덕명(金德明), 김개남(金開南), 손화중(孫化中)에게 편지를 보내 거병을 촉구하였다. 이러한 대원군의 뜻에 따라 7월 15일에는 남원에서 전봉준과 김개남, 손화중 등은 동학농민군의 2차 거병이 논의되었다. 이때 김개남은 일본군의 경복궁 점령과 친일내각을 타도하기 위해 즉각적인 거병의 필요성을 제기하였고, 전봉준은 청일전쟁의 추이를 좀 더 지켜보자고 하였다. 손화중도 전봉준의 의견에 동조하면서 동학농민군의 세력 규합

44) 무안향교편, 「松齋 崔煥榮 門人」 『무안연원록』, 1977, 5쪽.

이 쉽지 않음을 다음과 같이 지적하고 있다.

> 우리가 봉기한 지 이미 반년이 지났습니다. 비록 호남 한 도가 호응했다고 하지만 사대부로 명망이 높은 사람들은 추종하지 않았고 부자들도 추종하지 않았으며, 글 잘하는 선비들 역시 추종하지 않았습니다. 접장으로 불리는 사람은 어리석고 천하여 남에게 해를 입히거나 빼앗고 훔치는 일을 즐겨할 뿐입니다. 인심의 향배를 살펴보면 일이 반드시 성공하지 못할 것을 알 수 있습니다. 사방에 흩어져서 구차스럽더라도 사는 것을 도모함만 같지 못합니다.[45]

동학농민군이 거병한 이후 각 고을마다 덕망과 학식이 높은 선비들을 함께 혁명의 대열에 끌어들이려고 노력하였으나 쉽지 않았음을 설명하는 것으로서, 동학농민군이 일본군을 무찌르기 위해서는 중앙과 지방에서 세력 규합을 위해 좀 더 시간이 필요했던 것이다.

이후 대원군은 재차 동학농민군의 거병을 촉구하기 위해 밀사를 파견하였다. 즉 학무협판(學務協辦) 겸 의원(議員)인 정경원(鄭敬源)을 선무사(宣撫使)로 충청도에 파견할 때, 대원군은 7월 말 동학교도 박동진(朴東鎭)과 박세강(朴世綱) 두 사람을 석방하고 이들에게 의정부(議政府) 주사(主事)의 관직을 주어서 선무사 정경원에게 부속시켰다.[46] 박동진의 경우 충청도에서 임기준(林箕準)과 서장옥을 만나고, 박세강은 전라도에서 전봉준(全琫準) 송희옥(宋喜玉)을 만나 동학농민군의 봉기를 촉구하였다. 당시 전봉준은 8월 말 박세강과 만

45) 『梧下記聞』二筆, 「大院君昰應 曉喩三南亂民其文」, "孫化中繼至 曰吳等起事半載 雖曰一道響應 而士族有聲者 不從 擁貲者不從 能文之士不從 所與呼接長者 則愚賤樂禍喜剽竊之徒耳 可驗人心之向背 事必不濟不如散之四方以圖苟全"

46) 『주한일본공사관기록』 5, 발신자 특명전권공사 大鳥圭介.

난 적이 있는 도집강 송희옥을 통해 이러한 대원군의 뜻을 확인하였다. 이어 9월 초에는 대원군이 삼남소모사(三南召募使) 이건영(李建永)에게 보낸 밀시(密示)를 받아보았다.[47]

> "三南에 召募使(宣撫使) ㅁㅁㅁ에게 密示하여 보내노라. 너희들은 先王朝의 백성으로 선왕의 은덕을 잊지 못하고 지금에 이르고 있는데 조정에 있는 자들은 모두 그들 편에 붙어 조정 안에는 상의할 사람이 한 사람도 없고 각자가 홀로 걱정만 하고 있으니 하늘을 쳐다보며 통곡할 따름이로다. 방금 왜구가 궐내를 범하고 宗社에 화가 미쳐 명맥이 朝夕에 달려 있으니 이러한 시기를 맞이하여 너희들이 만약 오지 않으면 禍患이 기필코 당도할 터인즉 이를 어찌하겠는가. 이에 교시하노라."[48]

일본군이 경복궁을 점령하여 종사가 위태로우니 빨리 거병하여 올라오라는 밀시였다. 전봉준은 이 밀지가 누설되면 고종에게도 화가 미칠 것이라고 여기고 철저히 보안을 지키도록 당부하였다.[49]

> [밀지의 누설방지 지시문)]
>
> 대궐에서 초모사 이건영에게 보낸 밀지가 이곳에 와 있는데, 이와 같은 일이 왜인에게 누설되면 화가 옥체에 미칠 것이니 조심하여 비밀을 지킬 것.

---

47) 일본군의 경복궁 점령 이후 대원군과 최익현, 이유상의 동향은 우금티 동학농민혁명기념사업회 이사장 정선원의 도움을 크게 받았다. 정선원, 「동학농민혁명시기 공주전투연구」, 원광대학교 박사학위논문, 2023, 324~330쪽.

48) 『주한일본공사관기록』8, 東學黨事件에 대한 會審顚末 具報, 「大院君이 조작한 東學黨 선동 國王密旨」

49) 『주한일본공사관기록』8, 「東學黨事件에 대한 會審顚末 具報」, 「同件 密旨의 漏洩防止 指示文」

의룡(義龍) 월파(月波) 화중(和仲)의 형택(兄宅)에도 회람할 것
(이는 국왕의 밀지가 있었던 것을 타인에게 누설되지 않도록 당원에게 주의를 환기시키는 회람문체인데 이 글씨는 전봉준의 필적임)

이처럼 대원군이 동학농민군의 거병을 촉구하고 있었을 때, 충청도 지역에서는 일본군 격퇴를 위해 유생들이 거병하기 시작하였다. 예컨대 7월 29일과 30일에는 충청도 부여 건평에서 대규모 유회가 열렸다.

8월 초 1일 [八月初一日乙巳] 비가 왔다. 아우 근영이 이른 새벽에 와서 말하기를, "건평의 유회에 들러서 보았더니 사람들이 몇천 명은 되었고, 공주사람 이영해(李寧海)가 와서 진법(陣法)을 연습하였다. 그는 바로 장신(將臣), 대장 봉의(鳳儀)의 종질(從姪)로 몸은 허약하여 옷을 감당하지도 못할 것 같았으나 보통사람 보다 뛰어난 용기를 가지고 있었으며 눈빛은 번개처럼 빛났다. 전주 사람 이도사(李都事) 유상(裕尙)은 지모(智謀)가 있어 성겁평(成劫坪)의 민사능(閔士能) 준호(俊鎬)가 왜를 토벌하고 나라에 보답하자고자 의병을 일으켜서 사람들을 모은다는 소문을 들었다. 민(閔)이 비록 창의(倡義)를 내세웠으나 실제는 그런 뜻이 아니어서 이(李)는 바로 떠나 건평으로 들어갔다. 그를 따르는 자는 100명이었고, 다시 민준호에게 돌아간 자는 1,000명이었다. 이영해와 이유상의 뜻이 서로 일치했으나 사람들의 마음이 그들을 따르지 않아 두 사람이 다른 곳으로 갔다"라고 하였다. 아우 근영이 다리 부분에 종기가 나서 매우 고통스러웠는데, 곡부(曲阜) 민생원이 유명하다는 소문을 듣고 중리(中里)에 갔다.[50]

50) 李復榮, 『'南遊隨錄』, 八月初一日乙巳雨 哥哥淩晨來抵 歷見乾坪儒會 衆可數千 公州人李寧海來 赴訓習陣法 李乃將臣鳳儀從姪 體弱若不能勝衣 而有絶人之勇 目光如電 全州人李都事有智謀聞 成劫坪閔俊鎬倡義聚衆 勸以討倭報國 閔雖名倡

수천 명이 모인 건평의 유회에서 유생들은 진법을 연습하고 왜적을 토멸하고자 하였다는 것이다. 여기에서 언급되고 있는 이유상은 건평에서 유생들로 조직된 의병을 이끌고 전봉준의 동학농민군과 연합하여 "공주창의소의장(公州倡義所義將)"의 명의로 우금치 전투에 참여했던 인물이다. 이 우금치 전투에는 건평 인근의 노론 가문의 20여 명의 한씨(韓氏) 청년들이 '공주전투'에 참여하기도 했다.[51] 또한 은진유생의병소에서는 동학에 입록한 자가 의병소에 들어오는 것을 허락하도록 함으로써[52] 충청도에서 유생들과 동학농민군의 연합이 이루어지기 시작하였다.

이와 함께 주목되는 사실은 면암 최익현이 충청도와 전라도 일대에서 활약하고 있었다는 점이다. 이 시기 면암 최익현의 행적은 극히 소략하고 잘 알려져 있지 않다. 예컨대 최익현의 일대기를 기록한 『면암연보』에 1894년 7월 1일 최익현이 자헌대부(資憲大夫) 공조판서에 제수되었으나[53] 얼마 후 체직되었다고 기록된 이후부터 1년간의 기록이 통째로 빠져 있다. 『면암연보(勉菴年譜)』는 이듬해인

義 實非其志也 李乃去而之乾坪 願從者 百人 復以勸閔俊鎬者 干李寧海李寧海之意 合然衆心 不從兩李 又將他適云"

51) 이유상이 활동했던 부여 건평 바로 옆 마을인 세탑리 가는골은 당시 노론 한씨네 집성촌이었는데, 노론 한씨네 장정 20여 명이 공주전투에 참여하여 11월 8일을 제삿날로 같이 모셔온 분이 4명이다(한규배(후손), 이정현 증언. 2015년에 세탑리 가는골에서 정선원 채록).

52) 『隨錄』「通辭恩津義兵所」, "道包入錄者 願入於義所者 勿禁"

53) 연보에 의하면 최익현은 1894년 6월 경복궁이 일본군에 의해 점령당하자 최익현이 동대문 밖에서 통곡하고 돌아왔고, 이어 7월 1일에는 공조판서에 제수되었는데, 이것은 1876년 최익현이 척화소를 올린 후 대원군이 혐의를 풀고 칭송해 왔기 때문이지마 위작(僞作)이라고 판단하여 취임하지 않았던 사실을 전하고 있다. 『勉菴先生文集附錄』 卷2, 「年譜」 甲午(先生 62歲) 참조.

1895년 6월 최익현이 역적을 토죄하고 의복 제도의 복구를 청하였다고 상소한 것부터 기록되어 있다.

그러나 이 시기 충청지역 동학농민군 진무를 위해 파견한 구완희(具完喜)가 기록한 일지에서 최익현이 1894년 9월 초부터 충청도와 전라도 일대에 소모장(召募將)으로 활동한 사실을 엿볼 수 있다.[54)]

> 1) 그 주승이 전하는 바에 의하면 이달 초 최판서가 교자를 타고 먼저 왔고 宋 교리는 동학도들에게 창의(唱義)를 권장하는 윤음을 가지고 와서 각 포(包)를 순시하였으며, 또 여기에는 종사관(從事官)의 도장이 찍힌 글이 있었다. 최판서는 완남(完南)으로 내려가고 송 교리는 암자에 머물면서 읍촌을 왕래하였는데 출입이 일정하지 않았다.

> 2) 소인의 고종(姑從) 이종국(李鍾國)을 불러 밤이 깊은 뒤에 힐문하여 보니 "최판서 익현을 소모장(召募將)으로, 송 교리 정섭(廷燮)을 참모(參謀)로, 윤진사 자삼(泉洞 거주) 및 윤석사(尹碩士) 상옥(相玉, 蔚山이 집)을 종사관으로 삼고, 또 표정(杓亭)에 있는 김진사와 고산(高山) 경산(庚山)의 윤진사도 모두 종사관으로 삼았다."고 하는데, 이들 네 사람이 모두 만석지기의 큰 부자였다. 그들의 거취를 캐물었더니 대답하기를, "20일 어떤 사람이 최 판서가 노성군수에게 보내는 글을 가지고 와서 송모(宋某)를 방문하였으며 그 출입 왕래를 다른 사람은 모르고 오직 그 종사관인 두 윤씨(尹氏)만이 안다."고 말하였다(연산(連山) 내곡(內谷)에 있는 임민수(林珉洙) 하형荷亭)은 송(宋)의 우익(羽翼)이었음)

즉 1)에는 이달 초 즉 9월 초에 노성의 정수암에 최익현이 교자를 타고 도착하였고, 뒤따라 교리 송정섭이 동학농민군들에게 창의를 권

54) 『주한일본공사관기록』8, 「東學黨 鎭撫를 위해 정부에서 파견한 具完喜의 日誌」

장하는 윤음을 가지고 내려와 동학농민군의 조직체인 포를 순회하였다는 사실이 기록되어 있다. 2)에는 8월 20일경 대원군이 최익현을 소모관, 송정섭을 참모, 윤자삼과 윤상옥이 종사관으로 삼았다는 사실이 기록되어 있다. 또한 1)에서 최익현이 완남으로 내려갔다는 사실로부터 최익현이 전라도 일대를 순행하면서 거의를 촉구하였을 것이라는 점을 추론할 수 있다.

이와 함께 무안에서도 점차 유생들의 항일구국운동의 분위기가 고조된 것으로 보인다. 당시 무안은 중앙관료였던 죽포(竹圃) 박기종(朴淇鍾, 1824~1898)과 청강(晴岡) 옥경련(玉景鍊, 1829~1898) 등이 일본을 끌어들인 개화정권에 반발하여 무안에 내려와 있었다. 박기종은 매산(梅山) 홍직필(洪直弼)의 문인으로 1861년 문과에 급제하여 중앙관직에 진출하였는데, 조정에서 기강확립과 정학의 숭상, 척화(斥和)를 주장하였다.[55] 그러나 자신의 상소가 받아들여지지 않자, 1891년 장악원정을 끝으로 낙향하였다. 그는 무안에서 위선(爲先)사업과 함께 보만당(葆晩堂) 등에서 고을의 수재와 문중의 자질(子姪)들에게 강학활동을 전개하였으나, 1894년 4월 전개된 제1차 동학농민혁명에 대해서는 부정적이었다. 그는 동학농민혁명이 발발하자 병산(柄山)의 영모재(永慕齋)에 동학에 물든 문중의 젊은이를 불러 모아 가담하지 않도록 설득하였다.

이에 비해 옥경련은 1894년 동학농민혁명 당시 박기종과 다른 행보를 보였을 것으로 판단된다. 옥경련은 1829년 사창에서 태어나 1868년 문과에 급제하여 중앙관직에 나아갔는데, 1884년 모친 평산신씨가 별세하자 무안 진사동으로 내려와서 모친상을 치렀다. 이후

55) 朴淇鍾,『竹圃集附錄』年譜.

1890년 다시 조정에 나아가 1894년에는 벼슬이 병조참판에 이르렀다. 그러나 1894년 경복궁이 점령되자 국왕에게 상소를 올려 박영효 등을 끌어들여 개화파 정권을 탄생시킨 팔간[56]을 처단하고 일본군을 몰아내기 위해 군사들을 양성할 것을 주장하고서,[57] 무안 진사동에 낙향하였다. 이후 그는 고향인 사창과 향교 일대에 출입하며 최익현이나 이 지역 유생들과 연대하여 적극적으로 일본군을 격퇴할 방략을 모색했던 것으로 판단된다.[58]

결과적으로 1894년 6월 일본군의 경복궁 점령 이후 일본군의 침략을 격퇴하기 위해 무안 지역에서도 일본군을 물리쳐야 한다는 분위기가 고조되었고, 대원군이나 최익현, 옥경련 등의 활동과도 호응하여 몽탄의 김응문 형제나 청계의 대구배씨, 해제의 해주최씨 등도 제2차 동학농민혁명에 적극 참여한 것으로 이해되는 것이다.

---

56) 팔간(八奸)은 안경수(安駉壽) 김가진(金嘉鎭) 김홍집(金弘集) 권형진(權瀅鎭) 김윤식(金允植) 김종한(金宗漢) 박정양(朴定陽) 조희연(趙羲淵)으로 이들 박영효와 내통하여 일본군을 경복궁에 불러들이고 고종을 유폐시켰다는 죄목으로 이들을 처단해야 한다는 여론이 높았다(『日本外交文書』 271, 「宮門將金基泓 上疏의 件」

57) 玉景鍊, 『晴岡集』卷2. 疏(甲午), "乞援隣國兵丁 于時八奸煽動 內劫君父 外害忠良 一朝蕩覆先王之禮樂刑政……爲今「計莫若自强 伏願殿下興文以立其本 鍊武以達其用 簡他經用 注重養兵'.

58) 옥경련의 유고는 1894년 전란 중에 대부분 불에 탔다.(嘉善大夫兵曹參判晴岡公行狀」(壬寅年(1902) 趙秉世撰) 이 때문에 동학농민혁명 당시 옥경련이 무안에서 어떠한 일을 했는지는 자세히 알 수는 없다. 다만, 그의 아들 玉尙敦(字는 應文으로 김창구의 자인 應文과 같음)에게 의금부도사가 제수되고(『宜寧玉氏大同譜堡』卷3(2,000년 간행) 1089쪽), 무안사람들이 옥응문에게 의병대장에 나서줄 것을 요청했다고 한다(2024년 8월 1일 후손인 옥기호씨 증언). 이러한 사실을 토대로 옥경련의 상소의 내용과 비교해 볼 때 옥경린이 거주지인 진사동과 출생지인 사창을 오고가며 의병을 독려하였을 것으로 판단되는 것이다.

Ⅴ. 김응문 형제의 제2차동학농민혁명 참여

김응문 일가는 1894년 3월 백산대회부터 참가하고 있다. 오지영이 지은 『동학사(東學史)』권3, 「격문(檄文)」에 의하면

> 무안에 배규인, 배규찬, 송관호, 박홍운, 정경택, 박연교, 노영학, 노윤하, 박인화, 송두옥, 김행로, 이민홍, 임춘경, 이동근, 김응문 등이요[59]

라고 하여 1894년 3월 백산대회에 김응문이 무안의 동학농민군 지도자들과 함께 참여한 사실을 전하고 있다. 무안은 1892년 삼례집회 이후 1893년 보은집회에는 최소한 80여 명이 참여할 정도로 성장하였고,[60] 김응문도 동학농민혁명이 본격적으로 시작되는 1894년 3월 25일 백산대회 때에 접주로서 참여한 것이다.[61]

그러나 1894년 3월 백산대회에 김응문 형제들이 모두 참여하였다고 보기는 어렵다. 왜냐하면 당시 김응문의 친동생 김영구가 향교의 재장을 맡고 있었기 때문이다. 인근의 나주의 경우처럼 무안에서도 1894년 초부터 동학의 전파를 막기 위해 향약을 시행하고 있었다고 보여진다. 나주목사 민종렬은 부임하자마자 향약조직에 착수하여 1894년 1월부터 향약을 실시하여 동학의 전파를 막았고, 1894년 10월에는 나주향교와 양사재에 첩을 내려 향약을 다시 조직할 것을 지

59) 吳知泳, 『東學史』(草稿本) 三, “甲午正月十七日 湖南倡義所 在古阜白山.... 務安에裵圭仁 裵圭贊 宋寬浩 朴洪雲 鄭敬澤 朴淵敎 魯榮學 魯允夏 朴仁和 宋斗玉 金行魯李敏弘 林春景 李東根 金應文等이오”

60) 표영삼, 「전라도 서남부 혁명운동」, 『교사교리운동』8, 2000, 1~2쪽 ; 배항섭, 「앞의글」, 10쪽.

61) 왕현종, 「앞의글」, 175~176쪽.

시하였다.[62] 따라서 무안의 경우에도 나주에서처럼 무안향교를 중심으로 향약이 실시되었을 것으로 추정되므로, 향교의 최고책임자인 김영구가 제1차 동학농민혁명에 가담하였다고 보기 어렵다. 김영구는 일본군을 분쇄하기 위하여 동학농민군이 봉기한 제2차 동학농민혁명 때부터 참여한 것으로 보인다. 1894년 6월 조선을 침공하고 경복궁을 점령하여 조선의 국권을 무력화하자, 대원군은 손자 이준용, 최익현, 옥경련 등과 함께 청군과 동학농민군의 힘을 빌어 일본군을 격퇴하려고 하였고,[63] 무안지역에서도 이러한 분위기가 고조되었다고 여겨진다. 특히 김영구는 무안향교의 재장으로서, 김덕구는 기우만과 종유하여 향촌사회에서 중망이 높았고, 무안접주 김응문의 동생들이었기 때문에 동학농민군 측에서 적극 끌어들이려고 노력하였고, 이들 역시 일본군을 격퇴하기 위해 동학농민군과 손을 잡았던 것으로 이해된다.

제2차 동학농민혁명은 전봉준이 9월 14일 삼례에 대도소를 설치하고, 9월 20일경에 최경선을 광주에 보내, 손화중에게 재기포 사실을 알렸으며, 남원 대도소 김개남에게도 연락함으로써 본격적으로 전개되었다.[64] 손화중도 이에 부응하여 1894년 09월 26일 광주에서 동학농민군 도회를 개최하였으며, 인근의 동학농민군을 광주에 집결시켰다.[65] 손화중과 최경선도 원래는 전봉준과 함께 북상하려 하였으나,

62) 『금성정의록』갑편 1894년 19월 26일.

63) 김봉곤, 「남원지역 동학농민혁명과 士族의 대응」, 『남도문화연구』26, 순천대학교 남도문화연구소, 2014, 77-78쪽 ; 유바다, 「청일전쟁기 朝-淸 항일 연합전선의 구축과 동학농민군」, 『동학학보,』51, 동학학회, 2019, 325~332쪽.

64) 「全琫準供草」, 『叢書』 18, 72, 78~79쪽.

65) 「日史」, 『叢書』7, 485~486쪽.

일본군이 바다를 통해 내려온다는 정보를 접하자 이에 대비하기 위해 광주로 내려갔다.[66] 전봉준이나 김개남 동학농민군과는 달리 광주를 거점으로 삼아 일본군 침공과 나주목사 민종렬 등의 수성군의 공격에 대비하고자 했던 것이다.

무안의 동학농민군은 손화중, 최경선이 이끄는 동학농민군과 합세하여 나주를 공략하는 것이 목표였다. 『천도교서(天道教書)』 제2편 「해월신사(第二編 海月神師)」에는 무안에서 2차 동학동학농민혁명에 참가한 사실을 다음과 같이 기록하고 있다.

> 10월에 신사가 각 포 도인을 불러 만나 보시고 손병희로 하여금 각 포를 통솔케 하시다.
>
> 이때를 전후하여 포를 일으킨 사람을 셈할진대 .... 무안(務安) 배규인(裵圭仁), 배규찬(裵圭贊), 송관호(宋寬浩), 박기운(朴琪雲), 정경택(鄭敬澤), 박연교(朴淵敎), 노영학(魯榮學), 노윤하(魯允夏), 박인화(朴仁和), 송두옥(宋斗玉), 전행노(全行魯), 이민홍(李敏弘), 임춘경(林春景), 이동근(李東根), 김응문(金應文) 등 여러 대두령이 차례로 기의(起義)하였더라.
>
> 계 73읍 314인,

무안에서는 배규인, 배규찬, 김응문 등 최소 15명의 대접주가 거병하였음을 알 수 있다. 이들은 11월 중순 고막포로 진출하기 전까지는 대체로 추수를 마치고 지역별로 군사훈련을 실시하였던 것으로 보인다. 배규인이나 배규찬 등은 삼향면 대월리와 무안읍 청천리 일대에서, 김응문 등 4형제는 차뫼 일대에서 군사훈련을 시켰을 것이다. 이

66) 「南遊隨錄」『叢書』3, 238쪽 ; 「宣諭榜文竝東徒上書所志謄書」, 『叢書』10, 336쪽 ; 「全琫準供草」, 『叢書』18, 23~26쪽,

자료에는 나오지 않지만, 최장현과 최선현, 최기현 등은 해제면 석용리 민제들과 도소(都所)가 있었던 임치마을에서 동학농민군을 모아 군사훈련을 시켰을 것이다.[67]

김응문 형제들은 김응문의 집에서 병기를 만들고 군자금을 모으고 군사를 훈련시켰다. 지금도 김응문 생가가 있는 차뫼마을에는 대밭 뒤편에 우물과 10개의 바위가 있다. 대장간을 설치하고 무기를 만들었으며, 고인돌에는 총과 화살 등을 숨겼다. 당시 무안 집강소가 있었던 청천리에는 박윤규(朴潤圭) 등의 화약제조자가 있어서 긴밀하게 협조하였고, 전쟁에 쓰기 위해 김응문의 옆집 김본형 집에도 엽전과 화살촉, 창, 칼, 탄환을 비축하였다.[68] 이들 김응문 형제들이 이끄는 동학농민군은 11월 중순에는 오늘날 초당대학교 터인 동학골로 옮겨서 무안 각지에서 모여든 동학농민군, 함평접주 이화진 등이 이끄는 함평 동학농민과 합세하였고, 이윽고 강변을 따라 고막포까지 나아간 것으로 보인다.

당시 호남지역에서는 9월 말 나주목사 민종렬이 호남소모사로 임명됨에 따라 나주 관군의 세력이 점차 커져갔고, 10월 21일 정태완과 김창균이 이끄는 포사(砲士) 300명에 의해 동학농민군이 광주 침산전투에서 패배하였다. 이어 전봉군과 김개남이 이끄는 동학농민군이 북상하면서 충청도 공주, 청주 일대에서 치열한 전투를 벌일 때, 11월 10일 오권선, 손화중, 최경선이 거느린 동학농민군이 다시 나주성을 탈환하기 위해 용진산 일대에 집결하였다. 그러나 이때도 대완

67) 대월리와 차뫼마을, 민제들과 임치마을에서의 군사훈련에 대해서는 백창석(공저), 「무안동학농민혁명활동」, 『무안의병사』, 한국문화원연합회 무안문화원, 2019, 136~143쪽.

68) 왕현종, 「앞의글」, 180~181쪽.

포와 천보총으로 무장한 나주 수성군과 나주 북쪽의 5개면의 민보군의 연합 공격에 의해 동학농민군이 패배하고 말았다.[69] 이후로도 나주 북쪽에서는 동학농민군이 계속 공격해 들어갔다. 예컨대 11월 23일 오권선이 이끄는 나주 동학농민군은 손화중, 최경선 등이 이끄는 동학농민군과 함께 노안면 금안리와 남산리 일대로 진출하여 관군과 맞섰다.

이처럼 나주 수성군의 주력부대와 광주의 동학농민군이 격렬하게 전투를 벌일 때, 서남해안 일대의 동학농민군도 11월 17일에는 나주 서쪽 30리 지점인 고막포(古幕浦, 함평군 학교면 고막리)와 고막원(古幕院, 나주시 문평면 옥당리) 일대에 집결하기 시작하였다. 『금성정의록』에서는 그 숫자가 5만에서 6만명이라고 기록되어 있다. 무안 지역에서는 대접주 배규인(裵奎仁)을 비롯해서 배규찬(裵奎瓚), 오덕민(吳德敏), 조광오(趙光五), 김문일(金文日), 박경지(朴京之), 박기운(朴沂雲), 김효문(金孝文), 양대숙(梁大淑), 서여칠(徐汝七), 박기연(朴淇年), 최문빈(崔文彬), 배정규(裵正圭), 박순서(朴順西), 김응문(金應文), 김자문(金子文), 정여삼(鄭汝三), 김여정(金汝正), 장용진(張用辰), 조덕근(趙德根), 박치경(朴致京), 박채현(朴采玄), 임학(林鶴) 등이 이끄는 동학농민군이 참여하였고, 함평에서도 대접주 이화진(李化辰)을 비롯해서 김경오(金京五), 이춘익(李春益), 노덕휘(魯德輝), 이자면(李滋面), 이명진(李明辰), 이은중(李殷仲)이 이끄는 동학농민군이 참여하였다.[70] 또한 멀리 진도에서도 의신면 만길리에서 나봉익(羅奉益), 양순달(梁順達), 허영재(許英才), 조도면에서 김

69) 이병수, 「錦城正義錄」; 정석진 「蘭坡遺稿」 참조.

70) 배항섭, 「앞의글」, 23쪽.

광윤(金光允) 등이 참여하였던 것으로 보아,[71] 남해안의 여러 섬에서도 참여하였던 것으로 보인다. 나주지역에서는 나주의 수다면, 죽포면, 용문면, 신촌면 등지의 나주 동학농민군이 호응하였다.

무안 함평 동학농민군은 11월 17일 나주 서쪽의 동학농민군과 합세하여 고막포를 넘어 순식간에 나주 서쪽 5개면을 함락하였으며, 고막원을 중심으로 진등참과 청림산, 호장산 일대에 포진하였다.[72] 이런 상황을 보고받은 나주목사 민종렬은 급히 용진산에 출동한 수성군을 불러들여, 17일 도통장 부통장 중군장으로 하여금 포군 300명을 영솔하고 물리치게 하였다. 이에 나주 수성군은 20리 떨어진 자지현(紫芝峴)을 넘어가서 초동시(草洞市) 3면에 진을 치고, 의거통령(義擧統領) 박훈양(朴薰陽) 나사집(羅史集) 임노규(林魯圭)가 이끄는 민병 수천 명이 관군의 뒤에 포진하였다.

18일에는 진등에서 나주수성군과 동학농민군이 격돌하였다. 나주수성군은 동학농민군의 조종과 화살이 미치지 않은 곳에서 대포(大砲)와 천보총을 1시간가량 쏘면서 동학농민군의 기세를 꺾었다. 이어 수성군의 중군이 동학농민군의 왼쪽을 기습하자, 동학농민군의 대열이 흩어지고 도망치기 시작했다. 이에 나주 수성군은 산 아래로 패퇴하는 동학농민군을 추격하였으며, 고막포까지 근 10리가 넘는 벌판에는 동학농민군들이 총에 맞아 죽은 시체가 즐비하였고, 고막교(古幕橋)에서는 다리가 좁아 미쳐 피하지 못하고 물에 떨어져 죽은 자가 많았다고 한다.

---

71) 진도동학농민기념사업회, 「진도동학농민혁명군 후손을 찾습니다」 호소문, 2019.6.12.

72) 배항섭, 「호남 서남부 지역의 최후항전」, 『이대로 주저앉을 수는 없다-호남서남부 농민군, 최후의 항쟁』, 혜안, 2006. 134쪽.

그러나 전투에서 승리한 나주 수성군 역시 고막포 일대에서 오래 머무를 수 없었다. 나주 북쪽의 동학농민군이 다시 나주성을 쳐들어 가고 있었기 때문이다. 이에 나주 수성군은 그날 밤 나주성으로 철수할 수밖에 없었고, 그 틈을 타서 나주, 무안, 함평의 동학농민군이 나주 죽포면쪽으로 진출하였다. 이들은 죽포면을 거쳐 서창의 창고를 공격하여 빈민들에게 세곡을 나누어 주면서 새끼내까지 진출하기도 하였다. 그러나 21일 정석진, 손상문 등이 이끄는 나주 포군 300명과 민보군이 밀고 내려오자, 동학농민군은 다시 고막포 일대로 후퇴하고 결국 사방으로 흩어지게 되었다.

이후 동학농민군은 추격해오는 관군과 일본군, 민보군의 수색을 피해 숨어야 했다. 12월 8일에는 청계면의 접주 배정규 등이 12월 8일 잡혀서 포살당하였고, 몽탄면 접주 김응문도 함평 엄다리 며느리집에 숨었다가 밀고되어 12월 9일 체포되었다.

> 무안(務安) 접괴 배정규(裵正圭)와 박순서(朴順西)는 12월 8일에 잡을 때 쏘아 죽였다. 동당(同黨) 서여칠(徐汝七) 등 6명은《죄의》경중을 가려 처리하도록 했다. 적당(賊黨) 18명을 9일에 잡았는데, 그 중에 거괴 김응문(金應文) 김자문(金子文) 정여삼(鄭汝三) 김여정(金汝正) 장용진(張用辰) 조덕근(趙德根)은 신문을 겪은 후에 죽었고, 동당(同黨) 12명은《죄의》경중을 가려 처리하도록 하였음.[73)]

이때 김응문과 김자문 형제와 김응문의 아들 김여정이 체포되어 심문을 받고 고문과 악형으로 사망하였다. 선봉진에서 12월 12일 무

---

73)「開國五百三年 十二月 日 全羅道各邑所捉東徒數爻及所獲什物幷錄成册(1894년 12월 일 전라도 각읍에서 잡은 동도수효와 빼앗은 물건을 기록한 성책)」

안현에 보낸 감결에 따르면 김응문의 동생인 김효문도 12월 12일 무렵 체포되었다.

> 후록한 여러 놈은 수성군(守城軍)을 대동하고 잡아들여서 본진이 당도할 때까지 기다릴 것.
>
> 후록
>
> 배규찬(裵奎瓚), 오덕민(吳德敏), 조광오(趙光五), 김문일(金文一), 박경지(朴京之), 박기운(朴沂雲), 김효문(金孝文), 양대숙(梁大叔), 서여칠(徐汝七), 박기연(朴淇年).[74]

12월 12일 선봉진의 지시에 따라 배규찬, 박기운 등 10여 명과 함께 김효문을 체포하여 선봉진이 당도할 때까지 기다리라는 것이다. 이후 김효문의 기사는 그 어디에도 나오지 않기 때문에, 향교의 재장이었던 그가 어떻게 체포되어 죽었는가는 다소 석연치 않다. 또한 김응문은 고문으로 치폐 되었다고 했지만, 실제로는 무안관아에 효수되었던 점으로 미루어 보아, 김자문이나 김여정 역시 무안관아에서 효수되었던 것으로 보인다. 김응문의 형제 중 셋째 윤문(允文)도 2차 동학농민혁명에 참여하였다가 체포되어 갖은 고초를 겪은 끝에 이듬해에 타계하였다. 당시 차뫼마을에서는 김응문 형제 외에도 김성권(金成權)이나 김용길(金用佶) 등이 고문의 후유증으로 죽었는데,[75] 이런 인물들이 차뫼마을뿐만 아니라 무안 지역 전체에 걸쳐 상당수에 달

74)『先鋒陣各邑了發關及甘結』 甘結務安縣 十二日, "……後錄諸漢段 眼同守城軍捉待本陣宜當者 裵奎瓚吳德敏趙光五金文日朴京之 朴沂雲金孝文梁大叔徐汝七朴淇年"

75) 이이화, 「앞의글」, 203~204쪽.

했을 것이기 때문에 향후 동학농민혁명에 참여한 인물에 대해서 보다 광범위하고 상세한 고찰이 필요하다고 할 수 있다.[76)]

Ⅵ. 김응문 형제의 동학농민군 활동의 의의

당시 김응문 일가의 동학농민군 활동은 첫째, 역사적으로 볼 때, 왜란 때의 의병활동을 계승하여 일본군의 조선침략을 막기 위한 의병전쟁을 수행하였다는 점에서 큰 의의가 있다. 무안을 중심으로 한 영산강 유역에서는 임진왜란 직전 대굴포(현 함평군 학교면 함대곡마을)에서 정개청과 송재민, 나대용 등에 의해서 거북선이 건조되었고,[77)] 정유재란이 발발하 자 무안 지역을 사수하기 위한 치열한 전투

76) 대접주 배상옥은 해남 은소면(현재 송지면)에서 12월 24일 윤규룡의 장정들을 데려와 붙잡아서 좌선봉장 이규태에 넘겼고, 이규태는 일본군 대위 마쓰모토(宋本正保)의 지시에 따라 그날로 처형되었다. 또한 석산마을의 해주최씨 삼의사도 12월 25일 체포되어 27일 왜병에 의해서 사형을 당했다(이이화, 같은 글, 196쪽과 215쪽 참조). 동학농민혁명 당시 무안 지역 참여자는 동학농민혁명기념재단에서 조사한 66명과 무안향토사연구회(회장 백창석)에서 조사한 11명, 변남주가 찾아낸 4명 등 도합 81명에 이른다(목포대학교 도서문화연구원, 『'무안군 동학농민혁명 역사성 고증 및 기념사업 기본계획수립』, 2013. 09, 96~110쪽 참조). 무안은 기록상 1894년 10월에 기포한 동학접주가 15명에 이르며, 거괴와 접주가 80명이 넘는다고 보고되고 있다((『日本士官函謄』, 「移文湖南招討使閔重烈(甲午十二月十三日)」). 현재 배상옥이나 김응문 형제, 해주 삼의사에 머물러 있는 무안 지역 동학농민혁명연구가 향후 보다 폭넓게 지속적으로 이루어져야 할 이유인 것이다.

77) 이지경, 「정유재란 시기 김충수 선생 가맥의 의리 실천에 관한 전쟁사적 재조명」, 『정유재란 시기 몽탄강 유역의 전투와 김충수 가맥의 호남의병활동』, 귀암 김충수 기념사업회, 초당대학교, 2017.9. 33~34쪽.

가 벌어졌다. 전술한 나주김씨 김충수, 김덕수, 김예수 외에도 경주최씨 최욱(崔澳)은 몽탄면 백년산에서 의병을 모아 전투를 벌이다가 전사하였고, 무안박씨 박제(朴悌)와 여산송씨 송박(宋朴)은 보평산(寶坪山)에서 전투를 벌이다가 죽음을 당하였다, 송박은 왜란 때 동래부사로 송상현의 사촌 동생이다. 송박의 동생 송욱(宋頊)도 몽탄에서 왜적이 상륙하려고 하자 의병을 이끌고 왜적과 맞서 싸우다가 죽임을 당하였다. 풍천임씨 임린(任麟)은 파군교에서 왜적과 맞서 싸우다 죽었고, 파평윤씨 윤황(尹趪)은 울도에서 싸우다 죽었으며, 문화유씨 유렴(柳濂)은 주룡포(朱龍浦)에서 전사하였다고 전해진다.[78] 이처럼 김응문 일가의 동학농민혁명 참여는 임란 이후 계승되어 온 향토방어와 국토 수호 의지를 보여주는 사건으로 동학농민군과 결합하여 일본군의 조선 침략을 격퇴하기 위해 일어선 것이라고 할 수 있다.

둘째, 2차 동학농민혁명은 대원군이나 위정척사 계열의 유생들이 일본군의 침략을 격퇴하기 위해 동학농민군과 연합한 항일 전쟁이었다고 할 수 있다. 일반적으로 19세기 후반 조야를 풍미하였던 화서 이항로와 노사 기정진의 사상은 위정척사운동으로 이해된다. 위정척사운동은 정학인 성리학을 수호하고 서학 등의 이단을 배척하는 운동을 말한다. 이러한 위정척사사상을 가진 인물들이 동학을 수용하는 것은 쉽지 않았다. 특히 동학에서 중시하는 주문이나 부적은 받아들이기 어려웠을 것이다. 그러나 이것을 제외하고는 동학에서 제시하는 수기치인의 인생관이나 평천하의 우주관은 유학과 큰 차이가 나지 않는다. 교조 최제우나 동학농민군 지도자였던 전봉준, 손화중, 최경선 등은 모두 유학을 깊이 신봉하면서 동학에 입도한 인물들이다.

78) 김동수, 「정유재란기 무안지방의 의병활동」, 위의 책, 7-13쪽.

1894년 3월 20일 무장포고문에서도 동학농민군들이 거병한 이유를 시대적 과제인 인륜을 회복하여 보국안민을 실현하기 위함이라고 선언하고 있다.[79] 더욱이 일본군의 경복궁 점령 이후 대원군이나 최익현 등은 국가적 과제인 일본군 격퇴를 위해 동학농민군과의 연대에 나섰고, 동학농민군 역시 유생들을 비롯한 각 지역의 명망가들의 도움을 받고자 하였다. 그러한 과정에서 무안에서는 노사 기정진 계열의 김응문 일가, 면암 최익현 계열의 배정기 일가, 화서 이항로 중암 김평묵 계열의 최장현 일가가 동학농민군에 참여하게 된 것이다.

셋째, 김응문 형제들과 동학농민군과의 결합은 유생과 평민들의 결합이라는 점에서 왜란 때의 의병전술이자, 노사 기정진의 향토방어 전략의 계승이라고 할 수 있다. 기정진은 외적이 쳐들어오면 지역마다 활과 화살, 화포를 만들어 촌민뿐만 아니라, 유생들도 군사훈련을 시켜서 외적과 맞서 싸워야 한다고 하였는데, 실제 1896년과 1907년 호남의병이 일어났을 때 기정진의 삼종질 기삼연은 포수 등의 평민들을 확보하여 전투를 벌였다. 기삼연은 의병을 조직하였을 때 신분을 묻지 않았고, 그가 동학을 신봉하였는가를 따지지 않았다.

넷째, 김응문 등 무안 지역 유생들의 동학농민혁명 참가는 조선 후기에 평민유생들이 증가한 것과도 관련이 있다. 예컨대 나주, 함평, 무안, 해남, 진도 등 서남해안 지역은 조선후기 인구가 증가하면서 마을마다 서당이 세워졌으며, 유학을 익힌 많은 평민 유생들이 증가하였다. 이러한 교육열과 함께 중앙정계에서 밀려난 유교지식인이 서남해안 지역에 유배오는 경우가 크게 늘어나고 있다. 전남지방의 도서

79) 『聚語』, 「茂長東學輩布告文」, "人之於世最貴者以其倫也… … 吳徒雖草野遺民食君 土服君衣不可坐視國家之危而八路同心億兆詢議今擧 義旗以輔國安民爲死生之誓"

에 유배된 인물을 검토하면 17세기인 광해군 대부터 숙종까지는 53명, 18세기인 경종, 영조, 정조까지는 156명, 19세기 순조부터 고종까지는 212명에 달한다. 특히 고종 때는 132명에 전남 해안에 유배되었으며, 고금도, 신지도, 지도, 임자도 등에 각각 29명, 19명, 19명, 18명이 배치되어 제주도 15명을 크게 상회하였다.[80] 이들은 서당에서 지역민들을 가르치면서 유배지를 찾아온 지방 지식인들과 교유하였다. 또한 이들로부터 교육을 받은 유생들은 그 지역의 지식인으로서 큰 활약을 하였다. 전술하였듯이 면암 최익현의 흑산도 유배나 중암 김평묵의 지도 유배 이후 서남해안에 최익현과 김평묵의 문인이 크게 증가하였다.[81] 이 문인들은 19세기 말 일본 등 제국주의 침략에 맞서 척양척왜를 주장한 동학농민혁명이 전개되자, 나라를 구하기 위하여 동학농민군과도 적극적으로 연대한 것으로 보인다.

Ⅶ. 맺음말

지금까지 김응문 형제의 구국운동과 무안 지역의 제2차 동학농민혁명을 통해 김응문 일가의 내력과 학맥, 무안 지역 동학농민혁명 참여 배경과 과정을 살펴보았다. 김응문 일가는 조선조에 무안 일대에

80) 김경욱, 「조선시대 유배인의 현황과 문화자원의 활용 전남지역을 중심으로-」, 『역사학연구』, 호남사학회, 2010, 153-154쪽.

81) 김봉곤, 「호남지역 파리장서운동」, 『한국독립운동사연구』50, 한국독립운동사연구소, 2015, 14-15쪽 ; 김봉곤, 「호남유생 경회(景晦) 김영근(金永根)의 화서학(華西學) 수용과 위정척사사상의 전개」, 『원불교사상과 종교문화』77, 원불교사상연구원, 2018, 443-448쪽.

서 김적 등 저명한 사림과 왜란 때 김충수, 김덕수 의병장을 배출한 가문으로서 우산사(당시 취암사)를 세워 대대로 충절과 학문에 힘써 왔다. 특히 19세기 후반에는 노사 기정진 문하에서 수학하면서 유학적 소양을 높이고 척양척왜 정신을 고취하였다. 당시 무안은 중암 김평묵이나 면암 최익현, 노사 기정진 계열의 위정척사 학풍이 대세를 이루었는데, 1894년 일본군이 경복궁을 점령하자, 일본군을 무찌르기 위해 많은 유생들이 구국운동에 참여하였는데, 유생들의 참여는 일본군을 격퇴하고자 하였던 중앙의 대원군이나 최익현, 옥경련 등의 활동에 고무된 바가 컸다. 김응문과 김효문 역시 무안향교의 직임을 맡아서 활동하였고, 김자문 역시 기우만의 문인으로 지역 사회에 명망이 높아서, 김응문 형제의 동학농민군 참여는 무안 동학농민군 활동에 큰 힘이 되었다. 이들은 일본군과의 전투를 위해 차뫼마을에서 전투 훈련을 한 다음, 무안 동학골에 가서 무안과 함평, 진도 일대의 동학농민군과 연대하여 11월 중순 고막포에 진격하였다. 그러나 이들은 나주 수성군의 대포와 천보총 등 우세한 화력에 대항하지 못하고 전투에 패배하였으며, 김응문 형제 역시 무안 수성군과 관군의 수색을 피하지 못하고 모두 죽임을 당하였다.

이러한 김응문 일가의 동학농민혁명참여는 유생들의 항일의병전쟁의 성격을 갖기 때문에 왜란과 동학농민혁명, 한말 의병운동을 연결 짓는 역사적 연결 계기로서 커다란 의의를 갖는 것이라고 할 수 있다. 또한 이들 위정척사 계열의 유생들이 국권 수호 차원에서 새로운 개벽 세상을 추구하였던 동학농민군과 결합하게 된 중요한 사건이라고 할 수 있는 것이다.

끝으로 무안 지역에서 유생들이 동학농민혁명에 적극 가담한 것은

19세기 농촌지역 서당의 증가로 유생들이 다수 배출된 것이 그 하나의 요인으로 볼 수 있다. 1894년 동학농민혁명 기간 중 무안 지역 대부분 지역에서 동학접주가 배출되었는데[82] 이들 중 상당수가 유생들이었다. 즉 척양척왜와 개벽세상을 외쳤던 동학이 보급되자 무안에서는 이에 호응하는 유생들이 나타나 유생들의 사상적 분화가 일어났다고 보여지는 것이다. 즉 정통 성리학을 고수하는 보수적인 유생들과 척양척왜를 외치며 개벽세상을 지향하는 혁신 유생간의 분화가 일어났다고 보여지는 것이다. 이에 당시 무안 지역 유생들의 학맥이 어떠하였는가를 좀 더 상세히 분석하고, 동학농민혁명과 일제 침략, 해방 이후를 거치면서 어떻게 분화되고 발전되어 갔는가를 상세히 고찰할 필요가 있다고 판단된다.

---

82) 양호선봉장 이규태가 순무사(巡撫使) 신정희(申正熙)에게 보낸 순무사정보첩(巡撫使呈報牒))에는 다음과 같은 기사가 있다. "갑오(甲午) 12월(十二月) 일(日), "(12월) 11일 유시 경에 무안읍에 이르러 별 탈 없이 묵었습니다. 무안현 역시 비류들의 소굴로 거괴가 많이 있어서 수성군을 조직하여 각 면의 민간 장정들과 협동하여 접주 70여 명을 잡아 가두었고 그 밖에도 빠져나간 자들이 많았는데 본관(本官)은 민원(民願)에 따라 30명을 처단하였고 40여 명을 가둬놓았습니다." 동학접주 70명 중 30명을 죽이고, 40명을 가두어 놓아는데 빠져나간 인물이 많다는 것이다.

□ 참고문헌

1. 자료

- 『日省錄』(서울大學校奎章閣所藏)
- 『松齋遺稿』(羅世纘, 韓國古典綜合DB)
- 『性潭先生集』(羅世纘, 國立中央圖書館所藏),
- 『牧民心書』(丁若鏞, 國立中央圖書館)
- 『晴岡集』(王景鍊, 王仁淸所藏)
- 『聚語』(동학농민혁명사료아카이브 : https://e-donghak.or.kr)
- 『南遊隨錄」(동학농민혁명사료아카이브 : https://e-donghak.or.kr)
- 『先鋒陣各邑了發關及甘結』(동학농민혁명사료아카이브 : https://e-donghak.or.kr)
- 『日本士官函謄』(동학농민혁명사료아카이브 : https://e-donghak.or.kr)
- 『羅州金氏族譜』(1846年 刊行)
- 『宜寧玉氏大同譜』(2001年刊行)
- 『羅州金氏大同譜』(2001年刊行)
- 「全羅道各邑所捉東徒數爻及所獲什物幷錄成册(동학농민혁명사료아카이브:https://e-donghak.or.kr)
- 吳知泳, 『東學史』(草稿本, 國史編纂委員會DB)
- 李炳壽. 『錦城正義錄』(동학농민혁명사료아카이브 : https://e-donghak.or.kr)
- 朴淇鍾, 『竹圃集附錄』 年譜(韓國古典綜合DB)

2. 단행본

- 윤희면, 『조선후기의 향교연구』, 일조각, 1990.
- 이이화(공저), 『이대로 주저앉을 수는 없다-호남서남부 농민군, 최후의 항쟁』, 혜안, 2006.
- 백창석(공저), 『무안의병사』, 한국문화원연합회 무안문화원, 2019.12.
- 목포대학교 도서문화연구원, 『무안군동학농민혁명 역사성 고증 및 기념사업

기본계획 수립』, 2013.9.

3. 논문

• 김경옥, 「조선시대 유배인의 현황과 문화자원의 활용 전남지역을 중심으로-」, 『역사학연구』40, 호남사학회, 2010.
• 김동수, 「정유재란과 몽탄강 유역(무안) 호남의병」, 『정유재란 시기 몽탄강 유역의 전 투와 金忠秀 家脈의 호남의병활동』, 정유재란과 귀암 김충수 선생 순절 7주년(420) 기념 학술회의, 귀암김충수 기념사업회, 초당대학교, 2017.9.8.
• 김봉곤, 「남원지역 동학농민혁명과 士族의 대응」, 『남도문화연구』26, 순천대학교 남도문화연구소, 2014.
• 김봉곤, 「나주 동학농민군 활동 재조명」, 『나주동학농민혁명의 세계사적 의의와 시민 사회로의 확산』, 원광대원불교사상연구원, 2021.11.
• 김봉곤, 「호남유생 경회(景晦) 김영근(金永根)의 화서학(華西學) 수용과 위정척사사상의 전개」, 『원불교사상과 종교문화』77, 원불교사상연구원, 2018.
• 김봉곤, 「김응문(金應文) 일가의 동학농민혁명 참여와 유체발굴의 의의」, 『동학학보』62, 동학학회, 2022.
• 배항섭, 「1894년 무안 지역 동학농민군의 활동과 古幕浦 전투, 『한국민족운동사연구』85, 한국민족운동사학회, 2015.
• 유바다, 「청일전쟁기 朝-淸 항일 연합전선의 구축과 동학농민군」, 『동학학보』51, 동학학회, 2019.
• 이지경, 「정유재란 시기 김충수 선생 가맥의 의리 실천에 관한 전쟁사적 재조명」, 『정유재란 시기 몽탄강 유역의 전투와 김충수 가맥의 호남의병활동』, 귀암김충수기념사업회, 초당대학교, 2017.9.
• 정선원, 『동학농민혁명시기 공주전투연구』, 원광대학교 박사학위논문, 2023.
• 표영삼, 「전라도 서남부 혁명운동」, 『교사교리운동』8, 2000.

4. 기타

• 귀암김충수기념사업회, 『정유재란 시기 몽탄강 유역의 전투와 金忠秀 家脈의

호남의병활동』, 정유재란과 귀암 김충수 선생 순절 7주년(420)기념 학술회의, 초당대학교, 2017.9.8.

- 진도동학농민기념사업회, 「진도동학농민혁명군 후손을 찾습니다」호소문, 2019.6.12.
- 서정현, 「무안 나주김씨(羅州金氏) 취암공파 종가」, 『광주 · 전남 종가 재발견』, 남도일보, 2020.09.10.

2부

19세기 문집을 통해 본 무안 근대 인물들

경당집 문집을 통해 본 노일상의 사상

노기욱
(전남대 문화유산연구소)

〈 목차 〉

Ⅰ. 시작하면서

19세기 무안군 해제면에서 경당(警堂) 노일상(魯一相)은 학문에

열중하며 제자 양성에 앞장서다 세상을 떠났다. 그의 학문과 사상은 어떠하였는지를 살펴보고자 한다. 이를 통하여 19세기 해제면 지역사 연구에 도움이 되길 바란다.

<그림 1> 경당유고

Ⅱ. 출생과 가문

1842년 5월 21일 경당 노일상은 해제면 덕산리 슬산마을에서 태어났다. 해제면은 봉대산성을 주변으로 고대국가를 구성하였다. 이후 영광군에 속하거나 함평군에 속하였다가, 여러 차례 행정구역이 변화하여 지금은 무안군에 예속되었다. 해제면 슬산마을은 마을 전 · 후산이 비파 모형이어서 비파 '슬(瑟)'자와 길산(吉山)에서 '산(山)'자를 따서 슬산(瑟山)이라고 하였다. 이 마을은 노씨(魯氏)와 이씨(李氏)가 함께 사는 마을이다. 현재 노씨들은 해제면 슬산마을과 신사래 마을에 세거하고 있다. 노씨들의 고택으로 장춘오헌(長春墺軒, 향토문화유산 20호)이 자리하고 있다.

무안에 살고 있는 경당 노일상의 가문은 함풍현을 녹읍으로 3번이나 받았다. 첫 번째로 노씨 1세조 문충공(文忠公) 목(穆) 시조 할아버지가 함평군을 녹읍으로 받았다. 그의 아들 몽필(夢弼)은 함평에서 감무(監務)를 지냈다. 두 번째로 함평을 녹읍을 받은 것은 3세조 인후(仁厚)이다. 그의 아들 관도(貫道)가 수문전태학사(修文殿太學士)를 지내고 함평군을 녹읍으로 받았다. 이어서 세 번째로 함평을 녹읍을 받은 것은 중조를 이룬 7세조 신(愼)이 1360년(공민왕 9) 김용(金鏞)의 반란을 진압한 공으로 받았다. 신의 세 아들 맏아들 현감(縣監) 성안(成顏), 둘째 아들 진사(進士) 희안(希顏) 셋째 아들 한림학사(翰林學士) 유안(有顏) 후손들이 크게 번성하였다. 이후 유안(有顏)의 후손 13세조 장사랑(將仕郞) 영(榮)이 관직에 진출하였다.

장춘오헌은 16세조 노철수(魯哲秀)가 임진왜란의 병화를 피하여 이곳에 기거하면서 자리를 잡게 되었다. 그의 아들 이조정랑(吏曹正郞) 노덕원(魯德元)이 이순신(李舜臣) 장군 휘하에서 활동하면서 이곳을 별서(別棲)로 사용하였다. 1596년(선조 29) 9월 9일 이통제사공이 슬산 뒷골 후성(後城)에 가는 길에 들렀던 곳으로도 전한다.

그의 아들인 노유성(魯有聖)은 북벌을 기대하고 군량 100석을 헌납하자, 효종이 기뻐하며 본현 찰방(察訪)으로 제수하였다. 노유성은 병자호란 의병장으로 장춘오헌을 중수하였다.

1910년 일제가 조선을 강제로 병합하자 부호 노윤지(魯允枝)가 그의 아들 노신숙(魯信塾)과 장춘오헌을 대대적으로 중창하였다. 29세손 노진무(魯鎭武, 1917~1981)는 목포 상업전수학원 출신으로 고전을 수집 정리하였다. 이 과정에서 『경당유고(敬堂遺稿)』 3질이 보전

되었다.

해제면에 있는 노씨(魯氏) 사우는 학산사(鶴山祠)이다. 학산사는 1789년(정조 13)에 나주 문평에 세웠으나, 1868년(고종 5) 대원군의 서원 훼철령으로 철거되었다. 그 후 1903년(고종 40) 후손들이 살고 있는 해제면에 재건한 것이다. 학산사에서 기리는 인물 5인은 악은(岳隱) 노신(魯愼), 금계(錦溪) 노인(魯認), 관암(冠岩) 노홍(魯鴻), 관란제(觀瀾齋) 노연백(魯淵白), 노일상이다.

이 배향 인물은 경당 노일상에게 사상적으로 큰 영향을 미쳤다. 이 중에서 16세조 금계(錦溪) 노인(魯認)은 『금계일기』를 남겼는데, 이 기록을 탐독한 그는 소중화(小中華) 사상에 주목하였다. 이와 함께 임진란 때 임치진첨사(臨淄鎭僉使)를 지낸 노홍(魯鴻)이 이치(梨峙)에서 승전한 임진 전투에 대하여 감동하고 현장 유적을 찾아 나섰다. 이러한 출생과 가문의 환경은 학문적으로 영향을 미치게 되었으며, 특히 금계 노인의 실천적 의리론과, 임치진첨사 노홍의 정충보국의 정신을 사모하며 그 길을 따라 걷고자 부단히 노력하였다.

Ⅲ. 학문과 출사

경당 노일상은 일찍부터 학문을 가까이하고 교류하며 스승을 찾아 글을 배웠다. 함평 지역에서 이름을 날린 동해(東海) 김훈(金勳)과 장성 지역 송사(松沙) 기우만(奇宇萬) 등과 친교를 맺었다. 동해 김훈은 노일상의 절의와 학문을 높게 평가하여 공을 "개헌(介軒)"이라 불렀다. 송사 기우만은 노일상의 지조와 절의를 돌보다 더 단단한

"개우석(介于石)"이라 불렀다.

그는 향촌 선비로 낮은 위치에 있었으나, 국가나 세상 사람이 지켜야 할 도리에 변절함이 없어야 함을 강조하였다. 서울을 왕래하면서는 남산에 올라가 한성을 바라보고 이국인 활보하자 이를 보고 "집마다 제도가 다르고 절반이 나의 동국이 아니다[家家殊制度 太半我東非]."라고 하며 통분하였다.

이에 경당 노일상은 본격적인 학문을 통하여 실천적 삶을 지향하고자 하였다. 그는 바로 책궤를 등에 지고 천리길을 마다하지 않고 스승을 찾아 나섰다. 경당 노일상이 찾아 나선 곳은 연재(淵齋) 송병선(宋秉璿) 선생 문하였다. 연재 송병선의 가르침을 잘 배우고 쉬지 않고 학문에 정진하였다. 연재 송병선에게 성리학을 탐독하고 향시에 응시하였다. 그는 만물의 생동이 주자(朱子)의 태극 이론과 모든 사상적 이치가 율곡(栗谷)의 이(理)와 기(氣)의 관계에서 비롯됨을 깨달았다. 이에 연재 송병선 선생이 그의 학문의 성숙함을 칭찬하고 호를 "경당(警堂)"이라 지어주었다.

1882년(고종 19) 임오군란이 일어나자 경당 노일상은 유학자로서 학문에 회의를 느끼고 삼 개월간 책을 보지 않고 군신의 예의를 지키며 의로운 선비의 길을 걷고자 하였다. 그러고는 더 이상 관직에 나가지 않기로 마음을 굳혔다. 어려운 정국의 현실을 직시하고 진실로 나라에 이바지하는 길을 찾고자 노력하였다. 이어서 1894년(고종 31)에는 동학농민혁명이 일어나자, 마을 주민들을 보호하고 향촌 질서의 중요성을 역설하였다. 그렇다면 그의 사상적 지향점은 무엇이며 학문은 어떠했는지를 살펴보고자 한다.

경당 노일상은 학업을 통하여 해동의 역사 인식을 중요하게 생각하였다. 그의 저서 『경당유고』에 잘 나타나고 있다. 이 유집은 상하 2책으로 되어 있다.

상권인 1책 전편에는 시 135수가 있다. 시의 내용은 주로 역사 유적 답사, 명사들과 차운, 해동예찬 등으로 되어 있다. 상권인 1책 후편에는 답서 33편과 잡저설 9개가 수록되었다. 연재 선생과 송사 선생 등과 교류한 답서와 수신설과 마양록 등 자신의 학문적 주장과 역사적 사실을 기록하였다. 하권인 2책 전편에는 잡저 9개, 서 5개, 기 1개 등이 실려져 있다. 사정론을 비롯한 향약서문, 향교 명륜당기 등을 자세하게 열거하였다. 하권인 2책 후편에는 발문 6개, 명 3개, 혼서 1개, 상량문 1개, 제문 47개 묘지명 2개, 묘표 3개, 행장 1개, 전 1개, 부록 3개 등으로 편철되었다.

이상의 『경당유고』을 경당기적비를 쓴 문인 김주수(金鑄洙)가 평가하기를 "시문이 송나라의 명가 명작과 같다."라고 하였다.

이에 문집에 수록된 일부의 시문을 살펴보면 알 수 있다.

진산 수심대를 지나 중봉 조헌 선생 사당에 참배하다
하늘은 높고 땅엔 큰 義가 있어
오랜 海東의 참된 맘을 배우고자 하니
아! 슬프다 세상의 삶은 같지 아니 하네

장성 오동촌을 지나 제봉 고경명 선생 신도비를 삼가 찾았다
큰 샘물은 물레방아에 뒤집어 밑에서 울고
백여호 되는 마을에 우거진 숲이네
비면에 제봉선생의 字가 있고 천추에 항상 義가 있네

진산 이치를 넘으면서

용사지란의 겹탈한 유적이라
땅은 오래되고 하늘은 길고 길도다.
늙은 나뭇잎은 시를 읊은 듯
승전가가 전하구나

이 외에도 금계 선생 운, 충장공 권율 승첩비, 연재선생 곡, 심석재 송병순, 초토사 민종열 등에 관련한 우국 충절의 시 다수가 전한다. 그의 시문은 문체가 향토적이며 역사적 관점으로 표현하고자 노력하였다.

경당 노일상의 문집 출판은, 1915년 송철헌(宋哲憲)이 서문을 쓰면서 단초가 마련되었다.

송철헌의 경당유고서

나의 부친 연재선생의 문인이며 호남의 선비로 훌륭하시어 문채와 바탕이 함께 갖추어져 찬란함이 많았다. 공이 운명하여 내가 유집을 얻어서 보매 과연 감동의 눈물을 흘린 바 있으니 경당 노공이 곧 그 분이다. 공은 천부적으로 재주가 빼어나고 특이하여 선견지명이 있고 두루 알기 위하여 이미 유학을 준비하였다. 연재 선생에게 가셔서 뵈옵고 스스로 책궤를 짊어지고 타향 임에도 한층 상세히 가르쳐 주기를 청하였다. 공은 조금도 세월을 허비하지 아니 하였다. 학문을 독실하게 닦고 의지를 키우면서 집에 혼자 있을 때도 극기하였다. 효로써 가족에 화목하고 벗을 대할 때에는 지극한 마음으로 대하고 고향 사람들에게 신의로 두루 극진하였다. 공은 중국 명사의 문장을 구사하여 이른바 군자라 일컬을 만한 사람이다. 저술한 시와 글이 있는바 공의 자손 병년과 병국이 소매 속에서 넣어서 나에게 청하였다. 내가 사양치 아니하고 교정하면서 서문을 완성하였다.

공의 시는 곧 신비스러운 운치와 음조를 갖추고 밝아서 막힘이 없다.

글은 즉 체제가 굳세고 꽃무늬인 듯하여 표준으로 삼아 모두 갖추어졌다. 공이 논단한 학문은 출중하였다. 때때로 슬픔이 있을 때에는 스스로 슬픔의 말씀을 하니 분수를 지켰다. 공의 성격이 단단하고 깨끗한 지조로 널리 깨우쳐 사물에 막힐 것 없이 공부를 하였기에 식견이 있는 유학자이다.

공은 깊은 문장을 옛 사람의 글귀를 따라서 시문을 짓고 나누어 분석하는 재능이 있다. 시문을 여러 개로 열거하고 모아 가히 완숙함에 이르렀다.

아깝도다! 재능이 있으나 저절로 돌아가는 그 몸의 길흉화복의 운수가 나빴다. 마침내 늙은이는 벼슬 않는 선비로 아직 직책을 구하지 않았다. 그럼에도 불편한 마음을 다스리고 한스럽게 여기지 않았다. 사람이 알고도 구하지 아니하니 이것은 어찌하여 운수가 나쁜 것이라하겠는가? 공은 힘들어도 가련하게 여김이 없으니 그러한 것 아닌가? 말하자면 노씨 가문에 군자가 없다면 이 어디서 이 사람을 취하리오. 공이 성취하지 아니한바 만약 명예를 얻었다면 어찌 능히 이러하였겠는가.

오호라! 공은 자갈을 한번 보고 가히 산의 전체 알았다. 한 잔의 물로 물에 원천을 알고 맑음을 가히 짐작하였다. 옥이 그 광택을 축적하여 속에 품은 것이 내윤이며, 겉으로 발산하는 것을 아름다움이다. 공을 생각해보면 이처럼 문사를 축적한 선비이다. 공은 그 시를 읽고 그 글을 외워서 가히 알고 있다.

그대들을 만나지 못하였기에 이제야 서문을 완결하였다. 장차 문집을 완성하면 훗날 반드시 그 의미를 알게 될 것이다. 어찌 공을 다 알겠는가.

여기서 글을 맺으려고 하니 살며시 서문으로 가름한 것이다.

위 서문에서 송철헌은 노일상의 시문과 절의를 높이 평가하고자 하였다. 『경당유고』의 편찬은 제자이며 친조카인 윤지(允支)[1]에 의해

1) 노윤지(魯允支. 1882-1936. 자-병실(炳實), 호-연당(燕塘). 무안군. 함평인) 시조

이루어졌다. 먼저 원고를 모아 편집하고 이를 토대로 필사본을 만들었다. 그리고 말미에 후기 마무리 글로 실었다.

노윤지의 '백부 경당선생 유고' 후기

경당선생은 선비로 살았다. 인생에 행복과 불행을 만남에서 그의 삶은 세상을 다스린데 필요하게 쓰였다. 그의 행함이 '도(道)'라면 이것은 다행한 만남이다. 어지러운 세상이 되어 우리의 도를 쓰지 않는다면 이것은 불우하고 불행한 것이다. 그러나 이 두 가지 것을 함께 하는 것은 없다.

그러므로 옛 선비가 좇는 것은 학문에 힘쓰고 부지런한 것이다. 이 두 가지 걱정스러운 일과 즐거운 일을 하게 됨으로 진력함이 타고난 성질이다. 걱정스러운 일과 즐거운 일이 이것은 곧 선학들은 자신의 수양과 고결을 위하여 행하는 학문이었다.

지금 나의 선생 백부 경당선생은 온후하고 빼어나게 사리에 능통한 타고난 재주로 훌륭한 가문을 빛내고자 마음과 힘을 다하기를 힘썼다.

과거시험에 나이가 들고 세상이 어지러워 나가지 않았다. 그리고 연재(淵齋) 송병선(宋秉璿) 선생에게 사사하여 비로소 전심으로 학문을 익혔다. 30년을 대수롭지 않고 예사로움으로 쌓아서 의의 도를 깊이 살핌을 깊숙하게 실행하였다. 온몸으로 힘써 행하여 자신을 수양하여 마음을 편안히 하고 천명을 다하는 안심입명을 실천하였다. 이미 안심입명을 소유하여 이것을 가히 몸으로 나타내 보였다. 공은 넓은 마음을 전부 주고 가르쳐 제자를 모았다.

그런즉 공은 재지와 덕을 갖추어 무슨 일이라도 옳지 않음이 없었다. 어떤 직책이라도 주어지면 하지 않았겠는가? 지금 혼란한 세상이라도 국가의 대운이 하나라도 개시되지 않겠는가? 그 혼자 머릿속에 재주를 간직하여 이르렀으나 분하고 억울하기만 하였다. 초야 중에 장와(長臥)

의 27세손. 경상(璟相) 아들로 어린 시절부터 글공부하기를 좋아하였다. 백부인 경당(敬堂) 일상(一相)에게 사사 받았다.

하면서 언짢은 세상 형편을 근심하고 도를 닦지 못함을 근심하였다. 이 시대에 끝남으로 선생은 가히 원망이 사무쳤다. 선생을 아는 자는 누구라도 마음 아파하지 아니하겠는가?

오호통재라! 선생은 일상에도 힘쓰고 그 착실한 행동은 기쁨으로 어려움에도 저술을 쉬지 않았다. 『경당유고』를 편찬한바 나의 종형 병국씨(炳國氏)는 인쇄를 아직 하지 못하고 졸하였다. 며느리인 종수(從嫂) 이씨가 이루고자 하였다. 그 뜻하는 일을 시작하였다. 그의 숙부 병년(炳年)과 연당(燕瑠)에게 부탁하니 문집 인쇄를 시작하여 출판하였다.

경당 선생의 학식과 덕행은 넓으므로 세상에 사용한다면 학문은 오래갈 것이다. 나의 종형씨가 형편에 의하여 아직 뜻을 취하지 못하다가 이제야 세상에 밝게 나타나게 하였다. 이것은 곧 선생을 또한 말할 수 있음에 예로 대함이 다행이다. 어느 친척이든 칭찬하여 드러냄이 있었고, 나의 선생 글로써 벗을 사귀고 덕업으로 기록을 이미 준비하였다. 나는 다시 감히 번거롭게 하지 않았고, 종수는 시아버지를 위함으로써 가정이 넉넉하지 아니하여도 정성으로 유고가 간행되었다. 나의 선생은 이로 하여금 이와같이 학문을 널리 전하고 후세에 남기었다. 다시금 말한다면 경당 선생의 학문이 천하 후세에게 전하게 될 것이다.

문집 출판 경위를 살펴보면 경당 선생의 아우인 노경상(魯璟相)[2]이 장춘오헌 사랑채에 인쇄소를 차리고 인쇄공을 초빙하여 한지를

---

2) 노경상(魯璟相. 1848-1922. 자-경삼(景三), 호-성재(省齋). 무안군. 함평인)시조의 26세손. 연영(淵永)의 둘째 아들로 어린 시절부터 글공부하기를 좋아하였다. 광작 경영과 화염을 생산으로 가산이 크게 부흥케 하였다. 지극한 효성이 온 고을 귀감이 되어 창릉참봉(昌陵參奉)에 제수되고, 증 가선대부이조참판행사헌부감찰(贈嘉善大夫吏曹參判行司憲府監察)에 추증되었다. 또 성재 묘갈문은 향산군수(香山郡守) 파징(波澄) 윤영구(尹甯求 1868~1941)가 썼다. 성재 묘갈문은 국립고흥분청박물관에 기증유물로 보관되어 있다. 성재공의 기록이 『함평지』, 『무안삼강록』에 기록되었다. 부인은 정경부인 대구 서씨(徐氏)이다. 묘는 해제면 광산리 1-8번지에 있다.[면성지 하][무안군지 곤]

접고 활판에 목활자를 조판에 교열하여 간행하였다. 아직도 장춘오헌에는 문집 초벌 인쇄지가 쌓여 있다. 1916년 한지 목활자에 9행 20자로 『경당유고』가 인쇄되었다.

2024년 『경당유고』에 수록된 동학 관련된 내용을 동학농민혁명기념재단 이병규가 견람하고, "민간 기록으로는 매우 귀한 자료이다." 라고 평가하였다. 동학 관련 부분은 「마양록(馬羊錄)」이라는 제목으로 서술되어 있다.

「마양록」

오호라! 이제부터 1866년(고종3) 병인양요와 1876년(고종13) 병자년에 일본과 주화(主和)한 뒤 병자수호조약으로 화가 연달아 일어났다. 나라에는 백가지 괴변이 많아 백성들이 도탄에 빠졌다. 사학(邪學)을 따르는 무리가 날로 많아지고 달로 증가하였다. 이 사이에 저들의 동학 대장 최제우(崔濟愚)는 당(黨)을 만들었다. 역시 몸을 숨기고 암암리에 점점 번창하였다. 경인년 1890년(고종 27)과 계사년 1893년(고종 30) 4~5년간에 그를 따르는 자가 "부적과 주술로 병을 치료한다."라고 말하였다. 많은 백성들이 사사로이 앞장서서 당(黨)에 들어갔다. 그 당에 들어가 보좌하고 이미 뜻한 바를 이루게 되었다고 설명하였다. 이들은 척왜(斥倭) 척양(斥洋)을 외치고 또 각각 강연회를 개최하였다. 춘추에 산림 정사로 불러 모았다. 위로는 학자 재상에서 아래로는 방백과 수령에 이르기까지 참여하였다. 군상(君上)은 탐학(貪虐)하였다. 잔민(殘民)도 백성을 위하지 않았다. 그뿐만 아니라 다른 방안으로 화난을 방지하지도 경계를 하지 않고 생각하지 않았다. 그것을 못하게 금지하려고도 하지도 않았다. 그러므로 이 당원들은 더욱 번창하였다. 스스로 반성하여 삼가하려는 생각이 조금도 없었다.

1894년(고종 31) 정월, 고부군수 조병갑(趙秉甲)은 잔꾀로 징수하고, 백성을 가죽을 벗기고 뼈를 깎아 냈다. 이에 피폐한 백성은 재활이 불가능하였다. 이제야 동학 우두머리 전봉준(全琫準)은 기회를 얻어 민요(民擾)를 일으켜 성읍을 침범하였다. 조병갑(趙秉甲)은 야간을 틈타 진영에서 달아나 도피하였다. 그러자 급히 전라도 감영 감사 김문현(金文鉉)과 군대를 파견하여 동학을 공격하였다. 동학군은 달아나 흩어지고 전봉준(全琫準)이 와서 투항하였다. 동학 우두머리 손형식(孫亨植)은 번갈아 침착성 없이 마음이 들떠 움직였다. 이랬다가 저랬다가 무장(茂長) 구수포(九水浦)에서 부하들을 불러 모아 척왜척양(斥倭斥洋)을 주장하였다. 자칭 의병(義兵)이라 하였다. 4월 20일 행군하였다. 수령(守令)을 협제(脅制)하고 나누어지고 흩어져 군기를 겁략(刦掠)하였다. 무리들이 약탈한 총과 말들이 민간에 방치되었다. 무리들에게 궁박한 백성들이 돌아왔다. 무리가 되는 자가 매일 수천 명이었다. 그 대치(大熾, 기세가 성함)가 경성까지 침범할 기세였다.

이에 스스로 병영을 안전하게 하기 위하여 정병 200명을 보내 공격하였다. 5월 7일, 고부현 하늘재에서 정부 영군이 함살(陷殺)되어 다시 여지가 없었다. 동적(東賊)은 싸움에 이긴 기세를 타고 마구 휘몰아치는 일로 곧바로 함평에 이르렀다. 여러 읍을 지나는데 함락되지 않는 곳이 없었다. 오직 나주 목사 민종열(閔鍾烈)과 우영장 이협(李協)은 성을 지키고자 계책을 의논하지만, 어찌 이때를 면할 것인가?

왕의 명령에 초토대장 홍재희(洪在羲)는 동학도를 정벌하고자 출병하여 영광군에 이르렀다. 동적(東賊) 소문을 듣고 왕의 군사는 함평군을 떠나 장성군으로 곧 바로 달려갔다. 피적(彼賊)들은 왕의 군사가 영광군에 유진한다는 소식을 듣고 장성군의 동학군진으로 서둘러 갔다. 초토사 중군장 이승학(李承鶴)은 명령에 따라 경보병 30명을 거느리고 길을 따라 적(賊)을 추격하였다. 장성 황룡강에서 적을 만나 서로 군사가 교전하였다. 왕사가 패하여 이승학이 죽자 그 나머지 병력은 흩어지고 피하였다. 동학도는 영광에서 적은 승세를 타고 장성군 노령(蘆嶺)을 넘어서 정읍과 태인읍에 먼저 이르렀다.

왕의 명을 받은 선유사(宣諭使)가 왔다. 우연히 적을 태인읍에서 만나

설득하였지만 적은 명령을 받아들이지 않았다. 동학도는 명령을 위반하고 불을 지르고 살상하였다. 그러자 선유사는 곧 달아났다. 전주 감영 감사 김문현은 군사와 민병을 거느리고 수성하였다. 적의 대세력을 보자 놀라 달아났다. 대장군 막부가 텅 비었다. 전주 감영 4개 성문이 모두 열렸다. 적이 들어와 사면팔방이 부서지고 인가를 불태웠다. 부녀를 겁탈하고 남의 재물을 탈취하였다. 전주부는 비어있고 아무도 없었다.

왕사는 스스로 영광 또는 적을 뒤쫓아 전주에 이르러, 적을 포위하여 공격하였다. 무릇 일주일간 다른 마음을 두지 않고 적과 싸웠다. 적은 변명하며 항복하자 용서하였다. 이내 포위를 풀었다. 적의 대열은 살아서 각각 향리에 돌아갔다. 자칭 도인으로 칭하며 상호간에 도를 전하였다. 자의로 모이고 크고 작게 뭉쳤다. 크게는 만여 명이고 작게는 천여 명이라 일컬었다. 낮이면 징을 치고 피리를 불면서 종횡으로 출몰하였다. 관리를 장살하고 촌락을 쳐서 노략질하였다.

어느 한편의 삶 모두가 피해를 입었다. 그 독이 국가에 큰일이지만 정치를 어찌할 수가 없다. 그런즉 백성들이 죽어갔다. 이를 어찌 참을 수 있겠는가? 6월 어느 날에 5~6명의 적들 무리가 돌연 마을에 들어와 한 필의 말을 약탈하였다. 말하기를 "지금 곧 나주로 가서 접전한다."고 운운하였다. 내가 말하기를 "경성의 병력이 돌아가고 다시 접전도 없는데 어찌하여 말을 사용하려는 것이오? 또한 주인의 재물을 아무런 말도 없이 끌고 간다면 이것이 옳은 것이오? 도인이라 할 수 있소?"라고 하였다. 저들은 성을 발끈 내고 말하기를 "만약 말을 아낀다면 돈으로써 대신하시오."라고 하였다. 내가 말하기를 "본래 집이 가난하여 돈으로 변제하기가 어렵소."라고 변론하였다. 그러자 저들은 말을 항구로 이송하지 못하고 이웃 마을로 갔다. 늙은 노인이 오면서 말하기를 "적들이 말을 가져가지 않고 돌아갔으니 주인의 복되도다."라고 하였다. 내가 말하기를 "이것은 새옹지마(塞翁之馬)의 득실이 어찌 만족하다고 하겠습니까?"라고 하였다.

과연 삼일이 지나 본읍 윤사희(尹舍希)가 설명하기를 "다른 읍 사람들은 동학 침략을 막았으나, 그들이 갑자기 나타나 사람들을 끌고 갔다"고 하였다. 저들 사람은 후에 마치 벌통의 벌이 한꺼번에 나오듯이 일어났다. 당두포(현, 닭머리)에 선박으로 먼저 들어와서 산사동(현, 대사리)에서 말을 찾아 수색하고 돈과 재물을 수색하였으나 얻지 못하였다. 곧바로 마을 가운데서 두 사람을 묶어 끌고 갔다.

이웃 어려움을 수수방관하는 것은 옳지 않다. 오가면서 넘어지는 것을 보았다. 선박 안에서 자행된 그 혹독한 고문 행위를 어찌 다 알 수 있겠는가? 생사의 갈림길에서 통곡하니 다리가 떨리고, 마음은 두려움으로 오싹하였다.

이때에 저들 중 윤박(尹朴)이 본 읍내 상황은 난을 금지하였다. "영광에서는 조가(曺哥)가 거느린 무리 수백 명이 항상 면내에 있다."라는 소문을 들었다. 이들을 구하기 위하여 곧 달려와 배가 중류에 있었다. 큰소리로 강어귀 사람에게 말하기를 "보낼 돈 3백량의 돈꿰미가 있는데 보낸다."라고 하였다. 윤박의 사자(使者)와 그 촌로가 각각 모래 사장으로 돈을 가지고 갔다. 그리고 말하기를 "엽전의 수량을 엿보니 액수에 이른다."고 하였다. 저들에게서 곧 신속히 노를 저어 물가 모래섬에 다다라 고독하게 다시 살아왔다. 그들이 의심스러워 물리치고 곧바로 물러났다.

윤사희가 행장을 재촉하고 소선으로 급히 추격하였다. 그 배 포성은 마치 우렛소리와 같았다. 죽음을 무릅쓰고 곧바로 부딪치므로 저들의 적은 패함을 알고 돌아갔다. 물 위에 사람들의 장래 일어날 일을 설명하고 위협하였다. 이에 위협하는 말을 그치지 않았다.

윤박이 출타하고 또 여러 날 후 20여 명의 무리가 무기를 들고 포악한 행동을 함으로 마을 중 거의 모두가 도피하여 숨었다. 다만 머물러 있는 자는 김옥녀(金玉女)와 나 두 사람뿐이다. 저 도적이 집 아이를 찾아 잡고자 하는 상황이었다.

해제면 토치 뒤에 저들이 출현하여 금품을 토색하고 궁마와 창 포화가 울렸다. 서로 약속을 정하고 한 푼의 돈도 거절하였다. 저들은 먼저 김옥녀를 포박하고 독한 형벌을 행하였다. 김옥녀는 독한 형벌을 이기지 못해 큰소리로 울부짖었다. 나는 태연스럽게 함이 불가하였다. 이에 가서 보니 거의 죽게 된 상태로 이른 것이 몇 번인가? 눈으로 차마 볼 수 없었다. 깊은 탄식을 하면서 혼자 집에 돌아왔다. 집에 돌아왔으나 위험스럽다. 내가 "돌아간다."라고 말하였지만 어디로 갈 것인가? "돌아가 두루 머무를 것인가? 허물을 덮고 오직 칩거할 것이다. 어찌하여 무고한 사람을 왜 이렇게 하는가? 이미 문에서 나왔으나 마땅한 때를 얻지 못하여 진퇴가 느렸다.

이어 신속히 군대가 추격한 후에 일시에 포화가 솟아올랐다. 포철이 부딪치고 등 뒤에 분노가 가득 찼다. 넘치는 화살소리를 깨닫지 못하였다. 그 밀고 당김이 아픔에 이르렀다.

마을 앞에서 속박하여 몽둥이질을 하니 내가 크게 꾸짖어 말하기를 "망칠(61세)의 죄가 없는 몸인데 죽일 것인가? 오늘 죽기보다는 스스로 땅에 머리를 박고 죽는 것만 못하다."라고 하였다. 신사래 마을 죽임을 우연히 만나게 되었다. 저들이 어떤 한 사람을 질질 끌고 갔다. 또 담에 서있던 수십 명 무리들이 나왔다. 그간 통하지 않아 패하고 거의 죽을 지경이다.

아! 그때 망칠(望七) 노인의 부인이 도적을 밀치고 곧 들어와 질책하여 말하였다. "너희가 어찌 큰 흉년을 알지 못하고 늙고 노인을 대접하지는 못할망정 가혹한 고문으로 주민을 해치는가? 또, 무고한 자에게 잔인하게 고문하여 약한 자를 죽이려 하는가? "너의 손으로 차라리 나를 죽여라!"라 하였다. 이에 참지 못하고 총과 창으로 찌르자 피하였다. 순간 뛰어오르자, 적의 포위가 무너졌다. 저들은 서로 돌아보면서 언쟁하다가 형을 중지하였다. 겨우 실낱같은 생명을 보전한 늙은이 부부에게 강제로 거적을 덮어 씌었다. 그리고 몸을 굳게 포박하였다. "이 몸을 어찌하겠는가?" 굽히고 펴면서 이를 깨물었다. 그 포박에 이르러 이를 깨무는 아픔이 어찌 없으라! 체력이 소모되었을 것이다. 본촌 족숙 노성중(魯成仲)씨가 근처에 숨어서 황망한 모습을 몰래 엿 보았다. 내가 급하게 달려갔다. 저 아픔과 괴로움이 나의 짐이다. 나는 곧바로 적 괴수에게

향하였다. 저들 역시 깜짝 놀랐다. 그로 인하여 마을 사람이 간곡하게 말하기를 "아침 일찍 돈과 말을 곧 거두기 위하여 들어온다."라고 하였다.

차츰 마을 사람들이 돌아가 돈을 걷는 사이 집안의 일가 아이를 길에서 만났다. 소문을 듣기로 거의 다 죽게 되어 넘어지며 들어왔다. 즉 나머지 형벌은 면하고 실낱같은 생명을 겨우 면하였다. 혼을 부르고 백방으로 약을 구하여 먹이자 비로소 정신이 깨어났다. 집안의 일가 아이는 울며 말했다. 마을 사람들에게 말하기를 "촌로가 죽을 지경입니다."라고 하였다. 은근히 피하고 돌보지 않는다. 적이 두려워 돈을 거두어들이는 일이 무슨 도리인가? 라고 적에게 물었다. 적은 "다시 만날 것이다."라고 하기에 마음에 분노가 발동하였다.

어떤 설명도 없었으며 돌아보는 것도 싫었다. 도적 무리들의 소문을 들으니 "분노를 품었다."라고 하였다. 다음날 심야에 무안 해창에 도적 수백명이 갑자기 들어왔다. 크고 작은 집에서 소위 진귀한 재물과 돈을 모두 찾아서 강제로 빼앗아 갔다. 난을 금하는 데도 적 무리들은 부하를 통솔하여 산과 들에서 마을 사람을 뒤지고 찾았다. 이에 신사래 마을 사람들이 다른 곳으로 들어가 숨었다.

군대가 차례로 입성하여 차례로 결박하였다. 당시에 일어난 양간교 총포 사건 관련자는 일을 스스로 한탄하였다. 오늘 마을 사람이 와서 말하였다. "이곳도 같다. 다르지 않다." 악행과 조금도 다르지 않다. 서로 의논하고 이웃 마을과 힘을 합하여 "이 환난에서 구하자."고 하였다. 어찌 나와 마음이 같겠는가? 내가 말하기를 "내 두 집이 이미 도둑을 맞아 대책을 세울 수가 없는 바이다."고 하였다.

그러나 서로 구휼은 의(義)이다. 혹시 부족해도 의 부축하며 돌아 갈 수 있다. 폐허로 인하여 염려스럽다. 그 도적의 세력이 날로 성하였다. 몰입하고 화(火) 가운데 있었다. 마을 사람들이 일어났다. 또 서로 이재민을 구원하기를 의(義)롭게 하였다. 인근 마을에 돌아가면서 알렸다. 이에 좇아 응하고, 일제히 모여 진을 쳤다.

외등에서 한 사람이 급히 고하여 말하기를 "큰 배 수십 척이 군기를 실고 당두포(현, 닭머리)에 정박하였다."라고 하였다. 육지에 잠시도 내려오지 아니하고 다만 포성 소리가 하늘 높이 울려 퍼졌다. 마을 사람들이 모일 뿐이다. 신사래 마을 뒷고개에서 여러 사람이 시끄럽기하고 여기저기 흩어졌다.

그런고로 저들은 감히 더하지 못하였다. 새벽을 기다린 후에 본 즉 배는 이미 물러갔다. 군중의 불안하던 마음이 초조하였다. 하늘 역시 큰 비가 와서 각각 그 가정에 돌아갔다. 저들 무리는 이 광경을 보아 사방으로 흩어졌다. 바다와 육지가 벌어진 틈으로 모두 진격하니 포성과 검광이 우레와 같이 번쩍거렸다. 거북의 등껍데기 모양으로 갈라지고 흩어진 백성은 일어나 모였다. 한가할 겨를이 없이 한숨을 쉬며 한탄하였다.

어찌하여 나의 아우 노경상은 이 변란의 일을 예측하고 알았는가. 작은 배 한 척을 사서 오래도록 서두항에 정박시켜 두었다. 나에게 권하기를 동승하여 화를 피하여 뭍에서 멀리 떨어진 외딴섬으로 가자는 뜻으로 여러 번 간청하였다. 스스로 생각하고 돌아보니, 젊어서 섬에 도착하여 보았지만 늙어서 익숙하지 못하다. 배가 풍랑으로 두렵고 놀랍다고 하지만 경청하지 않았다. 마땅히 이 재앙이 절박하게 닥쳐와 생각한 즉 집에 있으면 편안함이 어렵기 때문이다. 이에 몸을 피신하게 되었다.

저들 무리는 서두산에서 거리낌 없이 공공연하게 행동하였다. 면내에서 농우 수백 마리를 찾아서 강제로 빼앗고 탈취하여 몰고 갔다.

도리포에서는 사람과 소를 강제로 몰고 가니 그 연결이 보태어 십리 길이였다. 나머지 무리는 널리 산천에 올라 다니고 장차 헤아릴 수 없는 재난이 있을 것이다. 나는 스스로 남의 마음을 헤아리고 피하지 않았다.

사위 김덕여(金德汝)의 배와 동생 노경상이 배를 함께 끌어내어 바닷가에서 밤을 이용하여 출발하였다.

바다 가운데에 이르니 월색이 희미하게 밝았다.

산악을 바라보니 어느 마을과 어느 사람의 집 불빛이 환히 밝혔다.

하늘에서 노래가 들리는데 바다에서 바라보니 인가가 없었다.

마침내 스스로 배불리 먹고 취하여 편안하였다.

독한 술를 마시니 독이 오르는구나!

인경도(印鏡島)에 배를 정박하는데 날은 이미 새벽이다.

갑자기 매우 큰 배가 있어 이동하는 배를 피하려는 사이에 저들의 뱃머리에서 한 사람이 서서 물었다. "무엇을 하는 배인가?"

뱃사공이 응답하여 말하기를 "해제 어선으로 바다에서 나와서 식수를 기르려고 정박하였다"라고 하니, 저들은 의심 없이 지나갔다.

조수가 물러감을 기다린 후에 저쪽 뒷고개에 올라 둘러보았다.

즉 대죽 울타리를 이루고 꽃은 기이하게 피었다. 통로는 하나인데 집은 비워있고 문은 조각나 부서져 있다. 정원은 깨끗이 쓸어 뜻대로 되었다. 생각건대 도적무리들이 반드시 이곳을 지나면서 몽둥이를 들고 배회하였을 것이다.

알지 못한 어느 집에 측연히 이르렀다. 깊숙한 곳에 있는 누각에서 피서를 하는데 사면에서 바람이 불어 염천(炎天)에도 서늘함이 일어났다. 이 망루에 올라 당두포를 바라보니 도적의 배는 가고 없었다. 이미 서쪽은 황혼에 이르렀다. 밀물이 밀려오므로 바람은 높게 불어 모두 돛을 달고 출범하고 혹은 따르고 좇아 아주 익숙하게 포구에 돌아왔다.

혹은 염소포(鹽所浦)에게 돌아가는데 10여척의 큰 배가 잔잔한 물 위를 통과하였다. 단 번에 나포하여 곡물을 빼앗아 배에 실어 갔다. 그런고로 이에 야밤에 2척의 배가 동시에 떠날 준비를 하고, 조수가 밀려오기를 기다린 후에 정박했던 배는 돌아갔다.

비아포(飛雅浦)에서 예쁜 아들과 조카를 거느리고 바다 물가에 내렸다. 배를 타 배안에서 몸이 병을 얻었으나 가볍다. 생동감 있게 걸어서 송전 마을에 이렀다.

소봉산 밑에서 수십 명 무리들이 대마같이 서 있었다. 봉산(현, 봉대산)을 바라보다가 저들이 뒤밟아 쫓으니 넘어졌다. 되돌아 와 이르니 송전마을이었다. 우연히 모퉁이에 많은 사람을 만났는데 해당 마을에 친숙한 자가 있었다.

바야흐로 재앙이 일어날 기색이 박두하여 긴 설명이 불가하였다. 이

제 막 한창 심한 더위가 시작되었다. 어린 아들과 조카가 오래도록 따라 다니기가 불가하였다. 이에 부탁하여 서치명(徐致明)의 집으로 가게 하였다. 그러나 두려워하였다. 그 도적의 눈은 번개 같아 잠시도 느슨하지 아니하였다. 길이 험하여 걷기 힘든 곳으로 갔다. 계절은 가을을 맞아 오곡이 익어 낫으로 베어 처리하였다. 그런고로 낡은 수레를 빌려 일하고 밭에서 돌아오는 모양이나 뒤에서 다시 추적한 자가 없었다.

백학산(白鶴山)을 향하여 가니 수풀과 나무가 무성하고 하늘은 어두어 걷기 어려웠다. 이곳은 일생에 오르지 못한 곳으로 진퇴양난의 난처한 사정에 놓였음이다. 다행이 농사짓는 사람을 만나 피서하였다. 송막(송전) 마을에서 대우가 소홀하여 해질 무렵 집에 이르렀다.

즉 집 내외의 문은 부서지고, 일상생활에 쓰는 도구가 다 흩어졌다. 티끌과 같아 비로 쓸었다. 곧 7월 15일 추운 시기를 깨닫지 못한 때이다. 그 후 약간의 잔당들이 날마다 조사하지 않는 날이 없이 화를 내면서 뒤집어 살펴보았다. 작고 빈손은 아니나 맞서서 겨루기가 어려웠다.

야간을 이용하여 작은 배로 출발하는 때는 즉 동월 27일에 보첩(족보) 1질, 좌전초 1질, 향약, 윤음수보 1권, 채기 1권, 칠서, 주벽금산집 1부를 배에 실은 물건인바 곧 도적의 수중으로 들어갔다.

곧 한아치 마을에 거주한 뱃사공 주성백(朱成白)을 만났다. 또 바람이 세차게 불어 불리하여도 온 힘을 다하여 노를 저었다. 한치 나아가서 한자 물러남으로 도리포 동쪽 방향이 이미 밝았다.

배를 정박하여 외종질 칠현(七絃) 이순(李珣) 집에 여러 날을 머물렀다.

사람들이 집에 와서 믿을 수 있는 말로 전하기를 "지금 창궐하지 않지만 분명 폐해가 있어 배를 준비하여 왔다."라고 하였다. 이튿날 부하들을 통솔한 짐을 진 사람이 왔다. 하지만 뱃사공은 오지 않았다. 우두커니 서서 멀리 바라보는데 바다 둑에서 몇 사람이 보이듯 잘못 인식되었다. 산과 바다에 이미 낙조가 들어 십리나 된 듯하다. 칠현 이순은 부역을 반대하여 송환할 길이 없다. 짐을 진 사람이 혼자 물가 모래밭에 앉아 있었다.

한 사람이 망망(하게 다가왔다. 이는 우리 집 아이였다. 나는 하소연하며 말하기를 "이미 소식을 전하였는데, 배가 도착하기를 어찌 이와 같이 그렇게 늦었느냐?"라고 하였다. 말하기를 "금일 뱃사공이 왕래치 아니한 날입니다. 그래서 뱃사공이 방향을 알지 못하였습니다. 고로 다른 곳으로 잘못 들어갔습니다. 소식을 살피다가 밤이 되었습니다."라고 하였다.

칠현 이순이 물어본즉 "농사를 하는 사람이 이미 차례로 출타하였다가 배다리에 이르렀다."라고 하였다. 그렇게 되었으니 이뿐이다. 이에 촌탁(忖度)은 본 받을 일이다. 혹 그 가정의 아이를 보내는 것이 그러하다. 혼자 배에 있으면서 숙박하는 처지이지만 마음에 걸리는 일이 있다. 잠을 이루지 못하였다. 그 사이 인구가 많음으로 사람 소리가 멀리서도 가깝게 들렸다.

생각해 보면 반드시 이 땅에도 도적들의 둥지가 있다. 정오에 보았는데 짐을 진 군사가 해가저문 밤에 수색하였다. 곧 별다른 일이 없어, 땔나무를 안고 들어와 부싯돌로 봉화를 피웠다. 불빛이 일어나 번쩍번쩍 빛나 보였다. 점차로 타고 들어가 그쳤다. 이에 그것이 어부를 위하여 멈춘 것을 알고 누구도 의심하지 않았다. 갈대 자리에 돌을 베개 삼고. 힘써 기록하고 잠자리에 들었다. 모기떼가 반복하여서 극성이었다.

우레가 일어 동쪽 하늘을 보니 이미 밝고 높아 멀리 바라보다. 바닷가의 자갈 밭 나무 잎사귀 하나가 가볍게 배 위로 떨어졌다. 이내 집 아이 물가에 이르렀다. 곧바로 배 위로 속히 올랐다. 이미 조수는 지척 간에 썰물 시간으로 파도는 고요하고 바람은 도리어 이롭게 불었다. 저도(楮島)를 지나 이르니 오리목 앞인데 해는 이미 근 오시이다. 즉, 8월 6일이다.

요즈음 우리 집의 상태는 저들 무리가 무려 3번을 쫓아오므로 잔류가 불가하다. 끊임없이 체포하려 하였다. 임금의 명령을 저들 역시 소문을 들어 알았으나 다시없는 뜻은 금품을 강청함 인가? 아침저녁으로 배 속만 채울 뿐이다. 살피고 이동하였다. 길가에 풀과 꽃이 기이하게 아름다웠다. 가뭄 하늘에 구름과 무지개를 몹시 갈망하였으나 듣지 않았을 뿐이다.

어느 한 날에는 이름난 무리 수십명을 거느리고 와서 한 조목을 취하였다. 한 사건은 돈을 주고 유인하여 입당도록 하였다. 내가 말하기를 "어찌하여 마땅한 도(道)를 받아들여지지 않고 이와같이 이리저리 방황하는가? 내가 웃으면서 말하기를 "저 사람이 도(道)를 설명하니 도(道)이다. 사람이 매번 능숙하여 어렵지 않는 것을 바라면, 능숙한 것이 나와 남이 또한 이와 같을 것이다. 만일 이 도(道)를 받아들여진다면 도(道)이고 옳은 것이다. 하늘을 거스르면 벌을 받을 뿐이다."라고 하였다.

저들의 말하기를 "어떻게 하면 하늘을 거스름인가?" 내가 말하기를 "부모는 아들의 하늘이다. 나는 8세부터 스스로 가난한 집 안에서 고생하였다. 권학으로 언행이 바르고 점잖았다. 가운이 불행하여 일찍 믿고 의지할 부모님을 잃고, 집안이 가난하였다. 그러기에 자포자기와 공부를 폐하여 전에 공로가 헛되게 돌아갔다. 그런고로 지금 53세에 이르렀다.

손수 책자를 해석하지 못하였다. 부모의 권학에 보은으로 보답하기를 원하였다. 만일 만에 하나라도 반대했다면 이는 어버이를 배반한 것이다. 어찌 역천(천명을 거스림)이 아니겠는가? 하늘의 뜻을 거스르는 것을 일삼는다면 죽음이 기대된다. 다시 청하기를 하늘에 거슬리는 일을 하지 않아야 한다. 그런즉 말하기를 "모두 따르는 아들과 조카는 권하는 것이 옳을 것이다."고 하였다. 내가 말하기를 "자기가 싫어하는 것을 열심히 노력하여야 한다. 그 아들과 조카는 그 아버지 형의 도라 할 수 있다."라고 하였다. 또 말하기를 "그러면 마을 사람들에게 어떻게 권할까요?"라고 하였다. 말하기를 "스스로 가정의 일을 하고자 하는 일을 권하여 추진한다면 아니되리요. 다른 사람도 역시 본심이 아닐 것이다. 차라리 준엄하게 꾸짖음을 입고 절대로 인내치 아니할 것입니다." 저들은 불쾌한 안색을 들어내고 발끈 성을 내어 원망한 모양으로 갔었다.

9월 모일이 지나고 무안읍 읍장 이공즉(李公卽) 상주인이 가서(家書)

를 보인바 그 글 중에 말하기를 "이제 막 임금의 명령을 받은 이규태(李圭泰)가 동적을 정벌하고, 경성의 병력과 일본병이 충돌하였다. 관아와 고을의 성 안팎에서 살육한 바가 있었다. 저들 무리는 승리가 불가하다. 저편의 적들은 오히려 알지 못하였다. 그 편안하게 무기를 거두어들여야 하는데, 각각 아울러 일어나 외치므로 사람이 많게는 수천 명이고 사람이 적게는 수백 명이다. 각각 대장기를 세우고 위협하면서 몰아낸다. 평민은 대포 포각에 올라 떠들썩하고 칼로 찔러 위협하니 산과 들이 진동하였다.

나주와 홍주는 병사가 성을 지키면서 여러 차례 싸움에 여러 차례 패하여 끝까지 귀화를 하지 아니하였다. 그러므로 경성(현 서울)의 병력은 산마루의 고개에 진영을 이루었다. 논산(論山)을 정벌하는데, 김개남(金介男), 전봉준(全琫準)은 수많은 군졸이 일시에 나타나니 패배하였다. 살아난 자는 불과 수백인 내외이다. 두 괴수의 거처는 안전하게 숨어서 알지 못하였다. 전라도 감찰사 이도재(李道宰)는 평양 군사 수천을 거느리고 전라도 경계에 이르렀다. 마을을 지나는 동안 피해를 엄하게 금지하였다. 그러므로 마음이 편안하고 침착함을 이루고 진영도 안전하였다.

다음날 점고하고 여러 가지 모습으로 일부 관청은 효연(然)하였다. 그러나 참여한 자는 한 사람도 없었다. 경성의 병력이 가는 곳에서 비록 죄가 없는 자라도 놀라서 달아나면 죽이고 집에 있는 자는 마음이 편안하였다. 저들의 무리는 경성의 병력이 진군하는 것을 알았다. 초토사와 전투에서 패망하여 죽은 것이 얼마 만인가? 피가 흘러 냇물을 이루었다. 이때 12월 6일 경성에 일본 병사 500여 명이 들어왔다. 본 고을에는 아전(衙前)이 먼저 들어 왔다. 죄 있는 자도 달아나면 보내 주었다. 저들 수성 대장을 체포하였다. 각 면을 어지럽게 한 우두머리를 얼굴색이 변하고, 아주 놀라 들떴다.

나는 즐거웠다. 성상이 내린 한 폭의 교지로 무사하고 각도를 순찰하여 피해 지방을 다스렸다. 덕을 노래하였다. 성상의 뜻은 어질고 넓고 도달하기를 천지일월 같이 크다.

이상의 「마양록」은 1894년 갑오년 오(午)의 모습인 마(馬)와, 1895년 을미년 미(未)의 모습인 양(羊)을 상징적으로 나타낸 것이다. 저자 노일상은 갑오년과 을미년의 12간지 상징을 「마양록」 제목으로 빌린 것이다. 당시 무안 향촌 사회의 일면을 살필 수 있다는 점에서 그 의미를 찾을 수 있다. 1916년 경당공의 저서 『경당유고』가 한지 목활자에 9행 20자로 간행된 것은, 노일상의 인쇄, 노윤지의 휘집, 며느리 이씨의 진언, 노병년과 노병국이 송철헌 선생을 뵙고서 '서문'을 받아와 출판 작업이 이루어진 것이다.

1910년(순종 4) 경술국치에 스승인 연재 송병선 선생이 순국하자, 그는 두문불출하며 분을 삭이지 못하고 반일 운동의 길에 나서는 것을 주저하지 않았다. 1911년 10월 27일 경당 노일상은 스승을 따라 일제 침탈의 부당함에 비분강개하다가 세상을 떠났다.

경당 노일상이 남긴 저서로는 문집 이외에, 『사례요람(四禮要覽)』, 『채기신편(采奇新編)』, 『송록정요(宋錄精要)』 등이 있다. 그의 학문과 지향점은 후학들에게 이어졌고 제자들이 뜻을 기려 슬산마을 앞에 경당 노일상의 생애와 학문의 업적을 추모하여 돌비가 세워져 있다.

Ⅳ. 사상과 철학

경당 노일상은 가문에 전하는 고전을 통하여 역사 인식을 새롭게 하였다. 그는 차츰 민족주의 사상으로 더욱 확고하게 무장하고자 하였다. 그가 방문하거나 관심을 갖은 곳은 진산(珍山) 이치대첩지, 제봉(霽峰) 고경명(高敬命) 등의 순절지나 의병장의 생가 등 의열 명소를 방문하여 호연지기(浩然之氣)를 넓혔었다.

노일상은 철학적으로는 『논어』 학이편 제4장 증자(曾子)의 삼성(三省)을 준행하였다. 그는 날마다 세 가지 성찰에 힘썼다. 그것은 "다른 사람과 일하면서 최선을 다했을까? 친구들과 사귀면서 믿음을 사지 못한 일은 없었을까? 배운 것을 다 익히지 못하면 어찌할까?"이다. 그는 사람들과 공동으로 지키는 것을 '예(禮)'로 보았다. 나 홀로 지키는 것은 '기'(己)로 보았다. 예가 아닌 예[非禮之禮]는 대인(大人)이라면 행하지 않기 때문이다. '기'(己)는 개인의 편견인 '기'(己)가 없는 것 임으로, '기'(己)가 있으면 그것을 극복한다는 것이다. 이것은 안회(顏回)의 '하지 말라는 네 가지'[四勿]와 궤를 같이한 것이다. 그가 지향한 (四勿)은 곧 '사절'(四絶)이고, '사무'(四無)이며, '사불'(四不)인 것이다.

'사절'은 끊어야 할 네 가지로, 즉 "자기의 잣대로 추측하는 것을 끊고[絶意], 반드시 어떠하다고 확신하는 것을 끊고[絶必], 고집 또는 집착을 끊고[絶固], 자아를 끊는 것[絶我]이다.

'사무'(四無), 즉 '없어야 할 네 가지'로 타당하다고 여기는 것이 없고[無適], 타당한 것이 없다고 여기는 것이 없고[無莫], 괜찮다고 여기는 것이 없고[無可], 안 된다고 여기는 것이 없는 것[無不可]이다.

'사불'(四不)은 즉 '하지 않는 네 가지'이다. 보이는 것이 없고[不見], 움직이는 것이 없고[不動], 말하는 것이 없고[不言], 드러나는 것이 없는 것[不顯]이다.

그는 이를 터득하여 '자기의 감정을 남에게 옮기지 않았고 한 번

실수한 것을 다시 반복하지 않았다'[不遷不貳]. 이는 '물'(勿)을 통하여 '불'(不)에 이른 것이다. 이로 말미암아 '예(禮)에 맞지 않는 것은 보지 않고 듣지 않았다'[勿視勿聽]. 이는 '불'(不)을 통하여 '물'(勿)에 이른 것이다.

안으로부터 나오는 것을 예(禮)라고 하고, 밖으로부터 들어오는 것을 '비례'(非禮)라고 하였다. 하늘로부터 내려온 것을 예(禮)라고 하고, 사람으로부터 얻은 것을 '비례'(非禮)라고 본 것이다. 그는 '불학(不學) · 불려(不慮) · 불사(不思) · 불면(不勉) · 불식(不識) · 부지(不知)'를 통해서 이르는 것을 예(禮)로 인식하고 지향한 것이다. 앞사람이 말한 것을 따라 행하고 비슷하게 되려고 한 것이다.

안회(顔回)가 실천했다는 '예(禮)에 맞지 않으면 보지도 말고, 듣지도 말고, 말하지도 말고, 움직이지도 말라''(非禮勿視, 非禮勿聽, 非禮勿言, 非禮勿動)는 네 가지를 '사물'(四勿)을 실천하고자 하였다.

특히 평소에 퇴계 선생의 '사무사'(思無邪, 생각에 사특함이 없음), '무자기'(毋自欺, 자기 자신을 속이지 아니함), '신기독'(愼其獨, 홀로 있을 때도 삼가함), '무불경'(毋不敬, 공경하지 않음이 없음) 네 가지를 그는 실천 철학이었다. 그가 완숙한 학문에 이르도록 조언한 인물은 7살 연상인 숙부이며 의병으로 활동한 노연백이다. 노연백의 민족주의 사상은 그를 반일 사상에 앞장서게 했다.

그는 만년에 노연백이 세운 서당 관란재에서 후학 양성에 진력하였다. 경당 노일상의 저작물 대부분이 관란재에서 간행되거나 필사된 것은 이에 기인한 것이다.

그가 크게 깨달은 것은 후학을 지도하다가 만난 면암(勉庵) 최익현(崔益鉉)을 통하여 성학(聖學)의 요지(要旨)가 실천에 있음을 알게 되면서부터이다. 그때부터 본격적으로 면암 선생의 장남 운재(雲齋) 최영조(崔永祚), 송사(松沙) 기우만(奇宇萬), 지재(止齋) 송철헌(宋哲憲), 후암(後菴) 송증헌(宋曾憲), 노포(老圃) 송병기(宋秉夔) 등과도 깊은 교류를 나누게 되었다. 1895년(고종 33) 경당 노일상은 본격적으로 지도(智島)향교를 건립에 참여하여 큰 공을 세웠다. 장성의 사산사(泗山祠) 건립에도 후원을 아끼지 않았다. 지도 두류사현단(頭流四賢壇)의 관리에 관한 여러 의견을 모아 사론(士論)으로 귀결시켰다. 특히 동해 김훈 문집을 간행하기 위하여 후원을 아끼지 않았다.

1888년(고종 25)에 '무자년대 흉년'으로 민생이 곤궁해지자 어려운 이웃을 위하여 인정을 베풀었다. 1895년(고종 32) 을미사변에 이어 단발령이 반발하자 송사 기우만을 따라 장성으로 달려가 의병에 참여하였다. 1905년 면암 최익현 선생을 찾아 나섰다. 1906년 6월 4일 면암 최익현 선생이 태인에서 의병을 일으키자 뜻을 합하고자 길을 나섰다. 그러나 이미 면암 최익현 선생이 일제에 끌려가고 없어 더 이상 의병으로 나서지 못하였다. 1910년 경술국치를 당하자 망국의 슬픔을 삭이지 못하고 슬피 울었다. 이는 경당 노일상의 사상과 철학이 실천 의지에 있었으며 향촌을 사랑하고 민족주의에 기반하기 위하여 부단히 노력하였음을 확인할 수 있다.

Ⅴ. 맺음말

경당 노일상은 서기 1842년 5월 21일 해제면 덕산리 슬산 마을에서 태어났다. 일찍부터 글을 가까이하고 성장하면서 학문을 즐겨하였다. 그는 동해 김훈, 송사 기우만 등과 도의지교를 맺었다. 동해 김훈은 그의 절의를 높게 평가하여 "개헌(介軒)"이라 불렀다. 송사 기우만 역시 공의 절개를 높이 평가하여 "개우석(介于石)"이라 불렀다.

그는 연재 송병선을 스승으로 삼고 학업에 정진하여 태극론과 이기설을 독파하였다. 이에 스승으로부터 "경당(警堂)"이라 호를 받게 되었다.

공은 사서오경을 탐색하고 가문에서 전하는 고전을 통하여 역사 인식을 갖고자 하였다. 그리고 이치대첩지, 고경명(高敬命)의 생가 등 임진왜란 전적지와 명소를 방문하여 호연지기(浩然之氣)를 넓혔었다. 철학적으로는 삼성(三省), 사물(四勿), 사무사(思無邪), 무불경(毋不敬) 등을 지향하였다.

그는 세상을 멀리하고 금계 노인 관암 노홍을 흠모하고, 노연백의 실천적 학문을 학습하고자 노력하고 민족적 성향의 사상을 후학들에게 전하고자 노력하였다. 저서로 『경당유고』, 『사례요람』, 『채기신편』, 『송록정요』 등이 있다. 을미사변 후 「마양록」을 집필하여 갑오년과 을미년 향촌 사회의 상황을 기록하였다. 노공이 타계하자 문인들이 기적 비각을 세워 추모하고 학산사에 배향하였다.

경당 공의 저서 『경당유고』는 상하권으로 상1권에는 시 135수가 있다. 상2권에는 답서 33편과 잡저설 9편이 수록되었다.

하1권에는 잡저 9편, 서 5편, 기 17편이 실려져 있다. 하2권에는 발문 6편, 명 3편, 혼서 1편, 상량문 1편, 제문 47편 묘지명 2편, 묘표 3편, 행장 1편, 전 1편, 부록 3편으로 편철되었다. 1916년 간행하였으며 판본은 한지 목활자에 9행 20자로 인쇄되었다.

나라가 위기에 처하자 철독하고 역사의 현실을 주목하였다. 1910

년(순종 4) 경술국치에 순국한 연재 선생의 비보를 듣고 두문불출 통곡하였다. 이에 따라 1911년 10월 27일 세상을 떠났다.

공은 어려움 속에도 많은 저술을 남겨, 그의 조카 연당(병실)이 휘집하고 노일상이 인쇄를 시작하여 출판하였다. 일제강점기 계몽운동에 앞장선 장춘오헌의 주인인 노진무 의사의 보존 노력으로 오늘에 이르렀다.

이로서 공의 행의가 위의단엄(威義端嚴)[3)]하고 불허비의(不許非義)[4)]함이 세상에 종세여일(終世如一)하게 장차 오래도록 나타날 수 있게 되었다.

□ 참고문헌

- 『무안군지』, 『면성지』, 『무안군사』, 『속수삼강록』, 『무안삼강록』, 『무안세적지』, 『계산연원록』, 『계산사복록』, 『조선유현연원록』, 『동해집』, 『호정유고』, 『관란제유고』, 『함평노씨대동보』, 『한림공파보』, 『노씨고보』, 『노씨지장록』, 『노씨연원록,』, 『노씨문헌록』, 『노씨세적록』, 『금계일기』, 『금계집』, 『주환록』.
- 광주민속박물관, 고흥분청박물관, 여수시유물관, 전남농업박물관, 국립민속박물관, 장흥방촌유물관, 전남도의병박물관, 서울민속박물관

3) 위의단엄(威義端嚴)은 강직하고 위엄이 있는 몸가짐과 차림세가 단정함을 말한다.

4) 불허비의(不許非義)는 의리나 도의에 어긋나는 일을 허용치 않음을 말한다.

민재(敏齋) 박임상(朴琳相)의 삶과 한시 고찰

나상필
(한국학호남진흥원 연구위원)

〈 목차 〉

Ⅰ. 머리말

이 글은 역사의 대전환기였던 구한말에서 식민지 시기에 이르기까지, 격동하는 시대의 파고를 온몸으로 맞으며 자신의 소명을 다하고자 했던 한 향촌지식인의 삶과 정신세계를 규명하는 것을 목적으로 한다. 그 주인공은 전라남도 무안에 뿌리내린 선비, 민재(敏齋) 박임상(朴琳相, 1864~1944)이다. 19세기 후반 조선은 안으로는 세도정치의 폐해와 삼정(三政)의 문란이 극에 달해 민생이 파탄에 이르고, 밖으로는 서구 열강과 일본 제국주의의 침탈 야욕이 노골화되면서 국가의 존립 자체가 위협받는 총체적 위기 국면에 처해 있었다. 이러한 미증유의 격랑 속에서 당대의 지식인들은 각자의 신념과 방식으로 시대적 과제에 응전해야만 했다. 특히 전통적 수호 이념이 강했던 기호(畿湖)와 호남지역에서는 화서학파(華西學派)와 노사학파(蘆沙學派)를 중심으로, 성리학적 가치를 재확립하여 국가의 정체성을 보전하고 외세의 침략을 배척하려는 위정척사(衛正斥邪) 운동이 시대정신으로 자리 잡았다. 박임상은 바로 이 호남 유림의 중심에서 시대의 아픔을 끌어안고 자신의 길을 묵묵히 걸어갔던 인물이다.

박임상의 사상과 실천을 이해하기 위해서는 그의 정신적 토대가 된 가학(家學)의 전통을 먼저 주목해야 한다. 그의 가문인 무안박씨는 고려 시대부터 무안에 세거하며 학문과 절의(節義)를 가풍으로 삼아왔다. 특히 단종 복위운동의 실패 후 낙향하여 불의와 타협하지 않는 굳건한 기개를 가문의 유산으로 확립한 박익경(朴益卿)의 정신은 후손들에게 깊이 각인되었다. 이러한 선대의 유산은 박임상에게 단순한 과거의 이야기가 아니라, 현실의 위기를 돌파하게 하는 정신적 자산이자 정체성의 근간으로 작용했다. 그는 이 불굴의 정신을 바탕으로 당대의 거유(巨儒) 및 여러 문사들과 폭넓게 교유하며 자신만의 학문 세계를 심화시켰다. 나아가 급변하는 시류 속에서 무너져가는 유풍(儒風)을 바로 세우고 후학을 양성하는 데 진력하며, 무안 지역 유림 사회의 구심점이자 정신적 지주로서의 역할을 수행했다.

그럼에도 불구하고 박임상의 학문과 사상에 대한 학계의 조명은 여전히 미미한 수준에 머물러 있다.[1] 현재까지 발표된 소수의 선행 연구들은 그의 문집인 『민재유고(敏齋遺稿)』를 단편적으로 소개하거나 그의 교유관계를 중심으로 한 문학 활동을 조명하는 데 그쳐, 그의 사상과 내면세계의 정수가 담긴 한시에 대한 본격적인 분석은 사실상 부재한 실정이다. 한시는 작가의 시대 인식과 철학적 사유가 가장 정제된 언어로 응축된 문학 양식이다. 따라서 그의 문집에 수록된 131제 151수에 달하는 한시 텍스트는, 시대의 불의에 맞서고자 했던 그의 고결한 지취(志趣)와 한 지식인으로서 겪어야 했던 내면의 고뇌를 이해하는 가장 직접적이고 핵심적인 통로라 할 수 있다.

이러한 문제의식 아래 본고는, 『민재유고』에 수록된 한시를 주요 분석 텍스트로 삼아 박임상의 내면세계를 심층적으로 탐구하고자 한다. 작품 대다수에 창작 시기가 기록되지 않은 한계를 고려하여, 연대기적 접근 대신 시에 드러난 내용을 기준으로 한 주제별 분석을 연구 방법으로 채택하였다. 이를 통해 박임상의 삶을 관통하는 세 가지 핵심축, 즉 '불의에 저항하는 가학 전통의 계승과 실천적 조화', '당대

1) 김대현, 「20세기 전반 전남 서부지역 漢詩人들의 활동 모습-민재와 지산의 경우를 중심으로」, 『한국시가문화연구』20, 한국시가문화학회, 2007, 91~117쪽 ; 나상필, 「譯註 敏齋遺稿 : 詩 · 書 · 雜著를 중심으로」, 전남대학교, 박사학위논문, 2022.

스승들과의 교유를 통한 학문적 성찰과 자기 정립', 그리고 '강학(講學)을 통한 시대적 소명의 완수'를 중심으로 그의 사유 세계를 논증할 것이다. 이와 같은 작업을 통해 본고는 중앙 중심의 거대 담론에 가려져 있던 한 향촌지식인의 고뇌 어린 삶을 복원하고, 나아가 무안 지역 지성사의 한 단면을 규명함으로써 한국 근대 지성사 연구의 지평을 다각화하는 데 기여하고자 한다.

Ⅱ. 생애와 학문 양상

민재(敏齋) 박임상(朴琳相)의 학문적 성장과 사회적 활동의 기반을 이해하기 위해서는, 그가 나고 자란 전남 무안(務安)이라는 공간과, 그 공간의 핵심적 구성원이었던 무안박씨(務安朴氏) 가문이 지역 사회에서 차지했던 역사적 위상을 먼저 고찰할 필요가 있다. 조선 전기의 대표적 관찬 지리지인 『세종실록지리지』와 『신증동국여지승람』의 기록에 따르면, 16세기까지 무안 지역에는 박(朴)씨 외에도 다수의 토착 성씨들이 공존하며 세력을 형성하고 있었다. 그러나 향촌 사회의 권력 구조는 시대의 흐름에 따라 재편되었고, 근대 시기인 1960년에 간행된 『무안여람(務安輿覽)』은 과거의 여러 성씨들 중 오직 무안박씨만이 크게 번성하였고 나머지는 그 세가 미미해졌다고 명시하고 있다.[2)]

이는 무안박씨가 조선 후기를 거치며 향촌 사회의 주도권, 즉 헤게

2) 이은정, 「18세기 후반 무안 병산사의 건립과 무안박씨」, 『지방사와 지방문학』11, 역사문화학회, 2007, 152~153쪽.

모니(hegemony)를 장악하고 지역 내 유력 가문으로서의 독점적 지위를 확보했음을 보여주는 결정적 증거이다. 이들은 대대로 축적된 사회·경제적 기반과 문화적 권위를 바탕으로 향촌 내에서 사족(士族) 가문으로서의 위상을 공고히 했으며, 이를 통해 대를 잇는 가학(家學)의 전통을 수립하고 중앙 및 지방의 명망가들과 폭넓은 사회관계망을 구축할 수 있었다. 따라서 박임상이 훗날 무안을 대표하는 유학자이자 지역 사회의 정신적 지주로 성장하고 활동할 수 있었던 배경에는, 이처럼 대대로 축적되어 온 가문의 유형적·무형적 자산이 절대적인 기반으로 작용했음을 간과할 수 없다.

1. 가학 전통 계승

박임상은 신라 54대 경명왕(景明王)의 여섯째 아들인 완산대군(完山大君) 박언화(朴彦華)의 5세손이자, 고려 시대 국학전주(國學典酒)를 역임한 박진승(朴進昇)을 중시조(中始祖)로 하는 무안박씨의 27세손이다. 가문의 역사는 고려 말에서 조선 초에 이르기까지 국가 경영에 참여하며 세족(世族)의 위상을 다지는 것으로 시작된다. 7세 박문오(朴文晤)는 문과에 급제하여 정승의 반열에 올랐고, 홍건적 토벌의 공으로 면성부원군(綿城府院君)에 봉해지는 등 국가에 공헌했다. 10세 박의룡(朴義龍, 1330~1430)은 이성계를 도와 조선 건국에 참여한 공으로 원종공신(原從功臣)에 녹훈(錄勳)되었으며, 여러 판서직을 거쳐 영중추부사(領中樞府事)에 이르는 등 조정의 핵심 인물로 활약했다.[3] 그는 무안박씨 최초의 사우(祠宇)인 병산사(柄山祠)에

3) 윤재환, 「기헌 박용상의 생애와 시세계-생애와 시세계의 특징적 양상을 중심으로」, 『국학연구』36, 한국국학진흥원, 2018, 123쪽.

첫 번째로 배향되어 가문의 정신적 구심점이 되었다.

이처럼 국가에 대한 공헌으로 명성을 쌓던 가문의 전통은 14세 애한정(愛閒亭) 박익경(朴益卿) 대에 이르러, 권력에 타협하지 않는 '절의(節義)'라는 정신적 가치로 승화되는 중대한 전환을 맞는다. 그는 사육신(死六臣)과 도의(道義)로 교유하며 단종 복위를 도모하였으나 거사가 실패로 돌아가자, 모든 것을 버리고 무안 고절리(高節里)[4]로 낙향하여 은거했다. 그의 이러한 선택은 가문의 지향점을 '공신 가문'에서 '절의 가문'으로 바꾸어 놓았으며, 불의에 저항하는 굳건한 지조는 무안박씨를 상징하는 핵심적인 가풍으로 자리 잡게 되었다. 이 정신은 국가적 굴욕 앞에서 분노했던 19세 맥촌(麥村) 박준길(朴遵吉)에게로 이어졌다. 그는 병자호란 당시 13세의 어린 나이였음에도, "정축년(1637) 이후 사대부는 출처(出處)에 구차해서는 안 된다."고 개탄하며, 시류에 영합하지 않는 선비의 본분을 강조했다.

국난(國難) 앞에서 의(義)를 실천하는 가풍은 임진왜란이라는 위기 속에서 더욱 선명하게 발현되었다. 17세 매월당(梅月堂) 박문룡(朴文龍, ?~1597)은 두 아들, 그리고 수사(水使) 나대용(羅大用)과 함께 의병을 규합하고 군량과 무기를 조달하는 등 구국 활동에 헌신하다 정유재란 때 전사했다. 그의 아들인 18세 절암(節菴) 박정(朴侹, 1571~1625) 역시 우계(牛溪) 성혼(成渾)의 문하에서 학문을 닦은 선비였으나, 정유재란의 와중에 선조를 호종(扈從)하는 데 힘썼다. 19세 맥촌(麥村) 박준길(朴遵吉, 1625~1695)은 병자호란이 일

4) 최익현, 「면암선생속집(勉菴先生續集)」권4, 「평암박공묘표음기(枰巖朴公墓表陰記)」에 의하면, '단종[莊陵]의 화가 일어나자 고향으로 돌아가 여러 차례 벼슬에 불렀으나 나아가지 않으니, 당시 사람들이 그가 살던 곳을 고절리(高節里)라 이름 붙였다[莊陵禍作, 大歸貫鄕, 累徵不就, 時人名其居曰高節里.]'라고 하였다.

어나고 남한산성의 치욕이 있을 때 나이가 불과 13세였으나, '정축년(1637) 이후로 사대부는 출처(出處)에 대해 구차해서는 안 된다.'고 할 정도로 굴욕스러운 상황에 분개하고 마음 아파했다.[5] 이들의 행적은 학문 수양이 현실의 문제와 동떨어진 것이 아니라, 국가가 위기에 처했을 때 기꺼이 몸을 던지는 의리(義理)의 실천으로 이어져야 함을 보여주는 가문의 귀감이었다.

가문의 정신은 정치적 격변기에도 원칙을 지키는 용기로 나타났다. 21세 석촌(石村) 박세항(朴世恒, 1702~1769)은 신임옥사(辛壬獄事)의 광풍 속에서 억울하게 희생된 노론 사대신(四大臣)을 구원하고자 두 차례나 목숨을 건 상소를 올렸으며, 22세 평암(枰巖) 박보천(朴普天, 1722~1772)은 성리학적 이상을 구현하고자 향약(鄕約)을 통해 지역 사회의 교화에 힘썼다. 이러한 전통은 박임상의 직계 선조들에게로 충실히 계승되어 그의 삶에 직접적인 영향을 미쳤다. 24세 증조부 무은(无隱) 박순경(朴舜慶)은 당대의 석학 미호(渼湖) 김원행(金元行)의 문하에서 학문을 연마하며 가문의 학문적 깊이를 더했고, 26세 부친 북암(北巖) 박기준(朴淇準)은 구한말 일제의 단발령과 변복(變服) 강요에 맞서 "왜의 옷을 입고 왜의 행동을 하면 왜인이 아니고 무엇이겠는가?"라며 준엄하게 꾸짖고 끝까지 저항했다. 이는 단순한 풍속의 고수가 아니라, 민족의 정체성을 지키려는 최후의 저항이었다.

5) 기우만, 『송사선생문집(松沙先生文集)』권28, 「맥촌박공묘갈명(麥村朴公墓碣銘)」

〈표 1〉 무안 무안박씨 박임상 가계도

1세	進昇(중시조)
7세	文晤(면성부원군, 유산정, 생선지)
10세	義龍(조선 건국 원종공신 녹훈, 병산사 최초 배향)
14세	益卿(사육신과 단종 복위운동 도모)
17세	文龍(임진왜란 의병 모집, 정유재란 전사)
18세	侹(우계 성혼 문인, 정유재란 선조 호종)
19세	遵吉(병자호란 치욕 울분 토로)
20세	東厔
21세	世恒(신임옥사 구원 관련 두 차례 상소)
22세	普天
23세	㬈
24세	舜慶(미호 김원행 문인)
25세	守正
26세	淇準(단발령과 변복에 대한 항거)
27세	琳相

이상에서 살펴본 바와 같이, 박임상이 자신의 문집 『민재유고』에 선조들의 행적을 상세히 기록하고, 당대 명망가들에게 비문과 행장을 청탁하여 가문의 역사를 체계적으로 정리한 행위는 단순히 과거를 기념하고 보존하려는 박제된 기록 활동이 아니었다. 그것은 구한말에서 식민지 시대로 이어지는 망국(亡國)의 현실 앞에서 '한 시대의 지식인으로서 어떻게 살아야 하는가'라는 근원적 물음에 대한 해답을, 자신이 귀속된 가학의 역사와 전통 속에서 찾고자 했던 치열한 자기 성찰의 과정이자 역사적 자의식(自意識)을 확립하는 행위였다.

따라서 그에게 선조들의 삶을 정리하고 기리는 작업은 곧 자신의 정체성을 재확인하고 시대적 소명을 바로 세우는 의식과도 같았다. 그는 국가에 대한 공훈(功勳), 불의에 맞선 절의(節義), 국난 앞에서의 의리(義理), 그리고 세속을 초월한 덕행(德行)으로 점철된 선조들의 삶을 자신의 내면으로 온전히 받아들이고 체화(體化)하고자 했다. 이를 통해 박임상은 역사의 격랑 속에서도 결코 선비로서의 길을 잃지 않고, 시대의 아픔과 당당히 마주할 수 있는 굳건한 내면의 동력을 확보할 수 있었던 것이다.

2. 개방적 학문 수용

박임상의 행적을 현존하는 묘도문, 행장[6] 등을 통해 학문적 영향을 중심으로 재구(再構)하면 다음과 같다. 박임상의 자는 유옥(孺玉), 호는 민재이고 전남 무안 현경면 평산리에서 1864년 3월 29일에 북암 박기준과 김해김씨 김제헌(金濟憲) 딸 사이에서 태어났다. 『맹자』

6) 박기청(朴淇青) 「민재박선생행장(敏齋朴先生行狀)」, 양회갑(양회갑(梁會甲) 「敏齋朴先生墓碣銘」, 박현풍(朴炫豊) 「선고민재부군가장(先考敏齋府君家狀)」.

에 '어려서 배우는 것은 장성해서 행하려고 하는 것이다. [幼學壯行]'라는 문장처럼 박임상은 『소학』을 읽을 때마다 '효우(孝友)'와 관련된 구절은 특히 반복하여 음미했으니, 유년 시절부터 전통 가치의 핵심인 효도와 우애를 인간관계에서 핵심 덕목으로 여겼다. 이후 매산(梅山) 홍직필(洪直弼)의 문인이자 족숙(族叔)인 죽포 박기종에게 나아가 의문점을 질문하고 경전에 통달하며 문장과 필법이 일취월장하게 향상하였다.

19세기 중반 무렵 전남 무안, 함평, 영광, 신안 인근에서 가장 학식이 뛰어난 인물은 지재(智齋) 김훈(金勳, 1836~1910)이다. 그는 금곡(錦谷) 송래희(宋來熙), 숙재(肅齋) 조병덕(趙秉悳), 노사(蘆沙) 기정진(奇正鎭), 고산(鼓山) 임헌회(任憲晦) 등 당대를 대표하는 학자들에게서 수학하고, 1870년에 지장재(智藏齋)라는 강학 장소를 열며 후학을 양성하기 위해 「초학법문(初學法門)」을 지어 초학자의 기본자세와 『격몽요결』「독서장(讀書章)」에 제시된 독서의 차례를 강조한다. 박임상은 이곳을 출입하여 기초 학문과 다양한 학파의 학맥을 접한 김훈의 학문을 경험하게 된다.[7] 이후 사회적 지위, 경제적 안정, 학문적 추구 등을 목적으로 과거 응시에 준비하는 선비들처럼 박임상도 과장에 나가지만, 번번이 실패를 거듭한다. 족제(族弟)인 교관(敎官) 박순오(朴舜五)가 서울로 올라와서 관직에 도모하자 했으나

7) 김훈, 「동해집(東海集)」권6 「지장재기(智藏齋記)」에 따르면, 송래희가 '지(智)', 조병덕이 '장(藏)' 하나씩 지어준 글자를 조합해 서재의 명칭을 '지장재'라고 하였으며, 이 글자를 받은 날로부터 김훈이 스승에게 찾아가 가르침을 받는 입설(立雪)의 날이라고 하였다. 본문에 후술하겠지만, 「동해집」권7 「입설계안 좌목(立雪契案座目)」에 박임상의 이름이 기입된 것으로 보아, 김훈과 박임상의 사제 관계는 이 무렵부터 시작된 것으로 추론할 수 있다.

일언지하 거절하고 내면적 성찰을 통해 학문에 몰두한다.

젊은 시절 멋모르고 과문에 쏟다가	逞年底意主時文
의리의 전말을 일찍이 듣지 못했네	義理原委早未聞
이제야 분명히 위기지학 알게 되니	今始躍如知爲己
내 마음에서 시비와 청탁 구분되네[8]	自家胸裏渭涇分

1881년에 영남 지역 유림들이 이만손(李晩孫), 이만운(李晩運) 등을 중심으로 정부의 개방 정책에 반대를 표명하는 「신사연명유소(辛巳聯名儒疏)」를 올린다. 당시 김평묵은 이만손에게 '거센 물결 가운데 지주[砥柱洪流]', '추운 겨울날 송백[歲寒松柏]'이라는 표현으로 이만손의 정대한 의리에 극찬하는 서한을 보낸다. 이 일이 빌미가 되어 그해 윤7월 23일에 원악도(遠惡圖, 전남 신안군 지도)로 유배가 결정되고, 화서학파와 노사학파 유적을 경유하며 장소마다 한시를 남기면서 9월 4일 지도(智島) 윤랑포(允浪浦)에 도착한다.[9] 화서학파 적장자 김평묵의 유배로 고립된 공간이었던 지도 백련마을에 두류강당이 운영되면서 전통적 가치관을 지키려는 저항의 상징인 춘추대의, 위정척사 등 유교적 질서를 수호하기 위한 학문적 교류의 장에 박임상은 김병렴(金秉濂), 나유영(羅有英) 등과 함께 참석한다.

1891년 12월 20일에 「임절구호(臨節口號)」를 끝으로 경기도 포천 운담정사에서 김평묵이 타계한다. 형편상 상례에 참석하지 못하고, 이듬해 친구인 나유영이 대표로 김평묵 묘소에 참배하지만, 스승의

8) 박임상, 「민재유고」권1, 「스스로 후회하며[自悔]」

9) 나상필, 「근대전환기 신안군(新安郡) 지도(智島) 두류산(頭流山) 유적 조성과 계승」, 『용봉인문논총』57, 전남대학교 인문학연구소, 2020, 12~14쪽.

상(喪)에 심상(心喪)을 입는 표시로 겉옷에 다는 삼베 리본 받고는 수마적(受痲籍)에 명단이 수록된다.

1893년에 최익현이 나유영에게 명하여 김평묵의 흔적을 잊지 않기 위해 지도 두류산에 '중암유촉(重菴遺蠋)', '주기장예정일주직(周幾張豫程一朱直)', '대명일월소화강산(大明日月小華江山)'을 암각한다. 이후 김훈의「두류산감중암유촉운(頭流山感重庵遺躅韻)」원운시를 시작으로 최익현, 류기일(柳基一) 김한섭(金漢燮), 김녹휴(金祿休), 오계수(吳繼洙), 오준선(吳駿善) 등 176명과 함께 박임상도 차운시를 읊는다.

우러러보면 태산 같고 급류보다 결연하니	望若泰山決急流
중옹의 대의는 오직 춘추대의뿐이라네	重翁大義獨春秋
한 번 선생이 지나가서 미개한 땅 깨우쳤고	一經杖屨天荒破
돌에 남은 흔적 그리니 옛날 유람 생각나네[10]	石轍依依帶舊遊

1895년에 을미사변과 단발령을 계기로 기우만은 장성에서 의병을 일으켜 나주 의병과 연합하여 유교적 가치와 민족 자주성을 지키기 위해 상소문 작성, 격문 배포 등으로 의병 운동을 독려하였다. 위정척사 사상을 바탕으로 유생들의 참여를 유도하니, 박임상은 무안 동지들과 함께 의병에 참여하고자 했으나, 고종의 해산 명령으로 의병 활동이 무산되어 의병에 참여하지 못한다. 1896년에 최익현에게「유산

10)『민재유고』에 수록된 한시와 상이한 점으로 보아『두류지』를 간행할 때 수정·보완한 것으로 추정한다.『登頭流山見重庵金先生遺躅碑感吟』'東頭流外西頭流, 磅礴精神閱幾秋. 剖判以來知者少, 重翁遐躅幸登遊. 望重泰山決急流, 重翁大義獨春秋. 翁之不幸山之幸, 石面依依帶舊遊.'

정유허비(遊山亭遺墟碑)」 집필을 부탁하기 위해 포천을 방문하게 되면서 사제 관계를 맺는다. 이때 최익현은 박임상을 지사(志士)로 칭하면서 《서경(書經)》〈대우모(大禹謨)〉'人心惟危 道心惟微 惟精惟一 允執厥中' 16글자와 동행한 박기주(朴淇柱)와 함께 「서증박유옥임상달원기주(書贈朴孺玉琳相達元淇柱)」를 주고 박임상에게 '민재(敏齋)'라는 호를 지어준다. 최익현과 만난 뒤 백운산에 있는 김평묵의 묘소에 참배하고, 돌아오는 여정에 기우만의 삼산재(三山齋)에 경유하여 「민재기(敏齋記)」를 받는다. 따라서 박임상은 남은 생애에 두 스승을 통해 학문에 정진할 것을 다짐한다.

1897년 5월 신안 지도 두류산에 임자도 출신 임행재(任行宰)의 글씨로 '지재여운(智齋餘韻)' 4글자를 암각한다. 암석 아래쪽에 김훈의 제자 김병렴(金秉濂), 나유영, 임행재, 박기룡(朴淇龍), 김양운(金陽運), 박현장(朴顯章), 김사왕(金似王), 김봉래(金鳳來) 8명의 이름과 함께 박임상의 이름이 새겨진 점이 암각에 일정 부분 참여한 것으로 보인다. 그해 11월 박기종에게 가문의 후사를 일임받는다. 1898년에 김평묵이 송시열의 저술 「삼학사전(三學士傳)」에 언문(諺文)과 현토(懸吐)를 단 것과 송시열의 주요 행적만 기록한 『우암사실기(尤菴事實)』를 김병렴에게 빌려 등사하면서 화서학파의 학문적 기반인 송시열의 주리론적 도학과 소중화(小中華) 사상을 인식하게 된다.

박기종이 운명한 이듬해인 1899년에 오계수에게 박기종의 행장을 부탁하면서 『죽포집』 간행에 본격적으로 간여한다. 그해 김훈의 제자이자 조카인 김상휴(金相休)가 주도하여 김훈과 제자들 간에 강론과 수양을 목적으로 하는 입설계(立雪契)를 조직하는데, 박임상도 구성원이 된다. 1901년에 나유영과 함께 김평묵 추숭 사업을 위해 『두

류록사(頭流錄事)』 집필과 제단 건립을 김훈과 의론하여 추진한다. 1902년에 기정진의 유작 「외필(猥筆)」 논쟁이 일어났을 때 김훈은 기정진의 제자인데도 불구하고 「외필」의 문제점을 거론하다가 기정진의 손자 기우만과 갈등의 골이 깊어지는 과정에 박임상이 두 스승 간에 중재하는 역할을 하지만, 결국 두 스승은 관계가 파국으로 끝나고 아울러 김훈은 노사학파에서 종적을 감춘다. 1906년에 궐리사에서 집회를 열자 박임상은 위정척사와 의병 활동을 결심하지만, 그해 12월에 최익현이 의병에 실패하고 대마도에 유배된 뒤 순국하니, 박임상은 어떠한 활동도 중단한 채 계산재에 은거한다.

박기종, 김훈, 김평묵, 최익현, 기우만은 19세기에 상이한 학문적 흐름을 대변하는 인물들로 박임상은 다채로운 학맥을 통해 단일 학파의 틀을 넘어선 개방적 학문관을 형성할 수 있게 하였고, 그중 여러 스승에게 수학한 김훈의 존재는 박임상에게 학문적 개방성의 중요성을 직간접적으로 보여주었다. 결론적으로, 박임상의 학문적 정체성은 어느 한 학파의 충실한 계승자가 아니라 다양한 학맥을 수용한 자라고 할 수 있다. 그는 서로 다른, 때로는 긴장 관계에 있는 학문들을 개방적으로 수용하려는 태도를 견지했던 것이다. 이러한 박임상의 사례는 위기의 시대를 살아가는 지식인에게 요구되는 덕목이 무엇인지를 시사한다. 그것은 바로 특정 이념이나 학파의 틀에 자신을 가두는 것이 아니라, 열린 마음으로 다양한 지적 자산을 흡수하고 이를 시대적 과제 해결을 위해 창조적으로 재구성하는 지성일 것이다.

3. 유풍(儒風) 실천의 강학 활동

의병 항쟁과 같은 직접적 저항이 좌절되고 스승 최익현마저 순국하자, 박임상은 시대의 위기 앞에서 유학자로서 자신이 감당해야 할 소명이 무엇인지 깊이 성찰한다. 그는 외부 활동을 줄이고 은거의 길을 택하지만, 이는 현실로부터의 도피가 아닌, 다음 세대를 길러냄으로써 무너진 공동체의 정신적 토대를 재건하려는 장기적이고 근원적인 저항 방식의 선택이었다. 즉, 강학(講學) 활동을 통해 인재를 양성하고 유학의 도(道)를 실천하는 것이야말로 암흑의 시대에 등불을 밝히는 지식인의 책무라 여겼던 것이다.

그의 이러한 신념이 구체화된 공간이 바로 1888년(무자년) 무안 평산리에 세워진 계산재(溪山齋)였다. 관련 기록은 계산재를 '박씨의 서숙(書塾)'이라 칭하면서도, "마을에서 관을 쓴 5~6명, 아동 6~7명이 모여들었다"고 서술한다. 이는 계산재가 문중 교육의 한계를 넘어, 성인과 아동을 아우르는 지역 학문 공동체의 구심점으로 기능했음을 명확히 보여준다. 23세의 젊은 나이에 강학을 시작한 것은, 교육 활동이 그의 생애 후반부 과업이 아니라 청년 시절부터 이어진 평생의 소명이었음을 방증한다. 그는 재능 있는 자들을 선별하여 시서(詩書)를 가르쳐 원대한 포부를 기약하게 함으로써, 단순한 지식 전수를 넘어 경전 공부를 통한 인격 도야와 사회의 동량(棟梁)을 길러내고자 하는 뚜렷한 교육 이념을 실천했다. 당시 그의 강학 활동이 '옛 선비들의 유풍(儒風)을 엿볼 수 있다'고 평가받은 것은, 쇠락해가는 유교적 가치를 현실 속에서 되살리려는 그의 실천적 노력이 주변으로부터 깊은 공감을 얻었음을 의미한다.

그러나 그의 강학 활동은 순탄치만은 않았다. 1906년 스승 최익현의 순국 소식은 그에게 크나큰 충격을 안겨주었고, 3년간의 심상(心喪) 동안 그는 외부와의 교류를 끊고 깊은 내적 성찰에 잠긴다. 이 시기 그는 강학을 중단할 수밖에 없는 현실에 대해 참담한 심정을 토로한다.

> 강회의 일은 본래 우리가 학문을 진흥하는 길인데, 지금 나라 형세가 끝없이 위태롭고 사직이 장차 무너지려 하니, 백성들은 짐승이나 다름없는 지경입니다. 우리 당의 선비들이 나라와 임금의 급한 어려움에 나서지 못하고, 감히 태연자약하게 편안히 지내며 한가롭게 강회를 중단하고 있으니, 참으로 속이 쓰리고 부끄럽기 그지없습니다.[11]

이 글은 학문을 통한 사회적 실천이라는 유학자의 책무와 시대적 위기 앞에서 무력할 수밖에 없는 현실 사이에서 고뇌하는 지식인의 초상을 생생하게 보여준다. 강학 중단은 그에게 개인적 슬픔을 넘어, 유학자로서의 소임을 다하지 못한다는 깊은 부끄러움과 책임감의 발로였던 것이다. 이후 강학을 재개하지만, 1910년 경술국치(庚戌國恥)를 맞아 망국의 한을 담은 「맥수가(麥秀歌)」를 부르며 또다시 강단을 닫는다. 이는 강학 활동이 단순한 교육 행위가 아니라, 시대의 명운과 함께 부침을 거듭하는 그의 실천적 저항이었음을 보여준다.

일제강점기에 접어들자, 향촌 사회의 전통적 교육 시스템은 식민 통치 전략 아래 체계적으로 와해되기 시작했다. 일제는 유림 세력을 잠재적 저항 세력으로 간주하여 강학 활동을 엄격히 감시하고 단속했다. 이러한 질식할 듯한 상황 속에서 박임상은 계산재 강회를 공식적으로 중단할 수밖에 없었다.

> 계산재 강회가 공교롭게도 나라에 끝없는 변고가 있을 때를 만나 이

---

11) 박임상, 『민재유고』권2, 「춘재 족숙 박기우에게 답함[答春齋族叔淇禹]」

상한 냄새를 풍기는 무리에게 감시를 받게 되었으므로, 우선 이를 중지하네. 계문(契文)을 별유사(別有司)에게 보내어 어려운 상황을 꾸려나가는 방편으로 삼아보세.

여기서 '이상한 냄새를 풍기는 무리'란 일제 헌병이나 순사, 혹은 그 앞잡이들을 지칭하는 경멸적 표현이다. 공식적 강회의 중단 선언은 표면적으로는 외압에 대한 굴복처럼 보이지만, "계문(契文)을 보내어 어려운 상황을 꾸려나간다."는 대목에서 그의 진정한 의도가 드러난다. 이는 공식적인 조직을 해체하는 대신, 유림의 전통적 네트워크인 '계(契)'를 통해 비공식적이고 점조직적인 형태로 학문의 명맥을 이어가려는 기지이자 소극적 저항이었다. 이로써 계산재는 물리적 공간을 넘어, 암혹한 시대에 민족의 정신을 지키는 비공식적 네트워크의 허브로 기능하게 된 것이다.

그의 강학 활동이 남긴 가장 객관적이고 방대한 증거는 문인록인 『계산근람록(溪山近覽錄)』이다. 이 문인록은 그의 학문적 영향력이 어느 정도였는지를 명료하게 입증하는 자료이다.

〈표 2〉『계산근람록』 지역군별 문인 분포

지역	문인수	지역	문인수	지역	문인수
현경(玄慶)	165	면성(綿城)	25	삼향(三鄕)	3
청계(淸溪)	75	몽탄(夢灘)	18	이로(二老)	2
망운(望雲)	54	압해(押海)	17	광주(光州)	2
무안(務安)	45	지도(智島)	15	엄다(嚴多)	1
함평(咸平)	39	일로(一老)	11	고절(高節)	1
해제(海際)	33	목포(木浦)	6	미상	2

『계산근람록』에 수록된 17개 지역, 총 514명의 문인 분포는 박임상을 중심으로 한 학문적 네트워크의 구조와 범위를 뚜렷하게 보여준다. 첫째, 계산재가 위치한 현경(165명)을 진원지로 하는 동심원적 구조가 확인된다. 이는 그의 교육 활동이 특정 거점을 기반으로 안정적이고 체계적으로 이루어졌음을 증명한다. 둘째, 무안과 함평 일대를 아우르는 핵심 권역이 형성되었다. 이 지역들은 그의 실질적인 학문적 기반이자, 지역 유학의 맥을 잇는 인재를 길러낸 산실이었다. 셋째, 그의 학문적 명성은 지리적 한계를 넘어 목포, 나주, 신안의 도서 지역까지 확장되는 광역 네트워크를 구축했다. 이는 박임상이 단순히 한 지역에 국한된 향촌 유사가 아니라, 호남 서남부 유학계 전체에 깊은 족적을 남긴 거유(巨儒)였음을 입증하는 것이다. 514라는 숫자는 단순한 통계가 아니라, 식민지 시대에 민족의 정체성을 고민하고 지키려 했던 정신들이 그의 가르침 아래 모여들었음을 보여주는 역사의 기록이다.

결론적으로 박임상은 절망의 시대에 강학 활동이라는 실천을 통해 유풍(儒風)의 씨앗을 뿌리고 미래의 희망을 심은 지식인이었다. 총칼에 맞선 의병의 길도, 현실을 외면한 은둔의 길도 아닌, 교육을 통해 사람을 길러내는 길을 묵묵히 걸어갔다. 그의 삶과 그가 남긴 『계산근람록』은 일제강점기라는 억압의 시대를 살아간 한 지식인의 저항 방식과 민족 교육의 중요성을 밝히는 데 있어 빼놓을 수 없는 귀중한 역사적 의미를 지닌다.

Ⅲ. 한시로 읽는 내면 세계

구한말에서 일제강점기는 수많은 지식인에게 자신의 존재 이유와 시대적 소명을 묻는 시기였다. 국가의 존망이 위태롭고 전통 가치관이 송두리째 흔들리는 위기 속에서 각자의 방식으로 시대의 아픔과 고뇌를 끌어안으며 그 해답을 찾아 치열하게 분투한다. 박임상은 바로 이 절망의 시대를 온몸으로 관통하며 학문과 교육을 통해 정신적 지주가 되고자 했던 대표적 인물이다. 그의 삶은 화려한 정치적 투쟁이나 무장 항쟁의 전면에 나서지는 않았지만, 선비의 길을 걸으며 시대의 어둠을 밝히려 했던 점을 보여준다. 이처럼 박임상의 삶은 '가학의 계승', '개방적 학문 수용', '강학을 통한 실천'이라는 세 축이 유기적으로 결합된 총체적 과정이었다. 그는 가학의 토대 위에 개방적 자세로 다양한 학문을 쌓아 올렸고, 이를 다시 강학 활동을 통해 다음 세대로 이어주는 선순환 구조를 이룩하였다. 이러한 내면세계가 진솔하게 투영된 것이 그가 남긴 한시이다.

1. 전통의 계승과 조화에 담긴 내면적 염원

유산정은 박문오가 면성부원군에 봉해지고 낙향하여 지은 정자이다. 이후 박의룡이 만년에 관직에서 물러난 뒤 이곳에 내려와 지냈고, 박익경은 중수한다. 그 후 오랫동안 지역의 교류 공간이자 후손들의 공동체 공간으로 활용되다가 1879년에 박기종이 중건한 뒤 1905년과 1968년 등 몇 차례의 중수를 거친다. 무안박씨의 정신적 유산인 유산정은 한 개인의 공간에서 시작해 가문의 상징, 지역 공동체의 허브, 그리고 문화의 유산으로 진화해왔다. 박문오에서 박기종에 이르는 후손들의 지속적인 관심과 보존 노력은 전통을 계승하려는 집단 의식을 증명한다. 또한 박임상에게는 단순한 물리적 공간을 넘어 정체성과 기억의 장소로 시사한다.

금의환향 당시 면주를 식읍으로 받고	錦還當日食綿州
조금이나마 보답하고자 뒤늦게 노닐었네	欲報涓埃晩暇遊
망천에서 작은 배로 낚시하던 왕유와 같았고	輞川小艇王公釣
현산에서 가벼운 갖옷 차림으로 쉬던 숙자 같았네	峴峀輕裘叔子休
떠돌던 사슴은 약속한 듯 섬돌에 기대어 눕고	萍鹿尋盟依砌臥
숲속 새는 익숙히 안 듯 대청에 내려와 머무네	林禽慣識下廳留
황비와 자각은 일찍부터 어떤 것이었는가	黃扉紫閣曾何物
평지의 신선이 되어서 세속을 초탈하였네[12]	平地仙官脫俗流

박임상에게 선조인 박문오와 유산정은 자신의 정체성을 규정하고 나아갈 길을 비추는 등불로 이 시를 통해 자신이 어떻게 이상적인 유학자의 삶과 조화시키고 내면화하려 했는지를 나타낸 것이다.

먼저, 공적을 세운 후에도 겸손을 잃지 않고 사회적 책임을 다하려는 유학자의 자세, 즉 '출처'의 도리를 강조한다. 이어서 선조의 삶을 동아시아 선비 문화의 보편적 이상과 결합한다. 당나라 시인 왕유(王維)와 진나라 명장 양호(羊祜)의 고사로 선조의 풍류를 격상하여 가학적 뿌리가 동아시아 지성사 전체를 관통하는 위대한 이상과 맞닿아 있음을 보여준 것이다. 따라서 개인적 혈통의 특수성을 학문적 전통의 보편성과 조화시키려는 박임상의 지적 열망이 담겨있다.

시의 절정은 자연과의 합일과 세속의 초월에서 나타난다. 떠돌던

12) 박임상, 『앞의책』권1, 「유산정추감운[遊山亭追感韻]」

사슴, 숲 속 새를 통해 선조의 덕망이 자연마저 감화시키는 물아일체(物我一體)의 경지를 보여주면서 내면의 수양을 통해 세속을 벗어나는 '탈속(脫俗)'에 있음을 강조한다.

결론적으로 이 시는 선조의 삶에서 발견한 핵심 가치인 '책임감', '보편적 이상과의 조화', '정신적 초월'을 집약적으로 보여준다. 박임상은 선조의 행적을 시대적 상황 속에서 재해석하고 내면화하여 세속적 가치를 넘어선 '평지의 신선'과 같은 경지를 지향한 것이었다. 이 시가 바로 박임상의 간절한 내면적 염원을 담은 그의 정신적 출사표라 할 수 있을 것이다.

흥망이 시세와 관련되어 몇 년 보냈던가	興廢關時幾度年
뒤늦게 다시 중건하여도 예전과 같구나	後承重建亦如前
고향의 많은 복은 먼저 땅을 차지하였고	菟裘蔓福先占地
은거지의 고상한 정취은 별천지로구나	薖軸高情別有天
의병대의 옛 충정은 해와 달에 걸렸고	旅陣舊忠懸日月
도성을 수복한 정신은 산천을 덮였네	復都精彩被山川
유업을 잊지 말고 효와 덕을 수양하면	肯構不忘修孝德
선한 가문의 경사가 길이 끝이 없으리[13]	善門積慶永無邊

13) 박임상, 『앞의책』권1, 「삼가 죽헌의 중건 시에 차운하다 병서[謹次竹軒重建韻 幷序]」, "士君子之大節, 先乎出處之正, 而我族祖竹軒先生, 可謂得其道之正也. 先生諱恬, 字仲靜, 河嶽毓靈, 行誼出表, 學而有方. 從師慕齋金文敬先生, 同門若河西眉巖諸賢, 道義深重. 以學行除軍資監判官, 當世淸論有匡輔之望. 乙巳之禍, 奸黨傾朝, 先生早見其微, 勇退梓鄕, 與從孫僉樞公諱元吉, 隱居樂道. 壬辰之變, 倡勤王兵, 呈粮餉於趙重峯義陣, 錄宣武勳. 距今三百有餘年, 山高水長, 尙有江山之故宅. 後仍寔繁, 孝思不旣 肯構竹軒舊亭于先生之遺墟, 軒敞明媚, 可以想得先生當日居然之泉石矣. 嗚呼! 平泉庄開, 有心而無德, 故後孫不能保花石之美, 陋巷井陘, 無心而有道, 故後世乃能築顏樂之亭, 先生之遺後也, 非平泉之庄, 後承之追慕也, 是顏樂之亭乎. 理不終晦, 道不終熄, 先生之名節, 庶幾不朽也. 夫仰以拜, 繼以詩曰."

죽헌(竹軒) 박염(朴恬, 1525~1603)과 연관된 죽헌정 중건 시에 박임상이 차운한 시이다. 이 시는 단순히 선조의 업적을 기리는 것을 넘어, 시대적 상황에 따라 유연하게 대처했던 이상적인 삶의 모습을 구체적으로 제시하며, 자신이 추구하는 본질을 명확히 하고 있다.

시의 핵심은 '조화'로 박염의 삶에서 상반되어 보이는 두 가지 덕목을 균형감 있게 조명하였다. 먼저 을사사화의 혼란 속에서 벼슬을 버리고 돌아온 고향, 즉 은거지를 '고상한 정취'라 칭송한다. 이는 불의와 타협하지 않고 도를 지키는 '올바른 출처'의 가치를 높이 평가한 것이다. 하지만 임진왜란이라는 국가적 위기 앞에서 나라를 위해 헌신했던 '충(忠)'의 정신을 드높인다. 이처럼 박임상은 물러나야 할 때를 아는 지혜와 나서야 할 때를 아는 용기, 말하자면 '은둔'과 '헌신'이라는 두 가치를 조화롭게 계승하는 것이야말로 진정한 선비의 길이라고 역설한 것이다.

박임상은 시의 병서(并序)에 화려했으나 덕이 없어 사라진 '평천장(平泉莊)'과, 소박했지만 도가 있어 후세에 추앙받는 '안락정(顏樂亭)'을 대비하여 시의 결론으로 이어진다. 다시 말하면, 정자의 중건은 단순히 무너진 건물을 다시 세우는 물리적 행위를 넘어 선조가 남긴 효와 덕이라는 무형의 유업을 후손들의 마음속에 다시 세우는 정신적 행위로 승화한다.

이 시를 통해 박임상은 계승하고자 하는 전통이 어느 한쪽에 치우친 경직된 이념이 아니라 시대의 요구에 따라 지조와 충의를 조화롭게 실천하는 살아있는 정신을 나타낸 것이다. 그에게 가문의 역사는 화려한 건물이나 물질적 유산이 아닌, 후손들이 끊임없이 수양하여 이어가야 할 '덕(德)의 역사'였던 것이다. 죽헌의 중건은 정신적 유산을 잊지 않고 영원히 이어가겠다는 자신의 굳건한 다짐이자, 후손들에게 전하는 간절한 염원인 것이다.

집안의 친족들 가족의 정을 펼치는데	一堂花樹敍倫情
이날 이곳에 있으리라 어찌 알았으랴	此日安知有此程
충신의 사당 옆에 가을이 저물어 가고	忠臣祠畔秋將暮
처사의 누대 앞에는 물만 홀로 맑구나	處士臺前水獨淸
집이 은거지에 있어 서업을 남겨두었고	家在菟裘留緖業
감춰진 곳에 은둔하여 명성을 보호하네	地藏薖軸護名聲
호남과 호서로 가문 분파 무슨 일인가	兩湖分派緣何事
장릉을 회상하면 말문이 막히도다[14]	追憶莊陵語不明

이 시는 암천(巖川) 박증(朴增)의 재실에 머물며 읊은 것으로 영광스러운 전통 이면에 존재하는 비극적 상처와 그 속에서 지켜낸 절의(節義)를 끌어안으려는 내면적 고뇌를 보여준 것이다.

시의 중심을 이루는 것은 선명한 대비이다. '충신의 사당'은 성삼문(成三問)의 비극적 최후를, '저무는 가을'은 돌이킬 수 없는 역사의 슬픔과 무상함을 상징한다. 하지만 이 애상적인 분위기 속에서, 암천 처사의 누대 앞을 흐르는 '홀로 맑은 물'은 세상의 혼탁함에 물들지 않은 채 굳건히 지켜낸 순수한 절의와 명성을 상징한다. 박임상은 이 대비를 통해 자신의 가문이 계승해야 할 전통이란 비극적 운명을 딛고서 피어난 '맑고 깨끗한 정신'임을 명확히 인식하고 있다. 이러한 정신적 유업의 성격은 세속을 떠나 은둔함으로써 '보호된 명성' 그

14) 박임상, 『앞의책』권1, 「노성을 방문하여 종선조 암천처사 재실에서 유숙하며[過魯城宿從先祖巖川處士齋室]」

자체였고, 불의한 시대에 벼슬길을 거부하고 스스로를 감추는 행위는 도피가 아니라, 가문의 명예와 선비의 양심을 지키기 위한 적극적인 저항이자 실천이었던 것이다.

시는 마지막에 이르러 개인의 가족사를 넘어 국가적 비극에 대한 깊은 탄식으로 확장된다. 단종의 비극이 한 가문을 흩어지게 만든 원인이었음을 상기시키며 참담한 심정을 토로한다. 이는 절의를 지켜야만 했던 시대의 아픔과 한(恨)까지도 고스란히 보여준 것이다.

박임상은 선조의 재실을 방문하는 행위를 통해, 선조의 절의뿐만 아니라 그 근원이 된 슬픔까지 온전히 자신의 내면으로 받아들인다. 따라서 이 시는 영광과 상처를 모두 끌어안고, 이를 통해 더욱 굳건한 정신적 토대를 마련하려는 조화로운 계승에 대한 간절한 염원을 담고 있다.

박임상은 이상의 시를 통해 선조의 삶에 담긴 다층적 의미를 탐구하고, 이를 자신의 시대에 필요한 가치로 재해석하여 조화롭게 계승하려 했던 모습을 보여준 것이다.

2. 스승에 대한 회상과 내면적 성찰

학문 세계를 이해하는 데 있어 스승의 존재는 절대적인 중요성을 지닌다. 유학자에게 사승 관계는 단순한 지식 전수를 넘어 학문적 정체성과 삶의 방향을 결정하는 근원이다. 박임상은 박기종, 김훈, 김평묵, 최익현, 기우만 등 당대의 다양한 학문적 흐름을 대표하는 여러 스승과 교유하며 자신의 지적 지평을 넓혀 간다. 본 절에서는 스승을 기리거나 그 가르침을 되새기며 쓴 시들을 분석하여 그의 내면에 각인된 스승의 모습과 내면적 성찰을 논구하고자 한다.

천지 기운 모아 세간의 인재를 내시니	天地鍾生間世才
후학들 학문 심어주고 선 길러주었네	後生文種善栽培
난적이 횡행하는데 누가 제거하리	亂賊橫行誰得誅
백운산에서 돌아가는 길 서글피 배회했네[15]	白雲歸路悵徘徊

이 시는 스승에 대한 절대적인 존경심과 스승이 떠난 세상에 대한 제자의 무력감과 책임감을 응축하여 보여주고 있다. 박임상은 김평묵을 '천지의 기운이 낳은 인재'로 칭송한다. 이는 스승에 대한 존경심의 표현인 동시에, 자신이 배운 학문이 천지의 올바른 도와 연결되어 있다는 학문적 자의식의 발로이다. 특히 스승의 역할을 농부에 비유한 것은 자신이 그 가르침을 통해 길러진 존재임을 고백하는 것이다. 그러나 스승에 대한 회상을 암울한 현실 인식으로 전환한다. 여기서 '난적(亂賊)'은 외세의 침략과 이에 동조하는 세력을 포함하는, 김평묵이 평생 맞서 싸웠던 불의한 모든 것을 지칭하는데 김평묵의 죽음으로 구심점을 잃어버린 시대에 대한 깊은 절망을 드러낸다. 끝으로 '서글피 배회'라는 표현을 써서 스승을 잃고 앞으로 나아갈 길을 고뇌하는 제자의 내면적 방황을 단적으로 드러내고 있다. 따라서 스승을 향한 그리움이 시대적 아픔과 만나 어떻게 한 지식인의 성찰로 이어지는지를 보여준 것이다.

강직한 기상 지닌 세상에 드문 명현	間世名賢剛氣鍾
화서의 문인으로 연원과 정도가 있었네	淵源正路蘗門庭
공자 주자의 도로 존왕양이 의리 높였고	孔朱其道尊攘義

15) 박임상, 『앞의책』권1, 「중암 김평묵 선생의 묘소를 참배하다[瞻拜重庵金先生幽宅]」

이윤 여상의 마음으로 출처의 경륜 펼쳤네	伊呂斯心出處經
당대의 명망은 태산북두와 같았고	當朝素望如山斗
나라를 향한 일편단심은 해와 별처럼 빛났네	向國丹忱耀日星
용이 죽고 호랑이 떠나자 풍운이 처참해지니	龍亡虎逝風雲慘
크고 작은 백성 마음마다 눈물 절로 흐르네[16]	小大輿情淚自零

최익현이 순국한 뒤 애도하며 지은 만시(挽詩)로 그의 삶 전체를 유학의 이상적 모델로 압축하고, 그를 잃은 시대의 참담함을 토로한 것이다. 아울러 최익현을 향한 회상을 통해 자신이 추구해야 할 학문과 삶의 태도를 재확인하며 내면적 성찰을 보여준다.

먼저 최익현이 화서학파의 맥을 잇고 있는 제자로 그의 학문적 위상과 정통성을 명확히 하면서 공자, 주자, 이윤, 여상을 언급하며 사상과 실천을 분석한다. '존왕양이(尊王攘夷)'는 평생 지켜온 학문적 원칙이자 신념[道]이며, '출처(出處)'는 그 신념을 현실 속에서 때에 맞춰 실천해 온 경륜[心]이었다. 박임상은 최익현을 '도(道)'와 '심(心)'을 겸비하여 이론과 실천을 완벽히 조화시킨 이상적 유학자로 그리고 있다. 이는 최익현의 삶을 분석하고 그 핵심 가치를 추출해 내려는 박임상의 내면적 성찰이다. 이어서 최익현의 죽음이 갖는 의미를 우주적, 국가적 차원으로 확장하고 한 시대의 거인이자 정신적 지주였던 최익현의 부재가 곧 국가의 앞날을 암울하게 만드는 재앙임을 암시한다. '용'과 '호랑이'라는 상징을 통해 최익현의 죽음을 국가적 동량(棟梁)의 상실로 격상시킨 것이다.

이 시에 담긴 박임상의 회상은 최익현을 '정통성의 계승자', '이론과 실천의 통합자', 그리고 '시대의 등불'로 요약하면서 개인의 슬픔

16) 박임상, 『앞의책』권1, 「면암 최익현 선생을 애도하다[挽勉庵崔先生]」

을 공동체의 아픔으로 확산시키는 것은 최익현의 삶과 죽음이 지닌 사회적 무게를 절감하고 이를 계승하려는 제자의 비통한 다짐을 보여주는 것이다.

학문에 근원이 있어 날마다 공을 들이고	學問有源日用功
한 덩이 온화한 기운은 봄바람을 감싸네	一團和氣襲春風
가업을 잘 계승한 풍정 박의룡의 후손으로	箕裘緖業楓亭後
고절 마을에서 한가롭게 이리저리 거닐었네	杖屨閒情節洞中
반평생의 부귀는 본래의 뜻이 아니었으니	半世富貴非素志
아홉 차례 상소의 대의는 일편단심 충정이네	九疏大義是丹忠
다시 어디에서 가르침을 받을 수 있을까	更從何處承薰炙
통곡해도 나의 사사로운 한탄 다할 수 없네[17]	痛哭吳私恨不窮

족숙이자 스승이었던 박기종은 박임상에게 학문의 길로 이끌어준 최초의 안내자이자, 가학의 전통을 몸소 체현한 자이다. 그를 애도하며 지은 이 시는 다른 스승들을 향한 만시와는 다른 사적인 슬픔을 드러낸다.

먼저 박기종의 학문 연원이 매산 홍직필이라는 정통성을 나타내며, 그의 인품은 봄바람처럼 따뜻하고 온화했음을 보여준다. 이는 학문뿐 아니라 인격적 감화를 통해 존경과 그리움의 나타낸 것이다. 그리고 박기종이 문과 급제 뒤 이조정랑까지 역임했지만, 세속적 성공을 추구하지 않고 안분지족(安分知足)과 대의(大義)만 생각하며 걸어온 인생의 가치가 "아홉 차례 상소(九疏大義)"와 같은 불의에 타협

17) 박임상, 『위의책』권1, 「족숙 죽포 박기종 선생을 애도하다[挽族叔竹圃先生淇鍾]」

하지 않는 충정에 있음을 강조한다. 따라서 박임상은 원칙과 의리를 지키는 삶이야말로 진정한 선비가 나아가야 할 길임을 성찰한 것이다. 그렇기에 박기종의 죽음은 박임상에게 무엇과도 바꿀 수 없는 개인적 상실로 다가온다. 시의 마지막을 통하여 다른 스승의 죽음을 국가적 비극으로 표현했던 것과 달리, 박기종의 죽음 앞에서는 '사사로운 나의 한탄'이라며 개인적인 슬픔을 드러낸다. 이는 죽포가 자신의 학문 여정의 시작점을 열어준 근원적인 존재였기 때문이다.

이 시는 박임상의 학문적 뿌리에 대한 재확인의 과정이다. 자신의 학문적 여정의 첫 단추를 채워준 스승을 잃고 느끼는 절실한 그리움을 통해 그의 학문 세계가 얼마나 깊고 인간적인 뿌리 위에 서 있는지를 보여준다.

이상에서 살펴본 바와 같이, 시대의 등불을 잃은 거시적 비애와 학문적 근원을 상실한 개인적 고뇌를 아우르는 박임상의 시들은 한 지식인이 여러 스승의 가르침을 어떻게 통합하여 자신의 길을 걸어가야 하는지를 보여주고 있다.

3. 교육과 후학에 대한 기대

가학의 계승과 스승에 대한 성찰을 통해 자신의 학문적 정체성을 확립한 박임상에게 교육은 가치를 실현하고 미래로 잇는 필연적인 귀결이었다. 전통적 가치가 위협받던 시대에 후학 양성은 단순한 지식 전수를 넘어 민족을 지키려는 실천적 저항이었다. 계산재를 중심으로 모여든 제자들은 그에게 시대적 책무를 수행하는 동학이자, 절망 속에서도 포기할 수 없는 희망이었다. 따라서 본 절에서는 교육과 제자들에게 전하고자 했던 바람이 무엇이었는지 살펴보고자 한다.

곱자 사용하여 작은 서재 새롭게 새웠으니	小齋新創用圓規
강산과 잘 어우러져 정채가 기이하구나	融結溪山精彩奇
인지의 기풍을 높이 숭상하고 곳이고	仁智風聲高尙地
시서의 학업을 오래도록 전할 터전이네	詩書學業永傳基
시내의 소나무는 천 년 동안 눈보라 견디고	澗松耐雪能千載
서당 은행나무는 사시사철 봄이 돌아오네	壇杏回春自四時
거문고로 아양곡 타고 자리에서 글 읽으며	琴上峨洋絃誦席
간곡한 스승의 가르침 후생에게 남기리라[18]	諄諄師說後生貽

박임상이 자신의 강학 공간인 계산재를 세우며 지은 시로, 그의 교육 철학과 후학에 대한 기대를 담아낸 선언문과 같은 성격을 지닌다. 이 시에서 계산재는 위기의 시대에 민족의 정신을 지키고 미래를 길러내기 위한 터전이다. 박임상은 이 공간을 통해 자신이 교육의 이상과 제자들이 갖추어야 할 덕목을 제시한다.

먼저 계산재의 설립 목표가 유학의 핵심 덕목인 '인(仁)'과 '지(智)'를 함양하는 데 있음을 분명히 하고 자신의 교육 활동이 일시적인 것이 아니라 영속적임을 선언한다. 이어 자연물에 빗대어 후학들이 갖추어야 할 이상적인 모습을 그린다. '눈보라를 견디는 소나무'는 어떤 시련 속에서도 굴하지 않는 절개와 지조를 상징하고, '사시사철 봄이 돌아오는 은행나무'는 공자의 행단(杏壇) 고사를 인용한 것으로, 학문이 끊임없이 이어져 새로운 인재가 계속 배출되는 학문 공동체의 번창을 의미한다. 다시 말하여, 그는 제자들이 불의에 저항하는 강인한 의지와 학문을 통해 끊임없이 자신을 수양하는 자세를 겸비하기를 기대하며, 자신이 익힌 스승의 학문을 제자들에게 남기겠

---

18) 박임상, 『앞의책』권1, 「계산재 원운시[溪山齋原韻]」

다는 다짐을 통해 교육적 실천 의지를 드러낸 것이다.

이 시를 통해 박임상은 교육을 통하여 제자들이 자신을 뛰어넘어 민족을 책임질 인재로 성장하기를 바란다는 점을 고찰할 수 있다.

가을 하늘 달빛이 마음을 맑게 비추어	一天秋月照心淸
생각하니 그대들의 깨끗한 마음 알겠네	想得諸君灑落情
인연은 금석처럼 중하다는 것을 알지만	已識此緣金石重
지난 일 수운향처럼 가벼워서 가련하네	堪憐往事水雲輕
행하는 바는 오직 충효에 전념할 뿐이니	所行只可專忠孝
때를 만나지 못했다고 어찌 성명 숨기랴	不遇何妨隱姓名
십 리의 계산재에 옛 약속 남아 있으니	十里溪山餘舊約
일어나 숲 아래서 글 읽는 소리 들을 만하네[19]	起聽林下讀書聲

사제 간의 정서적 교감과 함께 제자들에게 전하는 스승의 당부가 담긴 시이다. 맑은 가을 달밤에 박임상은 제자들의 마음을 헤아리며, 그들과 맺은 학문적 인연이 금석처럼 변치 않을 것임을 강조한다. 이는 혼란한 시대 속에서 학문 공동체가 얼마나 중요한지를 보여준 것이다. 박임상은 제자들이 걸어가야 할 삶의 방향을 명확히 제시한다. 그는 제자들에게 세속적인 출세에 연연하지 말고 오직 선비의 덕목인 '충과 효'를 실천하는 데 전념하라고 가르친다. 아울러 시대가 어지럽다고 하여 현실을 외면하고 숨어버리는 소극적 은둔을 경계한다. 즉, 각자의 위치에서 충효를 실천하며 선비로서의 이름을 지키고 그 책임을 다해야 한다는 적극적인 실천 윤리를 주문한 것이다. 이러한 가르침은 희망적인 미래에 대한 기대로 이어진다. 여기서 '옛 약

19) 박임상, 『앞의책』권1, 「계산재에서 제군들에게 화답하다[溪山齋和諸君]」

속'이란 계산재를 세우며 다짐했던 교육의 목표인 인의(仁義)를 실천하고 학문을 영원히 전하겠다는 약속이며, 숲 아래에서 들려오는 제자들의 글 읽는 소리는 바로 그 약속이 실현되고 있음을 보여주고 있다.

이 시는 제자들에게 현실적 한계에 좌절하지 말고, 선비의 본분을 실천하는 삶을 당부한 것이다.

박임상은 계산재를 통해 시련에 굴하지 않고 끊임없이 학문을 이어가는 이상적 인간상을 제시하는 동시에, 제자들에게는 충효라는 본분을 지켜나갈 것을 주문한다. 이것은 굳건한 정신적 지주가 되어주었던 스승들의 역할을 스스로 이어가려는 다짐이기도 한다.

Ⅳ. 맺음말

구한말에서 일제강점기에 이르는 격변기를 관통한 향촌지식인 민재 박임상의 삶과 한시를 통해 그의 시대적 역할을 조명하고자 했다. 그의 생애는 '가학의 계승', '개방적 학문 수용', '강학을 통한 실천'이라는 세 축이 유기적으로 결합된 총체적 과정으로, 이는 전통을 현재의 과제와 연결하고 미래 세대로 이어가려 했던 한 지식인의 치열한 응전이었다.

첫째, '가학의 계승'은 그의 정체성을 지탱하는 근원이었다. 그는 선조들이 보여준 불의에 대한 저항과 국난 앞에서의 헌신을 시를 통해 내면화하였고, 이를 망국의 현실을 헤쳐나갈 정신적 자산으로 삼았다. 이는 과거의 전통을 현재적 의미로 재해석하여 실천의 동력으로 전환시킨 과정이었다.

둘째, 그는 가학의 토대 위에서 '개방적 학문 수용'으로 사상적 지평을 넓혔다. 화서학파와 노사학파를 아우르는 당대 거유들과의 교유는 특정 학맥에 얽매이지 않고 시대의 복합적 위기에 대응하려 했던 실천적 지성의 발현이었다. 스승들을 향한 추모시는 학문적 근원을 상실한 고뇌와 시대의 등불을 잃은 비애를 동시에 담아내며, 그가 스승의 가르침을 얼마나 주체적으로 성찰했는지를 보여준다.

셋째, 앞선 두 과정은 '강학을 통한 실천'으로 귀결되었다. 국권이 피탈된 암흑기 속에서 그가 택한 저항은 후학을 양성하는 교육이었다. 계산재는 민족의 정체성을 보존하고 미래를 길러내는 보루였으며, 제자들에게 세속의 성공을 넘어선 '충효'의 본분을 강조한 그의 가르침은 절망의 시대를 이겨내는 희망의 소리이자 무너진 스승의 도(道)를 잇겠다는 필생의 소명이었다.

본고는 박임상의 문집에 수록된 한시를 중심으로 그의 내면을 탐색하였으나, 집필 시기가 불분명하여 생애 전반을 연대기적으로 추적하는 데는 한계를 지닌다. 향후 그의 산문과 『계산근람록』에 등재된 514명 문인에 대한 후속 연구가 이어진다면, 그의 학문적 영향력이 다음 세대에 어떻게 계승되었는지를 더욱 입체적으로 규명할 수 있을 것이다. 이는 거대 담론에 가려진 지역 지식인의 치열한 삶을 복원하고, 한국 근대 지성사를 한층 풍부하게 하는 데 기여할 것으로 기대한다.

□ 참고문헌

1. 원전류

- 奇宇萬, 『松沙集』
- 金勳, 『東海集』
- 朴淇鐘, 『竹圃集』
- 朴琳相, 『敏齋遺稿』
- 吳繼洙, 『難窩遺稿』
- 崔益鉉, 『勉菴集』

2. 논문류

- 김대현, 「20세기 전반 전남 서부지역 漢詩人들의 활동 모습-민재와 지산의 경우를 중심으로」, 『한국시가문화연구』20, 한국시가문화학회, 2007.
- 나상필, 「譯註 敏齋遺稿 : 詩 · 書 · 雜著를 중심으로」, 전남대학교, 박사학위 논문, 2022.
- 나상필, 「근대전환기 신안군(新安郡) 지도(智島) 두류산(頭流山) 유적 조성과 계승」, 『용봉인문논총』57, 전남대학교 인문학연구소, 2020.
- 윤재환, 「기헌 박용상의 생애와 시세계-생애와 시세계의 특징적 양상을 중심으로」, 『국학연구』36, 한국국학진흥원, 2018.
- 이은정, 「18세기 후반 무안 병산사의 건립과 무안박씨」, 『지방사와 지방문학』11, 역사문화학회, 2007.

만성(晩醒) 정규병(丁奎炳)의 학문 태도와 역사 인식
-『만성유집(晩醒遺集)』을 중심으로

박해현
(초당대학교 교수)

〈 목차 〉

I. 머리말

본고는 만성(晩醒) 정규병(丁奎炳)의 학문 태도와 역사 인식을 그의 문집인 '만성유집(晩醒遺集)'을 중심으로 살펴보고자 작성되었다. 본고가 생명력을 지니기 위해서는 실증적으로 살펴진 만성의 삶에 대한 이해가 전제되어야 한다. 하지만 그의 생애는, '만성유집'(해제)에 나와 있는 극히 소략한 것에 불과하여 한계가 있다. 더구나 '만성유집'에 수록된 작품의 상당 부분이 연대가 나와 있지 않아 시대 상황을 살피는 데 어려움이 있다.

그런데도 꽤 많은 작품을 분석하다 보면 일정한 경향성이 보인다. 특히 묘갈명이나 족보 서문 등은, 만성의 역사 인식을 이해하는 데 적지 않은 도움을 주고 있다. 주지하다시피, 많은 후학이 그를 따랐던 것은, 어려서부터 익힌 한문, 유학 등을 바탕으로 형성된 몽탄 출신 만성의 높은 식견과 굽히지 않은 당당한 역사의식을 추앙하였기 때문이었다.

아직 만성의 학문을 살핀 연구는 없다. 본고가 만성의 학문 세계를 이해하는 단초를 여는 계기가 되기를 바란다.

II. 만성 정규병의 생애와 '만성유집'

1. 만성의 생애

조선왕조 말, 무안 지역 거유(巨儒)로 유명한 정규병 선생은, 휘는 규병(奎炳), 자는 태첨(泰瞻), 호는 만성, 본관은 나주였다. 1870년 1

월 26일 부친 면섭(冕燮)과 모친 밀양박씨의 셋째 아들로 태어났다. "만성 정규병 선생 숭모비문"에는 그의 탄생을, "산악의 신령한 기운을 받아 훌륭한 인물이 탄생"하는 것을 의미한 '악강(嶽降)'이라는 높은 표현을 사용하여 추앙하였다.

대양군(大陽君) 덕성(德盛)이 정씨(丁氏) 시조이다. 덕성의 둘째 아들 금성군 응도가 관향(貫鄕)을 받았다. 고려시대 검교대장군 윤종의 공적이 빛났는데, 이후 6대가 동정(同正)을 역임하였다. 조선시대 성균관 생원 신(愼)이 입면성조(入綿城祖)이다. 만성의 직계 가계를 보면, 고조는 진희, 호 청재, 증조는 한충, 호 석전, 조부는 대빈, 호 죽포, 부친은 면섭, 호 송오이다.

어려서부터 준수한 풍채와 영명한 재질을 겸비하였다고 칭찬을 한몸에 받은 그는, 5세 되던 해 부친으로부터 글을 배우고 필법을 익혔다. 부친을 비롯, 증조 조부 모두 경상우도에서 성담학단이라는 학파를 형성하였다고 평가받은 송시열의 5대손 성담(性潭) 송환기 선생의 학문을 사숙(私淑)하였다. 후술하겠지만, 불교를 대하는 태도 등 성담 학문이 만성에게 일정 부분 영향을 미치고 있는 것을 알 수 있다.

사서오경(四書五經)과 한당송(漢唐宋) 제가서(諸家書)를 통습(通習)하였던 만성은 시부(詩賦)에도 능하였는데, 집안 어른 금석(錦石) 창랑(滄浪) 두 선생으로부터 배웠다고 한다. 16세 되던 해에, 나주 향시(鄕試)에 참방(參榜)하였다. 문명(文名)이 크게 떨치어 '광세지재(曠世之材)'라고 평가받았다. 하지만 1894년 갑오왜변으로 나라가 어지러움에 빠지자 이를 통탄하며 관직을 멀리하고 임천(林泉)에 은둔하며 편모를 모셨다. 이 무렵 그는 보유재(保有齋)에서 단사표음(簞食瓢飮)하며 강학(講學)에 전념하였다. 러일전쟁이 발발하던

1904년, 그는 화순에서 한학으로 명성을 떨치고 있던 노사 기정진의 제자 일신재 정의림을 찾아 가르침을 받기도 하였다. 정의림을 배알(拜謁)하고 돌아오면서 읊조린 구점(口占)한 시(詩)가 있다.

A-①
저문 골목에 초저녁 달빛 비추니
날씨가 동남으로 늦게 열리도다
A-②
한(恨)하노니 달이 둥글게 구르는 곳에
강풍이 안개 불어 하늘을 가림하여

A-①의 "달빛 비추니, 늦게 열리도다"는 늦게나마 정의림을 만나 깨달음을 얻었다는 것을, A-②의 "한(恨)하노니, 강풍이 안개 불어 하늘을 가림하여"라는 부분은, 일제의 압박으로 풍전등화에 처한 혼란스러운 상황을 염려하고 있는 것으로 이해된다. 만성이 기정진의 제자와 교류를 하고 있다는 것은 후술하겠지만, 족제(族弟)를 송사 기삼연에게 보낸 사실에서도 알 수 있다.

1910년 국권피탈 후에도, 양력 사용 및 단발을 끝까지 거부하였던 만성은, 1919년 1월 고종황제가 승하하자 지방 사림 수백 명을 도림산정(道林山頂)에 모아 북쪽을 향해 망곡(望哭)하였다. 고종황제의 3년 상을 마치고 나서도 1년을 더 복상(服喪)하였다고 한다. 일제에 맞선 조선의 마지막 선비 기개를 엿보게 한다.

만성은, 이른바 신교육을 통해 우리의 얼을 빼앗으려는 일제에 맞서 보유재에서 제자 양성에 매진하였다. 만성처럼 일제가 취한 교육정책을 거부하며 민족의식을 심어주는 교육을 한 한학자들이 적지 않았다. 부안의 계화도에 은거하며 무려 3천 명의 제자를 길러냈다는 전우(田

愚), 용진정사를 세워 한학을 교육하였던 광산의 오준선 등이 대표적인 경우인데, 전우에게 배운 장성 출신 변극, 오준선에게 배운 광산 출신 이경채 등은 우리 독립운동사를 빛내고 있는 애국지사들이다.

'만성유집'에 만성의 문인으로 230인 이름이 나온다. 그의 훌륭한 인품과 높은 학식을 배우고자 하는 이들이 구름처럼 모여들었다고 하는 숭모 비문이 단순히 과장이 아님을 짐작할 수 있다.

수많은 제자를 길러낸 만성은, 1960년 1월 22일 91세를 일기로 별세하였다. 오일장으로 치러진 그의 장례에 가마(加麻)한 문생이 230인이 넘었다. 이를 통해 그의 높은 학덕을 짐작할 수 있다.

2. 만성유집 편찬과 구성[1)]

만성 사후에 문생이자 족질인 정유진(丁有鎭)이 만성의 유문(遺文)을 필사하여 수습하고, 조성원 정인면 서석종 임종수 정병순 서정환 배태춘 등이 힘을 보태어 1964년 간행하였다.

석판본으로 원집 4권, 부록 1권 등 2책으로 구성되어 있다. 권수(卷首)에는 1963년 배석면이 쓴 서문이 실려있으며, 원집 목록이 있다.

원집 1권에는 180제(題) 214수(首)의 시와 24편의 서(書)가 수록되어 있다. 시는 오언절구 9수, 오언율시 1수, 칠언절구 123수, 칠언율시 81수가 시체에 따라 배열되어 있다. 주제별로 살피면, 자연을 읊조린 내용 56수, 삶의 고뇌를 읊조린 내용 26수, 제자 등에게 학문을 권면한 내용 45수 등 다양한 분야를 살피고 있다. 특히 조선의 내정을 간섭한 청의 대신 원세개(袁世凱), 함평에서 의병을 일으킨 신동욱 등 그의 역사 인식을 살필 수 있는 시도 남겨 놓았다.

1) 이하 서술은, 노병덕, 2023, 『만성유집』 해제, 참고

원집 2권에는 논어강설을 비롯한 26편의 잡저(雜著), 6편의 서(序), 23편의 기(記)가 수록되어 있다.

원집 3권에는 8편의 제문, 6편의 상량문, 13편의 행장이 수록되어 있다. 제문이나 상량문, 행장에는 그의 학문 태도나 역사 인식을 엿볼 수 있는 내용이 상당하다. 예컨대, 정씨 시조인 대양군의 상량문에, 대양군의 훌륭한 업적이 가문에 전하나 당사(唐史)에 증거가 없어 안타깝다. 전하지 않은 것을 억지로 구하면 실수가 되므로, 전한 바는 전한 대로 기록하고, 전하지 않은 바는 전하지 않은 대로 기록한다는 내용이 있다. 그의 실사구시(實事求是)적인 학문 태도를 알려준다.

원집 4권에는 14편의 묘갈명, 묘비 음기 1편, 묘표 6편 유사(遺事) 10편, 사실(事實) 10편이 수록되어 있다. 묘갈에는 그의 역사의식과 실증적인 태도를 엿보게 한 내용이 들어 있어 그의 작품 세계를 이해하는 데 좋은 자료가 되고 있다. 다만, 만성의 작품 제작 시기가 몇 편을 제외하고는 드러나 있지 않아 사상사를 이해하는 데 한계가 있음을 지적하고 싶다.

원집 5권 부록에는 족질 정유진이 쓴 만성당 상량문 1편을 비롯하여 배석면이 쓴 만성당 추기 1편, 문생들이 연명 또는 단독으로 쓴 제문 9편[2], 서한종이 쓴 행장 1편, 배석면이 찬한 묘갈 1편이 수록되어 있다. 문생록에 문생 386명의 이름이 수록되어 있고, 정노수 정인면이 쓴 발문이 1편씩 수록되어 있다.

---

2) 문생 조성원 정인면 정대연 서석종 정규태 서한종 정병순 정해준 임종수 정재술 정규진 서상태 등의 이름이 보인다.

Ⅲ. 만성 정규병의 유학과 불교 인식

1. 성담 송환기의 사상과 불교 인식

정규병은 그의 부친 면섭으로부터 어렸을 때부터 유학을 배웠다. 면섭의 유학 세계는 그의 조부인 석전, 부친인 죽포로부터 이어진 성담 송환기의 학문이 바탕을 이루고 있었다. 석전 또한 직접 송환기에게서 학문을 배운 것이 아니라 사숙하였지만, 만성의 학문 세계에 성담의 사상이 엿보이고 있는 것으로 보아 송환기의 학문의 영향이 대대로 이어졌음을 알 수 있다.

성담 송환기(1728~1807)는 우암 송시열의 5대손으로 노론계 호론(湖論)의 종장(宗匠)이었다. 성담은 작고하던 해인 80세에 종1품인 숭록대부에 올랐을 뿐 실제 관직에는 거의 나아가지 않은 전형적인 재야 사림이었다. 만성이 평생을 은둔하며 제자 양성에 매진한 것도 성담의 영향이 아닌가 생각한다.

성담은 우의정 정우량이 김장생 대신 명재 윤증을 넣으려 하는 것을 상소를 통해 극력 반대하였다. 곧 그는, 주자 이이 송시열 김장생, 그리고 호론의 종장이었던 송능상으로 이어지는 사상 체계를 구축하려 하였다.[3] 만년에 그가 문하생인 정국채에게 전한 발문 '서정사관소장고산구곡화첩후(書鄭士觀所藏高山九曲畵帖後)'에서 그의 사상 지향성을 짐작할 수 있다.

B

3) 김종수, 「19세기 경상우도의 성담 송환기 학단의 동향」, 『한국전통문화연구』26, 2020.

아! 고산(高山)의 한 구역이 여전하니 바로 무이구곡(武夷九曲)으로 율옹(栗翁)이 읊조리고 우옹(尤翁)이 시를 지었으니 실로 주희(朱夫子)의 도가(櫂歌)의 말씀을 법도로 삼은 것으로, 그 연원의 요점을 여기서도 또한 볼 수 있다. 선배들이 이르신 "주자를 배우고자 하거든 마땅히 율옹으로부터 시작해야 한다"고 한 말씀을 믿겠노라[4]

호락논쟁이 치열하게 전개되고 있을 무렵 경상도를 중심으로 새롭게 성리학의 계보를 형성하였던 그의 사상은, 기본적으로 요순(堯舜)과 공맹(孔孟)을 경유하여 정주(程朱)에로 귀착된 도통(道通)상전의 계보를 중시하면서 '벽이단론(闢異端論)'에 충실하고 있었다. 가령 불교에 관한 그의 입장을 고려 공민왕 때 불교를 비판한 이문정의 "숭불의 세상인 고려조를 당하여 상소로, 벽이(闢異)를 항의한 끝에, 물러나 향원(鄕園)에 거처하면서 학문을 독실히 하고 힘써 실천하여 학교 글방을 두루 교화시켰다."[5]라는 글을 특기(特記)하고 있는 데서 알 수 있다. 그가 이처럼 불교 등 성리학에서 말하는 이단에 관심을 가졌던 것은 이 무렵 성리학 중심의 조선 사회가 크게 도전받고 있는 것과 무관하지 않다. 하지만 성담의 불교에 대한 인식이 점차 변하고 있음을 알 수 있다.

C

4) 噫, 高山一區, 依然是武夷九曲, 而栗翁之歌, 尤翁之詩, 實準朱夫子櫂歌之詞, 其淵源之的, 於此亦 可以觀矣, 信乎先輩之言曰, 欲學朱子, 當自栗翁始也.(김종수, 2021, 성담 송환기의 불교인식, 대순사상논총 38, 213쪽 주2. 재인용

5) 性潭集 Ⅰ 卷14, 「記」, 〈黃岡書院重建記〉, 307쪽, "完山之府南, 坤止一麓…黃岡先生諱文挺, 當麗朝崇佛之世, 抗疏闢異, 退處鄕園, 篤學力行, 化遍庠塾."(김종수, 「위의글」, 219쪽 주22. 재인용)

> 지금의 절은 바로 암자에 있는 암사(菴師) 학승(學聖)이 점지한 곳이라고들 한다. 대사[師]가 땅을 살피는 풍수지리설[術]에 대해, 나는 그 얕고 깊음에 자세히 알지 못한다. 그러나 모습을 접하고 담론을 들어보니 범상치 않은 듯이 느껴져서 금강경(金剛經)을 독송하게 했더니, 역시 깊은 성찰을 일으킬 만하였다.[6]

성담이 승려를 '암사', '학승', '대사'라고 하여 깎듯이 호칭하고 있고, '금강경'을 읽고 깊은 성찰을 하였다는 구절이 주목되는데, 이는 불교에 대한 그의 인식이 점차 '벽이'에서 호의적인 감정으로 바뀌고 있음을 알려준다.

> D
>
> 남아 있는 암자가 저와 같은데, 오직 거주하는 승려들[居僧]은 보수할 것을 생각하지 않고, 지키는 자는 개탄만 하고 있으니, 우리 유자[吳儒]들 중에서 이곳을 지나면서 안타깝게 여기는 자들이 그 또한 몇 명이나 되는지를 나는 알지 못하겠다.[7]

성담이 청량산과 금강산을 유람할 때 접한 백운암 등이 제대로 관리가 되고 있지 않은 현실을 안타까워한 내용이다. 특히 백운암은 퇴계 이황이 강학과 독서를 한 곳이기에 성담의 아쉬움은 더 컸을 것이다.

불교에 관한 성담의 사상이 기본적으로 벽이단론에 충실하지만, 고

---

6) 性潭集 Ⅰ 卷11, 「雜著」, 〈淸凉山遊覽錄(辛巳)〉, 221쪽, "今寺卽菴師學聖所占云. 師之相地之術, 吳莫詳其淺深, 而接貌聽談, 認非庸凡, 使讀金剛一經, 亦足發深省也."(김종수, 「위의글」, 230쪽 주71. 재인용)

7) 性潭集 Ⅰ 卷11, 「雜著」, 〈淸凉山遊覽錄(辛巳)〉, 220쪽, "有菴如彼, 而不惟居僧之不思所以修葺, 守護者爲可慨, 吳儒之過此, 而能傷惜者. 吳未知其亦幾人也."(김종수, 「위의글」, 236쪽 주98. 재인용)

승 대덕을 향한 우호적 감정, 존칭어 비중이 높아진 호칭법의 변화, 황폐해진 사찰 암자들의 고적(古蹟)을 안타까운 시선으로 보고 있는 경우들을 통해 일정한 변화가 나타나고 있음을 알 수 있다.

2. 작품을 통해 본 만성의 유학 세계

앞서 살핀 바처럼 만성은 많은 작품을 남겼다. 작품을 통해 유학자로서의 그의 학문 세계를 엿볼 수 있다. 특히 불교에 관한 인식도 확인할 수 있어 성담의 인식이 어느 정도 투영되었음을 미루어 짐작할 수 있다. 하지만 많은 부분을 차지하고 있는 시의 서술 시기가 드러나 있지 않아 사상사를 연구하는 데 한계가 있다. 다만, 그가 주로 활동한 시기가 한말, 일제강점기라는 점을 염두에 두면 대략을 이해할 수 있다.

만성을 관통하는 사상은 "효(孝), 제(悌), 학(學)"이었고, 이는 다음에서 알 수 있다.

E-① 선고의 유훈을 받들어 조카 석진을 경계하다

말하겠다. 너 소자야. 옛날 ㉠나의 선고(先考)께서 엄하게 집안을 다스리며 훈계한 것이 세 가지인데, "효, 제, 학"이다. 매월 초하루 보름이면 자제들이 당하(堂下)에서 배알을 마치고 바로 공수(拱手)하여 얼굴을 숙이고 우리 선고의 훈계를 들었는데 이렇게 말씀하셨다.

"하늘이 낳은 바와 땅이 기른 바에 오직 인간이 가장 귀하다. 인간에게 가장 귀한 바는 인간의 도리가 있기 때문이다. ㉡인간의 인간 된 바의 도리는 효제만큼 우선할 것이 없고, 효 제가 비록 우리 마음에 근원이기는 하나 그러나 알고 행하는 바의 방도는 학문을 도외시할 수 없다. 무릇 사람의 자식 된 자와 사람의 아우 된 자는 효제 하는 마음으로 긴요하게 학문에 힘쓴다면 그 학문은 반드시 효제의 학문이 될 것이요. 그 사람 역시 반드시 효제 하는 사람이 될 것이다. 이로써 예나 지금이나 이렇게 한

자는 군자가 되고 이에 반하는 자는 소인이 되니, 너희는 군자가 되고자 하는가. 소인이 되고자 하는가"

만성의 선친이 만성에게 "효, 제, 학" 셋을 강조하였다 한다.(㉠) 효, 제는 논어 "기위인야효제(其爲人也孝悌)"에서 나온 말이다. 그의 사상이 공맹의 가르침을 바탕에 두고 있음을 알 수 있다. 하지만 그는 '효제'와 더불어 '학'을 강조하였다. 밑줄 친 "인간의 인간 된 바의 도리는 효제만큼 우선할 것이 없고, 효 제가 비록 우리 마음에 근원이기는 하나 그러나 알고 행하는 바의 방도는 학문을 도외시할 수 없다.(㉡)"라고 하여 효 제 이상으로, '학문'도 중요함을 이야기하였다. 그가 '학문'을 중시한 것은 "알고 행해야 함"의 중요성을 인식하였기 때문이다. 말하자면, 사물의 이치를 깨닫지 못한다면 진정한 자아를 갖춘 사람이 될 수 없다는 사실을 이야기하려고 하였다.

다음 시에는 이러한 그의 생각이 잘 드러나 있다.

E-② 설야유회(雪夜有懷)
어머니 방 호롱불 생각나
무명 잣느라 밤 이미 깊어
창살에 창호지 숭숭 뚫려
자려는데 틈새 바람 어이하랴
(만성유집 1권 시)

눈 덮인 겨울밤, 밤이 깊도록 무명을 잣는 편모의 모습을 그린 내용이다. 17세 때 학문적 스승이기도 한 부친을 잃고, 26세 되던 해 큰 형을 잃었던 만성이 편모를 30년 넘게 봉양하였다. 만성의 절절한 효심이 느껴진다.

E-③ 송족제규명배기송사(送族弟奎明拜奇松沙)

이 노인의 도심(道心)을 전함 익히 들으니
멀리 정주(程朱) 잇고 가까이 선대 이었도다
낡은 바둑으로 삼천 리에 의리 외치고
고요한 방에 사십 년간 책 보았도다
본성에 충실하면 뉘 선하지 않으랴
고사를 힘써 배우면 나도 역시 현인
또한 기산(箕山)의 동해에 늙은이 있어
양양하게 한 근원에 함께 하도다

E-③는 족제 정규명을 시켜 송사 기삼연을 찾아 인사하도록 하였다는 내용이다. 기삼연은 장성에서 일어난 을미의병에 참여하였고, 정미의병 때인 1907년 9월 남도 최대의 의병부대인 호남창의회맹소를 결성한 의병장이다. 만성이 기삼연에게 아우를 보낸 까닭은 잘 드러나 있지 않다. 시의 내용만 놓고 보면, '도심', '정주' 등 성리학과 관련된 표현만 있을 뿐 거의(擧義)와 관련된 내용은 보이지 않는다. 이로 미루어 만성이 기삼연에게 서신을 보낸 것은, 거의와 관련된 것이 아니라 기정진 후예로 명망이 높았던 유학자라는 사실과 관련이 있다고 여겨진다. 이 자료는 만성이 노사 기정진의 학문을 따르고 있었음을 알려주고 있다.

다음은 고향 후배에게 준 격려의 글이다.

E-④ 면동고김용무(勉同苦金用茂)

태어남에 성(性)이 있고 성은 그 하늘이니
일일이 다 하늘이라 하늘을 섬기도다
온몸에 흠결 없음 바로 명을 따름이오

한마디 신용 없음 역시 하늘 어김이라
재물은 애초 날 도우나 끝내 나를 상하고
색은 본래 선천적이나 되레 하늘을 해쳐
죄를 하늘에 지면 어느 곳에 빌겠는가
인간에 하늘은 하늘에 하늘이로다

E-④는 몽탄 출신으로 1922년 일본 고등문관시험에 합격한 김용무를 격려하고 있는 내용이다. 김용무는 일제강점기 변호사로서 많은 독립운동가를 변론하였던 유명한 인물이다. 한국전쟁 때 납북되었다. 고향 몽탄에 그의 공적을 기리는 기념비가 있다. 만성이 이 글을 쓴 것은, 김용무가 고등문관시험에 합격하였을 때 격려하고자 함이 아니었을까 추측된다. 이때 만성이 '하늘', '본성'이라는 단어를 시어(詩語)로 사용하고 있는 것으로 볼 때 유학이 내면화되어 있음을 알 수 있다.

만성은, 유학의 또 다른 근본인 '예(禮)'를 강조하였다. 다음은 '예'의 실천에 철저하였던 만성의 삶을 알려주는 사례이다.

F-① 청아성가유감(廳啞聲歌有感)
누구인들 귀와 입이 없으랴
말하고 듣는 건 인정이로다
예가 아닌 건 말아야 옳거니(勿於非禮可)
어이 아리롱 소리를 하는고
(만성유집 1권 시)

F-①의 밑줄 친 부분은, 예를 이야기하기는 쉬워도 그것을 실천하기란 어려우니, 예가 아닌 길은 아예 생각하지 말라고 얘기하고 있다. 그가 얼마나 '예'에 충실한 삶을 지향하고 있는지 알 수 있다.

F-② 속유탄(俗儒嘆)

어질다 지혜롭다 용맹하다 칭하며
온 세상에 대장부 어이 그리 많은고
글 읽어 늦게나마 사람 보는 법을 얻어
옛일을 부적 삼아 없는 듯이 살아가리
(만성유집 1권 시)

F-②는 대장부를 자처하며 나서는 이들 많지만, 과연 진정으로 지혜가 있고, 용맹한 이, 과연 몇이나 있는가를 묻고 있다. 이 작품 시기를 알 수 없어 단정하기는 어려우나, 한말과 일제강점기 등 격변기에 시세에 영합한 이들을 경계하는 내용이 아닌가 추정된다. 이는 "옛일을 부적삼아 없는 듯이 살아가라"라고 하는 데서도 능히 짐작된다. "옛일 부적 삼아"는 과거 사실에서 교훈을 얻을 것을 당부하는 내용이다.

F-③ 제목침(題木枕)

부끄럽다 나를 도와 잠들게 하여
때로는 한단[8]의 부귀에 이르렀지
곡굉[9]을 배우려다 아직 못 이뤄
근래에 마음 기를 곳이 없다네
(만성유집 1권 시)

---

8) 노생이 한단의 여관에서 도사 여옹이 주는 베개를 베고 잠들었는데 꿈속에서 수십년 동안 부귀영화를 다 누리고 깨어보니 아직 조잡이 채 익지 않았다는 고사로 "부귀영화의 덧없음"을 이야기하는 고사이다. (역주만성유집, 49쪽 주4))

9) "曲肱飮水"의 준말로, 논어 술이편에 "거친 밥을 먹고 물을 마시고 팔을 굽혀서 베더라도 즐거움이 있으니 의롭지 않으면서 누리는 부귀는 나에게는 뜬구름과 같다"고 나와 있다.

F-③는, 의롭지 않은 행동은 그저 헛된 것임을 이야기하고 있다. 부귀영화를 좇으려는 이들을 경계하는 말임과 동시에 과연 격변기를 헤쳐 나갈 인재 교육을 잘하고 있는가를 스스로에게 묻고 있다.

F-①~③을 통해 유학의 도덕적 실천을 강조하고 있는 만성의 정신세계를 알 수 있다. 이는 다음에서 확연히 드러난다.

G-① 서면족질곤진(書勉族姪坤鎭)
한훤당 덕업은 우리 동방 이끌어
오십에 항상 소학동자라 칭했도다
오늘 나이 아직 절반이 못 되거늘
아이 이 글에 늦게 든 것을 걱정하랴

G-①에서 만성이 한훤당 김굉필의 삶을 본받을 것을 이야기하고 있음을 알 수 있다. 순천으로 귀양을 온 김굉필은 이 지역 사림들에게 많은 영향을 주었다. 만성이 나이 50에 이르러서야 비로소 '소학동자'라 칭하였다고 하였다. 그가 '소학' 곧 성리학의 실천에 매진하였음을 알 수 있다. 성리학을 관념이 아닌 실천 유학으로 받아들였던 만성의 시 세계를 살필 수 있다.

G-② 면이생자순(勉李生子淳)
오도(吳道)[10]는 실로 단번에 오를 수 없어
느리거나 서두르지 않아야 좋은 벗
점진하면 어둔 밤 열리지 않으랴

10) 오도는 유가의 도를 말한다. 논어 '이인(里仁)'에서 공자가 증자에게 "오도는 하나로 관통한다"라고 한 데서 유래하였다.

가슴 속엔 본래 맑은 등불이 있어

근래에 이따금 묏자리 찾는 벗이 있어
하늘 떠받친 높은 산을 익숙히 오르네
가련타 교교(皎皎)한 산봉우리 달이여
흩어져 동서로 만국 등불 되었네

G-②는 이자순(李子淳)에게 당부하는 내용인데, 논어에 나오는 구절을 이용하고 있다. 곧 모든 도는 하나로 관통하므로 서두르지 말고, 근본에 충실해야 함을 강조하고 있다. 특히 "묏자리를 찾는 벗이 있어"라는 부분은 명당을 찾아 부귀영화를 누리고자 하는 허황(虛荒)된 꿈을 좇는 자들을 경계하고 있다. 어쩌면 이 시에는 일제에 빌붙어 일신의 행복을 꾀하려 한 자들을 준엄하게 꾸짖는 만성의 생각이 깃들어 있다고 하겠다.

3. 불교에 대한 만성의 인식

만성의 시는 주로 유교적 질서를 강조하는 내용이 대부분이다. 그러나 뜻밖에도 불교와 관련이 있는 시 두 편이 발견된다. 앞서 살핀 대로, 만성 가문에서 사숙하였던 성담 송환기가 불교에 관한 깊은 관심을 표명한 것처럼 만성이 불교 관련 시를 남겼다는 사실이 흥미롭다.

H-① 탄세인상불공(歎世人尙佛供)
한산 풍경소리 부처 말씀 진동하니
세상 사람 기울어져 총림에 든다네
복선화음(福善禍淫)[11]이야 끝내 틀림없지마는

11) 서경(書經) '탕고'에 "선하면 복을 주고 악하면 화를 내리는 것이 하늘의

음탕한 자 선하게 함이 어이 천심이랴

H-①은 세상 사람들이 부처의 공덕을 숭상하고 있는 것을 탄식하고 있다. 곧 많은 이들이 총림 곧 사찰을 찾지만, 음탕한 자를 선하게 하는 것이 어찌 천심(天心)에 있겠는가? 라고 하여 불교의 사회적 역할을 부정적으로 파악하고 있음을 알 수 있다. 사실 무안의 주산인 승달산은 스님들이 득도하였다 하여 붙여진 이름이고, 승달산을 대표하는 법천사의 사명(寺名) 또한 불법이 일어났다는 의미가 있는 등, 무안 곳곳에 불교가 크게 흥한 흔적이 많이 보인다. 만성은 이렇듯 불교가 번창하고 있는 사실을 경계하고 있었다. 이는 마치 성담이 불교의 존재를 애써 무시하려 하였던 초기의 모습과 통하고 있다.

H-② 과봉사고허(過鳳寺故墟)

<u>㉠봉동은 천년세월 부처의 터전</u>

<u>이제는 꿈만 같은 옛적 자비라</u>

<u>㉡기운 주춧돌 발자취에 가을 이끼 다하고</u>

<u>빈 단의 새소리에 저녁해는 더디도다</u>

<u>㉢석불은 묵묵히 향 피던 새벽 생각하고</u>

<u>나무꾼은 전하여 솔 심던 때 말하도다</u>

<u>㉣저 쇠하고 나 성함 원래 수(數)에 있으니</u>

<u>문묘가 흥하기를 다시 기약하도다</u>

H-②㉠~㉣은 폐사로 남아 있는 사찰의 흔적을 안타깝게 생각하는 내용으로, H-①과 사뭇 다른 느낌을 주고 있다. 마치 불교에 대한 성

도이다"라고 하였다.

담의 인식 변화를 보는 듯하다. 곧 만성은, 성리학에 충실한 정통학자였지만, '효', '제' 등 '소학'에서 강조하는 실천성을 중심으로 하여 유학의 근본을 따르려는 학자로, 관념화에 빠진 성리학을 무조건 따르려는 교조주의적 입장을 지니고 있지 않음을 알 수 있다.

Ⅳ. 만성 정규병의 역사 인식과 실증적인 태도

1. 만성 정규병의 역사 인식

제자나 지인들에게 준 글을 통해 만성이 유학의 본성에 충실하려 하였음을 알 수 있다. 그런데 만성의 글을 통해서, 또는 만성의 삶을 통해서 만성이 어떠한 역사 인식을 하였는지가 잘 드러나 있지 않다. 만성이 활동한 시기는 한말, 일제강점기 등 격변의 시기로, 이를 직접적으로 언급할 법한데도 얼른 찾아지지 않는다.

하지만 자세히 보면, 그의 시, 특히 묘갈 등에 그의 역사의식을 엿볼 수 있는 내용들이 꽤 찾아진다. 이를 통해 그의 역사 인식을 추적하려 한다.

I-① 임고(臨高)
㉠취하여 나막신 끌고 산성 나서니
비 온 후 동남으로 눈이 번쩍 밝네
㉡하늘 끝 큰 바다는 삼한의 경계이며
변방 밖 찬바람은 만국의 소리라네

I-② 과파군교(過破軍橋)-재몽탄강서상류백제시진지(在夢灘江西上流百

濟時陳地)

석양에 옛 다리 가에 말을 세우니
천년세월 유유히 물과 함께 흐르도다
정기(旌旗)가 그림자 흩어 구름 아직 어둡고
검극(劍戟)이 한기 남겨 비(雨)는 가을 재촉하도다
당시의 승패가 도리어 꿈만 같거늘
이곳에 배회하며 어이 즐겨 노닐랴
오늘도 파군(破軍)하던 곳 남아 있으니
뒷사람은 나보다 시름 더하리라

I-③ 학산(學山) 신성준(辛性準) 공을 우러러[景仰 學山辛公性準]

㉠지난 경술년에 공이 왜적의 은사금을 보기를 고추부서(孤雛腐鼠)처럼 여겼을 뿐 아니라 끝내 침을 뱉어 물리쳐 그 지조와 절개를 온전히 하였으니 이른바 날씨가 추워진 후의 송백이다. 이에 감히 시를 써서 경앙(景仰)을 부친다.

모진 바람 불던 당시 금으로 올려
몇 곳의 명화가 꽃잎 다 졌던가

㉡암벽 등 외로운 솔 추위에 더 푸르러
연대의 산색이야 홀로 분명하도다
기산(箕山) 천 길에 봉황새 높이 나니
공이야 임천에 일개 포의로다
아! 저 세신들 어인 자들이관데
녹봉에 유래하여 절로 풍성한고

㉢역내에 남아가 몇 사람인가
당년에 공 홀로 대한인(大韓人)이라
난(亂)에 임해 존심(存心)하면 선비라 할 것이요

삶을 구해 모리(謀利)하면 인간이 아니로다
베 바탕에 비단 무늬 오직 이 노인이요
신하 이름에 도적 창자 저 무슨 인간이랴
늠연(凜然)히 우뚝 서 뜻 돌릴 수 없었으나
순절한 제현(諸賢)과 한 몸의 사람이라

I-④ 회심사신공동욱(懷心史辛公東旭)

이해 가을에 비로소 송암리에 이르렀는데 공은 이미 땅속 사람이 되어 있었다. 옛날 옥산에서 함께 공부하던 때를 생각건대, 덧없는 세월이 어언 59년이 흘렀다. 고금을 돌아보면 감상이 교차하여 시를 써서 회포를 부친다.

한평생 마음의 붓 춘추필법 따라
경위(涇渭)를 중분(中分)하여 함께 아니 흘렀도다
후손이 계승하여 능히 효를 이루니
영령이 어이 섭섭함을 지녔으랴

공에 대해 편질적 특이함 알았으니
후박(厚薄)과 영고(榮枯) 또한 같지 않았도다
이 모두 천명인데 어이 말로 설명하랴
음악을 오래 못 통함을 한할 뿐이로다

백수가 가서 보니 내 생각 그윽한데
옥산의 비취빛 아련히 눈에 띄도다
소찬은 짭짤해도 따라서 입을 대고
시격(詩格)이 청수하나 늘 앞을 사양도다
바둑은 속진을 씻으니 책과 함께 있고
솔(松)은 절개 품으니 국화와 같이 두도다
목소리 이미 멀어 임당이 고요한데
땅에는 오늘 밤 달만 홀로 머물도다

I-⑤ 석원세개(惜袁世凱)
당시 꽃다운 명성 육대주에 울렸나니
북인이 복종하여 물 따라 흘렀도다
혁명이 비록 경세의 책략 따랐지만

㉠<u>성공은 되레 배군(背君)의 수치(羞恥) 있었도다</u>
만국이 서로 침략함에 실로 두렵거니와
일가가 서로 삼켜 끝내 무얼 구하랴

㉡<u>중국 사관의 붓은 허다히 정직하니</u>
<u>죽은 후 공론으로 필시 다 거두리라</u>

I-①~⑤는 만성의 역사 인식을 엿볼 수 있는 내용들이다. 먼저 I-①은 취하여 산성에 올랐다는 것(㉠), 그런데 그곳에서 살펴보니 바다 끝이 삼한의 경계였다(㉡)는 것이다. 이 시는 국권은 비록 일제에 강탈당하였지만, 여전히 우리는, 우리 역사인 '삼한(三韓)'의 역사를 기억하고 있다는 내용을 담고 있다. 만성이 고조선과 함께 우리 민족의 근간을 형성한 '삼한'을 인식하고 있었다는 사실은 놀라울 따름이다. 일제강점기 자주적인 역사 인식을 지닌 유학자의 전형을 발견한 셈이다.

I-②는 파군교(破軍橋)와 관련된 시이다. 파군교는 고려 태조 왕건과 후백제 견훤이 싸웠다는 전설이 있는 다리이다. 그런데 만성은 이 다리가 '백제 때의 진지'가 있었던 곳이라 하였는데, 아마 '백제'를 '후백제'로 여긴 것은 아닐까 한다. 중요한 것은, 왜 만성이 이곳을 찾았을까 하는 것이다. 아마 밑줄 친 "당시의 승패가 도리어 꿈만 같거늘 이곳에 배회하며 어이 즐겨 노닐랴"에 답이 있다고 생각한다. 곧 만성은, 후백제 군대를 격파하고 삼한을 통일한 고려 왕조의 모습에

서 국권 회복의 꿈을 상상한 것이 아닐까 한다.

앞서 만성이 국권피탈에 상당한 상실감과 분노를 표출하였다고 언급한 바 있고, I-①~②도 이를 암시하고 있다고 하였다. 이러한 추측이 전혀 잘못이 아니라는 사실은, I-③ "지난 경술년에 공이 왜적의 은사금을 보기를 고추부서처럼 여겼을 뿐 아니라 끝내 침을 뱉어 물리쳐 그 지조와 절개를 온전히 하였으니 이른바 날씨가 추워진 후의 송백이다. 이에 감히 시를 써서 경앙을 부친다.(㉠)"는 구절에서 확인할 수 있다. 경술년 곧 1910년 국권피탈 시에 신성준에게 한일 병합 기념 은사금을 주려 하자 이를 단호히 거부하였다는 사실을 언급하고 있다. 곧 만성은 일제에 맞선 지사들을 크게 격려하고 있다.

이는 다음 연, "암벽 등 외로운 솔 추위에 더 푸르러 연대의 산색이야 홀로 분명하도다(㉡)"에서 더욱 분명히 드러난다. 곧 "외로운 솔 추위에 더 푸르러"라는 구절은 지조를 지킨 선비의 자존감을 비추고 있다. 특히 "역내에 남아가 몇 사람인가, 당년에 공 홀로 대한인이라(㉢)"라는 구절은, 피눈물을 흘리며 '대한독립 만세'를 맘속으로 간절히 외쳤던 만성의 속내를 드러내고 있다. I-③은 제자들에게 독립 정신을 고취하려는 것이 그의 궁극적인 교육 목표였음을 말하고 있다.

I-④는 함평에서 의병들에게 군수품을 제공하는 중요한 임무를 수행하다 구속되었고, 국권피탈 후에는 1912년 비밀결사인 독립의군부 결성에 앞장섰던 신동욱을 만성이 추모하는 내용이다. "옥산에서 함께 공부한 지 59년이 흘렀다."고 하였는데, 실제 신동욱은 함평 나산에서 1870년에 태어났다. 곧 만성과 같은 나이였다. 이들은 동문수학하였다. 신동욱은 함평 나산 송암리 출신으로 몽탄에 거주하였던 만성과 그리 멀지 않은 곳에 거주하고 있었다. 어려서 동문수학하였다

는 만성의 이야기가 설득력이 있다. 시를 썼을 때는 신동욱이 작고한 이후였다. 신동욱은 1943년에 작고하였다. 만성이 신동욱을 알았던 것이 59년이 흘렀다고 한 것으로 보아 해방 어간이 아닐까 한다. 만성이 "솔은 절개를 품으니 국화와 같이 두도다"라는 시구를 통해 신동욱을 한없이 칭찬한 것은, 독립운동의 최전선에 섰던 신동욱의 높은 기상을 빛내주고자 함이었다.

I-⑤ "석원세개" 곧 "원세개를 슬퍼한다"는 시는 만성의 사고가 얼마나 깊은 것인지를 느끼게 한다. 원세개는 임오군란 이후 조선의 내정을 간섭하였던 청의 젊은 군인이었다. 당시 나이 20대의 젊은 장교 원세개가 조선을 좌지우지하였던 부끄러운 역사였다. 시는 언뜻 보면, "원세개를 슬퍼한다"라는 제목도 제목이려니와 내용에서도 "당시 꽃다운 명성 육대주에 울렸나니"라는 구절에 있는 바와 같이 만성이 원세개를 한껏 추앙하고 있는 것으로 보인다.

그러나 시를 자세히 보면, 원세개가 황제의 지위를 찬탈한 사실과 중국 역사는 객관적으로 기록할 것이라는 점을 강조함으로써 원세개의 황위찬탈을 비판하고 있음을 알 수 있다.

2. 실증적인 찬술 태도

유학자 만성은 실증적인 학문 태도를 보였다. 그가 작성한 족보의 서문에 이러한 사실을 엿볼 수 있는 내용들이 보인다.

J-① 나주정씨 족보서 진사 기응공파

우리 나주정씨는 기사년(1869)에 수보하여 이윽고 70여 년에 이르렀다. 고금을 돌아보니 슬픔과 두려움이 교차하여 바야흐로 여러 일가와 속수(續修)를 꾀하는데 어떤 손님이 내게 들러 이렇게 물었다.

"선조를 숭모하고 일가에 돈독함은 실로 한가지가 아니거늘 무릇 씨족이 오직 수보(修譜)로써 하나의 큰 의리로 삼는 것은 무엇 때문입니까?"

내가 다음과 같이 대답하였다.

"자손에게 조상이란 물이 근원이 있는 것과 같고 조상에게 자손이란 물이 유파가 있는 것과 같습니다. 그 근원이 있기에 뭇 유파가 받은 바가 있으며 그 유파가 있는 것은 한 근원에서 방출한 바가 있기 때문입니다. 이로써 씨족의 수보를 하는 자는 그 근원으로부터 그 유파를 따라 세로쓰기하여 가로로 기록합니다. 그리하여 이쪽은 종파, 저쪽은 지파로 하여 그 위치에 따라 서로 차례로 하고 일소일목(一昭一穆)을 차례로 맞게 서로 배열하며, 사위와 외손에 이르기까지 모두 싣습니다. 이렇게 하면 비록 억만으로 많더라도 각각 귀숙(歸宿)이 있어 하나의 근본에 만 가지로 달라도 뭇 자손이 조종을 모시고 뜰 안에 쓰고 갖추어 기록하기를 휘(諱) 호(號) 사환(仕宦)은 그 위치에 따라 착오가 없도록 하고 생졸(生卒)과 묘소는 그 사실대로 하여 어긋남이 않게 하며, 가언(嘉言) 선행(善行)에 이르러서도 빠짐없이 하여야 합니다.(하략)"

J-② 나주정씨 족보서-부사공파

"씨족의 보첩은 마땅히 근원을 거슬러 그 유파를 거두고 그 뿌리를 돌이켜 그 가지를 모아 함께 해야 실로 온전히 아름답게 될 것이다. 그러나 제파(諸派)에 혹 때로는 완급이 있어 우리와 다르면 때로는 우리의 급한 바에 따라 나누어 달리하는 것도 또한 옳을 것이다.(중략)"

내가 다음과 같이 말하였다.

"보규(譜規)가 매우 좋습니다. 대개 '신전신의전의(信傳信疑傳疑)' 6자는 보법에 있어 매우 요긴하고 참되게 여겨집니다. 상계(上系)의 소목(昭穆)을 능히 이 붓 끝에 아우를 수 없으면 하계(下系)의 소목 또한 장차 인습하여 억지로 인용하는 폐단이 있을 터, 이것이 어찌 귀문 일파의 규범이 될 뿐이겠습니까. 또한 장차 우리 정씨 전파(全派)의 규범이 될 것입니다. 오늘날 보첩을 함은 시의에 적절합니다. 우리의 고유한 정을 보존하여 타파(他派) 스스로 응하는 형세를 기다리면 보첩의 대동은 장차 그날이 있을 터, 어찌 오늘의 소동(小同)을 걱정하겠습니까? 수보하는 자가 단지 휘(諱), 어떤 관직, 아무개가 몇 대조인가, 어느 날 생졸하였는가, 어느 산에 묘소를 하였는가, 아무개가 몇 촌 아저씨인가. 아무개가 아저씨이며 조카인가. 아무개가 형이고 아우인가를 알 뿐이면, 그 종파와 지파를 구분하는 것이니, 소목의 차례는 또한 헛된 치자에 불과할 것입니다.

아! 오늘날 어느 때이며 이 세상은 어느 세상인가, 자손 된 자는 마땅히 정신을 가다듬고 마음을 다스려 그 윤리를 밝혀 비록 아득한 조종(祖宗)이지만 우러르기를 마치 오늘의 부모에게 하듯 해야 할 것입니다. 그리고 그 언행 사업 존봉에 대하여 깊이 체득하여 근원을 거슬러 찾는 정성을 더욱 돈독히 하고, 비록 먼 종족이라도 한 집안 형체처럼 가까이 하여 그 애경(哀慶) 빈궁(貧窮) 비환(悲歡)에 구휼하여 한 뿌리의 은혜를 더욱 도탑게 하면 수보하는 뜻에 부족함이 없을 것입니다."

J-①은 만성이 지은 "나주정씨 족보서 진사 기응공파"의 서문 일부이다. 이를 통해 만성은 "족보를 통해 가문의 뿌리를 정확히 하고, 휘 호 사환 등도 그 위치에 따라 착오가 없도록 하고, 생졸과 묘소는 그 사실대로 하여 어긋남이 않게 하며, 가언 선행에 이르러서도 빠짐없이 하여야" 한다고 하였다. 족보를 통해 가문의 역사를 사실대로 정확히 기록하여야 하고, 특히 가언 선행 등도 기술함으로써 가문의 역사를 길이 빛내게 하려는 데 족보 편찬의 목적이 있다고 하였다. 그러니까 만성은, 객관적인 사실을, 사실대로 기록하되, 단순 사실의 기계적 기술을 넘어 가언 선행 등의 내용도 함께 담고자 하였다.

J-②는 만성이 지은 "나주정씨 족보서-부사공파"의 족보 서문 일

부이다. 먼저 "수보하는 자가 단지 휘, 어떤 관직, 아무개가 몇 대조인가, 어느 날 생졸하였는가, 어느 산에 묘소를 하였는가, 아무개가 몇 촌 아저씨인가. 아무개가 아저씨이며 조카인가. 아무개가 형이고 아우인가를 알 뿐이면, 그 종파와 지파를 구분하는 것이니, 소목의 차례는 또한 헛된 치자에 불과할 것입니다."라고 하였다. 이는 족보 편찬 목적이 단순 가계도를 작성하는 것이라면 의미가 없다는 점을 분명히 한 것이다.

이는 "그 언행 사업 존봉에 대하여 깊이 체득하여 근원을 거슬러 찾는 정성을 더욱 돈독히 하고, 비록 먼 종족이라도 한 집안 형제처럼 가까이하여 그 애경 빈궁 비환에 구휼하여 한 뿌리의 은혜를 더욱 도탑게 하면 수보하는 뜻에 부족함이 없을 것입니다."라고 한 것에서 알 수 있듯이 족보를 통해 가문의 역사가 새롭게 정리되고, 가문끼리 애경 빈궁 비환 등 상부상조를 통해 종파의 자랑스러움을 느끼게 하는 것이 중요하다는 사실을 설명하고 있다.

만성의 족보 서문은, 만성의 학문 태도를 엿보게 한다는 점에서 매우 중요하다.

Ⅴ. 맺음말

본고를 통해 만성 정규병의 학문 태도와 역사 인사 인식을 살펴보았다. 살핀 바를 정리함으로써 맺음말에 대신하고자 한다.

효, 제, 학에 바탕을 둔 그의 유학 특징은 실증적인 자세와 실천적인 태도를 강조하려는 데 있었다. 가령 족보가 단순히 가문의 가계를 밝히는 것을 넘어 애경 빈궁 비환 등의 상부상조를 통해 가문의 결속을 강조하고 있는 데서 이를 알 수 있다. 불교에 대한 만성의 입장이 변하고 있는 데서 알 수 있듯이 그는 성리학의 명분론에 집착하지 않았다.

만성은 삼한의 역사를 희구하고, 의병으로 참여한 인물, 일제에 맞선 지사를 애도하는 글을 남겼다. 이를 통해 일제의 국권피탈을 인정하지 않았던 만성의 자주적인 역사의식을 엿볼 수 있다.

만성을 따른 제자들이 많았다. 이는 그의 학문이 실천적이면서도 시대의 변화를 이끌어 가고 있었던 데다 일제에 맞선 강한 결기 등을 지녔기 때문이다.

□ 참고문헌

1. 원전류

• 晩醒遺集

2. 논문류

• 김종수, 「19세기 경상우도의 성담 송환기 학단의 동향」, 『한국전통문화연구』26, 한국전통문화대학교 전통문화연구소, 2020.
• 김종수, 「성담 송환기의 불교인식」, 『대순사상논총』38, 대진대학교 대순사상학술원, 2021.

서발턴의 시학, 삼사재 김재걸의 문학 읽기 - 『삼사재만록(三思齋漫錄)』을 중심으로

박관서
(무안학연구소장)

〈 목차 〉

Ⅰ. 머리말

원래 치지시농(致志詩農)의 관점에서 글을 풀어 가보려 했었다. 여기에서 치지시농이란 삼사재 김재걸 선생의 후학이 자리한 월선리 후제의 묘비에 새겨져 있는 문구이다. 신라시대 말의 풍수지리 대가인 도선국사(道詵國師, 827경~898경)가 승달산 4대 명당의 하나인 운중수월(雲中囚月)의 혈처가 있는 동네라고 읊은 '운중수월 선인독서(雲中囚月 仙人讀書)'에서 지명이 형성된 월선리(月仙里)의 문풍은 자못 깊은 것이다. 특히, 월선리의 입향조인 조선 중기의 문신이자 의병장인 판서공 김세상(金世相, 1561~1592)[1]으로부터 시작된 학풍은 송은 김종현(松隱 金鐘炫, 1855~1930)[2]으로 이어진다. 여기에서

1) 김세상(金世相) : 1561년(명종 16)~1592년(선조 25). 조선 중기 문신 · 의병. 자는 성보(聖寶)이고, 호는 퇴휴재(退休齋)이다. 본관은 김해(金海)이다. 벼슬은 호조좌랑(戶曹佐郎)을 지냈다. 이이(李珥)의 양병설(養兵說)을 지지하다가 그 뜻이 받아들여지지 않자, 전라남도 무안군 청계면 월선리로 낙향하여 장정을 모집하여 군사훈련을 시켰다. 1592년(선조 25) 임진왜란이 일어나자, 의병장 김천일(金千鎰: 1537~1593)을 도와 많은 전공을 세웠는데, 진주전투(晉州戰鬪)에서 김천일이 죽자, 이순신(李舜臣: 1545~1598) 군대의 우익장(右翼將)으로서 전투에 공을 세우다가 당포전투(唐浦戰鬪)에서 순국하였다. 후에 형조판서(刑曹判書)에 추증(追贈)되었다./ 한국역대인물종합정보시스템 참조. http://people.aks.ac.kr/front/dirSer/ppl/pplView.aks?pplId=PPL_6JOb_A1561_1_0020472

2) 김종현(생몰년 미상) : 청계면 월선리 중화 출신으로 자가 경천, 호는 송은이며 본관은 김해이다. 그는 청계면 월선리 중화마을 입향조이며 임란공신인 김세상의 10세손으로 효자 난저공 김영학의 아들이다. 천품이 박아하고 총기 절인하여 경학에 깊고 성리에 밝았으며 시부와 사서에 능하였다. 동학란 이후로 벼슬에는 뜻하지 않고 임천을 소요자적하면서 세상의 어지러움을 개탄하였다. 선생의 학문에 대한 명성이 높아 그의 도학과 문장을 찬양한 문집인 『송은실기』가 간행되었다. 아들 김재환의 유지로 손자 김정호가 월선리 중화마을에 '송은당'을 세워 후손들이 보존하여 오면서 선생의 유덕을 기리고 있다. - 『무안군사(務安郡史)』 4

삼사재 김재걸(金在杰, 1896~1977)[3)]로 이어져서 소석 김순상(素石 金淳祥, 1927~2014)[4)] 등으로 오늘에 이르고 있다. 이 외에도 마을을 사방에서 첩첩으로 둘러싸고 있는 산중의 즐비한 유택에는 학풍을 추구했던 이들의 기록으로 가득하다.

그중에서 발견한 문구가 '치지시농'이었으며 이는 그대로 '농사를 지으면서 시를 써서 뜻을 이룬다.'라는 경구였다. 이에 '집안이 가난해도 글 읽기를 좋아하여 글 읽는 것과 밭을 가는 것 중 어느 하나도 그만둘 수 없어서, 독서는 잠시 늦추고 밭을 가는 일을 더욱 급하게 할 수밖에 없었다. 한 몸으로 두 가지 일을 하려니 먹을 것은 적고 일은 번잡스러워졌다. 그렇기에 비록 책을 읽고 싶어도 책을 놓을 수밖

권, 2023, 94쪽. / *김종현의 생몰년 미상은 『무안연원록(務安淵源錄』, 무안향교, 1953, 15쪽의 '哲宗乙卯生~庚午卒' 즉, '1855년(철종6) 출생이며 1930년 타계'로 정립하였음.

3) 김재걸(金在杰, 1896~1977) : 초명은 재례, 자가 국환, 호는 삼사(三思)이며 본관은 김해이다. 청계면 월선리 출신으로 어려서부터 영특하여 8세에 『소학』을 배우고 15세에 『대학』을 배우며 세상의 이치와 수기치인의 도를 배웠다. 송은당 김종현, 만성 정규병, 민재 박임상에게서 사사하여 학자로서 명망이 높았으나 공명을 추구하지 않았다. 매사에 세번 생각을 하고 행하니 그의 호가 삼사로 명명된 것은 우연한 일이 아니다. 『삼사재 문집』을 포함하여 많은 저술을 남겼다. - 『무안군사(務安郡史)』 4권, 2023, 368쪽.

4) 김일성(金一成, 1927~2014) : 초명은 수복, 자가 순상, 호는 소석이며 본관은 김해이다. 청계면 월선리 출신으로 대대로 효자가 배출되는 집안에서 성장했다. 어려서부터 학문에 입문하여 김재걸, 임종옥 두 선생 문하에서 학문을 익히고 해제의 강율수 선생에게서는 성리학을 배웠다. 문장이 좋아 무안 관내 많은 문중의 비문을 작성하였으며 경향 각지의 유림들과 도의지교를 맺어 활발히 교류하였다. 또한 병산사, 모충사 등 관내 대부분의 사당에 제관을 역임하였으며 각계의 표창장과 감사패 등을 받았다. 무안향교 도유사와 전교, 향교재단 전남이사. 무안군사편찬위원을 역임하였으며 예술에도 일가견이 있어 한국문화협회예술대전 입선, 동남아미전특선 등을 하였다. 『소석우록』 등 다수의 문집을 남겼다. - 『무안군사(務安郡史)』 4권, 2023, 367쪽.

에 없었고, 호미를 메고 나가 일하는 것이 싫증 났지만 달리 어찌할 도리가 없었다.(家貧好讀然於讀於耕廢一難而讀爲稍緩耕爲緊急一身兩役食少事煩故雖欲讀書而釋卷且厭荷鋤而就役無可奈何矣)'[5]라는 김재걸 선생의 자서(自敍)와도 일치하는 내용을 확인할 수 있었다. 그대로 학문에 대한 열망은 컸지만, 나라의 녹봉이 아닌 생계 보전의 수단으로 농사에 임했던 안타까운 상황과 심정이 잘 나타나 있는 것으로 읽힌다. 이는 또한 유학하는 선비로서의 삶의 방식에 나타난 큰 사회적 변화양상이지만 이에 대해서는 논외로 한다.[6]

하지만 그의 문집을 비롯하여 관련 자료들을 찾아서 읽고 정리하면서 그동안 묻혀있던 그의 삶이나 문학세계를 단지 조명하는 일은 그저 난망한 일이라고 생각되었다. 『무안행단시집(務安杏壇詩集)』(무안향교, 1930), 『면성풍아(綿城風雅)』(무안향교, 1938), 『진례풍아(進禮風雅)』(진례시사, 1949), 『호남보인사시고(湖南輔仁社詩稿)』(호남보인시사, 1954)[7], 『목포풍아집(木浦風雅集)』(목포시사, 1965) 등 실제로 그가 살았던 당시를 전후하여 인근 지역에서 간행된 한시문집이나 모임 어디에서도 그와의 연관성을 찾을 수 없었다.

그의 유서 깊은 가학(家學)이나 죽포 박기종(竹圃 朴淇鐘)에서 송

5) 김재걸 저, 김순상 역, 『삼사재만록』 자서(自序), 6쪽.

6) '그렇지 않으면, 고향으로 내려가/ 소인들이 하는 농사를 배워라(不然桑梓下 去學小人圃/十一月初二日 季弟生朝)', 정만조 저, 박명희, 김희태 역, 『진도 유배인, 한시에 생각을 담다-정만조의 '무정존고' 역해』, 진도문화원, 2021, 340쪽.

7) '『시고』 안에는 시사원(詩社員) 163인의 성명, 자(字), 호(號), 생년월일, 본관(本貫), 거주지 등이 수록되어 있다. 그 163인의 사원을 거주지별로 분류해보면 아래와 같다. 목포 23인, 무안 60인(신안 9인), 함평 25인, 나주 16인, 영암 10인, 강진 6인, 장성 5인, 해남 4인, 완도 1인, 장흥 3인, 화순 3인(동복 1인), 광주 2인, 담양 1인, 영광 1인, 고창 1인, 부안 1인, 순천 1인, 총합 163인이다.', 『호남보인사시고(湖南輔仁社詩稿)』, 호남보인시사, 1954, 15-16쪽.

은 김종현(松隱 金鐘炫)으로 그리고 민재 박임상(敏齋 朴琳相)으로 이어지는 학문적 스승과 함께, 조성환(趙成桓)에서 서동주(徐東柱)까지 20여 명의 문하 제자들까지 기록된 학통(學統)[8]이 명백한데도 지역의 한시 문단 등에서 활동한 내용이 거의 보이지 않았다. 물론 수많은 강학 활동을 한 내역은 『삼사재만록』 맨 뒤의 문생록(門生錄)을 통하여 확인할 수 있다.[9]

그리하여 다시 유학을 공부하고 생계형 농사와 서당 훈장 등의 강학 활동을 하면서 한시를 쓰는 전통 문인으로서, 그의 상황과 심중을 가만히 돌이켜보았다. 뒤에 그의 생애와 문학을 살펴보면서 파악할 일이기는 하지만 우선 짚어보는 그의 생애는 파란만장하기 그지없다. 1894년의 동학농민전쟁이 그친 직후인 1896년에 태어나 국권 상실의 일제강점기와 6.25 한국전쟁 등의 혼란기라는 사회적 상황은 물론, 전통 유학과 한시문 등 한자 사용 자체가 사라져가는 문화적 상황은 또한 그대로 무안의 청계면 월선리라는 시골 벽지에 부려진 자신의 현실적인 상황으로 더해지는 것이었다. 이러한 문화적 지체 상황의 전이는 물론 한시문(漢詩文)만의 것도 아니고 지역 문인으로서 그만의 것도 아니다. 근대에 이어 현재까지도 중앙집권화된 세상은 그대로 지역이자 변두리라는 지정학적 상황을 통하여 지속되고 있는 현실이다. 물론 문학과 예술을 포함한 우리 사회의 전체적인 상황 일반이 그러하다.

따라서 이를 애써서 밝혀 말하고 나누는 일은 그 자체가 의미 없

8) 『무안연원록(務安淵源錄』, 무안향교, 1953. 19쪽, 128쪽 참조.

9) 『삼사재만록』, 「문생록(門生錄)」에는 김재일(金在逸, 청계면 중화리)부터 정상대(丁相大, 청계면 도대리)까지 주로 청계를 비롯한 무안, 나주, 목포지역을 아우르는 총 427명의 문생이 기록되어 있다.

는 일은 아닐 것이나, 어쩌면 '피억압자들의 구체적인 경험을 가치 있다고 여기면서 이를 대변하는 지식인의 역사적 역할에는 무비판적인 입장 내부에 있어서, 이를 인식되지 않는 모순'[10]을 일컫는 "말의 미끄러짐(verbal slippage)" 또는 현실의 실천과 무관해진 언어라는 기표들이 스스로를 돌보다가 천천히 사라지는 "드러냄 속의 지움(effacement in disclosure)"[11]에 동참하고 있는듯한 생각이 들었다. 이는 또한, '현재에 이르지 못한 과거'를 거론하고 운위하는 일은 예로부터 추구해 온 온고이지신(溫故而知新)의 뜻에도 미치지 못하는 것이면서, 동시에 〈무안의 인물과 사상〉이라는 토론회를 통해 이루고자 하는 행사의 의미와 사회적 가치 그리고 지역문화의 창달을 위한 목적에도 뜻이 닿지 않는 것이었다.

따라서 본고에서는 삼사재 김재걸의 생애와 문학세계를 최근 사회비평 등에서 많이 활용되고 있는 개념인 '서발턴(Subaltern)'을 매개로 살펴보고자 한다. 서발턴(Subaltern)이란 원래 하급 장교를 뜻하는 군대용어였으나 안토니오 그람시(Antonio Gramsci, 1891~1937)가 "지배적 질서에 의해 억압된 하층계급"을 뜻하는 개념으로 확장 사용하였다. 이후 가야트리 스피박(Gayatri Spivak)은 이를 "식민주의적 억압하에 있으면서 말할 권리도 박탈당한 주변부 인물을 지칭하는 말"로 사용하며, 예를 들어 인도의 식민지 여성, 원주민, 빈민, 무산계급, 성소수자 등의 하위주체를 지칭하였다.

스피박은 그의 중심 논문인 「서발턴은 말할 수 있는가?(Can the Subaltern Speak?, 1988)」에서 "서발턴은 말할 수 없다.(Can the

10) 가야트리 스피박 외, 『서발턴은 말할 수 있는가?』, 그린비, 2013. 60쪽.
11) 가야트리 스피박 외, 『위의책』, 20쪽.

Subaltern Speak? No.)"라며, 피지배적 주체는 자신의 목소리로 '말하는' 것이 불가능하며, 설령 어떤 방식으로 발화한다고 해도 지배담론인 서구 지식인, 학자, 제국주의 체계 등에 의해서 왜곡, 통제, 재구성되어 버린다고 하였다. 이러한 서발턴의 개념은 탈식민주의(postcolonialism) 이론의 핵심 개념 중 하나로, 서구의 지식 체계나 담론 속에서 서발턴 즉 피지배자의 목소리는 진정으로 말해질 수 없고, 재현(representation)될 수도 없다는 문제의식을 담고 있는 "서발턴(subaltern)의 재현 불가능성 테제"와 그대로 연결된다.

한문학(漢文學), 특히 한시(漢詩)는 수천 년간 한국 지식인들의 주된 표현 형식이자 문화적 정체성의 중심이었음에도, 오늘날의 한국 문학계를 이루는 주류 담론에서 거의 '사라진' 존재로 다뤄지고 있다. 이 현상은 단순한 장르적 쇠퇴만이 아니라 한국문학의 제도, 교육, 비평, 독자 담론 등에서 철저히 주변화된 제도적, 담론적 배제와 밀접히 연결되어 있다. 그렇듯이 근대 한국문학의 틀 안에서 한문학은 민족 문학의 비주체적, 타자적 존재로 규정되며 배제되었다.

특히 식민지 시기 이후의 문학사 서술에서 한문학은 단절과 종결의 서사로 처리되어 아예 문학사에서 누락되었다. 또한, 현행 교육과정 및 문학 제도에서도 한시 작품은 실질적으로 소외되어 있음은 물론 창작과 비평의 장(field) 역시 거의 부재한 형편이다. 그리하여 한문학은 문학의 실천적 대상이 아닌 문화유산 또는 한문 고전의 일부로 격하되어 있다. 이에 따라 한문 문식성의 쇠퇴와 더불어 한시를 감상하고 수용할 수 있는 독자층이 사실상 소멸함에 따라 한문학은 사회적으로 '말이 있으나 말할 수 없는 존재' 곧 서발턴의 입장이 되어 오늘까지 이어지고 있는 현실이다.

이러한 서발턴은 그대로 무안의 월선리라는 시골에서 시대적 격변기에 태어나 평생을 살면서 묵묵히 논밭을 일구며 유학자이자 한문 문인으로서 한시 창작과 강학을 해온 김재걸 선생과 그가 저술한 『삼사재만록』에 그대로 적용된다. 무엇보다 일제에 강점당한 피식민이라는 피압박에 더하여 사라지는 언어인 한자로 역시 희미해지는 한시를 묵묵히 창작한다는 일은 그대로 자신이 스스로 선택한 이중, 삼중의 서발턴에 다름 아닐 터이다.

따라서 본고에서는 개별 문인의 행적이나 문학의 내적인 분석과 의미의 전달을 넘어서 전통 지식인의 존재 방식과 그 배제의 구조를 통찰하는 데 주안점을 두고자 한다. 거듭 지적하지만, 식민지 이전 시대로부터 근현대에 이르는 격동의 시기를 관통하며 유학과 한시 창작을 일생의 중심에 두고 살아간 한시 문인인 김재걸 선생의 문학과 삶은 오늘날 문학사나 유학계에서 거의 알려지지 않고 있다. 한마디로 사회와 문학제도 바깥에서 침묵의 형태로 남아있는 존재라고 할 수 있다. 이러한 현상은 단순히 '지방 문인의 무명성' 때문만이 아니라, 지배적인 문학 담론이 특정한 주체만을 기억하고 재현하는 방식에 의해 의도적으로 배제된 결과라고 할 수 있다. 이러한 지점에서 김재걸 선생은 근현대 한국문학과 지식 체계에서 산출된 서발턴의 한 전형이라고 아니할 수 없다.

Ⅱ. 삼사재 김재걸의 생애와 문학

『삼사재만록』의 서두와 『무안군사(務安郡史)』 등에 간략하게 소개된 김재걸의 생애는 말 없는 서발턴의 그것처럼 그 형체 자체를 온전히 그려내기가 힘들었다. 다행히 그의 문학작품은 '때와 장소를 기록하고, 소감을 시문으로 표현하여 혹은 기행문 혹은 일기문, 찬양문, 오언절운, 사운, 칠언절운 등의 시와 서문, 발문, 행장 등 주옥같은 시와 글을 남'[12]겼기에, 이를 찬찬히 살펴서 그가 살아온 행적과 문학이 담긴 행장(行狀)을 다음의 연보로 구성해보았다.

〈표 1〉 〈삼사재 김재걸(三思齋 金在杰, 1896-1977) 선생 연보(年譜)〉

1896.12.9. (고종 병신(丙申)년)	입향조 김세상(金世相) 공의 11세 손으로 전남 무안군 청계면 월선리 향제에서 출생. 휘(諱)는 재걸, 이름(名)은 재례(在禮), 자(字)는 국환(局煥), 김해김씨. 호(號)는 삼사재(三思齋). 이후 송은 김종현, 민재 박임상, 만성 정규병 선생에게 사사(師師) 받음.
1915.봄(20세)	이후 칠언사율 「춘일유흥(春日遊興)」 9수 썼음.
1936.7.(41세)	삼강문 중수 관련 오언절운 「중수삼강문(重修三綱門)」 썼음.
1942.3.18.~5.1. (47세)	일본 노무자 징용 갔다 도피해서 돌아옴. 시 「황해도겸이포상공회사」 4수, 「과선죽교유감」 4수 외 다수의 기행시를 썼음.
1944.2.24.(49세)	최윤환, 박경재와 유달산에 올라 오언절운 「등승달산(登儒達山)」 1수.
1944.겨울(49세)	망운 비행장 조성에 아들 3형제가 강제 동원되어 한 달 가까이 노역에 시달림. 오언절운 「송가아출역비행장(送家兒出役飛行場)」 3수.
1945.1.19.(50세)	딸 김부덕(슬하 4남 1녀) 나주 동강면 복룡리로 출가. 오언절운 「여아출가(女兒出家)」 1수.

12) 김재걸, 『앞의책』, 10쪽.

1945.1.24.(50세)	셋째아들 충호(忠鎬) 일본 군대 징병 보냄. 오언절운 「송자군영(送子軍營)」 3수.
1945.8.15.(50세)	일본 항복으로 광복 맞음. 오언절운 「일본항연합군-해병고대-자환(日本降聯合軍-解兵苦待-子還)」 1수, 칠언전운 「평난해병이고대자환(平亂海兵而苦子還)」 4수.
1945.가을(50세)	사람 '人'자를 운으로 하는 오언절운 「인운영인(人韻詠人)」 18수. 술에 대한 오언절운 「영주(詠酒)」 13수. 동년 겨울에 자신을 경계하는 오언절운 「자경(自警)」 43수, 오언사운 「자경(自警)」 23수 썼음.
1946.봄(51세)	귓병 등에 걸려 고통받음. 오언절운 「이통(耳痛)」 3수.
1946.봄 이후(51세)	문인 교류에 관한 시. 유재오, 배종익, 최윤환, 박기청, 박영수, 윤주은 등과 교류하며 몽탄진, 화설당, 유산정, 영수정, 기영정 등을 주유하는 시를 남김.
1949.가을(54세)	강학 활동에 관한 오언절운 「유수월동(留水月洞)」 4수. 「방학」 외.
1950.6.25.(55세)	6.25한국전쟁 발발, 오언절운 「북요사변(北擾事變)」 3수. 오언사운 「북요사변(北擾事變)」 2수.
1952.봄 이후(57세)	6.25 와중 힘든 생활사를 시로 남김. 「곡가고동(穀價高騰)」, 「하천우박」, 「한발(旱魃)」 2수, 「희우(喜雨)」 3수, 「채약(採藥)」 2수, 「수비막출역(守備幕出役)」, 「전세겸흉년윤삭(戰世兼凶年閏朔)」 3수, 「징세독촉」 3수, 「견군안비(見群雁飛)」, 「전세(戰世)」 3수 등.
1952.12.24.(57세)	부친 타개, 오언절운 「부친상후유감(父親喪後有感)」 1수.
1953.11.18.(58세)	작은아들 철호(喆鎬) 전쟁 노무자 징용. 오언절운 「송자전역(送子戰役)」 1수.
1954.1.16.(59세)	『삼사재만록』 자서(自序) 집필
1954.8.14.(59세)	작은아들 철호가 강원도 원주에서 부상으로 춘천병원 입원 소식. 오언절운 「대자불환(待子不還)」, 「자불환고로즉욕탐문(子不還故로 卽欲探問)」 각 1수.

1954.8.16.~ 8.24. (59세)	강원도 춘천병원으로 문병 가면서 소회, 기행, 풍속에 관한 시 집필. 오언절운 「차자면회사발정(次子面會事發程)」 외 영산포, 나주읍, 송정리, 장성읍, 신흥사거리, 노령굴, 이리역, 가수원, 대전과 직산, 조치원, 과천, 천안, 수원, 용산역, 경성역, 강원도 원주, 홍천, 미군부대, 경기도 가평군, 불암산, 삼각산, 건원릉을 비롯하여 「완미군부대(翫美軍部隊)」, 「견미군인상모(見美軍人像貌)」, 「견흑인종(見黑人種)」, 「관역부근풍속(觀驛附近風俗)」, 「환가이음(還家而吟)」 등의 시를 남김.
1955.1.13.~ 1.22. (60세)	셋째아들 홍용(洪用) 군대 징병으로 논산훈련소 입소 후 면회를 위해 떠난 여행길의 낭패와 환희 등의 소회를 오언절운 「사자이음(思子而吟)」 외 10편의 시로 남김.
1956.1.27.~ 2.8. (61세)	신안 섬 답사 및 교류 여행. 오언절운 「숙목포삼종형재성씨댁(宿木浦三從兄在成氏宅)」, 「심하의도초암심석동(尋荷衣島草庵金錫錬)」 외 하의도 후광리, 염도, 하태도, 장산도, 안좌도 등 15편의 시를 남김.
1957.4.28.~ 5.8. (62세)	유람과 교류를 위한 여행 떠남. 오언절운 "내가 뜬구름 같은 나그네 되어/ 본래 정한 곳 없이 다녔다/ 머리를 들고 어느 곳으로 갈고 하니,/ 곧 향하여 수원으로 가게 되었다" 「하수원역(下水原驛)」 외 용인, 이천, 안성, 천안, 충남 연기, 조치원, 공주, 금강, 쌍수산성, 논산, 익산, 함열, 김제를 거치며 20편의 시를 남긴 후 「환가이음(還家而吟)」 "걸어서 천 여리를 돌아다니며,/ 이름난 곳들을 대략 구경했다네./ 집으로 돌아와서 다닌 곳을 떠올려보니,/ 꿈속에서 지나온 것만 같구나." 으로 마무리했음.
1958.봄(63세)~ 1964.(69세)경	무안, 영암, 함평 등 강학 활동에 매진하며 이와 관련한 오언절운 「유삼향면석교리(留三鄕面石橋里)」, 「유이로면산계리최수만댁(留二老面山溪里崔守萬宅)」 등 20여 편의 시.
1960.2.18.(65세)	자유당 부정선거 규탄 칠언절운 「부통령선거(副統領選擧)」 1수.

1960.4.19.(65세)	4.19학생의거 기념 오언절운 「문대학생숙청국간(聞大學生肅淸國奸)」 1수.
1962.2.(67세)	월성 최윤환(月城 崔允煥) 『삼사재만록 서문(三思齋漫錄序)』 집필.
1964.(69세)	집안 족보 정리작업에 참여 오언절운 「수가승보(修家乘譜)」 3수.
1964.8.20.(69세)~ 1967.3.17.(72세)	동료 문인 손님맞이 및 창작활동, 오언절운 「서경은왕림(徐耕隱枉臨)」 2수, 「애월(愛月)」 3수, 「심방최경당(尋訪崔敬堂)」 등 다수의 시 창작.
1965.10.4.(70세)	손자가 베트남전쟁 파병 떠남. 「억손아(憶孫兒)」 1수.
1966.3.6.(71세)	부인 타개, 칠언절운 「억망처(憶亡妻)」 9수.
1966.7.20.(71세)	손자 순권(淳權) 군입대. 오언절운 「송순아순권입군대(送孫兒淳權入軍隊)」 1수.
1968.1.15.(73세)	답답한 마음을 동포 문인과의 만남으로 풂음, 「심방최경당」.
1968.11.13.(73세)	자신의 인생을 반추하는 시를 씀. 「풍설(風雪)」.
1970.(75세) 추정	『삼사재만록』 5권(인쇄, 광주광역시 계림동 1구 104번지 김종원) 간행.
1977.11.1.(82세)	삼사재 김재걸 선생 타개. 완성된 원고 『삼사재유고록(三思齋遺稿錄)』 간행 유언 남김.
1987.가을	삼사재 김재걸 선생 경모비 세움(청계면 월선리 중화마을)
2022.5	『삼사재만록』, 『삼사재유고록』 번역본 간행(번역 김순상. 편집인 김순권, 발행인 김홍용, 김솔아, 김평준, 출판사 하이테크 출력)

위의 연보에서 보듯이 삼사재 김재걸에게 있어서 『삼사재만록』은 평생에 걸친 삶과 문학이 결합된 화두의 결과물로 보인다. 그의 나이 만년에 이른 59세인 1954년에 미리 쓴 『삼사재만록』의 자서(自序)에서 그는 '이를 쓴 이후로는 몸으로 만물에 접촉하여 사는 일에 먼저

감동을 느끼니, 마음은 자연히 옛 언어의 뜻과 이치를 멀리하게 되었다. 그리하여 여러 졸고를 모아 책으로 묶는 것은 실로 타인에게 자랑하려는 것이 아니다.'[13]라며 책을 간행하는 이유와 상황을 설명하였다. 또한, 이로부터 팔년 여가 지난 1962년에 문우였던 월성 최윤환(月城 崔允煥)으로부터 발문 겸 서문으로 받은 글은 당신의 나이 67세였다.

> '삼사재 김옹 재걸 씨께서 내가 있는 이산정사(尼山精舍)를 지나가면서 쓴 만록 1권을 보이며 말하기를, 이것은 나의 평상 때 겪었던 환경과 소감을 써 놓은 것으로 이미 책으로 제작하였습니다.… 대개 그 시가 곧 육의(六義)인 풍(風)과 부(賦)와 비(比)와 흥(興)과 아(雅)와 송(頌)을 바탕으로 하여, 환경을 관찰하여 진리를 깨치고 자기의 정서를 그려내며, 마주 향한 곳과 흥겹게 보냄을 본 듯 들은 듯 썼으며, 쓸데없는 것은 가려내어 타고난 본성 따라 맑고 진실하며 편리하게 하였으니, 또한 이 모두 詩의 전부이론(全部理論)을 거의 다 하였다 할 것이로다.'[14]

그리하여 그의 나이 75세에 이르러 필생의 역작인 『삼사재만록』 5권이 출간된다. 하지만 원본 맨 뒷면에 '인쇄 광주광역시 계림동 1구 104번지 김종원(金鍾元)'으로만 표기된 서지사항에 출판사, 간행 시기 등이 누락되어 불명인 상황이다. 따라서 번역본을 간행한 송산 김순권 선생 등의 기억과 증언 등에 의하여 '1970년경'으로 추정하였

13) 김재걸, 『앞의책』, 자서(自序), 7쪽. '自是以後玩賞觸物先感乎心自然言志故不知調格多小成編者實非欲誇於他人也'

14) 최윤환(崔允煥), 「삼사재만록서(三思齋漫錄序)」, 『삼사재만록』, 2-4쪽. '三思齋金翁在杰過余尼山精舍以漫錄一卷示之曰此吳平日遇境瀉懷之作而旣作矣...... 蓋其爲詩宗於六義緣境抒思對景遣興率皆淘瀉性情醇澹平夷亦可謂庶幾矣'

다.

『삼사재만록』 5권은 권지1-오언절운 시 429수, 권지2-오언사운 시 75수. 권지3-칠언절운 시 310수. 권지4-칠언사운 시 112수. 권지5-발기장문 11편, 발문부와 문생론으로 구성되었다. 사실 일반적인 문집이라기보다는 온전한 시집으로 보인다. 번역 작업을 진행한 인척이자 후학인 소석 김순상은 발문에서 '삼사재공의 유문인 삼사재만록과 유고록을 외람되게 졸역하게 되니 그 온후한 정에 감회가 새롭다.'고 하였고, 역시 번역본에 소감문을 붙인 후배 문인 박창화(朴暢和)는 '생활상 그대로를 요약해서 기록하신 말씀이라고 생각되며 글 속에는 평상시 근검하시고 책 읽기를 참으로 좋아'했다고 설명하고 있다.

Ⅲ. 서발턴의 시학, 삼사재의 문학읽기

김재걸 선생의 삶과 문학세계를 서발턴의 개념에 따라 분석해 보면 다음과 같은 요인이 도출된다. 첫째, 20세기 한국 문학사에서 한글문학 중심 담론에 의해 철저히 주변화되어 말할 수 없는 위치에 놓인 그의 한시와 유학적 사유는 현대문학의 '말'로 인정받지 못하고 있다. 둘째, 한국의 문학사나 비평 담론은 김재걸 선생과 같은 전통 문인을 '과거의 유산' 또는 '지방 지식인'으로 축소하여 아예 다루지 않는 재현 불가능한 텍스트로 여기고 있다. 셋째, 그는 삶의 현장에서 '치지시농'의 자세로 묵묵히 창작활동을 해왔지만, 이는 문학계 및 비평의 장 등 공적문학장이 아닌 사적인 실천영역 곧 '제도 바깥의 실천'으로만 존재하였다. 넷째, 식민지 시기 이후 한문은 식민주의와 근대 민족주의 이데올로기 아래에서 지워졌고 이에 그의 창작도 언어적으로 '침묵된 형식'으로 남았다.

따라서 본고에서는 이러한 문제 제기를 근거로 김재걸 선생의 삶과 문학세계를 서발턴에서 유래한 서발터니티(subalternity)의 방식으로서 밝혀보고자 한다. 목소리를 낼 수 있는 권리를 박탈당한 존재들인 서발턴을 생산하는 구체적인 장소성을 지시하는 서발터니티는 소외된 지역 공간에서 '주체 안에 내재하는 종속성 그러나 말 못하는 종속성'[15)]을 뜻한다.

그렇듯이 이러한 서발터니티는 지배적인 권력이나 담론 안에서 목소리를 내지 못하거나, 아예 존재 자체가 '부재(不在) 처리'되거나 '배제'되는 경험을 하는 사람이나 집단을 지칭하는 배제된 존재이다. 그리하여 이질성과 침묵을 강요받는 존재이다. 그렇기 때문에 이들은 사회, 정치, 경제적 구조 속에서 매우 불안정하고 취약한 위치에 놓이게 되며 지배 구조의 모순이나 허점 사이에서 잠깐 나타날 수 있지만, 다시 지배의 그물망에 포획되기도 하는 '구조적 배제의 상태'에 놓여있다고 할 수 있겠다.

그러한 서발터니티로서의 김재걸의 생애와 문학이 겪어온 과정을 '살아내기-지켜보기-말하기'의 순으로 짚어보고자 한다. 물론 이는 서발턴의 개념과 방법에서 소개되는 '재현(representation)하기'를 목적으로 하는 것이다. 당대 내지는 미래의 문학장에서 직접적으로 기능하도록 시도하는 실천행위로서의 재현은, 정치에서처럼 누

15) 김동규, 「서발터니티라는 방법」, 『인문사회과학연구』 제24권 제3호, 2023, 380쪽.

군가를 대변하는 게 아니라, 예술이나 철학에서처럼 "다시-제시(re-presentation)"하는 방식으로 '작동'시켜 보고자 한다. 이 역시 '지식인들은 서발턴들을 재현[대표]하면서 자신들을 투명한 존재로 재현한다.'[16]라는 스피박의 지적을 최대한 유의하면서 말이다.

1. 살아내기, 허수아비를 견디는 따뜻한 몸

앞에서 짚어본 것처럼 김재걸이 살아온 생애는 역사적 격변기이자 가치관 자체가 급격히 변하는 시기였다. 무안 청계라는 시골에서 가학으로 이어온 유학을 익혀 이에 기반을 둔 삶을 꾸리는 것은 본래적인 것이었을 터이지만, 경학이나 도학보다는 한시문에 치중한 것은 그의 본성에서 비롯했던 것으로 여겨진다. 그는 '예의 바르고 부모님께 효도하고 형제간에 우애'하며 자신의 몸과 마음을 수신하고 수양하는 유학자이면서 동시에 '온후한 정'이 아주 돈독한 시인이기도 하였다.

떠나는 손님은 서 있는 주인을 돌아보고,	客顧主人立
보내는 주인은 떠나는 손님을 바라보네.	主人望客行
어여 가시라, 이처럼 십여 리가 이어지니,	如斯十餘里
우리가 함께 나누었던 정(情) 때문이라네.	都是以其情

- 「留金載植家」 四月 十五日 六首中 五首[17]

헤어지는 손님과 주인이 서로를 아쉬워하며 오랫동안 바라보는 모습이 그대로 한 편의 시를 이룬다. 1942년경에 황해도로 강제징용을

16) 가야트리 스피박 외, 『위의책』, 62쪽.
17) 김재걸, 『앞의책』, 23쪽.

갔다가 돌아오는 길에 묵었던 충남 논산의 한 지인 집에서 며칠간 묵으면서 쓴 시이다. 서로 헤어지고도 십 리가 넘도록 계속 눈에 보이는 지인의 모습은 그대로 마음에서 우러나는 것일 터이다. 아니 '서로 헤어진 지 오백 리가 되었건만/ 멀리서도 정을 다하지 못하여 잠시 멈춘다.'(6수)라는 시인의 깊은 정은 천성적이다. 당시 같은 주제로 썼던 여섯 편의 시에서 거의 모두 이러한 시인의 마음을 잘 보여주고 있다.

딸아이를 낳아 비록 가르치지 못했으나	生女雖無教
바야흐로 나이가 차서 결혼을 하는구나.	年方可議婚
전쟁을 하고 있는 이 어지러운 시국에	戰爭時局下
강 너머 마을로 멀리 시집을 가는구나.	出嫁越江村

-「女兒出家」, 乙酉(一九四五年) 正月 十九日.[18]

이처럼 속정 깊은 시인의 마음이 가족들에게는 물론 한량없기 마련이다. 슬하에 4남 1녀의 자녀를 둔 시인은 고명딸을 영산강 너머 나주 동강면 복룡리로 출가시키는 심정을 한 편의 시로 써서 달랜다. 당시 바닷물이 밀려들던 영산강 너머의 시골 마을로 시집가는 일도 그렇거니와 일제의 태평양전쟁이 한창인 시기여서 더욱 심란했을 것이다.

그 전 해인 1944년에는 아들 셋이 무안 망운비행장 건설에 징용되어서 고생하였고, 또한 이에 더해 1942년에는 김재걸 선생 자신이 황해도까지 일본 노무자로 끌려갔다가 도망쳐서 수 천리를 거의 걷다시피 하면서 돌아온 마당이다. 이에 대해서는 후술하겠거니와 시인의

18) 김재걸, 『위의책』, 33쪽.

온후한 정감이 기막힌 시로 나타난 것은 자신의 아내를 보내면서 쓴 「억망처(憶亡妻)」 9수이다.

손님으로 밖에 있는데 아내의 초상을 맞았네,	客中意外聞妻喪
곁에서 임종을 지키지 못해 한없이 슬프네.	不見臨終恨愈長
한 마음으로 동고동락했던 일들을 생각하니,	忽憶同心勤苦事
당신의 죽은 몸을 부둥켜안고 울고 싶구나.	但扶屍體淚雙行

-「憶亡妻」丙午春 留淸溪里 金邦鉉宅而聞 三月 六日 聞妻喪 九首[19)]

눈물 어린 시인의 마음이 아릿하다. 따뜻한 시인의 마음은 그 따뜻함으로 시만 쓰는 것이 아니라 자신의 삶을 산다. 그리고 그 따뜻한 온도는 옮겨 다니기 마련이다. 그는 '본래 서로 가난하여 부지런히 괴로웠던 일들을 생각하니,/ 늙었을 때 정이 젊었을 때 정보다 갑절이나 되더라.(相憶素貧勤苦事 老時情倍少時情)'[20)]던 아내뿐만이 아니라, 가족 모두를 대상으로 이처럼 온후한 정을 통하여 제가(齊家)를 해나가며 서로 견디는 힘이 된다.

이러한 시인의 가슴으로 시골 벽지에서 쇄락하여 사라지는 유학에 더하여 한시문을 쓰기 위해 밤낮을 가리지 않고 농사와 시를 병행하며 살아가는 치지시농의 삶은 그대로 살아내기 위한 서발터니티의 방식이 된다. 살아남기와 살아내기는 다르다. 살아남기(survive)가 주로 외부의 위협이나 어려움 속에서 '죽지 않고 생명을 유지하는 것', 또는 '위험을 피하고 생존하는' 수동적인 회피라면, 살아내기(live through / live out)는 어려움이나 고통을 겪으면서도 '자기의 힘으로

19) 김재걸, 『앞의책』, 385쪽.

20) 「여처해로(與妻偕老)」 2수중 1수 ; 김재걸, 『위의책』, 369쪽.

삶을 온전히 이끌어 나가는 것', 또는 '고난 속에서도 삶을 지속하며 어떤 목적이나 의지를 이뤄내는 것'을 뜻한다. 단순히 생존하는 것을 넘어 삶의 과정에서 내적인 성장을 강조하는 능동적이고 의지적인 표현이다.

따라서 이와 같은 삶에 대한 적극적인 의지와 자세는 먼저 개인의 영역으로 환원되어 이루어지기 마련이다. 세상이 어떻게 파랑을 치든 먼저 자신의 세계관을 옳게 정립하고 그에 따른 방식으로서 개인의 품성과 덕성을 바르게 세우는 것이다. 그런 점에서 김재걸 선생의 호(號) 삼사재(三思齋)는 이를 직접적으로 밝혀준다.

일을 만나서 능히 알지 못하니,	臨事不能知
조심하고 다시 또 조심하였네.	愼之又愼之
그러함에도 후회가 있었으니,	雖然終有悔
생각하고 다시 세 번 생각하였네.	思後再三思

- 詩「三思」二首中 一首.[21]

이처럼 '조심하고 다시 또 조심하면서' 그리고 이에 그치지 않고 어떤 행동을 하기 전에는 필히 '생각하고 다시 세 번 생각하면서' 살아간다는 그의 신념과 태도는 그의 서시(序詩)가 되어 문집의 첫 페이지에 실려 있다. 이와 같은 '삼사(三思)는 공자의 가르침으로부터 비롯된 말로 삼사일언(三思一言)과 더불어 삼사일행(三思一行)을 원뜻으로 하며, 한번 말하고 행동하기 전에 세 번 이상 깊이 생각하라는 것이다.

이처럼 의도적이고 선제적인 성찰의 태도는 김재걸 선생의 삶의

21) 김재걸, 『위의책』, 1쪽.

여정에서 명료하게 드러난다. 결국은 그에게 밀어닥친 몇 번의 역사적인 격랑을 직접적으로 겪는데 특히, 그의 나이 47세로 중년에 이른 1942년 3월 중순에 일본 노무자로 징용되어 황해도 겸이포까지 갔다가 도망쳐 나온 일과 함께, 1944년 겨울에 망운 비행장 건설을 위해 아들 3형제가 강제 동원되어 한 달 가까이 노역에 시달린다. 이와 같이 안팎으로 시달린 끝에 맞은 8.15해방 공간에서 그는 자신의 '삶 전체를 걸고 삼사(三思)'를 한다. 해방 후인 1945년 가을 이후에 그는 사람 인(人)자를 운으로 하는 오언절운 「인운영인(人韻詠人)」 시 18편을 쓴다. 일본제국주의 전쟁과 식민지를 겪으면서 느꼈던 인간의 본질에 대한 생각을 다시 성찰한 것으로 보인다.

사람의 모양을 하여 비록 올바른 사람 같지만,	受形雖是人
성정(性情) 쓰는 것이 혹은 사람 같지 않은 이도 있다.	用性或非人
착한 일과 악한 일이 서로 나누어지는 곳에서,	善惡相分處
사람이라 할 수도 있고 사람 아니라 할 수도 있다.	謂人不謂人

-「人韻詠人」, 乙酉秋 十八首 中 三首.[22)]

이처럼 세계와 인간에 대한 '분명한 가치관을 정립'한 시기로 여겨지는 이때 그는 다시 자신을 돌아본다. 당시로는 장년의 나이인 50세에 이르러서 자신이 즐겨 마시던 술에 대한 오언절운 「영주(詠酒)」 13수를 쓴다. 아마 추정컨대 자신의 과한 습벽이었을 음주 행위에 관하여 그 안과 밖을 둘러보는 13편의 시는 그대로 재삼재사 생각하고 돌아보는 '삼사(三思)'의 성찰 행위이다. '술이 아니면 좋은 일이 없겠는가,/ 술에 취하면 위엄과 바른 행동을 잃게 되나니./ 행실을 바로

22) 김재걸, 『앞의책』, 40쪽.

하는 데 이와 관련이 있어,/ 경계하고 또 경계할 일이로다.(「영주(詠酒)」 13수)[23]'라는 데 이르러, 마음으로 몸을 바꾸고 몸으로 마음을 바꾸는 데 이르는 자기혁신의 과정을 보여주고 있다.

날마다 세끼 밥을 즐겨 먹으며,	日喫三時飯
헛되게 오십여 년을 살았구나.	虛生半百年
만일 지나온 날을 돌아본다면,	若論過去事
이내 부끄럽지 않은 게 없다네.	無乃不差歟

-「自警」, 己酉 冬 四十三 首 中 十三首.[24]

그는 또한 여기에 그치지 않고 그동안 살아오면서 형성된 자신의 삶과 그 안에 형성된 자아와 주체를 돌아보고 경계하는 오언절운 「자경(自警)」 43수와 오언사운 「자경(自警)」 23수를 쓴다. 요즘 시집으로 치면 거의 한 권 분량의 시를 쓴다. 8.15해방이라는 바깥 세계의 혁명적인 상황을 맞아서 자신의 개인적인 삶에 대한 혁신으로 이끌어내는 모습이지 않은가 한다. 이처럼 서발터너티로서의 웅숭깊은 자기 성찰을 통해 이끌어온 모습의 백미는 사실 일제강점기를 견디는 문학과 삶의 모습이다. 식민지의 억압과 수탈 아래 놓인 피식민인이자 지식인으로서 매국도 부역도 그렇다고 피신도 하지 않고 자신이 살아왔던 공간을 지키는 일은 그대로 참담하게라도 살아내는 따뜻한 몸의 힘이다.

위험한 난리로 지금 같은 때가 없었으니,	危亂莫如今

23) 김재결, 『위의책』, 54쪽.
24) 김재결, 『위의책』, 61쪽.

피할 방법을 찾을 곳이 없구나. 避方何處尋
하는 말을 산과 같이 무겁게 하고, 舌重如山重
속마음을 바다와 같이 깊게 해야 하리. 心深似海深

거짓으로 창자 없는 허수아비가 되고, 佯作無腸俑
진실로는 입 있는 벙어리가 되어야 하니. 眞爲有口瘖
헛된 욕심으로 뜻을 세우게 되면, 勿思虛慾意
뜻하지 않은 재앙이 스스로 찾아오리라. 橫禍自相侵
-「自警」 23首中 22首.[25]

2. 지켜보기, 역사를 기록하는 일상의 눈

역사에 참여하는 것과 역사를 사는 것은 사실 다르지 않다. 누구나 일정한 시간을 살다가는 인간에게 문자와 역사가 대두되면서 오랜 시간을 살다가는 소수의 주인공과 이를 감싸고 불나방처럼 소리 없이 사라지는 다수의 등장인물로 나누어졌다. 이처럼 근대 이전의 세계와 역사에서는 세상을 이끄는 주역들을 중심으로 펼쳐져 왔으나, 포스트식민주의에 이어 코로나 이후로 포스트휴머니즘까지 운위되는 오늘날의 세계에서는 미시 일상을 사는 이들의 관점과 입장에 의해서 세계와 역사에 대한 이해가 크게 달라지고 있다.

수용하는 하위주체로 개념화된 서발턴에 더하여 대응하는 하위주체인 서발터니티의 역할과 기능 역시 여기에서 찾을 수 있다. 서발터니티는 배제와 차별을 그저 수용하는 게 아니라 다양한 대응 방식을 통하여, 그러한 차별과 배제의 생산구조를 드러내는 '인간적인 생산주체'의 역할을 수행한다.

25) 김재걸, 『앞의책』, 239쪽.

그러한 생산 주체의 관점에서 삼사재 김재걸 선생이 수행한 대응 방식은 '지켜보기'였던 것으로 다시 개념화될 수 있다. 그는 한문학이라는 관점과 치지시농이라는 삶의 방식을 기반으로 형성된 서발터니티의 눈으로 세계에서 일어나는 일을 보이는 그대로 기록하였다. 대의명분과 강호가도를 노래하는 초기 시의 시기[26]를 지나 자신만의 문학세계를 형성한 것으로 보이는 40세 이후부터 그는, 일제강점기와 6.25 한국전쟁, 자유당 정권의 3.15부정선거와 4.19학생의거 등 근현대사를 아우르는 역사적인 상황을 자신의 직접 체험을 통해서 세심하고 내밀하게 기록했다.

집을 떠나 멀리 가게 되었는데　　離家作遠行
먼저 부모님께 떠난다고 알렸다.　　先告兩親行
함평역(咸平驛)에서 하룻밤을 자고,　　留宿咸平驛
이른 기차를 타고 출발하였다.　　乘車早發行
(행황해도겸이포상공회사, 4수중 1수)

기차를 타고 곧바로 올라갔는데　　乘此直行車
지나온 거리가 일천여 리였네.　　過來千里餘
겸이포(兼二浦)에 도착하여 보니,　　到于兼二浦
산과 물이 처음 보는 꿈결 같았네.(동 2수)　　山水夢中初

노무에 시달려 객지에서 힘들기 그지없으니　　夜離兼二浦
멀리 고향을 바라보며 노래를 불러본다.　　逃走入黃州
단숨에 높이 날아서 가고 싶지만,　　雨雹紛紛下

26) 20세 이후에 쓴 칠언사율「춘일유흥(春日遊興)」9수 ; 김재걸,『위의책』, 458쪽 참조.

몸에 두 날개가 없으니 어찌하겠는가.(동 3수) 暫尋酒店休
-「行黃海道兼二浦商工會社」, 黃海道 兼二浦에서 四首中 三首[27)]

시의 제목 「행황해도겸이포상공회사(行黃海道兼二浦商工會社)」와 그 옆에 부기한 내용을 '壬午 三月 十八日 勞務者로 徵用 行黃海道兼二浦商工會社 黃海道 兼二浦에서 四首中 一首'를 보니, 1942년 3월 18일 어름에 일본 노문자로 징용 갔던 내용이다. 적은 나이도 아닌 47세의 시인이 황해도의 겸이포상공회사까지 수 천리의 타향으로 징용되어서 겪은 내용을 차분하게 한시로 기록하였다. 고향에서 태어나 평생을 살아온 시인에게는 아픈 기억이면서 동시에 새로운 체험의 기회이기도 하였다. 모두 4편의 시를 썼지만, 이 또한 식민지인으로서 겪어야 했던 고통의 기억으로 시문에 아로새겨졌다.

밤에 겸이포(兼二浦)를 떠나 夜離兼二浦
도망쳐 달려가 황주(黃州) 땅에 들어갔다. 逃走入黃州
비와 우박이 펄펄 내리는데, 雨雹紛紛下
주막집을 찾아가 잠깐 쉬었다.(동 4수) 暫尋酒店休
-「行黃海道兼二浦商工會社」, 黃海道 兼二浦에서 四首中 四首[28)]

힘든 노동에 지친 그는 일제강점기에 징용 노무자로 끌려간 많은 이들의 경우와는 달리 도망쳐 나오는 선택을 한다. 쉽지 않은 일이었을 것이다. 귀가할 집은 수천 리 떨어진 곳이었으며, 여비나 교통편 같은 게 제대로 주어질 리 없고 더구나 남의 눈을 피해야 하는 일이

27) 위의 책, 『삼사재만록』 번역본, 4-5쪽.
28) 위의 책, 『삼사재만록』 번역본, 6쪽.

었다. 이처럼 자신이 살던 고향에서 강제로 끌려와 노동하는 소모품으로 취급되었을 그는 단순한 고통을 넘어서 인간적인 소외와 존엄성을 박탈당한 서발턴의 전형이었다. 그리하여 개인의 삶을 통째로 장악하고 억압하는 식민국가의 폭력에 그대로 노출되는 취약성을 지녔음에도 그는 온몸으로 저항한다.

여기에서 '밤에 겸이포를 떠나/ 도망쳐 달려가다'라는 것은 피식민지인으로서 김재걸 시인이 택할 수 있었던 가장 강력하면서도 유일한 형태의 저항이었다. 지배 권력에 정면으로 맞설 수는 없지만, 주어진 운명을 거부하고 '탈주(逃走)'를 선택한 행위는 서발턴이 보여줄 수 있는 미약하지만, 중요한 형태의 주체적인 몸의 언어이자 자기 해방의 시도이다.

그렇게 도망한 후에 나타나는 고통과 소회가 시의 절정을 이룬다. '비와 우박이 펄펄 내리는' 밤의 상황은 그가 겪는 육체적 고통뿐만이 아니라, 식민 지배의 잔혹한 현실을 그대로 반영하고 있다. 이처럼 서발턴이 세상을 '지켜본다'는 것은 지배 권력이 만들어낸 폭력과 부조리를 직접 몸으로 겪어내며 그것을 환원하여 드러내는 과정이기도 하다.

그렇듯이 그는 1942년 3월 18일에 강제 징용노무자로 황해도의 겸이포 상공회사까지 끌려가 일하다 도망쳐 나와, 동년 5월 2일에 월선리 집에 이르기까지의 과정에서 경험한 타지의 풍경과 체험을 통하여 쓴 시들로 문집의 전반부를 채우고 있다. 이처럼 피식민지 국민이었던 조선인들에 대한 강제노역은 태평양전쟁으로 전세가 급박해지면서 더욱 광범위하게 이루어졌다. 특히, 무안의 일제강점기 근대 건축물인 망운공항에 대한 징용의 기록도 나타나서 눈길을 끌었다.

뜻밖으로 무안군 망운 땅에, 意外望雲坊
전쟁을 이기기 위한 비행장을 만드네. 營成戰備場
산을 헐어 고랑을 메우는 힘든 일이, 斬山堙谷役
모든 이의 창자를 끊어버리듯 하네.(동 1수) 欲斷萬民腸

팔년의 전쟁과 병화 속에서, 八年兵火中
찬 눈보라와 바람을 피하지 못했네. 不避雪寒風
나의 세 아들 삼 형제가 모두, 吳子三兄弟
한 달이 넘도록 노역에 나갔다네.(동 2수) 月餘出役同

강제노역으로 끌려나가 놀란 백성은, 民由出役驚
관리들을 보기만 해도 스스로 놀라네. 見吏自心驚
활에 상처 입은 새와 다를 바 없이, 無異傷弓鳥
활처럼 구부린 나무만 봐도 자지러지네. (동 3수) 但看曲木驚

-「送家兒出役飛行場」甲申(一九四四年)冬에 望雲飛行場 造成에 强制動員 三首.[29]

1944년 겨울에 망운비행장 조성공사에 강제동원령으로 끌려간 조선인들의 참상을 노래하고 있다. '일하는 이들의 창자를 끊어버리는 듯한' 이러한 일제의 부도덕한 강제노역의 현장을 모두 세 편의 시를 통하여 고발하였다. 그것은 '나의 아들 삼 형제가 모두, 한 달여를 같이 노역에 나갔다네.(吳子三兄弟 / 月餘出役同)'에서 보듯이 극심하고 무도한 인권유린의 현장이었다. 하지만 시인에게 닥친 고통은 이뿐만이 아니었다. 일제에 의한 대동아전쟁이 막바지로 달리던 이듬

29) 김재걸, 『앞의책』, 31-32쪽.

해인 1945년 1월에는 셋째아들 충호(忠鎬)가 다시 일본 군대의 징병으로 끌려가게 된다. 이를 시「송자군영(送子軍營)」두 편으로 남기고 또한 부족한 군수품을 채우기 위해 조선인의 농가에서 강제 공출해 가는 상황 등을 시「미곡공출(米穀供出)」등 다수의 시편으로 남겼다.

이처럼『삼사재만록』과 같이 숨겨진 문헌에 실린 당대의 역사적 사실과 서정을 읽는 일은 대단히 중요하다. 수년 전에 진행된 무안 망운비행장 등의 일제시대 격납고, 방공포대 등 무안 근대 문화유산 조사를 위한 학술 용역에서도, 단지 남아있는 건축물의 형상이나 실태만을 조사하는 아쉬움을 남기고 있다. 위와 같이 관련 문헌과 글의 내용 등을 통한 당시의 정황은 물론 당사자들의 정서나 느낌은 인간을 중심에 둔 문화유산으로서의 의미와 가치를 지닌다. 특히, 일본제국주의자들에 의한 피식민 수탈의 현장에서 이를 서발턴의 입장으로 대응하는 서발터니티의 관점을 매개로 재해석을 통해 미래적 가치로 구현하는 일은 특히 중요하다. 최근 들어 경계의 지점에 위치한 도시들인 인천, 부산, 군산 등에서는 이를 트랜스로컬리즘(Translocalism)을 구현하는 형태로 활용하여 오래된 구도시를 재구조화[30]하고 있기도 하다.

36년 만에 비록 나라를 되찾았으나,	三十六年雖復國
땅은 남북으로 갈라져 장차 위험하겠으며.	地分南北是將危
이전에 사악한 관리들이 모두 도로 등용되니,	其前奸吏皆還用

30) 박선우 외,「관문도시 부산과 '서발턴' 역사 연구의 필요성과 한계」,『한국민족운동사연구』2021 ; 오재환,「인천세계도시인문학대회 강연문」, 2018 ; 남해경제포럼,「지역, 균형발전의 길을 찾다Ⅱ」, 2023. 등 참조.

사나운 학정이 일제강점기보다 심하겠구나. 虐政甚於日政時
-「되찾은 나라(復國)」, 1945년(乙酉) 가을(秋).[31]

앞에서 서발터니티의 관점이 미래가치로 연결된다고 말했었는데, 이는 쉽게 말하면 높은 곳에서 보이지 않는 일이 낮은 곳에서는 잘 보인다는 이야기이기도 하면서 동시에, 서발턴의 취약한 입장에서 추구되는 보편적인 가치인 생명, 평화, 공존의 '오래된 신세계'가 미래로 이어짐을 뜻한다.

일제 징병에 끌려가 돌아오지 않는 아들을 염려하고 그리워하는 시[32]를 통하여 '푸른 하늘에 날아오르듯이 해방가를 외치며/ 사람들과 같이 일어나 춤을 추니 즐거움이 어떠하리'(4수 일부)와 같이 민족해방을 노래하던 그에게, 위의 시처럼 금세 보이는 현실의 실상 역시 서발터니티에게 부여된 혜안의 한 예라고 할 수 있겠다. 그대로 지배적 사유 체계 바깥의 '서발턴' 인식이 공간적으로 작동하며 드러나는 것이다.

남과 북이 서로 다투어 일어나니, 南北相爭起
사방에서 전투 소리가 들려온다. 四方戰鬪聲
이토록 위태로운 지경에 이르렀으니, 際玆危地境
누가 이 가련한 백성들을 구할거나? 誰救是蒼生
-「北擾事變」, 庚寅(一九五十年 陽 六月 二十五日) 6.25사변 三首中 一首.[33]

시인의 예상대로 1950년에 일어난 6.25 한국전쟁은 남과 북의 동

31) 김재걸, 『앞의책』, 315쪽.
32) 「평난해병이고대자환(平亂解兵而苦待子還)」 4수 ; 김재걸, 『위의책』, 311-313쪽.
33) 김재걸, 『위의책』, 96-97쪽.

족상쟁으로 무수한 고통과 아픔을 오늘날까지 낳고 있다. 이를 오언절운의 담백한 한시로 기록한 문학작품은 아주 드물다. 그리고 여기에서 제기한 물음은 아직도 계속되고 있다. '누가 이 가련한 백성들을 구할거나?' 또한 그 '가련함'은 단순한 힘에 의한 통일이나 통합 같은 구시대적인 개념으로는 해결되지 않고, 평화 공존, 공생과 같은 서발터니티의 관점에 의하여 새로이 추구되어야 하리라 생각된다.

멀리 시골에서 '산중에 손님으로 숨어 지내는' 서발턴의 눈으로 시인은 지켜보며 세심히 기록한다. 자유당의 3.15부정선거를 규탄하는 「부통령선거(副統領選擧)」[34]는 물론 젊은 대학생들의 힘으로 이를 극복하는 4.19 민주학생의거를 흔쾌히 축하한다. 1965년이면 그의 나이 70세에 이르지만 시공간을 넘거나 융합하여 내면화한 서발터니티의 시각은 '밝고 깊고 또한 늙지 않는' 심장의 숨결처럼 그렇게 뜨겁다.

장하도다, 대학생들이여!	壯哉大學生
나라의 간악한 무리를 한 번에 쓸어버리니 깨끗해졌구나!	一掃國奸清
산중에 손님으로 숨어 지내던 늙은이가	隱在山中客
홀연히 이를 듣고 일순에 귀가 밝아지는구나.	忽聞耳暫明

-「聞大學生肅清國奸」, 四一九 學生擧義 檀紀 四二九三年 庚子年(一九六十)[35]

이처럼 '대학생들이 나라의 간악한 무리들을 소탕한 소식을 듣고(聞大學生肅清國奸)' 귀를 밝게 씻던 그에게 분단 조국의 현실은 가혹하게 이어진다. 곧이어 5.16 군사쿠데타를 통해서 들어온 군사정권은

34) 김재걸, 『앞의책』, 349쪽.
35) 김재걸, 『위의책』, 183쪽.

결코 근대를 벗어나지 못한 전제국가의 모습을 그대로 보여준다. 일제강점기는 물론 6.25 한국전쟁 등에 아들을 징병으로 보냈던 그는 다시 베트남전쟁에 손자를 보내는 아픔[36]을 겪는다. 하지만 그는 이러한 역사적 격랑에 처해서 단순히 살아남기 위해서가 아니라, 이를 문학적으로 기록하고 남겨서 살아내기 위한 시인의 실존적 대응을 지속한다.

옆에서 시국이 돌아가는 것을 들으니,	側聞時政所以事
한일통상조약이 이루어졌다고 한다.	韓日通商條約成
지금의 을사년이 마치 이전의 을사년과 같으니,	今乙巳如前乙巳
늙은이는 또다시 나라가 잘못될까 두렵구나.	老人又恐國將傾

-「韓日通商條約-前乙巳條約 今乙巳後條約」[37]

대다수 국민들의 의견을 뒷전으로 하고 정권의 입맛대로 진행한 1965년의 한일국교정상회담에 대하여 시인은, 한 갑자(甲子) 너머 곧 60년 전과 동일한 을사(乙巳)년인 1905년에 이루어졌던 '을사늑약(乙巳勒約)'을 환기한다. '지금의 을사년이 마치 이전의 을사년과 같으니,'라면서 시인의 한탄에 그치지 않고 비극적인 예감과 날카로운 경고를 명쾌한 은유로 전달하고 있다.

김재걸 시인의 전통적인 한시문에서 이처럼 일관된 모습으로 보이는 현실 참여적인 문학의 내용과 성격 그리고 여기에 쌓여 있는 역사적인 기록들에 대한 의미와 가치에 대한 분석이나 평가는 추후 세심하고 깊이 이루어져야 할 대목이다.

---

36) 「송순아순권입군대(送孫兒淳權入軍隊)」 1수 ; 김재걸, 『위의책』, 208쪽.
37) 김재걸, 『위의책』, 384쪽.

그리하여 여기에서 주목할 내용은 김재걸 선생의 시가 단순한 개인의 서사가 아니라는 점이다. 자신에게 강요되는 침묵 속에서도 어떻게든 자신의 목소리를 남기려 했던 흔적이다. 온갖 역사의 격랑이 뒤섞이면서 낳은 비극적인 현실은 시인에게 '타자화된' 존재인 서발턴의 삶을 부여했다. 하지만 그 안에서 그는 생존을 위한 선택과 함께 그 고통을 기록하며 지켜보는 것을 통해 '침묵을 강요당하는 자의 말'을 써 내려갔다.

이를 통해 신의 주체 안에 내재하는 '종속성 그러나 말 못 하는 종속성'을 응시하며 그 아픈 주체의 병리를 밝혀냄은 물론, 서발턴의 구제와 연결하여 최종적으로 새로 창출된 모두의 역사 또는 모두가 함께 공감하는 보편성의 계기를 마련[38]하였다.

이러한 보편성은 또한 현재 문화의 장에서 무시되거나 이해하지 못하고 있는 오랜 역사와 전통을 지니고 있는 한문학의 내면과 전언을 '그들만의 언어'로 보존한 행위이기도 하다. 이는 지배적인 문화서사의 입장에서는 미약하겠지만, 일단 의미 있는 균열을 만들어내는 서발턴의 방식으로 볼 수 있다.

3. 말하기, 삶을 응시하는 심연의 시

문학에서의 말하기는 사실 '무엇'이라는 내용보다 '어떻게'라는 형식에 의지하는 바가 크다. 그리하여 시인은 현실의 삶에서 패배하거나 실패하더라도 거기에서 창작된 문학작품의 성패 여부가 작가의 생명으로 남게 마련이다. 그런 점에서 시인을 비롯한 예술인 일반은

38) 김동규, 「서발터니티라는 방법」, 『인문사회과학연구』 제24권 제3호, 2023, 380쪽.

서발턴이면서 동시에 이를 극복할 가능성을 필수적으로 지니는 서발터니터인 셈이다.

하지만 예전의 한시문(漢詩文)에서는 그러지 않았다. 원래 중국에서 가장 오래된 시집이자 동아시아 문학의 근원이라고 할 수 있는 고전인 시경(詩經)에서는 문학을 '풍(風)', '아(雅)', '송(頌)'으로 분류하였는데, 여기에서 '풍'과 '아'가 바로 한시의 핵심적인 성격을 보여주는 것으로 흔히 한시를 '풍아(風雅)'라고 부른다. 여기에서 풍(風)은 백성들의 자연스럽고 소박한 감정, 삶의 애환, 그리고 민중의 목소리를 대변하며 문학의 사회 참여적 측면과 현실성을 강조하며, 아(雅)는 격식 있는 자리에서 불리는 노래로서의 품격, 도덕적 가르침, 그리고 정치적 비판의 기능을 강조한다.[39)]

하지만, 중국의 유학 그것도 송나라의 주희 곧 주자가 주창한 성리학을 국가의 단일 이념으로 채택한 조선에서는 한시문 역시 이의 범주와 맥락에서 창작하도록 한다. 문장은 도(道)를 나타내는 그릇이므로 도를 나타내는 문장이 참된 문장이라는 '문이재도론(文以載道論)이 그것이다.

'글은 도(道)를 싣는 것이다. 수레가 꾸며져도 사람이 쓰지 않는다면 한갓 꾸밈에 불과한 것이니 하물며 빈 수레이겠는가? 문사(文辭)는 예(藝)요, 도덕은 실(實)이니, 그 실(實)하고도 예(藝)한 것을 돈독히 하는 자가 쓰게 됨에 아름답게 되면 사랑받게 되고 사랑받게 되면 전해지는 것이다.…(중략)… 도덕에 힘쓸 줄을 모르고 다만 문사(文辭)로써 능사(能事)를 삼는 자는 예(藝)에 그칠 따름이니, 슬프도

39) 中國思想文化術語詞典 2-풍아송風雅頌, https://encykorea.aks.ac.kr/Article/E0032305(중국학@센터)

다, 폐단이 오래되었도다.'[40]라는 주돈이(周敦頤)의 논리는, 그대로 '도학가의 제도적 문학관은 문학을 도학의 부용(附庸)으로 삼은 것으로, 문(文)이 도학을 위한 도구에 불과한 것으로 보았다'라며 곽소우(郭紹虞)는 『중국문학비평사(中國文學批評史)』를 통해서 도학가의 제도적 문학관이 고문가(古文家)의 관도적(貫道的)문학관과의 대칭적 측면에서 중대한 오류를 범하고 있다고 지적하였다.[41]

물론 이러한 문학관들의 좀 더 깊은 부분에서의 해석이나 이론의 여지는 있으나 특히 조선 후기로 오면서 이를 빌미로 윤리나 도덕만을 앞세워 문예 또는 문학의 다양성을 부정하는 방향과 내용으로 흐른 것은 사실이다. 흔히 말하는 대의명분을 앞세운 연군지사나 우국충정 또는 강호가도를 표방하는 은일지사나 음풍농월의 시학이 그것이다.

높은 곳에 올라 멀리 바라보는 경치는 찬란히 빛나고,	登高一望景光輝
오직 이 따스한 봄날의 왕성한 기운이 흡족하구나.	惟是陽春德不微
넓은 들의 보리밭은 일만 이랑의 파도를 일으키고	萬畝麥形波萬頃
천 봉우리 꽃빛깔들은 일천 비단으로 짠 베틀이로다.	千峯花色錦千機
꾀꼬리 노래는 마치 맑고 탁한 음을 맞추는 듯하고,	鶯歌彷彿調淸濁
제비의 지저귐은 시시비비를 선명히 가려내는 듯하네.	鷰語分明決是非
이를 빌려 동쪽에서 온 옛 친구들에게 묻노니,	借問東來諸故舊

40) "文所以載道也, 輪轅飾而人弗庸, 徒飾也, 況虛車乎. 文辭,藝也, 道德, 實也, 篤其實而藝者書之, 美則愛, 愛則傳焉,..(중략)... 不知務道德, 而第以文辭爲能者, 藝焉而已, 噫, 弊也久 矣.", 「周濂溪集」 卷六, 「通書」二, 「文辭」, 정요일 저, 『한문학비평론』, 인하대학교출판부, 1990, 178-179쪽 재인용.

41) 郭紹虞, 「中國文學批評史」(明倫出版社) 上卷, 위의 책, 179쪽 재인용.

하늘에 장막을 치고 땅을 의자 삼아 묵어가면 어떠하리. 幕天席地宿而歸
-「春日遊興」 余以 高宗 丙申生 自二十歲 乙卯以後 吟 九首中 二首.[42]

이 시는 『삼사재만록』을 통해서 발표된 김재걸 선생의 가장 초기 시로 파악된다. 「춘일유흥」이라는 제목 옆에 '나는 고종 병신년(1896년)에 태어나서, 20세 되던 을묘년(1915년) 이후로 (그때부터) 아홉 수(首)의 시를 읊었다.(余以 高宗 丙申生 自二十歲 乙卯以後 吟 九首)'라고 부기한 것으로 봐서, 시인이 '1896년에 태어나서 1915년부터 시를 지었으며 그 작품 수가 9편임'을 알 수 있다. 또한, '오직 이 남주(南州)에 이 누각이 있고/ 끝이 없는 경치가 가장 으뜸이더라./ 전기에서는 오늘 모임 삼삼절(三三節)을 기약하였으니,/ 이 다음 약속은 9월 9일 가을에 도모하기로 하였도다.(8수)'[43]라는 내용으로 보아 문학수업과 교류를 위한 여러 시회 등에 참여하고 있는 것으로 보인다.

그리하여 시를 살펴보면, 제목부터 「춘일유흥(春日遊興)」 곧 「봄날의 유흥」으로 그렇게 따뜻한 봄날, 시인이 관망하기 좋은 높은 곳으로 올라 주변의 아름다운 자연 풍경을 감상하며 느낀 기쁨과 평화로움을 노래하고 있다. 넓게 펼쳐진 보리밭과 꽃들, 새소리까지 모든 것이 조화롭게 어우러진 풍경 속에서 벗들과 함께 자연의 품에 안겨 자유롭게 머물고 싶어 하는 마음이 잘 느껴지는 시이다.

그대로 '풍(風)', '아(雅)', '송(頌)'이 어우러져 담긴 한 편의 한시로 구김이 없다. 그러나 원래 『시경(詩經)』에서 시는 '풍(風), 아(雅), 송(頌)'

42) 김재걸, 『앞의책』, 451쪽.

43) 惟是南州有此樓/ 無邊光景最爲頭/ 前期今回三三節/ 後約更圖九九秋. 「春日遊興」 九首中 八首 ; 김재걸, 『위의책』, 457쪽.

이외에 '부賦, 비比, 흥興'을 포함하여 6가지 기본내용(故『詩』有六義焉)으로 분류하였다.[44] 그런데 주자가 이를 '『시경』의 '삼경(三經)'은 부, 비, 흥을 가리키는데, 이것은 작시(作詩)의 뼈대로서 모든 시에 다 있으며, 없으면 시가 되지 않는다. 대체로 부가 없으면 비가 있어야 하고, 비가 없으면 흥이 있어야 한다. 예컨대 풍, 아, 송은 시 안에서 횡적으로 연결하는 작용을 하는데, 시에는 모두 부, 비, 흥이 있어야 한다. 그래서 풍, 아, 송을 '삼위(三緯)'라고 한다.'[45]라며 구분하였다.

이러한 구분은 곧바로 절의와 강호가도를 구가하는 조선 사대부의 풍모와 어울려서 시의 아취와 풍취를 중시하는 오언절운 중심의 '풍아'로 기울어져 굳어진 측면이 깊다. 삼사재 김재걸 문학의 출발 지점으로 보이는 위의 시를 비롯한 9편의 「춘일유흥」에서 보이는 거개의 문학적 품새 역시 여기에서 크게 벗어나지 않는 것으로 읽힌다.

'하늘에 장막을 치고 땅을 의자 삼아 묵어가면 어떠하리.'는 그대로 주희 곧 주자의 시 「책 읽는 감상(觀書有感)」[46]의 '반 마지기 네모난 연못이 한 개의 거울 같아서(半畝方塘一鑑開)'라는 대목을 연상시킨다. 네모난 연못은 책을 상징하면서 동시에 책 안에 담겨있는 진리 또는 내용을 가리키는 '거울'이라는 맑고 깊은 시적 은유로 완성했듯이, 삼사재도 '장막으로 두른 하늘 아래' 이런저런 현실의 거침들을

44) 故『詩』有六義焉: 一曰風, 二曰賦, 三曰比, 四曰興, 五曰雅, 六曰頌. 『詩大序』. https://encykorea.aks.ac.kr/Article/E0032305(중국학@센터) 재인용.

45) '三經'是賦比興, 是做詩底骨子, 無詩不有, 才無則不成詩. 蓋不是賦便是比, 不是比便是興. 如風雅頌却是裏面橫串底, 都有賦比興, 故謂之'三緯'. (『朱子語類』 80卷), https://encykorea.aks.ac.kr/Article/E0032305,(중국학@센터) 재인용.

46) 김학주 역저, 『송시선(宋詩選)』, 명문당, 2012, 481쪽. '半畝方塘一鑑開 天光雲影共徘徊 問渠那得淸如許 爲有源頭活水來 - 南宋 朱熹 「觀書有感」.'

거세하고 편히 앉을 수 있는 '지상의 의자로 삼아보자.'라는 호탕하면서도 섬세한 시적 상징을 드러낸다.

을묘년 곧 1915년이면 1910년의 한일병합 이후 일제강점기의 무단통치와 억압으로 한국인들은 기본권을 박탈당함은 물론, 경제적 수탈 목적의 대대적인 토지조사사업(1910~1918)이 실시되어 농민들은 토지소유권이 부정되거나 강탈당하여 소작농으로 전락하였다. 이뿐만이 아니라 일제는 민족 차별을 통해 한국인의 역사와 문화를 말살하고 일본에 동화시키기 위한 교육 정책 등을 시행하던 중이었다.

물론 1910년의 국권 피탈 이후에 호남 유림의 정신적 지주이자 지표였던 위정척사파 성리학자인 송사 기우만(松沙 奇宇萬, 1846년~1916년)은 호남의병창의소 등을 통해 의병 활동하다가 체포되어 옥고를 겪다가 1916년에 사망하고, 전라북도의 간재 전우(艮齋 田愚, 1841년~1922년)는 국권 회복의 가능성을 포기하고 군산 인근의 섬으로 들어가서 은거를 통해 절의를 지키던 시절이었다.

그리하여 여기에서 '높은 곳에 올라 빛나는 경치와 봄날의 보리밭과 꽃 빛깔들'은 다 무엇이며, '꾀꼬리의 맑은 음과 제비의 지저귐을 들으며 친구와 천막을 치고' 즐기며 시를 쓰며 읊는 음풍농월은 도대체 무엇인가 하는 질문이 응당 돋는다. 그렇듯이 조선의 유한계층이었던 '사대부들이 즐기는 풍아'로서의 시일 수는 있지만, 원래 시경에서 정의하던 '백성들의 자연스럽고 소박한 감정, 삶의 애환, 그리고 민중의 목소리를 대변하며 문학의 사회 참여적 측면과 현실성을 강조하는 품격과 도덕적 가르침. 그리고 정치적 비판의 기능을 지닌 풍아[47]'로서의 시는 아니다. 이는 주어진 환경과 달리 당시풍(唐詩風)

47) 유약우 저, 이정우 역, 『중국시학(中國詩學)』, 명문당, 1994, 125쪽.

또는 송시(宋詩)에서 성리학의 문풍을 따르고 있는 것으로 보이는 김재걸 선생의 초기 시풍에 대한 비판적 성찰임은 물론이다.

물론 앞에서 짚어보았듯이 급속히 서발턴의 위치로 흡수되어 시대적 상황에 노출된 김재걸 선생에게 세상의 격랑과 무관한 강호가도로서의 한시문의 세계가 허여될 리 없었다. 1942년의 일제 노무자 징용당했다가 황해도 겸이포에서 무안까지 수천 리를 걸어오면서 겪은 고생과 수모와 소외의 체험이 담긴 시는 물론이며, 이듬해인 1944년에 무안 망운 비행장 조성에 아들 삼 형제가 강제 동원되어 한 달 이상 노역에 시달리는 모습, 그리고 수많은 공출과 수탈은 물론 태평양전쟁 막판인 1945년 1월에 셋째아들을 일본군대로 징병 보내는 심정을 표현하는 시들은 그대로 『시경』에서 정의한 '풍아'로서의 한시에 충분히 값하는 것[48]으로 읽힌다.

그리하여 8.15해방을 맞은 그는 조국과 민족의 해방 너머 자신의 해방을 추구한다. 도대체 인간이란 무엇인지를 추구하는 것으로 보이는 '사람 인(人)자를 운으로 하는' 시 「인운영인(人韻詠人)」 18편, 그리고 실은 세상을 바꾸는 것보다 자신의 습관을 바꾸는 게 어려운 50줄 나이에 즐겨 마시던 술을 제어하기 위한 시 「영주(詠酒)」 13편을 쓴다. 이는 사실, 삼사(三思)라는 자성 행위를 통해 자신의 행위를 통제하는 것을 넘어 가히 '대항 기억(Counter-Memory)'을 통해 새로운 자기 몸을 만들어가는 서발터니티의 모습이라고 하겠다. 또한, 이에 더하여 그는 그동안 형성된 자신의 삶과 자아와 그리고 문학적 주체를 돌아보고 새로이 하는 오언절운 「자경(自警)」 43수와 오언사운

48) 유약우 저, 『위의책』, 131쪽. '『시경』은 마음에 품은 뜻과 깊이 쌓인 슬픔이 우러나온 것이다. 그것은 그 통치자들에게 풍간(諷諫)하기 위해서 시인들의 정서와 본성을 표현하였다. 이것이 바로 '정 때문에 글을 짓는다'는 것이다.'

「자경(自警)」 23수를 합하여 모두 66수의 시를 쓴다.

나는 본래 재주와 기예가 없노라니,	我素無才藝
농사짓는 일이 직업으로 마땅하였네.	耕農事業宜
가난하고 궁핍한 몸이 또한 일천하니,	貧窮身且賤
아내와 자식까지 가벼이 업신여기네.	妻子侮輕之

-「自警」, 己酉 冬 四十三首 中 十六首[49]

나는 본래 농사짓는 늙은이로 돌아왔으니,	我本歸農老
일찍이 세상일을 보고 들은 바가 없다네.	曾無所見聞
어린아이들이 궁금한 것을 물어볼 때면,	兒孫問疑處
부끄러움을 머금어 모른다고 말을 한다네.	含愧不知云

-「自警」, 己酉 冬 四十三首 中 十四首[50]

응당 그의 시가 달라진다. 언어와 시각이 바뀌는 것이다. 정통적인 한시에 대한 '또 다른 신념은 연관된 공공적 사건에 관계되는 시는 아(雅)'해야 한다는 것이다. '우아하다', '정치하다'라는 뜻으로 쓰여 온 이 말은 원래 '정확하다'라는 뜻을 갖고 있으며, 시의 이상으로서 '정확성'은 표현된 감상(感想)과 표현 방법 양자에 관련되는 것 같다. 저속하고 정연치 못한 감정, 음란한 생각, 화사한 말들은 다시 속에 '정확성'을 찾는 사람들에게는 타기(唾棄)할만한 것이다.'[51]라는 것으로, 자신에게 닥친 환란의 한 시기를 넘으면서 삼사재 김재걸은 현실을 직면하는 말 곧 리얼리티(Reality)한 문학 언어를 정확하고 면

49) 김재걸, 『앞의책』, 62쪽.

50) 김재걸, 『위의책』, 61쪽.

51) 유약우 저, 『앞의책』, 127쪽.

밀하게 취득하고 있는 것으로 보인다.

그리하여 아내와 자식의 업신여김을 그대로 받아들이고 아이들에게까지 모르는 것은 모른다고 응답하며 이를 시로 표현한다. 세상과 멀리 떨어져 농사를 짓고 사느라 세상 물정에 어두워 자식이나 손자들의 질문에도 답해주지 못하는 늙은 시인인 자신의 처지를 겸허히 부끄러워하는 마음으로 표현하고 있다.

하지만 이를 서발터니티의 관점에서 또는 그 이전에 동양의 불교나 도가적 관점에서의 새로운 해석도 가능하다. 즉, '나'라는 아집에서 벗어나 우주 자연의 큰 흐름에 몸을 맡기는 '탈아적 자유(脫我的自由)'를 추구하는 모습으로, 일상에서의 여러 가지 인위적인 속박으로부터 자유로워지는 '자기해방'에 이른 것으로 보인다. 「자경(自警) 16수」에서 보면, 시인은 자신에게 '재주(才藝)'가 없음을 인정하고 '농사짓기(耕農)'라는 소박한 삶이 자신에게 '마땅하다(宜)'라고 말한다. 이는 도가(道家)에서 말하는 '무용지용(無用之用)'의 철학과 맞닿아 있다. 즉, 세상의 눈으로 보기에 '쓸모없어' 보이는 것 또는 '보잘것없어 보이는 것'이 사실은 그 자체로 가장 '자연스럽고 온전한 존재 방식'을 지녔음을 은연중 드러내는 것이다. 하지만 이어지는 구절에서 "가난하고 궁핍한 몸이 또한 일천하니, 아내와 자식까지 가벼이 업신여기네."라는 현실 인식은 도가적 이상과는 거리가 있다. 이는 시인이 여전히 세상의 가치 기준(부유함, 재주, 명예)과 가족의 시선이라는 굴레에 갇혀 고통받고 있음을 보여준다.

그렇지만 여기에서 '삶을 응시하는 심연의 시'로써 삼사재 김재걸만의 시 세계가 탄생하는 것으로 보인다. 일반적으로 도가에서 말하는 '자기 해방'은 이러한 외부적 평가와 그로 인해 발생하는 내부의 수치심에서 벗어나는 것을 목표로 한다. 하지만 서발턴으로서 현실을 벗어나는 것이 불가한 시인은 자신이 업신여겨진다고 '말함으로써', 시로 표현함으로써, 오히려 이 감정의 속박을 직시하고 넘어서려는 문학적 시도를 한다. 즉, 자신이 '쓸모없다'라는 사회의 평가를 인정하고 받아들임으로써 역설적으로 그 '쓸모없음으로부터 자유로워지는 자기해방'의 첫걸음을 떼고 있다.

다음 시 「자경(自警) 14수」에서도 마찬가지이다. 시인이 "본래 농사짓는 늙은이로 돌아왔다(歸農老)"라고 말하는 것은, 세속적인 출세나 지식의 추구를 포기하고 시골에서 겸손하게 자신의 본분인 농사에 충실하며 살아가는 모습을 '적극적으로 선택'했음을 나타낸다. 이는 도가에서 이상적인 삶의 형태로 제시하는 '소국과민(小國寡民)'(작은 나라에서 백성이 소박하게 사는 것)의 삶과 '무아적 지혜'의 탐구정신과 연결된다. 세상의 번잡함과 복잡한 지식으로부터 자신을 스스로 격리하고 '일찍이 세상일을 보고 들은 바가 없다네(曾無所見聞)'라고 선언하는 태도는, 도가의 '무지(無知)' 개념과 통하며 이는 굳이 복잡한 지식을 쌓으려 애쓰지 않고 무위(無爲)의 상태에서 자연의 흐름에 순응하는 삶의 태도를 엿볼 수 있다.

물론 그는 이러한 태도로만 머무르는 게 아니라, 이처럼 실제적인 번민과 부끄러움을 문자로 담론하고 문학작품으로 창출하여 실존한다. 공자는 나이 70에 이르러야 "마음이 하고자 하는 대로 하여도 법도(法度)를 넘어서지 않는다.(從心所欲 不踰矩)"라고 했지만, 자신이 담긴 시공간을 몸의 언어로 받아들인 서발터니티로서 김재걸 선생과 같은 자유로움(自由, Freedom, Liberty) 또는 자재로움(自在, Mastery, Ease, Fluency)은 어쩌면 이쪽 나주 이남 무안 반도를 중심으로 한 서남권의 자유로운 문풍과 다양한 사상 풍토에서 배태한 것인지 모른다.

> "동한의 '절의(節義)'를 숭상할 때에 문득 저런 의사(意思)가 있었으니, 당시에 절의를 숭상하는 사람들이 문득 온 세상을 오만하게 흘겨보고 조정을 더럽게 여기는 뜻이 있어, 그 뜻이 스스로 천하를 내려 보는 마음이 생겨 얼마 후에 '청담(淸談)'으로 흘러 들어갔다.…(중략)… 후한(後漢)의 명절(名節)들이 말년에 이르러 자기를 귀하게 여기고 남을 천하게 여기는 폐단이 있었으니, 이것이 쌓이고 쌓여 그치지 않으면 그 폐단이 반드시 허실을 낳는 데 이르러 노장(老莊)에 들어갈 것이다."[52]

후한(後漢) 시대의 과도한 '절의(節義)'와 세상일에 무관심한 청정함만을 추구하는 이기적인 위진남송시대(晉宋)의 '청담(淸談)'이 지닌 폐단을 지적한 '배절의론(排節義論)'으로 기축옥사(己丑獄事, 선조 22년(1589년))에 휘말려 옥사한 스승 곤재 정개청(困齋 鄭介淸, 1529년 1590년)을 신원하는 나덕윤(錦峯 羅德潤, 1557~1621)의 상소(上疏)에 나타난 '절의와 청담'은 실은 당시의 도그마(dogma)화된 성리학을 완곡하게 질타하는 것이다.

급변하는 현실을 외면한 채 오직 사변적인 논의에만 몰두하여 정쟁만 일삼는 조선 성리학이 유학 본연의 '실천성'을 망각하여, 유학의 중도(中道) 정신으로 돌아가거나 맹자가 강조한 '권도(權道, 상황에 따른 유연한 대응)' 정신을 되찾아야 한다는 주장으로 읽힌다. 하지만 이보다는 실은 무안 지역 유학의 종장으로 꼽히는 곤재 정개청

52) 「을미년봄나덕윤소(乙未春進士羅德潤疏)」, 정개청, 『국역 우득록(愚得錄)』, 삼화문화사, 1988, 594쪽.

의 다양한 사상적 맥락[53]과 함께, 조선 성리학이라는 단일한 학문적 범주보다는 소론과 원유학, 주역과 양명학은 물론 유불선이 혼용된 다양한 문화적 맥락을 지녔던 무안 지역의 시각이 발현되었던 것으로 보인다.

이는 '호남은 대체로 평야가 많고 토질이 비옥한 데다가 기후 또한 온난하고 강우량도 적절하여 예로부터 농산물이 풍부했으며, 너른 해안선과 더불어 항만과 반도, 섬이 많아 각종 해산물도 풍부했기 때문에 사람들은 매우 양성적이며 정열적인 기질을 지녔으며, 다정다감한 감성이 풍부하여 예부터 예술성이 뛰어나 풍류를 즐겼'기 때문에, '호남지방의 시단이 일찍 형성되어 활발한 문학 활동을 펼쳤으며, 이는 풍류적이고 낭만적인 성향을 지닌 배경'[54] 때문이라는 식으로 뭉뚱그려 분식(粉飾)되고 있는 호남의 한문학과 학맥에 대한 성찰이 필요한 대목이라 아니할 수 없다. 그러므로 이를 시기별로 구분하여 세밀한 학문적 맥락의 구분을 통해서 호남 지역의 학문과 사상의 흐름을 파악한 연구에 주목할 필요가 있다.

'17~8세기 호남 학계는 특정한 학파의 형성이 이루어지지 않았지만, 다양한 경향의 학맥에 기반을 둔 여러 학풍이 공존하는 특징적인 면모를 보였다. 앞서 지적한 바와 같이 기호 노론의 학통을 계승

53) 주유나, 「곤재 정개청의 학문과 政論」, 조선대학교 석사학위논문, 2010, 4-5쪽 참조. '그는 대학, 소학의 절목과 중용, 논어, 맹자의 여러 책을 차례로 연구하고 心經, 近思錄, 太極圖의 二氣五行, 서전의 朞三百 등을 공부하지 않음이 없었으며…… 주역, 邵子律呂新書, 皇極經世書 등 천문, 지리, 의약, 복서(卜筮, 점술) 등 다양한 잡학을 폭넓게 익혔다.' 이처럼 성리학에만 국한되지 않고 실생활에 대한 폭넓은 이해를 바탕으로 형성된 그의 학문과 학풍은 지역의 후학들에게 폭넓게 전수되었을 것으로 추정된다.

54) 김종서, 「16세기 호남시단과 당풍」, 성균관대학교 박사학위논문, 2003, 7쪽.

한 학자들이 이어지면서 기호학계의 주요 논쟁에 관심을 기울이는 등 주목할 만한 학문적 성취도 드러내었지만, 정권에서 벗어난 일부 소론계 학자들이 박세채(朴世采)와 윤증(尹拯)의 학문을 계승[55]하며 호남을 배경으로 하여 활동하였으며, 퇴계 학문을 계승한 남인계 학자들[56]도 개방적인 학풍을 조성하며 학문의 실용성을 강조하기도 하였다. 아울러 실학풍 학자로 평가받는 유형원(柳馨遠)과 정약용(丁若鏞)도 호남을 지역적 기반으로 하여 활발한 학문적 활동을 전개하였다.'[57]

19세기 호남 유학계에서 노사 기정진(蘆沙 奇正鎭, 1798~1879)이 형성하였던 노사학파(蘆沙學派)를 살피면서 드러난 이 지역의 성리학적 전통은 '특정한 학맥이 전일적으로 지배하지 않고 다양한 학맥에 기틀을 둔 여러 학풍이 있었음을 알 수 있다. 이에 따라 이전 시대의 성리학에 대한 교조적인 계승이나 무비판적인 수용에서 벗어날 수 있었으며, 이는 당시 조선 성리학에서 제기된 여러 논쟁에 대해 어느 특정한 입장을 따르거나 특정 학설을 고수하기보다는, 보다 개방적인 입장에서 객관적인 접근이 가능했음을 의미'[58]한다.

이는 또한 추후 이어지는 20세기 이후의 역사적인 격변기를 비롯

55) "고영진의 연구에 따르면, 17세기 후반부터 호남지역에서 소론계 학자들이 등장하고, 그 대표적인 학자로는 박세채의 문하에서 수학한 임영, 임영의 학문을 계승한 그의 삼종질 임상덕, 그리고 윤증의 문하에서 활동한 양득중 등을 손꼽을 수 있다고 한다. 고영진, 『앞의책』, 71~75쪽 ; 박학래, 「노사학파의 지역적 전개 양상과 사상적 특성」, 『국학연구』15, 국학진흥원, 2009, 7쪽 재인용.

56) 해남을 중심으로 학문적 영향력을 발휘한 윤선도(孤山 尹善道, 1587~1671)를 위시하여 나주 지역을 기반으로 활동한 나덕윤(羅德潤), 나덕현(羅德顯) 등을 남인계 학자로 손꼽을 수 있다. 박학래, 「위의글」, 8쪽.

57) 박학래, 「위의글」, 162쪽.

58) 박학래, 「앞의글」, 162-163쪽 인용.

하여 현대로까지 이어지는 지역의 인문지리적인 품성이자 특성이라고 할 수 있을 것이다. 근본적인 절의와 청담에 기반을 둔 의리와 자유정신 그리고 주류적 가치로 형성된 도그마에 강력하게 저항하는 민주 의식과 혼융된 리얼리즘 문학 양식 등은 그대로, 본고에서 논의하고 있는 김재걸 선생의 문학에 반영된 서발터니티의 발현이면서 동시에 지역적 특성으로 구현된 문학의 맥락이라고 하겠다.

> 눈보라가 어지러이 공중에 가득하니, 風雪滿空亂
> 산천에 동물들도 고요하기만 하더라. 山川動物寥
> 무서운 추위에 이불 뒤집어쓰고 누웠더니, 畏寒蒙被臥
> 이미 아침이 되어도 깨닫지 못하였네. 難覺已爲朝
> - 시 「눈보라(風雪)」, 무신년(戊申年) 1968.11.13.(十一月 十三日)[59]

『삼사재만록』 1권에 마지막으로 수록된 시이면서 표기된 창작일시 역시 가장 늦게 끝맺음한 시로 보인다. 무신년(戊申年)이니 1968년으로 김재걸 선생의 연배가 78세에 이른 11월의 첫날, 밖에서 날리는 눈보라를 바라보며 자신의 한 생을 돌아본 시이다. 그러하다. 말 그대로 파란만장한 그의 생애는 '눈보라가 어지러이 공중에 가득'한 갑오동학전쟁이 끝난 지 두 해밖에 지나지 않은 1896년에 태어나서, 성장하는 내내 나라와 현실이 요동을 치는 상황에 맞닥뜨려 '산천에 동물들도 고요하기만' 한 식민지의 피식민인으로 살면서 '말을 하지만 말이 안 되어' 사라지는 유학자이자 한시 문인이라는 서발턴으로 평생을 살았다.

그런 점에서 '무서운 추위에 이불 뒤집어쓰고 누웠더니,/ 이미 아

59) 김재걸, 『앞의책』, 215쪽 ; 원본 권지1, 마지막 시.

침이 되어도 깨닫지 못하였네.'라는 대목은, 우리 몸의 통점을 뜨거우면서도 시원하게 뜸을 뜨는 시적인 은유이자, 능동적인 서발터니티로서 시공간을 건너 살아가는 인간들에게 인간의 말을 걸어오는 김재걸 문학의 정점으로 여겨진다.

Ⅳ. 맺음말

본고는 격변의 근현대사를 관통하며 전라남도 무안의 월선리라는 시골 벽지에서 묵묵히 자신의 학문과 삶을 지켜 온 삼사재 김재걸 선생을 '서발턴'이라는 개념적 틀 안에 위치시키고, 그의 문집 『삼사재만록』을 통해 그의 '살아내기', '지켜보기', 그리고 '말하기'의 행위로 재해석해 보았다. 우리는 삼사재 선생의 삶과 문학이 단순한 지역 문인의 유작이 아니라, 피식민지 백성이라는 사회적 위치, 변두리 시골의 지정학적 조건, 그리고 소멸되어 가는 언어(한자)와 문학 형식(한시)을 택한 자발적 소외라는 중첩된 층위의 서발터니티를 온몸으로 구현했음을 살펴보았다.

이는 '서발턴은 말할 수 없다'는 스피박의 논제를 전적으로 부정하기보다는, 주류 담론이 인지하지 못하는, 혹은 의도적으로 배제해 온 다양한 '말하기'의 방식이 존재함을 역설하는 중요한 사례가 되었다고 할 수 있겠다. 삼사재 선생의 한시는 단순히 시대의 고난을 기록한 '역사의 증언'을 넘어, 지배 권력의 부조리와 현실의 모순을 응시하고 묵묵히 새겨 넣은 '심연의 시'였다. 그의 글 한 줄, 한 줄은 어쩌면 당시 다수의 민초들이 경험했을 '드러냄 속의 지움'을 극복하려는 처절한 몸부림의 전형이자, 시인으로서 자신의 존재를 각인시키려는 고독한 문학적 고투였다.

결론적으로 삼사재 김재걸 선생의 문학을 서발턴의 시학으로 읽어내는 작업은 단순히 잊혀진 한 문인의 삶과 문학을 복원하는 시도를 넘어선다. 이는 근현대 한국 문학사와 지식 체계가 구축되는 과정에서 의도적으로 배제되고 침묵 당한 존재들을 재조명해 내는 것이며, 이를 통하여 문학적 주체성의 폭을 확장하고자 하는 시도이다. 그의 서발턴적 존재론은 우리가 외면했던 지역성과 전통의 가치를 재발견하게 하고, 중앙집권화된 역사 서술과 엘리트 중심의 문학사가 간과했던 수많은 삶과 목소리들을 다시금 경청할 필요성을 역설한다. 이제 우리는 우리 지역에 무수하게 잠들어 있는 삼사재 김재걸 선생과 같은 '침묵의 서발턴'들을 찾아내어 우리 지역의 인물과 사상에 대한 내용과 맥락을 새롭게 구성할 때이다.

□ 참고문헌

• 가야트리 스피박 외 저, 태혜숙 옮김, 『서발턴은 말할 수 있는가?』, 그린비, 2013.
• 김동규, 「서발터니티라는 방법」, 『인문사회과학연구』24-3, 2023.
• 김재걸 저, 김순상 역, 『삼사재만록(三思齋漫錄)』, 하이테크 출력, 2022.
• 김종서, 「16세기 호남시단과 당풍」, 성균관대학교 박사학위논문, 2003.
• 김학주 역저, 『송시선(宋詩選)』, 명문당, 2012.
• 김형만 역, 『호남보인사시고(湖南輔仁社詩稿)』, 목포문화원, 2020.
• 김형만 역, 『무안풍아(務安風雅)』, 무안문화원, 2024.
• 무안군, 『무안군사(務安郡史)』, 2023.

• 무안향교, 『무안연원록(務安淵源錄』, 1953.
• 박학래, 「노사학파의 지역적 전개양상과 사상적 특성」, 『국학연구』15, 국학진흥원, 2009.
• 서오근, 김순상, 배석오 편, 『무안군 출신 한시인 대표작 선집』, 무안문화원, 2002.
• 유약우 저, 이정우 역, 『중국시학(中國詩學)』, 명문당, 1994.
• 정개청, 『국역 우득록(愚得錄)』, 삼화문화사, 1988,
• 정만조 저, 박명희, 김희태 역, 『역해 은파유필』, 진도문화원, 2020.
• 정만조 저, 박명희 역, 『진도 유배인, 한시에 생각을 담다-정만조의 '무정존고' 역해』, 진도문화원, 2021.
• 정요일, 『한문학비평론』, 인하대학교 출판부, 1990.
• 주유나, 「곤재 정개청의 학문과 政論」, 조선대학교 석사학위논문, 2010.
• 한국역대인물종합정보시스템. 등.

• 중국학@센터.
• https://encykorea.aks.ac.kr/Article/E0032305
• http://people.aks.ac.kr

■ 저자 약력

• 나천수

지방공무원 공직을 정년퇴임하면서 고전 한문 번역으로 문학박사 학위를 받았다. 나주목 관련 자료를 모아 호남학관 카페를 운영하고 있으며. 나주목향토문화연구회 회장으로 나주동학농민혁명 국제학술대회를 개최하도록 계기를 조성하였다. 2023년 세계 최초로 양심있는 일본 지식인 단체의 이름으로 '사죄비'를 나주에 건립하는데 힘썼고, 한일공동추진위원회 대표를 역임하였다.

• 나상필

한국학호남진흥원 책임연구위원으로 재직하며, 호남문헌 국역 및 편찬 사업을 총괄하고 있다. 국역은 『송암집』, 『정강일기』, 『희양문헌집』 등에 참여하였고, 논문은 『곤재 정개청의 신원 양상』, 『남포 김만영의 은일 양상』, 『간찰로 본 규남 하백원의 사환기 양상』 등이 있다.

• 박석무

제13 · 14대 국회의원, 한국학술진흥재단 이사장과 성균관대 석좌초빙교수를 역임했으며, 현재는 우석대 석좌교수, 다산연구소 이사장으로 재직 중이다. 다산연구자로서 활동하며 「다산 정약용의 법사상」 외 다수의 논문이 있으며, 『유배지에서 보낸 편지』 『다산에게 배운다』 등의 저서가 있다.

• 박관서

시인으로 광주전남작가회의 회장, 한국작가회의 사무총장 등 역임. 현재 (사)다도해문화예술교육원 대표이사 및 무안학연구소장 재직. 저서로 『남도문학을 읽는 마음』, 『무안향토문화총서 10호-무안의 길』(공저) 외, 시집 『철도원 일기』, 『기차 아래 사랑법』, 『광주의 푸가』등을 간행하였다.

• 김봉곤

필암서원 신앙회 이사며, 순천대 연구교수, 원광대 연구교수, 노사학연구원장 등을 역임하였다. 50여 편의 호남유학과 동학농민혁명 학술논문 및 『이재난고(頤齋亂藁)』(공역), 『조선의 시권(試券)』(공역), 『고산서원지(孤山書院誌)』 등 다수의 번역서가 있다.

• 노기욱

전남대학교에서 박사학위를 하고 동 대학원에서 강사를 역임하였다. 전남대학교 호남학연구원에서 근무하면서 50여 편의 논문과 저서를 집필하였다. 현재 전남대학교 문화유산 연구소 선임연구원 및 전라남도 이순신연구소와 호남의병연구소 소장으로 활동하고 있다.

• 박해현

현 초당대 평생대학교 교수로 초당대 부설 초당역사문화연구소장을 겸하고 있다. 주요 저서로 『독립운동가 김범수 연구』, 『독립운동가 유혁』 등 다수의 독립운동사 연구서와 역서로 『판결문으로 본 광주 전남 3.1운동』, 『판결문으로 본 광주 전남 학생운동』이 있다. 현재 전남독립운동사 편찬을 총괄하고 있다.

• 이용식

오래된 유산을 발굴하여 콘텐츠로 가공하는데 관심이 있어 전남대학교에서 박사 학위를 받고 무안문화원 사무국장으로 일하고 있다. 5.18전야제 총연출, 남도음식문화큰잔치 감독 등의 현장 활동과 문화재단, 관광재단 등에서 재직하였으며, 『무등산 스토리자원과 문화콘텐츠 연구』 등을 저술하였다.